21世纪全国高职高专物流管理系列实用规划教材

仓储与配送管理项目式教程

主　编　王　瑜
副主编　邵　林　温建明
参　编　张　晨　丛培栋　杜　林

北京大学出版社
PEKING UNIVERSITY PRESS

内 容 简 介

本书是高职高专物流管理专业的专业教材。基于职业教育的职业性特点，本书的编者以客户一票货物进出仓库的工作过程为主线，以项目导向、任务驱动为模式，参照仓储与配送企业岗位的任职要求，与企业有关专家共同合作，组织了本书的学习内容。全书共设置了仓储与配送系统规划设计、仓储与配送商务管理、仓储与配送质量管理、入库作业、信息技术应用、在库管理、出库与盘点作业、拣货方案设计与执行、配送运输管理、退货管理和特种货物的仓储管理等11个教学项目，分解为32个学习任务，各个学习任务均呼应工作岗位，以工作任务为载体，将理论融入实践，以达到培养学生获取专业知识、训练职业技能与职业素养的目的。

本书可作为高职院校物流及相关专业的专业教材，以及企业仓储与配送管理岗位的培训教材，也可作为仓储与配送管理从业人员的参考书。

图书在版编目(CIP)数据

仓储与配送管理项目式教程/王瑜主编. —北京：北京大学出版社，2012.5
(21世纪全国高职高专物流管理系列实用规划教材)
ISBN 978-7-301-20656-0

Ⅰ. ①仓… Ⅱ. ①王… Ⅲ. ①仓库管理—高等职业教育—教材②物流配送中心—企业管理—高等职业教育—教材 Ⅳ. ①F253

中国版本图书馆CIP数据核字（2012）第096007号

书　　名：仓储与配送管理项目式教程
著作责任者：王　瑜　主编
策 划 编 辑：赖　青　李　辉
责 任 编 辑：姜晓楠
标 准 书 号：ISBN 978-7-301-20656-0/F・3186
出　版　者：北京大学出版社
地　　址：北京市海淀区成府路205号　100871
网　　址：http：//www. pup. cn　　http：//www. pup6. cn
电　　话：邮购部62752015　发行部62750672　编辑部62750667　出版部62754962
电 子 邮 箱：pup_ 6@163. cm
印　刷　者：北京富生印刷厂
发　行　者：北京大学出版社
经　销　者：新华书店
787毫米×1092毫米　16开本　19.75印张　462千字
2012年5月第1版　2012年5月第1次印刷
定　　价：38.00元

前　言

“仓储与配送管理”是高职院校物流管理专业的一门专业核心课程，具有很强的实践性和可操作性，同企业仓储与配送管理工作岗位的融合度很高，是培养物流管理专业学生最基本的工作能力和综合素质的课程。

本书是从事仓储与配送管理岗位所必需的理论指导和操作指南，具有广泛的适用性。编者本着“校企合作”和“工学结合”的高职教育人才培养模式，实施“学校与企业通融、专业与行业通融、课程与岗位通融”的开发路径，以物流市场人才和企业仓储与配送管理岗位能力需求为原则，通过与企业一线专家共同探讨和论证，综合分析仓储与配送管理工作过程的结合点，确定了本书的典型工作任务。编者将工作过程融入本书，以典型工作任务为中心组织本书的内容，分解教学项目，构建学习任务，实施任务驱动，实现教师与企业专家共同开发教学内容，践行“校企合作”和“工学结合”的课程开发理念。

教学内容的实施以工作任务为载体，按“必需”、“够用”的原则确定基本知识，再为完成任务进行相关的知识准备，最后通过实践性设计和操作完成教学任务。教师的理论阐述可融入示范性操作和模拟教学中，让学生在模仿操作、真实体验中锻炼技能，形成能力，进行创新。真正做到理论实践一体化，做到“学中做”，深刻领悟知识，形成岗位工作能力；“做中学”，注重创造创新，拓展综合素质。

本书具有如下特点。

（1）教师与企业一线专家共同开发，符合教育部相关文件精神，充分体现“校企合作”、“工学结合”的高职教育人才培养模式。

（2）教学项目的展开基于工作过程体系化，主线明确，体现工作过程的典型性和完整性，符合工作实际。

（3）学习任务体现工作的业务流程，反映岗位操作能力，注重岗位实际，锻炼综合素质。

（4）实践性学习任务更能如实贴近企业实际，具有时代性、实用性和可操作性的特点。

（5）教学的组织实施做到以学生为主体，充分体现理论融入实践，即“学中做”、“做中学”。

（6）准备了大量企业资料库，有助于提高教学效果和效率。

本书关注高职学生就业岗位，以仓储与配送管理职业能力培养为重点，进行综合素质和职业能力体系的重构，充分体现职业教育职业性特点。本书由具有丰富职业教育经验的教师和物流企业专家共同编写，其中王瑜担任主编，邵林、温建明担任副主编，张晨、丛培栋、杜林参编。具体分工和建议学时如下：王瑜编写项目 4(14 学时)和项目 8(14 学时)，负责全书编写的组织、统稿、定稿工作；邵林编写项目 5(6 学时)；温建明编写项目 11(6 学时)；张晨编写项目 2(8 学时)、项目 3(4 学时)和项目 10(2 学时)；丛培栋编写项目 6(6 学时)和项目 9(8 学时)；杜林编写项目 1(10 学时)和项目 7(8 学时)。

特别感谢大田仓储(苏州)有限公司的企业专家对编者的指导和帮助，他们的参与使本书更贴近企业工作实际。同时，编者在本书的编写过程中参考了大量的文献资料，引用了一些专家的研究成果，在此对这些文献作者表示诚挚的敬意。

由于行业发展变化快，而且仓储与配送经营管理的理念正处于发展变革中，再加上编者认识的局限性，一些教学项目设置、教学理论准备和实践性操作的设计还不够成熟，对有关问题的研究还有待进一步深入，所以本书难免存在不足之处。衷心希望读者提出宝贵的意见和建议，使本书更加具有时代性和实用性，更加符合物流管理专业的职业教育要求。

编　者
2012 年 2 月

目　　录

项目1　仓储与配送系统规划设计 ………… 1

任务 1.1　仓储与配送调研 ………………… 1

任务 1.2　仓储与配送系统规划设计概述 ………………………………… 17

任务 1.3　仓储与配送设施设备选择 ……… 24

任务 1.4　仓库布局设计 …………………… 33

项目小结……………………………………… 48

复习思考题…………………………………… 48

项目2　仓储与配送商务管理 …………… 52

任务 2.1　仓储与配送成本分析与报价 …… 52

任务 2.2　拟定合同 ………………………… 62

任务 2.3　签订仓储与配送合同 …………… 82

任务 2.4　设计与签发仓单 ………………… 88

项目小结……………………………………… 95

复习思考题…………………………………… 95

项目3　仓储与配送质量管理 …………… 97

任务 3.1　制定仓储与配送质量管理规范 ………………………………… 97

任务 3.2　ABC 管理方法 ………………… 102

项目小结 ………………………………… 107

复习思考题 ……………………………… 107

项目4　入库作业 ………………………… 108

任务 4.1　常用工具使用 ………………… 108

任务 4.2　搬运装卸 ……………………… 114

任务 4.3　拟定商品储存方案 …………… 122

任务 4.4　执行商品储存方案 …………… 134

项目小结 ………………………………… 145

复习思考题 ……………………………… 145

项目5　信息技术应用 …………………… 147

任务 5.1　仓储信息技术 ………………… 147

任务 5.2　仓库管理信息系统的应用 …… 152

项目小结 ………………………………… 161

复习思考题 ……………………………… 161

项目6　在库管理 ………………………… 163

任务 6.1　仓库保卫与安全 ……………… 163

任务 6.2　货物护养 ……………………… 173

任务 6.3　建账和立卡 …………………… 188

项目小结 ………………………………… 192

复习思考题 ……………………………… 192

项目7　出库与盘点作业 ………………… 194

任务 7.1　出库操作 ……………………… 194

任务 7.2　盘点操作 ……………………… 201

项目小结 ………………………………… 205

复习思考题 ……………………………… 205

项目8　拣货方案设计与执行 …………… 208

任务 8.1　配送中心规划设计 …………… 208

任务 8.2　拣货方案设计与执行概述 …… 227

任务 8.3　商品包装 ……………………… 236

项目小结 ………………………………… 246

复习思考题 ……………………………… 247

项目9　配送运输管理 …………………… 249

任务 9.1　配送线路设计 ………………… 249

任务 9.2　配送车辆调度 ………………… 258

任务 9.3　车辆配装与运行 ……………… 267

任务 9.4　货物卸车与交接 ……………… 275

项目小结 ………………………………… 279

复习思考题 ……………………………… 279

项目10　退货管理 ……………………… 282

任务 10.1　退货管理概述 ……………… 282

项目小结 ………………………………… 288

复习思考题 ……………………………… 288

项目11　特种货物的仓储管理 …………… 289

任务 11.1　危险品库管理 ………………… 289

任务 11.2　冷库管理 ……………………… 296

任务 11.3　粮库管理 ……………………… 301

项目小结 ………………………………… 306

复习思考题 ……………………………… 306

参考文献 ………………………………… 308

项目1 仓储与配送系统规划设计

任务1.1 仓储与配送调研

学习目标

- 了解仓储、仓储管理、配送及配送中心的概念；
- 熟悉仓储的功能；
- 掌握仓储的分类；
- 掌握配送与配送中心的功能和分类；
- 能通过调研获取仓储与配送企业的相关信息，包括业务流程、岗位职责等。

任务描述

本任务在了解仓储与配送概念、功能与分类等知识的基础上，将学生分组对仓储与配送进行调研，以一家具体从事仓储与配送业务的物流企业为载体，对该企业的经营范围、仓储与配送工作流程、物流相关岗位设置，以及岗位职责等信息进行了解。

工作任务

根据本任务所学的仓储与配送基础知识，利用网络对某一具体仓储或配送企业进行调研，形成一份调研报告。

操作步骤

仓储与配送调研的操作步骤如图1.1所示。

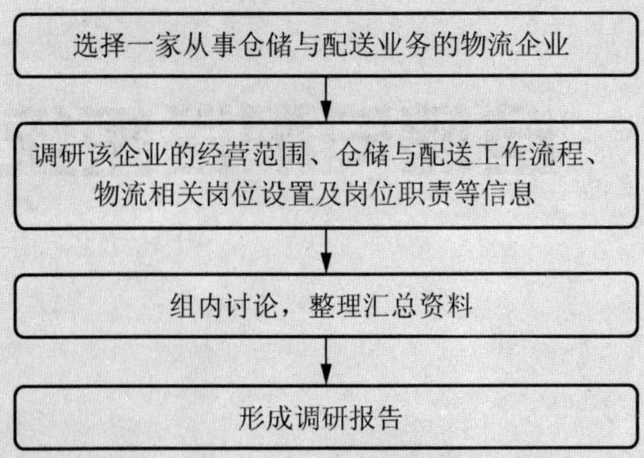

图 1.1　仓储与配送调研的操作步骤

知识准备

1.1.1　仓储基础

1. 仓储的概念

“仓”，也称为仓库(Warehouse)，是存放、保管、储存物品的建筑物和场地的总称，可以是房屋建筑、大型容器、洞穴或者特定的场地等，具有存放和保护物品的功能；“储”，表示将储存对象收藏以备使用，具有收存、保护、管理、储藏物品、交付使用的意思，当适用于有形物品时也称为储存(Storing)。“仓储”则是利用仓库储存未及时使用的物品的行为。简而言之，仓储就是在特定的场所储存物品的行为。

仓储是社会产品出现剩余之后产品流通的产物，当产品不能被及时消耗掉，需要专门的场所存放时，就产生了静态的仓储。将物品存入仓库并对存放在仓库里的物品进行保管、控制、提供使用，便形成了动态仓储。可以说仓储为有形物品提供存放场所，是物品存取的过程和对存放物品保管、控制的过程，是人们的一种有意识的行为。仓储的性质可以归结为：仓储是物质产品的生产过程的持续，物质的仓储也创造着产品的价值；仓储既有静态的物品储存，也包含动态的物品存取、保管、控制的过程；仓储活动发生在仓库等特定的场所；仓储的对象既可以是生产资料，也可以是生活资料，但必须是实物，且必须是动产。

2. 仓储的功能

简而言之，仓储的功能主要体现在经济和服务两个方面。

1）经济功能

仓库的经济功能体现在通过有效的选址设置和合理运作，能使物流的总成本降低。也就是说，如果一个物流系统增加一个仓库将使运输总成本下降的金额大于该仓库的固定成本和变动成本，那么，物流总成本也会下降，该仓库的存在在经济上是合理的。仓库的经济功能主要表现在以下几个方面。

(1) 通过发挥季节性储存的功能实现物流总成本的降低。对于一些属于季节性生产或季节性消费的商品，为了不使正常生产或消费受到影响，往往会把商品储存在仓库中，起到缓冲的作用。这样商品的生产就不会受到材料来源和顾客需求的影响，商品的消费也不会受到生产节奏的影响，从而达到提高生产效率，降低成本的目的。这类仓库一般被称为储存仓库。

（2）通过发挥中转功能实现物流总成本的降低。当一个厂商或供应商需要面对多个顾客时，或者多家厂商或供应商要面对多个顾客时，往往可以在顾客的附近建设一个仓库作为中转地。这种方式的经济利益体现在从厂商或供应商到仓库的大批量运输上。而从仓库到顾客的运输尽管是小批量的，但距离很短，所以，物流总成本仍然得到了降低。这类仓库一般被称为中转仓库或者转运仓库，如图 1.2 和图 1.3 所示。

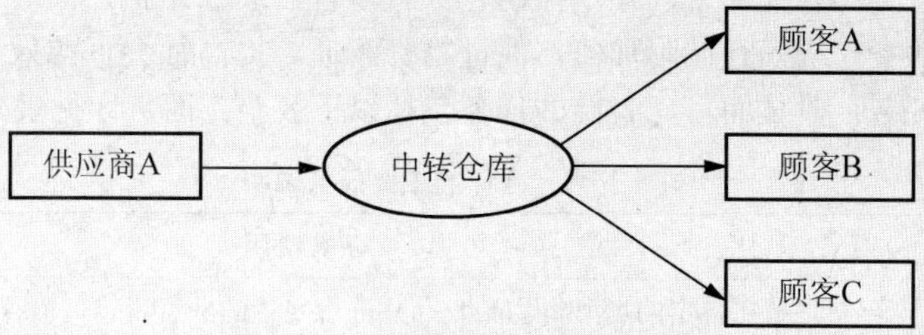

图 1.2　中转仓库一对多模型

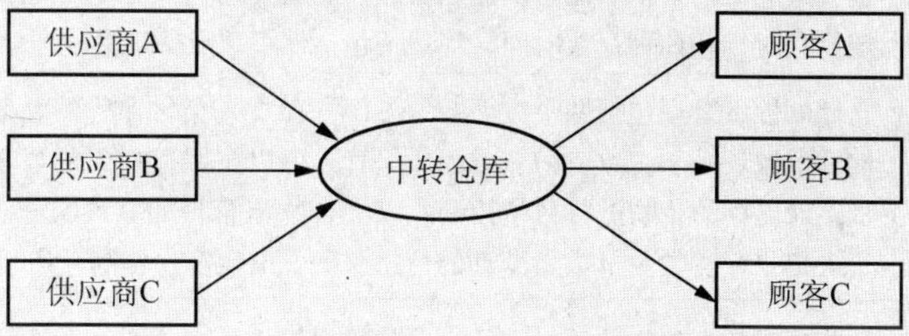

图 1.3　中转仓库多对多模型

（3）通过共同配送实现物流总成本的降低。一方面，仓库接受来自许多厂商或供应商的商品；另一方面，仓库根据顾客的要求，把经过整合的商品送到顾客的手中。这种方式的经济利益体现在从厂商到仓库的大批量运输和从仓库到顾客的共同配送上。这类仓库一般被称为整合仓库，如图 1.4 所示。

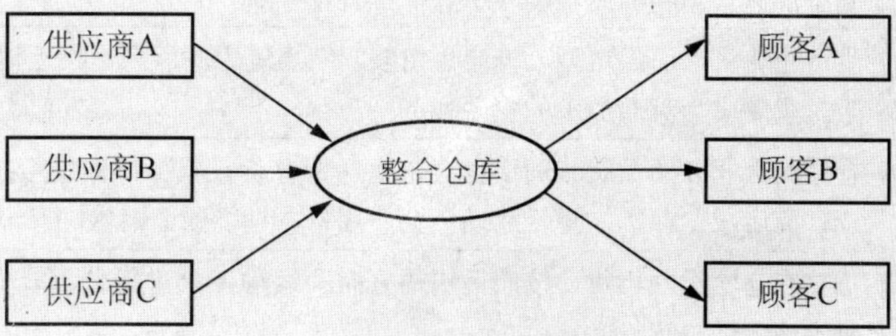

图 1.4　整合仓库模型

（4）通过发挥流通加工功能实现物流总成本的降低。例如，一些商品的包装或标签可以不在供应商处完成，而是直接以大包装的形式运输到仓库，等到确定具体的顾客后，再在仓库内完成相应的作业。这样做的好处是可以降低物流风险，降低库存水平和运输成本，从而达到降低物流总成本的目的。这类仓库一般被称为流通加工仓库。

2）服务功能

仓库的服务功能体现在使企业的营销活动得到了加强。尽管建设仓库会增加企业的投资和成本，但企业有时为了营销活动的需要，必须增加仓库。这是因为，仓库的存在能够使企业的顾客服务水平得到提高。仓库的服务功能主要表现在就近储存和提高企业市场形象两个方面。

3. 仓储的任务

仓储的基本任务是存储保管、存期控制、数量管理、质量维护；同时，利用物资的存放开发和开展多种服务是提高仓储附加值，促进物资流通，提高社会资源效益的有效手段，也成为仓储的重要任务。具体而言，仓储的任务包括以下 8 个方面，详见表 1－1。

表 1－1　仓储的主要任务说明

仓储的主要任务	任务说明
物资存储	存储是指在特定的场所将物品收存并进行妥善的保管，确保被存储的物品不受损害。存储是仓储的最基本任务，是仓储产生的根本原因
流通调控	也就是仓储的“蓄水池”功能。流通控制就是对物资是仓储还是流通做出安排，确定储存时机，计划存放时间，当然还包括储存地点的选择
数量管理	仓储的数量管理包括两个方面：一方面，存货人交付保管的仓储物的数量和提取仓储物的数量必须一致；另一方面，保管人可以按照存货人的要求分批收货和分批出货，对储存的货物进行数量控制，以配合物流管理的有效实施。同时，保管人向存货人提供存货数量及数量变动的信息服务，以便客户控制存货
质量维护	按收货时的仓储物的质量交还仓储物是保管人的基本义务。为了保证仓储物的质量不发生变化，保管人需要采取先进的技术、合理的保管措施，妥善和勤勉地保管仓储物，有针对性地采用储存容器装存、包装、修补、加固、清洁、擦拭、除锈、防霉、保持水分或干燥等保管养护措施。仓储物发生危险时，保管人不仅要及时通知存货人，还需要及时采取有效的措施以减少损失
交易中介	交易中介是仓储经营的重要经营项目。仓储经营人利用大量存放在仓库的有形资产与物资使用部门广泛的业务联系，作为现货交易中介开展业务较为便利，同时也有利于加速仓储物的周转和吸引仓储
流通加工	生产企业将产品的定型、分装、组装、装潢等工序留到最接近销售的仓储环节进行，于是仓储成为流通加工的重要环节
配送	仓储配送业务的发展有利于生产企业降低存货，减少固定资金投入，实现准时制生产；商店减少存货，降低流动资金使用量，且能保证销售
配载	货物在仓库集中集货，按照运输的方向和运输工具进行分类仓储，当运输工具到达时出库装运

4. 仓储的分类

仓储的本质是物品的储藏和保管，但由于经营主体的不同、仓储对象的不同、经营方式的不同、仓储功能的不同，使得不同的仓储活动具有不同的特性。如表1－2所示，仓储可以进行如下分类。

表1－2　仓储的分类

分类标志	仓储的种类
按经营主体划分	企业自营仓储
	营业仓储
	公共仓储
	战略储备仓储
按仓储对象划分	普通物品仓储
	特殊物品仓储
按仓储功能划分	储存仓储
	物流中心仓储
	配送仓储
	运输转换仓储
	保税仓储
按仓储物的处理方式划分	保管式仓储
	加工式仓储
	消费式仓储

1）按经营主体划分

（1）企业自营仓储。企业自营仓储包括生产企业和流通企业的自营仓储。生产企业自营仓储是指生产企业使用自有的仓库设施对生产使用的原材料、生产的中间产品、最终产品实施储存保管的行为，其储存的对象较为单一，以满足生产为原则。

（2）营业仓储。营业仓储是仓储经营人以其拥有的仓储设施，向社会提供商业性仓储服务的仓储行为，也称为社会仓储。仓储经营人与存货人通过订立仓储合同的方式建立仓储关系，并且依据合同约定提供服务和收取仓储费。商业营业仓储的目的是为了在仓储活动中获得经济回报，实现经营利润最大化。经营的方式包括提供货物仓储服务和提供仓储场地服务。

（3）公共仓储。公共仓储是公用事业的配套服务设施，为车站、码头提供仓储配套服务。其运作的主要目的是为了保证车站、码头的货物作业和运输，具有内部服务的性质，处于从属地位。但对于存货人而言，公共仓储也适用营业仓储的关系，只是不独立订立仓储合同，而是将仓储关系列在作业合同、运输合同之中。

（4）战略储备仓储。战略储备仓储是国家根据国防安全、社会稳定的需要，对战略物资实行储备而产生的仓储。战略储备由国家政府进行控制，通过立法、行政命令、政府采购的方式进行，由执行物资储备的政府部门或机构进行运作，也可以委托商业性的营业仓储进行。战略储备特别重视储备品的安全性，且储备时间较长。战略储备物资主要有粮食、油料、能源、淡水等。

2）按仓储对象划分

（1）普通物品仓储。普通物品仓储是指不需要特殊保管条件的物品仓储。一般的生产物资、普通生活用品、普通工具等杂货类物品，不需要针对货物设置特殊的保管条件，采取无特殊装备的通用仓库或货场存放货物，符合仓储法规的一般规定。

（2）特殊物品仓储。特殊物品仓储是指保管有特殊要求和需要满足特殊条件的物品仓储，如危险物品仓储、冷库仓储、粮食仓储、化学品仓储等。特殊物品仓储采用专用仓库，即按照物品的物理、化学、生物特性以及法规规定专门建设和实施管理的仓库，特殊物品仓储受到较多的监管。

3）按仓储功能划分

（1）储存仓储。储存仓储为物资较长时期存放的仓储。由于物资存放时间长，存储费用低廉就很有必要，储存仓储一般在较为偏远的地区进行。储存仓储的物资较为单一，品种少，但存量较大。由于物资存期长，储存仓储特别注重对物资的质量保管和维护。

（2）物流中心仓储。物流中心仓储是以物流管理为目的的仓储活动，是为了实现有效的物流管理，对物流的过程、数量、方向进行控制的环节，为实现物流的时间价值的环节。一般在一定经济地区的中心、交通极为便利、储存成本较低处进行。物流中心仓储品种较少、较大批量进库、一定批量分批出库，整体上吞吐能力强，运输衔接能力要求高。

（3）配送仓储。配送仓储也称为配送中心仓储，是商品在配送交付消费者之前进行的短期仓储，是商品在销售或者供生产使用前的最后储存，并在该环节进行销售或使用的前期处理。配送仓储一般在商品的消费经济区间内进行，以便商品能迅速地送达消费和销售。配送仓储物品品种繁多、批量少，需要一定量进货、分批少量出库操作，往往需要进行拆包、分拣、组配等作业，主要目的是为了支持销售，注重对物品存量的控制。

（4）运输转换仓储。运输转换仓储是衔接不同运输方式的仓储，在不同运输方式的相接处进行，如港口、车站库场所进行的仓储，目的是为了保证不同运输方式的高效衔接，减少运输工具的装卸和停留时间。运输转换仓储具有大进大出的特性，货物存期短，注重货物的周转作业效率和周转率，着重于动态管理。

（5）保税仓储。保税仓储是指使用海关核准的保税仓库存放保税货物的仓储行为。保税货物主要是暂时进境后还需要复运出境的货物，或者海关批准暂缓纳税的进口货物。保税仓储受到海关的直接监控，虽然说货物也是由存货人委托保管，但保管人要对海关负责，入库或者出库单据均需要由海关签署。保税仓储一般在进出境口岸的港口、机场、车站或其附近进行，也可在海关认可的其他地方进行。

4）按仓储物的处理方式划分

（1）保管式仓储。保管式仓储是以保管物原样保持不变的方式进行的仓储。保管式仓储也称为纯仓储，存货人将特定的物品交由保管人进行保管，到期保管人原物交还存货人。保管物除了发生的自然损耗和自然减量外，数量、质量、件数不发生变化。保管式仓储又分为仓储物独立保管仓储，将同类仓储物混合在一起的混藏式仓储。独立保管仓储是将同一存货人相同性质的存货集中在一起存放，不同存货人的存货严格分堆。混藏式仓储是将不同存货人的相同的货物集中存放。

（2）加工式仓储。加工式仓储是保管人在仓储期间根据存货人的要求对保管物进行一定加工的仓储方式。保管物在保管期间，保管人根据存货委托人的要求对保管物的外观、形状、成分构成、尺度等进行加工，使仓储物发生存货委托人希望的变化。

（3）消费式仓储。保管人在接受保管物时，同时接受保管物的所有权，保管人在仓储期间有权对仓储物行使所有权；仓储期满，保管人将相同种类、品种和数量的替代物交还给委托人所进行的仓储称为消费式仓储。消费式仓储特别适合于保管期较短(如农产品)、市场供应(价格)变化较大的商品的长期存放，具有一定的商品保值和增值功能，是仓储经营人利用仓储物开展经营的增值活动，已经成为仓储经营的重要发展方向。

1.1.2 仓储管理基础

1. 仓储管理的概念

仓储管理是现代物流管理的重要内容之一，是仓储机构为了充分利用具有的仓储资源，提供高效的仓储服务所进行的计划、组织、控制和协调过程。

特别提示

现代仓储与传统仓储相比有着较大的区别。传统仓储管理主要体现的是对物品的管理，体现出静态的特性，而现代仓储管理更注重满足客户需求、高动态响应和低成本等的管理。具体来说，现代仓储管理包括仓储资源的获得、仓库管理、经营决策、商务管理、作业管理、仓储保管、安全管理、劳动人事管理、财务管理等一系列管理工作。

2. 仓储管理的基本原则

1）满足社会需要的原则

仓储本身并不是社会生产的最终目的，物质仓储是为物质生产、流通和最终消费服务的。物质生产、流通和最终消费服务对仓储的需要决定了仓储的供给。仓储经营管理的基本出发点就在于社会对仓储的需要，要以社会需要决定仓储的结构、规模、经营方法、建设等，以社会需要为依据开展仓储管理。

2）效率的原则

效率是指在一定劳动要素投入量时的产品产出量。较小的劳动要素投入和较高的产品产出量才能实现高效率。高效率就意味着劳动产出大，劳动要素利用率高，高效率是现代生产的基本要求。仓储的效率表现为仓容利用率、货物周转率、进出库时间、装卸车时间等指标上，表现出“快进、快出、多存储、保管好”的特点。

仓储生产管理的核心就是效率管理，以最少的劳动量的投入，获得最大的产品产出。劳动量的投入包括生产工具、劳动力和数量以及他们的作业时间和使用时间。效率是仓储其他管理的基础，没有生产的效率，就不会有经营的效益，就无法开展优质的服务。高效率的实现是管理艺术的体现，通过准确地核算，科学地组织，妥善地安排场所和空间，部门与部门、人员与人员、设备与设备、人员与设备之间默契配合，使生产作业过程有条不紊地进行。

高效率还需要有效管理过程的保证，包括现场的组织、督促，标准化、制度化的操作管理，严格的质量责任制的约束；反之，可能会使现场作业混乱、操作随意、作业质量差，甚至出现作业事故，这样，显然不可能有效率。

3）经济效益的原则

厂商生产经营的目的是为了追求利润最大化，这是经济学的基本假设条件，也是社会现实的反映，而利润是经济效益的表现。

利润＝经营收入－经营成本－税金

实现利润最大化则需要做到经营收入最大化和经营成本最小化。

企业经营也不能排除追求利润最大化的动机，作为参与市场经济活动主体的仓储业，也应围绕着获得最大经济效益的目的进行组织和经营；但也需要承担相应的社会责任，履行保护环境、维护社会安定、满足社会不断增长的需要等社会义务，实现生产经营的社会效应。

4）服务的原则

仓储活动本身就是向社会提供服务产品。服务是贯穿在仓储中的一条主线，从仓储的定位、仓储具体操作、对储存货物的控制都围绕着服务进行。仓储管理就需要围绕着服务定位，如提供服务、改善服务、提高服务质量，包括直接的服务管理和以服务为原则的生产管理。

知识链接

仓储业的发展方向

面对全社会物流管理水平的提高，仓储业需要加快改造步伐，迅速提高质量和效率，满足社会经济发展的需要，同时促进仓储业的发展。仓储业发展的方向包括以下几种趋势。

（1）仓储经营社会化、主体化，功能专业化。经济全球化和社会分工的细化是经济发展的结果，又是促进经济发展的动力。社会对仓储的需要也同对其他社会资源的需要一样，向着专业化、特性化、功能化、个性化的方向发展。同时，仓储业内部在市场竞争中也只有通过专业化的发展，提供个性产品，且将企业资源充分利用到有特长的项目上，才能提高效益，形成竞争优势。

（2）仓储标准化。仓储业是为物资流通提供服务的，是物流和商流的具体操作环节。仓储与物流、商流的其他环节的无缝配合是提高整体物流和商流效率的重要措施，其中整体物流标准化是实现无缝结合的重要手段。物流标准化需要仓储标准化。仓储标准化不仅是为了实现仓储环节与其他环节的密切配合，同时也是仓储内部提高作业效率、充分利用仓储设施和设备的有效手段，是开展信息化、机械化、自动化仓储的前提条件。仓储标准化主要有包装标准化、标志标准化、托盘成组标准化、容器标准化、计量标准化、条码的采用标准化、作业工具标准化、仓储信息标准化等技术标准化，以及服务标准、单证报表、合同格式、仓单等的标准化。

（3）仓储机械化、自动化。仓储自动化是指由电子计算机（以下简称计算机）管理和控制仓库各项活动的仓储。在自动化仓库中货物仓储管理、作业控制、环境管理等仓储工作，通过信息管理、条码、扫描技术、射频通信、数据处理等技术指挥仓库堆垛机、传送带、自动导引车、自动分拣等自动设备完成仓储作业，自动控制空调、制冷设备、监控设备进行环境管理，向运输设备下达运输指令、安排运输等，并同时完成报表单证的制作和传送。对于危险品仓储、冷库、暖库、粮库等特殊仓储，采取自动化仓储很有必要。

（4）仓储信息化、信息网络化。对于存量巨大、存货品种繁多的物流中心和配送中心，要提高仓库利用率、保持高效率的货物周转、实施精确的存货控制，没有计算机的信息管理和处理是不可想象的。仓储信息化管理包括通过计算机和相关信息输入输出设备，对货物识别、理货、入库、存放、出库进行操作管理，进行账目处理、结算处理，提供适时的查询，进行货位管理，进行存量控制，制作各种单证和报表，甚至进行自动控制等。可以说仓储要实现提高效率、降低损耗、降低成本的目的就必须实现信息化。

（5）管理科学化。仓储管理包括仓储的管理体制、治理结构、管理组织、管理方法和管理目标。从管理体制上，不同的仓储活动可以分为向社会提供仓储服务的商业仓储，以及为企业生产和经营服务的企业自营仓储。无论管理体制如何，仓储管理作为一种经济活动，向社会提供服务的商业仓储也正如其他经济活动主体一样，只有在充分市场化的条件下，才能充分发挥其经济价值。也就是说，提供社会服务仓储活动的企业需要成为独立的市场经济主体，按照独立市场经济主体进行现代企业改造和开展科学化的现代企业管理，使仓储企业产权独立，企业有充分的经营自主权，按照满足社会需要的原则向社会提供产品，企业以追求利润最大化为目标。

1.1.3 配送基础

1. 配送的概念

配送是指在经济合理区域范围内，根据用户的要求，对物品进行拣选、加工、包装、分割、组配等作业，并按时送达指定地点的物流活动。“配”包括货物的分拣和配货，“送”则包括各种送货方式和送货行为。因此，配送与一般送货是有区别的。配送是整个物流过程的一部分，包括运输、送达、验货等以送货上门为目的的商业活动，它是商流与物流紧密结合的一种综合的、特殊的环节。

知识链接

配送的基本特征

1. 配送的概念描述了接近用户资源配置的全过程

配送的一头连接着物流系统的业务环节，另一头连接着消费者，直接面对客户的各种服务要求。因此，配送不仅应在恰当的时间，通过恰当的方式、恰当的费用将物品最终传递给用户，还应将最优质的服务传递给用户。配送功能完成的质量及其达到的服务水准最直接而又具体地反映了物流系统对需求的满足程度。

2. 配送不仅仅是送货，它是配货、分货、送货等活动的有机结合体

配送是以分拣和配货为主要手段，以送货和抵达为目的的一种特殊的综合物流活动。其特殊性表现在，它既包括了装卸、搬运、包装、运输、流通加工、保管等活动，但又不是这些活动的全部或全过程。它是“配”和“送”有机结合的一种方式。

3. 配送是一种专业化的分工方式，是大生产、专业化分工在流通领域的体现

准确而又稳定的配送活动可以在保证供给的同时，最大限度地降低生产企业的库存量，实行低库存甚至零库存，降低生产成本。生产企业可以将有限的人、财、物等资源集中到企业核心竞争力上，而非核心的环节外包给专业化的第三方物流企业。因此，如果说一般的送货是一种服务方式的话，配送则可以说是一种体制形式。

2. 配送的功能

在社会再生产活动中，配送有其特殊的功能，推行配送能够优化经济结构、节约社会劳动及充分发挥物流的作用。就流通本身而言，开展配送则有益于物流运动的快速发展。

1）通过专业化降低成本，提高效率及经济效益

专业化是高效率、低成本的基础。通过专业化的配送，企业能更好地承担实体分配功能，增强自身的核心能力，进一步增强企业的竞争力。

2）完善运输系统及整个物流系统

现代大载重量的运输工具可以提高效率，降低运输成本，但只适于干线运输。而配送通过与其他物流环节的配合可实现定制化服务，与运输的密切结合使干线运输与支线运输有机统一起来实现运输系统的合理化，从而弥补了这项缺陷。

小贴士

干线运输通过长距离、大批量、高效率的运输实现了低成本。支线运输一般是小批量运输，频次高、服务性强，要求比干线运输具有更高的灵活性和适应性。这种支线运输因运力利用不合理、成本过高而成了物流过程的一个薄弱环节。

3）消除交叉输送

在没有配送中心的情况下，由生产企业直接运送货物到用户，即使采取直接配送方式，交叉运输也是普遍存在的，如图 1.5 所示。由于交叉运输的存在，运输路线长，规模效益差，运输成本高。如果在生产企业与客户之间设置配送中心，采取配送方式，如图 1.6 所示，则可消除交叉运输。因为设置配送中心以后，将原来直接由各生产企业送至各客户的零散货物通过配送中心进行整合再实施配送，缓解了交叉输送，输送距离缩短，成本降低。

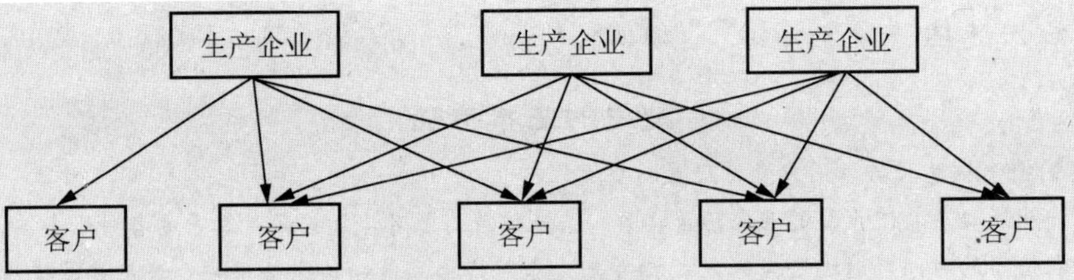

图 1.5　交叉输送模型

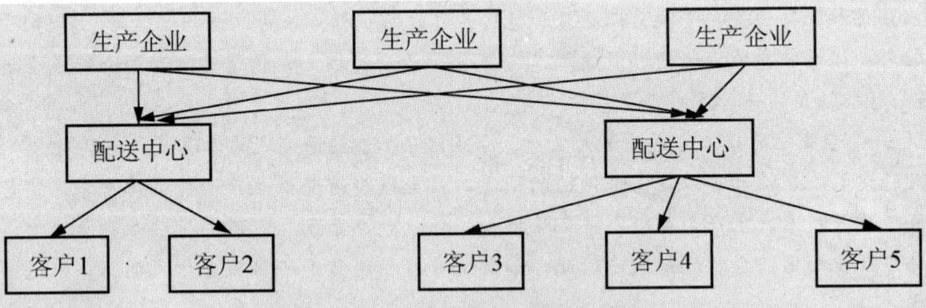

图 1.6　配送方式模型

4）提高末端物流的经济效益

采取配送方式，通过增大经济批量订货、集中储存，又通过配货和配装、集中送货，或者与其他企业协商实施共同配送等措施，可以提高物流系统末端的经济效益。

5）实现低库存或零库存

配送通过集中库存，在同样的满足水平上可使系统总库存水平降低，既降低了存储成本，也节约了运力和其他物流费用。尤其是采用准时制配送后，生产企业可以依靠配送中心准时送货而无需保持自己的库存，或者只需保持少量的保险储备。这就可以实现生产企业的“零库存”或低库存，减少资金占用、仓储设施和管理的投入，改善企业的财务状况。

6）简化手续，方便用户

配送可提供全方位的物流服务。采用配送后，客户只需向配送供应商办理一次手续，就可以得到全过程、多功能的物流服务，从而简化了手续，方便了客户，也节省了开支。

7）提高了供应保证程度

采用配送方式后，因配送中心的物品品种多、存储量大，所以比任何单独供货企业有更强的供应保障能力，可使用户减少缺货风险。

知识链接

巴塞罗那大众物流中心轶事

巴塞罗那大众物流中心承担着为大众、奥迪、斯柯达、斯亚特大众系统4个品牌的汽车零部件的配送任务。4个品牌的汽车在整车下线前两个星期，有关这些车辆的88 000种零配件在巴塞罗那大众物流中心可以全部采购到。假如用户新买的车坏了，只要在欧洲范围内，24h内就会有专门的配送公司把用户所需要的零部件送到手中。

3. 配送的分类

按照配送主体、服务方式等分类标志，可以将配送划分为不同的种类，见表1-3。

表1-3　配送的分类

分类标志	配送的种类
按配送主体划分	配送中心配送
	仓库配送
	生产企业配送
	商店配送
按配送服务方式划分	定时配送
	定量配送
	定时定量配送
	定时定路线配送(班车式配送)
	即时配送
按配送商品的种类及数量划分	少品种、大批量配送
	多品种、少批量配送
	配套(成套)配送
按经营形式不同划分	销售配送
	供应配送
	销售-供应一体化配送
	代存代供配送

续表

分类标志	配送的种类
按配送企业专业化程度划分	综合配送
	专业配送
按加工程度不同划分	加工配送
	集中配送

1）按配送主体划分

（1）配送中心配送。配送活动的组织者是配送中心。配送中心配送专业性强，与客户有固定的配送关系，一般实行计划配送。配送中心的设施和工艺流程是根据配送作业的需要专门设计的，所以配送能力强，配送品种多、数量大，配送的服务范围较大，可以承担企业主要物资的配送及实行补充配送等。它是配送的主要形式，也是物流社会化的前提。

（2）仓库配送。它是以仓库为据点的配送形式，是以仓储功能为基础向外拓展配送业务而形成的。因受仓库原有设施、存储物品等的限制，因此专业性较差、规模较小。但可利用仓库原有的储存设施和能力、装卸、收发货场地、铁路专用线等，所需投资少、改造期短。

（3）生产企业配送。生产企业对本企业的产品实行配送，避免了一次物流中转而具有一定的优势。但是，因为品种较为单一，不能满足消费者多样化的需求，所以生产企业配送不是配送的主体。

（4）商店配送。商店配送的组织者是商业或物资供销的门市网点，一般规模、配送范围不大，但经营品种比较齐全，机动灵活，可以承担生产企业辅助用品和消费者个人的配送。

2）按配送服务方式划分

（1）定时配送。定时配送是指按规定的时间间隔进行配送。每次配送的品种和数量可以按计划执行，也可以在配送前以电话、计算机终端输入等方式通知。

（2）定量配送。定量配送是指按规定的批量，在指定的时间范围内进行配送。

（3）定时定量配送。这种配送形式是按规定的时间和规定的品种、数量进行配送。因其配送的计划性强、准确性高，对配送企业的服务要求比较严格、作业和管理难度较大。

（4）定时定路线配送(班车式配送)。这种配送形式是指在规定的运行路线上，按定制的运行时刻表进行配送，客户可按运行时刻表到指定的位置接货。

（5）即时配送。即时配送是指根据客户临时提出的品种、数量、时间、地点进行的随要随送式的配送。可以满足客户临时性的急需，是一种灵活性很高的应急方式。

3）按配送商品的种类及数量划分

（1）少品种、大批量配送。这种形式一般由生产企业或者专业性很强的配送中心直接送达客户。由于配送量大、品种少，所以可提高车辆利用率，简化配送的内部组织工作，降低配送成本。

（2）多品种、少批量配送。企业内大部分物资和消费者的需求是多样化的，品种多而需求量小。多品种、少批量配送就是根据用户的这种需求，配备齐全，凑整装车后送达用户的。其避免了因大批量进货而造成的库存增大，提高了用户的满意程度。多品种、少批量配送常伴随着多用户、多批次的特点，配送频率一般较高。

(3) 配套(成套)配送。配套(成套)配送是根据企业生产成套设备生产的需求，将生产中每台设备所需的各种零配件、部件、辅助工具等配齐，定时送达企业，以便将这些成套的零配件、部件、辅助工具等进行组装，完成产品的生产。对于消费者特定的组合需求，也可以进行配套配送。

4）按经营形式不同划分

(1) 销售配送。这种配送形式是指销售型的配送企业或者销售企业作为销售战略一环所进行的促销型配送。销售配送的配送对象和用户不固定，往往是根据市场占有情况而定，随机性较强，而计划性较差。用这种配送形式进行销售是扩大销售数量、扩大市场占有率、获取更多销售利益的重要方式，也很受用户的欢迎。

(2) 供应配送。供应配送是指用户为了用户的供应需要所采取的配送形式。即由用户或用户集团组建的配送据点集中组织大批量进货(以便获取批量折扣)，然后再向本企业或本集团内若干企业配送。大型商业连锁就采用供应配送方式，这是一种保证供应水平、提高供应能力、降低供应成本的重要方式。

(3) 销售-供应一体化配送。这种配送形式是指对于基本固定的用户和基本确定的配送产品，配送企业可以在自己销售的同时承担用户有计划供应者的职能。即既是销售者，同时又成为用户的供应代理人。销售-供应一体化配送有利于形成稳定的供需关系，有利于采取先进的计划手段和技术手段，也有利于保持流通渠道的畅通、稳定。

(4) 代存代供配送。代存代供配送是指用户将属于自己的物品交给配送企业代存、代供，有时还委托代订，然后由配送企业组织对用户企业的配送。这种配送形式不发生物品所有权的转移，配送企业只是用户的委托代理人，是商流与物流分离的形式。

5）按配送企业专业化程度划分

(1) 综合配送。综合配送是指配送物品种类较多，在一个配送网点中，组织不同专业领域的产品向用户配送。这是一种服务性较强、能解决用户多种需求的配送形式。

(2) 专业配送。专业配送是按照产品的性状不同，适当划分专业领域的配送方式。实际上在同一性状而类别不同的产品方面也有一定的综合性。其优势在于可以根据专业的共同要求来优化配送设施，优选配送设备，制定适应性很强的工艺流程等，大大提高配送各环节的工作效率。

6）按加工程度不同划分

(1) 加工配送。加工配送是指在配送据点中设置流通加工环节，按用户的需要进行有针对性的加工后，再进行分拣、配货，再送货到户。流通加工与配送的结合减少了加工的盲目性，配送企业又可以通过加工增值取得收益。同时，提高了客户满意程度，树立了配送企业的良好形象。

(2) 集中配送。集中配送是指只改变产品数量组成形态而不改变产品本身的物理、化学形态的，与干线运输相配合的一种配送形式，如大批量进货后小批量、多批次发货，或零星集货后以一定批量送货等。

1.1.4 配送中心基础

1. 配送中心的概念

关于配送中心的概念，目前有不同的解释。本书引用李京文、王之泰等在《物流学及其应用》中给配送中心下的定义："配送中心就是从事货物配备(集货、加工、分货、拣选、配货)和组织对客户的送货，以高水平实现销售和供应服务的现代流通设施。"

2. 配送中心的功能

配送中心是专门从事货物配送活动的经济实体，也是行使集货、理货、加工、送货等多项职能的物流基地。它与传统意义上仓库的不同之处在于不仅能存储保管，而且能进行货物输送；它与一般运输的不同之处在于运货之前要进行必要的分拣、加工、配货。因而，它提供的是综合的、方便用户的服务。具体来说，如图 1.7 所示，配送中心有以下主要功能。

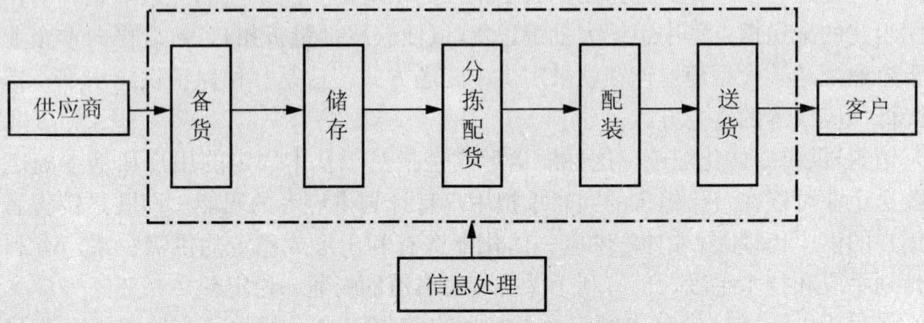

图 1.7　配送中心的主要功能

1）备货

它是配送的准备工作或基础工作，备货工作包括筹集货源、订货或购货、集货、进货，及有关的质量检查、结算、交接等。配送的优势之一，就是可以集中用户的需求进行一定规模的备货。备货是决定配送成败的初期工作，如果备货成本太高，会大大降低配送的效益。

2）储存

配送中心的储存有储备及暂存两种形态。配送储备是按一定时期的配送经营要求形成的对配送的资源保证。这种类型的储备数量较大，储备结构也较完善，视货源及到货情况，可以有计划地确定周转储备及保险储备结构及数量。配送的储备保证有时在配送中心附近单独设库解决。另一种储存形态是暂存，是具体执行日配送时，按分拣配货要求，在理货场地所做的少量储存准备。由于总体储存效益取决于储存总量，所以，这部分暂存数量只会对工作方便与否造成影响，而不会影响储存的总效益，因而在数量上并不严格控制。此外，还有另一种形式的暂存，即分拣、配货之后形成的发送货物的暂存，这个暂存主要是调节配货与送货的节奏，暂存时间不长。

3）分拣及配货

分拣指物品按品种、出入库先后顺序进行分门别类的拣取和堆放作业。配货是指使用各种拣选设备和传输装置，将存放的物品按客户的要求分拣出来，配备齐全，送入指定发货地点。分拣及配货是配送不同于其他物流形式的有特点的功能要素，也是配送成败的一项重要支持性工作。分拣及配货是完善送货、支持送货的准备性工作，是不同配送企业在送货时进行竞争和提高自身经济效益的必然延伸，所以，也可以说它是送货向高级形式发展的必然要求。有了分拣及配货就会大大提高送货服务水平，所以，分拣及配货是决定整个配送系统水平的关键要素。

4）配装

在单个用户配送数量不能达到车辆的有效载运负荷时，就存在如何集中不同用户的配送货物进行搭配装载以充分利用运能、运力的问题，这就需要配装；和一般送货不同之处在于，通过配装送货可以大大提高送货水平及降低送货成本，所以，配装是配送系统中有现代特点的功能要素，也是现代配送不同于以往送货的重要区别之处。

5）配送运输

配送运输属于运输中的末端运输、支线运输，和一般运输形态的主要区别在于：配送运输是较短距离、较小规模、额度较高的运输形式，一般使用汽车做运输工具。与干线运输的另一个区别是，配送运输的路线选择问题是一般干线运输没有的，干线运输的干线是唯一的运输线，而配送运输由于配送用户多，一般城市交通路线又较复杂，如何组合成最佳路线和如何使配装和路线有效搭配等是配送运输的特点，也是难度较大的工作。

6）送达服务

配好的货运输到用户还不算配送工作的完结，这是因为送达货和用户接货往往还会出现不协调，使配送前功尽弃。因此，要圆满地实现运到之货的移交，并有效地、方便地处理相关手续并完成结算，还应讲究卸货地点、卸货方式等。送达服务也是配送所独具的功能。

7）配送加工

为了提高服务水平，扩大经营范围，提升竞争力，国内外许多配送中心均配备了一定的加工设备，由此形成了一定的加工能力。它们按照用户的要求，将货物加工成必要的规格、尺寸和形状等，为用户提供方便。这项功能的实现不仅赢得了用户的信赖，而且有利于提高物资资源的利用率，同时还为配送中心增加了附加效益。

特别提示

在配送中心，配送加工这一功能要素不具有普遍性，但往往是有重要作用的功能要素。主要原因是通过配送加工可以大大提高用户的满意程度。配送加工是流通加工的一种，但配送加工有它不同于一般流通加工的特点，即配送加工一般只取决于用户要求，其加工的目的较为单一。

8）信息功能

配送中心除了具有上述功能外，还能为配送中心本身及上下游企业提供各式各样的信息情报，以供配送中心营运管理政策制定、商品路线开发、商品销售推广政策划定参考。例如，哪一个客户订多少商品？哪一种商品比较畅销？从计算机的EIQ分析资料中可以很快获得答案，甚至可以将这些宝贵资料提供给上游的制造商及下游的零售商当作经营管理的参考。配送中心不仅实现物的流通，而且也通过信息来协调配送中心各环节的作业，协调生产与消费等。配送中心的干线物流与末端物流之间起衔接作用，这种衔接不但靠实物的配送，也靠信息的衔接。配送中心的信息传递与分析是全物流系统中重要的一环。

3. 配送中心的分类

对于不同种类与行业形态的配送中心，其作业内容、设备类型、营运范围可能完全不同。但是系统规划分析的方法与步骤有共同之处。配送中心的发展已逐渐由以仓库为主体向信息化、自动化的整合型配送中心发展。企业的背景不同，其配送中心的功能、构成和运营方式就有很大区别。因此，在配送中心规划时应充分考虑到。随着经济的发展和流通规模的不断扩大，配送中心不仅数量增加，也由服务功能和组织形式的不同演绎出许多新的类型。标准不同，分类的结果也不一样。如表 1－4 所示，按照不同标准，配送中心可以分为以下几种类型。

表 1－4　配送中心的分类

配送中心类别	含义说明
城市配送中心	以城市范围为配送范围的配送中心。城市配送中心往往与零售经营相结合，采用汽车运送的方式，直接配送到最终用户。由于运距短、反应能力强，故从事多品种、少批量、多用户的配送较有优势
区域配送中心	以较强的辐射能力和库存准备向省(州)际、全国乃至国际范围的用户配送的配送中心。区域配送中心往往配送给下一级城市配送中心、营业所、商店、批发商和企业用户，因此，用户较大，配送批量也较大。虽然也从事零星的配送，但不是主体形式
专业配送中心	专业配送中心有两种含义：①配送对象、配送技术属于某一专业范畴，综合这一专业的多种物资进行配送的销售配送中心大多数用这种形式；②以配送为专业化职能，基本上不从事经营的服务型配送中心，如《国外物资管理》杂志中介绍的“蒙克斯帕配送中心”
柔性配送中心	柔性配送中心不向固定化、专业化方向发展，而是向能随时变化，对用户要求有很强的适应性，不固定供需关系，不断发展配送用户，并向改变配送用户的方向发展
供应配送中心	专门为某个或某些用户(如联营商店、联合公司)组织供应的配送中心，如大型连锁超市组织供应的配送中心
销售配送中心	以销售经营为目的，以配送为手段的配送中心
特殊配送中心	指某类配送中心进行配送作业的程序是特殊的
功能型配送中心	功能型配送中心按配送功能不同可分为储存型配送中心、流通型配送中心和加工型配送中心 3 种

小贴士

销售配送中心的 3 种类型如下。

(1) 生产企业为本身产品直接销售给消费者的配送中心。

(2) 流通企业作为本身经营的一种方式设立配送中心以扩大销售。

(3) 流通企业和生产企业联合的协作性的配送中心。

从国内外的发展趋势来看，配送中心都向以销售配送中心为主的方向发展。

特殊配送中心的 2 种类型如下。

(1) 不设储存库的配送中心。其本身不设储存库和存货场地，而是利用“公共仓库”来补充货物的配送中心。为了保证配货、送货工作顺利开展，在这类配送中心内部，货物的暂存和配货作业同时进行。例如，配送生鲜食品的配送中心通常属于此类。

(2) 分货型配送中心。它是以中转货物为主要职能的配送中心。分货型配送中心在配送前都先把单品种、大批量的货物按照要求分堆，然后再将分好的货物分别送到用户指定的接货点。其作业流程较简单，不需要拣选、配货和配装等作业程序。

▶ **做一做**

学生分组进行网络和实地调研，了解仓储与配送工作岗位及岗位素质要求。

▶ **评一评**

小组间相互交换调研得到的仓储与配送工作岗位信息，点评资料的完整性、真实性。

任务 1.2 仓储与配送系统规划设计概述

学习目标

- 了解仓储系统规划的概念和内容；
- 了解仓库规划的原则；
- 熟悉仓库选址的影响因素；
- 掌握仓库规划的作业程序；
- 能根据仓库选址的目标、原则和影响因素确定仓库的选位和定址。

任务描述

本任务是在对仓储与配送系统规划相关知识学习的基础上，以苏州三星电子有限公司为例，对该公司江苏市场区域的仓库进行选址设计模拟。以此掌握仓库规划的内容和原则，培养学生进行仓库网点设计和选址规划的工作能力，锻炼学生仓储与配送市场策划岗位的职业能力。

工作任务

苏州三星电子有限公司位于苏州工业园区，主要生产研发和销售电冰箱、洗衣机、空调、彩色电视机以及其配套关键零部件。假设三星公司的家电产品在江苏各地的销售量占整个家电市场销售量的10%以上，请依据江苏省内各城市人口分布、城市间距离等情况，不考虑经济发展因素，预测该公司在江苏省各城市的销售量，从而为三星公司在江苏市场的仓储与配送系统进行仓库选址的规划设计。

操作步骤

仓库选址的工作流程如图1.8所示。

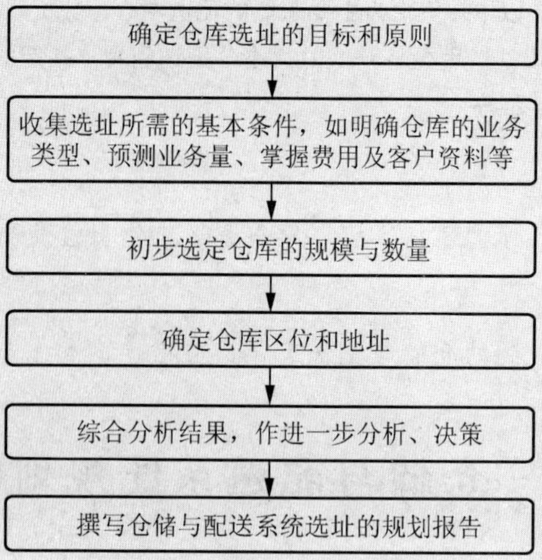

图 1.8　仓库选址的操作步骤

特别提示

（1）分析工作任务，利用互联网查阅江苏省各地级市的地理位置、相互距离、人口分布，以及政策、交通、劳动力、水文地质等情况。江苏省各地级市分布地图如图 1.9 所示。

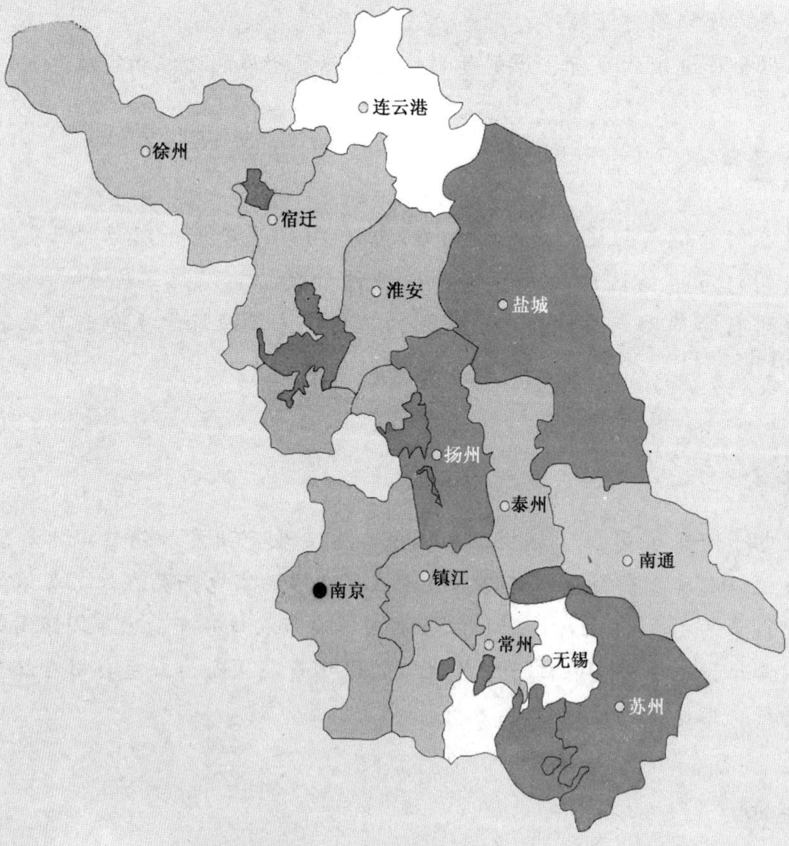

图 1.9　江苏省各地级市分布

（2）确定选址的目标和原则。以更好地为客户服务、提高对客户需求的反应速度为目标，确定为选址的原则。即选址的主要原则为客户原则，同时考虑成本因素，次要原则定为费用原则。

（3）初步确定仓储与配送系统规模和数量，选定备选主仓库和副仓库区位。根据苏州三星电子有限公司产品的市场占有量，预测其产品在江苏各地的市场销售量，结合第一步收集的信息，同时选定运输方式为公路运输，其最佳运输半径为300km以内，初步确定该公司仓储与配送系统的规模和数量。即选定备选主仓库一个，区位为南京；副仓库两个，区位分别为淮安和苏州。

（4）确定备选主仓库和副仓库地址。由于建设仓库的服务对象主要为家电商场或门店，他们大都分布于城区，考虑到影响仓库选址的因素，选定仓库的地址为城市经济开发区。

（5）综合分析确定仓储系统的仓库数量、区位和地址。

（6）撰写仓储系统选址规划报告。

知识准备

1.2.1 仓储系统规划

1．仓储系统规划的概念

所谓仓储系统规划就是从空间和时间上对仓库的新建、改建和扩建进行全面系统的规划，其核心是对仓库网点数量、规模、地址和服务范围的规划。仓库建设代表一个企业在赢得时间与地点效益方面所做出的努力，在一定程度上还是企业实力的一个标志物。更为重要的是，建设规划的合理性还将对仓库的设计、施工和运用、仓库作业等的质量和安全，以及所处地区或企业的物流合理化产生直接和深远的影响。

2．仓储系统规划的内容

如表1-5所示，仓储系统规划的内容主要包括以下几个方面，核心问题是仓库在市场区域的布局与规模的把握。

表1-5 仓储系统规划的内容一览

项目	仓储系统规划的内容
1	确定仓库网点的数量、规模及服务范围
2	确定备选库址
3	仓库库区平面规划设计
4	仓库建筑类型及规模的确定
5	仓库设备类型及数量的选定
6	仓库技术作业流程确定
7	仓库建设投资及运行费用的预测

3. 仓库规划的原则

1）适应性原则

首先，仓库规划必须要与国家以及省市的经济发展方针、政策相适应，与工业整体布局结构相适应，与国民经济和社会发展相适应；其次，仓库规划要与企业的需求相适应。仓库是企业出于完善自己的物流系统，协调服务与成本关系的目的而进行建设的，必须要能够完全满足企业的需求。

2）协调性原则

仓库规划要与地方的整个物流网络体系相协调，否则将会造成资源的浪费和设施的重复建设。另外，仓库规划要注意仓库的设施设备与当地的经济发展水平、生产力发展水平和技术发展水平相协调。

3）经济性原则

仓库规划中要充分考虑到经济因素的影响，尤其是成本问题。仓库的成本主要包括库场的建设费用、设施和设备的购置费用、人员工资和运营中的各项费用等。在遵循经济性原则时，要以总成本最低作为中心指标。

4）战略性原则

仓库规划要具备战略眼光，一是要考虑全局；二是要考虑长远。局部要服从全局，眼前利益服从长远利益。

5）可行性原则

仓库规划要充分考虑到建设的可行性，在兼顾以上 4 条原则的同时考虑规划最终的可操作性。仓库规划一定要建立在现有的生产发展水平基础上，要考虑到实际的需要，使规划能够最终实现既定目标。

1.2.2 仓库选址

1. 仓库选址的概念和内容

1）仓库选址的概念

仓库选址是指运用科学的方法决定仓库的地理位置，使之与企业的整体经营运作系统有机结合，以便有效、经济地达到企业的经营目的。

2）仓库选址的内容

仓库选址包括两个层次的问题：一是选位，即选择什么地区(区域)；二是定址，即地区具体选择在该地区的什么位置来设置仓库，也就是在已选定的地区内选定一片土地作为设施地的具体位置。如图 1.10 所示，选址还包括两类问题：一是选择一个单一的仓库位置，二是选择多个仓库位置。

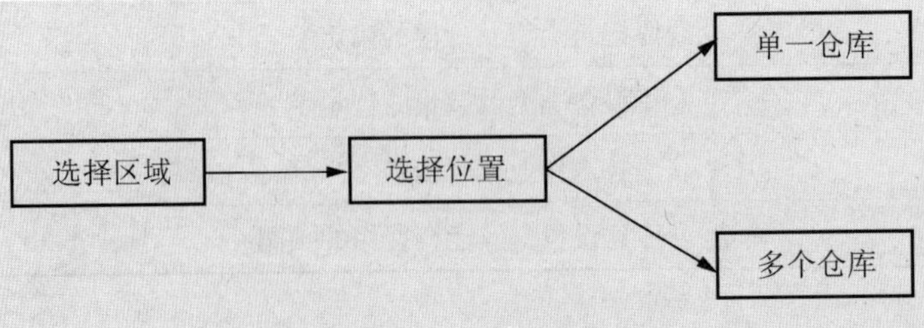

图 1.10 仓库选址

小贴士

仓库选址与该仓库所属企业的类型有很大的关系。附属于工业企业的仓储其选址追求成本最小化，附属于物流企业的仓储其选址追求收益最大化或服务水平的最优化。一般而言，都应当符合以下几项基本原则：一是费用原则，经济效益对于任何类型的仓储都是重要的，因此，首先应考虑的是费用原则，即追求较低的总成本；二是接近客户原则，仓库的设置尽量接近客户，以达到降低运费、提高对客户需求的反应速度；三是长远发展原则，要具备战略意识，选址工作要考虑到服务对象的分布状况及未来发展。

2. 影响仓库选址的主要因素

进行仓库选址决策时，需要考虑各种影响因素和要求，在此基础上预先确定仓库地址，列出几个可供选择的可行方案，利用统计评价方法，从这几个可行方案中确定最理想的仓库地址。影响仓库选址的因素主要有下列几个方面。

1）经济因素

（1）宏观经济政策。在进行选址决策时，要充分考虑当地政府的政策法规等因素。有些地区的政府采取比较积极的政策，鼓励在经济开发区进行仓库的建设或出租，并在税收、资本等方面提供比较优惠的策略。同时，这些地区的交通、通信、能源等方面的基础设施建设也比较便利。

（2）建设和运营成本。在进行选址决策时，还要仔细计算成本。

知识链接

建设和营运成本的构成

（1）运输成本。通过合理选址，使运输距离最短，尽量减少运输过程的中间环节，可以使运输成本最低、服务最好。

（2）原材料供应成本。企业对原材料供应的要求一般都比较严格，将仓库地址定位在原材料附近，不仅能够保证原材料的安全供应，而且能够降低运输费用，减少时间延迟，从而获得较低的采购价格。

（3）劳工成本。无论是劳动密集型还是技术密集的仓库作业，都需要一定素质的人才。不同地区的劳资水平可能不尽相同，这些都是选址决策者所需要考虑的问题。

（4）建筑成本和土地成本。不同的仓库选址方案在对土地的征用、建筑要求等方面的要求是不相同的，从而可能导致不同的成本开支。因此，在仓库选址过程中，应尽量避免占用农业用地和环保用地。

2）环境因素

（1）地理因素：①地质条件。建设仓库要选用承载力较高的地基，要求地质坚实、平坦、干燥，避免仓库建在有不良地质现象和地质构造不稳定的地段。②水文和水文地质条件。在沿江河地区选择仓库建筑地址时，要调查和掌握有关的水文资料，特别是汛期洪水最高水位等情况，防止洪水侵害。同时，在水文地质条件方面还要考虑地下水位的情况，水位过高的地方不宜作为工程的基地。③气候因素。规划前了解当地的自然气候环境条件，例如在自然环境中的温度、盐分、降雨量、风向、风力、瞬时风力等。

（2）配套设施：①交通运输条件。仓库的地点应具有良好的交通运输条件，库址应选择靠近现有的水、陆、空交通运输线，对于大型仓库还应考虑铺设铁路专用线或建设专用水运码头等。②水电供应条件。仓库应选择靠近水源、电源的地方，以保证方便和可靠的水电供应。了解和掌握仓库供水系统以及周围用水单位的情况，调查用水高峰期间消防水源的保障程度，以防紧急情况下供水不足。

3）竞争因素

（1）竞争对手因素。竞争对手的仓库选址对企业的选址工作也是有一定影响的。对竞争对手的竞争策略、与竞争对手的实力对比、与竞争对手的差异等都会影响到企业的选址工作。

（2）服务水平。为了能够更好地服务客户，提高对客户需求的反应速度，许多企业都会将仓库建立在服务区域的附近。

3. 仓库选址的布局方法

仓库选址的布局方法主要有解析法、线性规划法和静态仿真法。

1）解析法

解析技术通常是指那些确认物流地理重心的方法。重心方法对于单个分销中心或工厂的选址是适用的。许多方法，包括数学的与非数学的，可应用到单个选址的问题中，技术的成本与复杂性应与问题的困难程度相适应。

2）线性规划法

线性规划法被归类为一种最优化技巧，是一种最广泛使用的战略和战术的物流计划工具。线性规划在考虑特定的约束条件下，从许多可用的选择中挑选出最佳行动方案。最广泛使用的线性规划形式是网络最优化。网络最优化将分销渠道视为由节点(分销中心)和弧线(运输联系)组成的，在成本发生点上装卸物品及在点之间移动物品。网络模型目标是在给定的供给需求和能力的约束条件下，使生产、输入、输出运输可变成本最小化。

3）静态仿真法

静态仿真是选址的一种新方法。“仿真”这一术语可应用到几乎任何试图复制一种情况的努力。它是指设计一种真实系统模型的程序，并在一系列系统准则的约束下，对以了解系统行为或评价各种战略为目的的行为进行实验。

4. 仓库选址的作业程序

一般而言，仓库选址按照以下工作流程进行操作(图 1.8)。

（1）确定仓库选址的目标和原则。

（2）收集选址所需的基本条件，如明确仓库的业务类型、预测业务量、掌握费用及客户资料等。

（3）初步选定仓库的规模与数量，确定仓库区位和地址。

（4）综合分析结果，做进一步分析、决策。

（5）评估分析后确定地点，撰写仓储与配送系统选址的规划报告。

特别提示

配送系统的规划设计主要是针对配送中心的规划设计，以此实现配送中心的高效化、信息化、标准化和制度化。

（1）配送中心规划的主要内容包括物流系统规划、信息系统规划、运营系统规划 3 个方面的规划内容。物流系统规划包括设施布置设计、物流设备规划设计和作业方法设计，信息系统规划也就是对配送中心信息管理与决策支持系统的规划，运营系统规划包括组织机构、人员配备、作业标准和规范等的设计。配送中心规划的主要内容如图 1.11 所示。

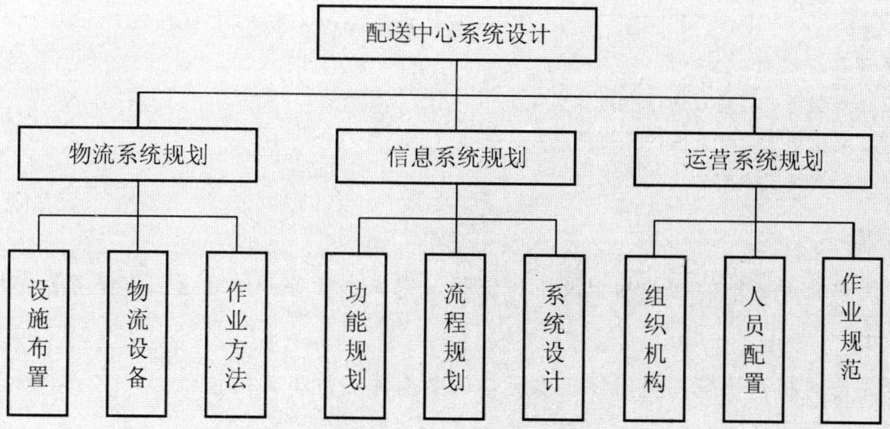

图 1.11 配送中心系统规划设计的主要内容

（2）配送中心规划设计具体操作步骤见项目 8。

案例链接

沃尔玛的配送系统

沃尔玛百货有限公司(以下简称“沃尔玛”)由美国零售业的传奇人物山姆·沃尔顿先生于 1962 年在阿肯色州成立。经过近 50 年的发展，沃尔玛已经成为美国最大的私人雇主和世界上最大的连锁零售商。目前，沃尔玛在全球 15 个国家开设了 8 400 多家超市，下设 55 个品牌，员工总数 210 多万人，每周光临沃尔玛的顾客达 2 亿人次。2010 财政年度(2009 年 2 月 1 日至 2010 年 1 月 31 日)沃尔玛公司全球的销售额达到 4 050 亿美元，再次荣登《财富》世界 500 强榜首，并在《财富》杂志“2010 年最受赞赏企业”调查的零售企业中排名第一。

沃尔玛主要从事商品零售，其主要经营方式是低成本战略，而物流成本始终保持低位是低成本战略的核心。一般来说，物流成本占整个销售额的 10%左右，有些食品行业甚至达到了 20%或者 30%。沃尔玛在物流方面的投资主要集中用于物流配送中心建设。1990 年，沃尔玛在全球建有 14 个配送中心，并在深圳设立了全球采购中心。发展到 2010 年，沃尔玛一共建立了 80 多个配送中心，所销售的商品 90%多是进行集中配送的，只有少数可以从加工厂直接送到店里去，其配送成本占销售额的 2%。而竞争对手一般只有 50%的货物进行集中配送，沃尔玛这样的成本与竞争对手比就相差很多了。

物流配送中心一般设立在 100 多家零售店的中央位置，也就是配送中心设立在销售主市场。这使得一个配送中心可以满足 100 多个附近周边城市的销售网点的需求；另外运输的半径既比较短又比较均匀，基本上是以 320km 为一个商圈，建立一个配送中心。沃尔玛在整个物流运作过程中最昂贵的就是运输部分，所以沃尔玛在设置新卖场时，尽量以现有配送中心为出发点，卖场一般都设在配送中心周围，以缩短送货时间，降低送货成本。

每个配送中心的一端是装货平台，可供 130 辆卡车同时装货，在另一端是卸货平台，可同时停放 135 辆卡车。配送中心 24h 不停地运转，平均每天接待的装卸货物的卡车超过 200 辆。沃尔玛用一种尽可能大的卡车运送货物，大约可能有 16m 加长的货柜，比集装箱运输卡车还要更长或者更高。在美国的公路上经常可以看到这样的车队，沃尔玛的卡车都是自己的，司机也是沃尔玛的员工，他们在美国的各个州之间的高速公路上运行，而且车中的每立方米都被填得满满的，这样非常有助于节约成本。

灵活高效的物流配送使得沃尔玛在激烈的零售业竞争中技高一筹。沃尔玛可以保证，商品从配送中心运到任何一家商店的时间不超过48h，沃尔玛的分店货架平均一周可以补货两次，而其他同行商店平均两周才能补一次货。通过维持尽量少的存货，沃尔玛既节省了存储空间又降低了库存成本。

资料来源：www. wal - martchina. com(沃尔玛官方网站)

分析思考题：

(1) 沃尔玛配送中心规划的原则是什么？

(2) 沃尔玛配送中心建设的内容有哪些？

(3) 沃尔玛配送中心的功能是什么？

▶ 做一做

根据所学仓库选址的相关知识及工作流程，完成本任务开始时【工作任务】中的题目。

▶ 评一评

组内成员间相互检查，提出修正意见，完善仓库选址方案的设计。

任务 1.3 仓储与配送设施设备选择

学习目标

- 了解仓储与配送设施设备配置的原则；
- 熟悉仓储与配送常用设备；
- 掌握托盘、货架和叉车等常用设备的特点和用途；
- 能为本课程的学习选择合理的仓库设备。

任务描述

本任务以锻炼学生的仓储与配送综合管理岗位职业技能、实施“理实一体化”教学为目的，结合课程所学，按家用电器、日用品和食品仓储的模式，规划设计“仓储与配送管理实训室”，并为实训室选择仓库设施设备。

工作任务

为本任务学习设计一个仓储与配送实训室，并为该实训室选择合理的仓储与配送设备。

操作步骤

仓储与配送实训室设施和设备选择的工作流程如图 1.12 所示。

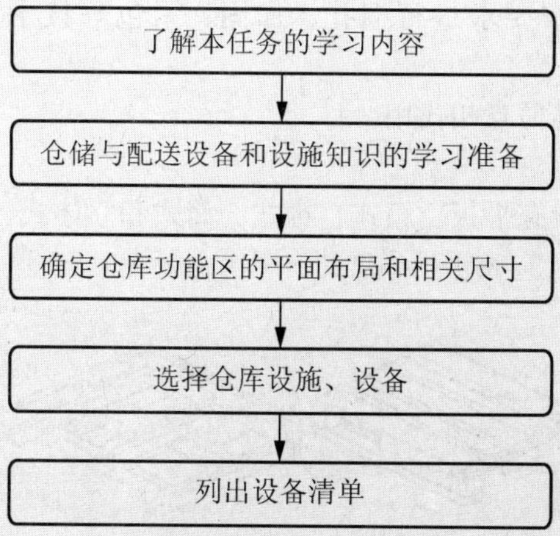

图 1.12　仓储与配送实训室设施和设备选择的工作流程

知识准备

1.3.1　仓储与配送设施设备配置的原则

仓储与配送是物流的重要组成部分，仓储与配送相关的设施、设备种类很多，为使其发挥最佳效用，必须进行合理的选择配置和管理使用。综合看来，应选择和配置最经济、合理、实用、先进的技术设备。除此之外，还要求每一类设备工作可靠，无论在什么作业条件下，都要具有良好的运行稳定性。

1.3.2　仓储与配送常用设备

仓储与配送机械设备对于仓库现代化程度的不断提高起着至关重要的作用，机械化和自动化设备的采用极大地提高了仓库内部的作业效率。仓库的设备资源根据其功能区分主要包括容器及单元化设备、储存设备、物料搬运设备等。下面将对几种常用的仓储与配送设备的结构、特点及用途进行介绍。

1. 托盘

托盘是用于集装、堆放、搬运和运输的放置作为单元负荷的货物和制品的水平平台装置。即在钢制(或木制、塑料制的)的平台上，集装一定数量的单件货物，并按要求捆扎、加固组合成一个储存或运输单元，便于在仓储作业中使用机械设备进行装卸、搬运、堆存和收发。托盘与叉车共同使用形成有效的装卸搬运系统，解决和改善了仓储作业中长期存在的装卸搬运瓶颈，提高了装卸搬运的机械化作业水平。

1）托盘的优点

(1) 货物装入托盘后便于机械操作，从而缩短了装卸搬运的作业时间，减轻了劳动强度，提高了物流作业效率。

(2) 以托盘为装卸搬运单位，货物的件数变少，体积、重量变大，每个托盘所装货物的数量相同，便于点数、理货和交接。

（3）货物装入托盘后按要求进行捆扎、加固、紧包等技术处理，可以减少货损货差事故。

（4）托盘的投资小，容易互相代用。

2）托盘的种类

托盘的种类很多，一般有平板、箱式、罐式、筒式和立体式。目前常用的有以下几种。

（1）通用平板托盘如图 1.13 所示。

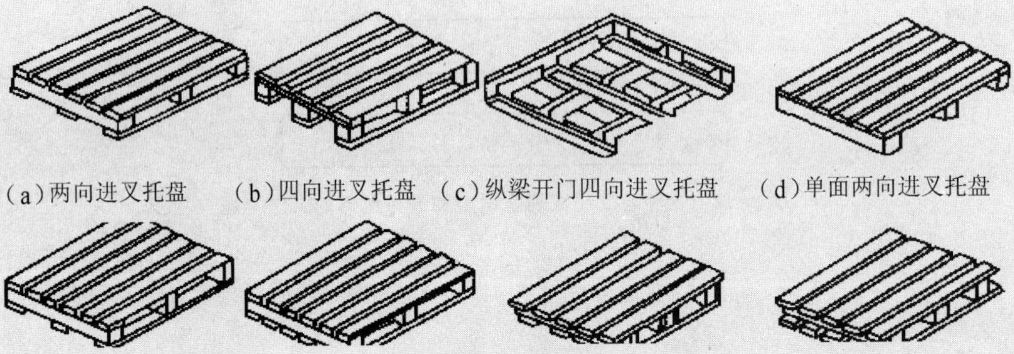

(a)两向进叉托盘　(b)四向进叉托盘　(c)纵梁开门四向进叉托盘　(d)单面两向进叉托盘

(e)双面两向进叉托盘　(f)双面使用托盘　(g)单翼形托盘　(h)复翼形托盘

图 1.13　通用平板托盘

通用平板托盘按材料分又可划分为木制、钢制、塑料和纸制平板托盘。

（2）立柱式托盘如图 1.14 所示。

（3）箱式托盘如图 1.15 所示。这是立柱式托盘的延伸，由金属网组成，尺寸与托盘一致。主要用于储存没有包装的产品，可直接堆放在地上，多层堆叠。适用于少品种、大批量的散装货物储存。

（4）轮式托盘又名笼车，如图 1.16 所示。

图 1.14　立柱式托盘

图 1.15　箱式托盘

图 1.16　轮式托盘

笼车存取货物方便，移动灵活，还可以直接作为商品的陈列货架使用。

小贴士

GB/T 2934—2007 中将联运托盘的平面尺寸定为 1 200mm×1 000mm 和 1 100mm×1 100mm 2 种，载重量均为 1t。国家颁发了 GB/T 3716—2000《托盘名词术语》、GB/T 4995—1996《木制联运平托盘技术条件》、GB/T 4996—1996《联运通用平托盘—试验方法》、GB/T 10486—1989《铁路货运钢制平托盘》等，为物流托盘化奠定了技术基础。

2. 物流箱

物流箱是仓库中另一类非常重要的用于运输和存储物料的设备，主要包括以下几种。

1）折叠笼

它由金属网组成，可多层堆叠及折叠储放，且可配合堆高机使用，适合少样多量的散装货品的储存。

2）累积型

在容器上附有上开斜口，若打开短侧面上装置的金属把手，则可落进堆叠的容器。适用于农产品、食品业、物流业等。

3）叠积型

它为长方形容器，可互相堆叠，适用于农产品、食品业、物流业等。

3. 货架

货架是仓库的重要组成部分。从最原始的在仓库席地堆放货物，到起用简单货架，再到自动化立体库中的高位货架，货架的使用及其变迁恰巧反映了日新月异的仓库现代化进程。随着仓库机械化和自动化程度的不断提高，仓库设施特别是货架技术也在不断发展。仓库广泛使用着传统的货架，如抽屉式货架、橱柜式货架、U形架、悬臂架、棚架、鞍架、轮胎专运架，除此之外，还出现了重力式货架、移动式货架、层格式货架、阁楼式货架、装卸式货架、托盘式货架、立体化自动仓库货架等现代化的新型货架。现介绍几种通用性较强和较为新型的货架。

1）层架

层架由立柱、横梁、层板构成，层间用于存放货物，如图1.17所示。层架的应用非常广泛，如果按层架存放货物的重量来分类，层架可以分为重型和轻型；按结构层架分，有层格式、抽屉式等类型。

(a)　　(b)

图1.17　层格式货架

一般轻型层架主要适合人工存取作业，其规格尺寸及承载能力都与人工搬运能力相适应，高度通常在2.4m以下，厚度在0.5m以下；而中型和重型的货架尺寸则较大，高度可达4.5m，厚度达1.2m，宽度达3m以上。一些层架具有特殊的保管功能，如冷藏、恒温等。

特别提示

层架结构简单，适用性强，有利于提高空间利用率，方便作业的存取，是人工作业仓库的主要存储设备。层格式货架主要用于存放规格复杂多样，必须互相隔开的物品。抽屉式层架主要用于存放比较贵重或怕尘土、怕湿的小件物品。

2）托盘式货架

托盘式货架专门用于存放堆码在托盘上的货物，其基本形态与层架类似，但其承载能力和每层空间适用于存放整托盘货物。目前多采用杆件组合，不仅拆迁容易，层间距还可依码货高度调整。通常总高度在6m以下，架底撑脚需要装叉车防撞装置，如图1.18所示。

图1.18　托盘式货架

特别提示

托盘式货架结构简单，可调整组合，安装简易，费用经济；出入库不受先后顺序的限制；储物形态为托盘装载货物，配合升降式叉车存取。

3）阁楼式货架

阁楼式货架是将储存空间做上、下两层规划，利用钢架和楼板将空间间隙隔为两层，下层货架结构支撑上层楼板，如图1.19所示。

图1.19　阁楼式货架

特别提示

阁楼式货架可以有效增加空间使用率，通常下层适用于存放轻量物品，不适合重型搬运设备行走，上层物品搬运需配垂直输送设备。

4）悬臂式货架

悬臂式货架是在立柱上装设杆臂构成的，悬臂常用金属材料制造，其尺寸一般根据所存放物料尺寸的大小确定。为防止物料损伤，常在悬臂上加垫木质衬垫或橡胶带以起保护作用，如图1.20所示。

图1.20　悬臂式货架

特别提示

悬臂式货架为开放式货架，不太便于机械化作业，需配合跨距较宽的设备。一般高度在6m以下，空间利用率较低，约为35%～50%。

5）移动式货架

移动式货架底部装有滚轮，通过开启控制装置，滚轮可沿轨道滑动。货架结构可以设计成普通层架，也可以设计成托盘货架。控制装置附加有变频控制功能，用来控制驱动、停止时的速度，以维持货架上货物的稳定，有时还设有确定位置的光电感测器及刹车电机，以提高启动或停止时的稳定度和精确度，如图1.21所示。

图1.21　移动式货架

特别提示

移动式货架平时密集相接排列，存取货物时通过手动或电力驱动装置使货架沿轨道水平移动，形成通道，可以大幅度减少通道面积，地面使用率可达80%。而且此货架可直接存放每一箱货物，不受先进先出的限制。但相对来说机电装置较多，建造成本较高，维护也比较困难。

6）重力式货架

重力式货架的基本结构与普通层架类似，不同的是其层间间隔由重力滚轮组成的滚筒输送装置组成，并且与水平面成一定的倾斜角度，低端作为出货端，而高端作为入货端。这样托盘或箱装货物便会由于重力作用自动向低端滑移，还可以在滚轮下埋设气压或者液压设备控制倾斜角度，以调整货物滑移的速度，如图1.22所示。

图 1.22 重力式货架

特别提示

重力式货架通常成密集型配制，能够大规模密集存放货物，减少了通道数量，可有效节约仓库面积；重力式货架能保证先进先出，并且方便拣货，作为分拣式货架普遍应用于配送中心作业中；重力式货架的出货端与入货端分离，能提高作业效率和作业的安全性；重力式货架还可以根据需要设计成适合托盘、纸箱、单件货物储存的结构和形式。

4. 叉式装卸车

叉式装卸车又称为叉车，是仓库装卸搬运机械中应用最广泛的一种，它由自行的轮胎底盘和能垂直升降、前后倾斜的货叉和门架等组成。叉车主要用于仓库内货物的装载搬运，是一种既可做短距离水平运输，又可堆拆垛和装卸卡车、铁路平板车的机械，在配备其他取物装置以后，还能用于散货和各种规格品种货物的装卸作业，如图1.23所示。

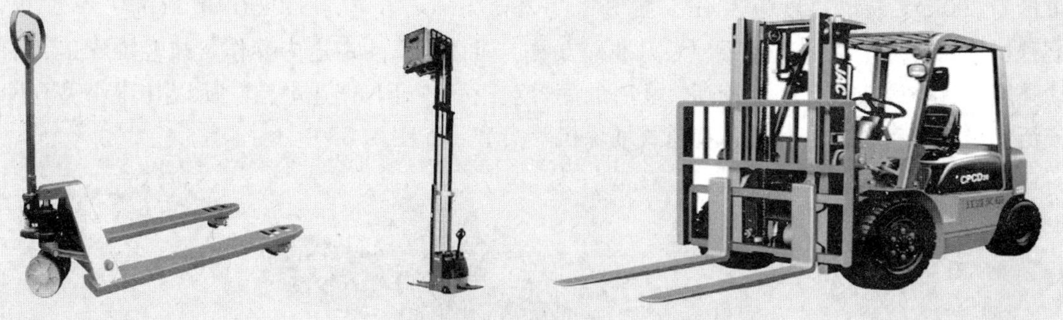

(a)　(b)　(c)

图 1.23　几种不同类型的叉车

小贴士

叉车是物料搬运的主要工具，规格种类繁多，每一种类型的叉车有其适用的环境场合，选型必须十分慎重，一旦选型不当势必造成仓储作业的低效和事故。作为“物流 M(Mobilizing)化”技术之一的智能叉车技术将企业信息系统扩展到叉车上，使众多物流、仓储和生产环节都能获益匪浅。

特别提示

叉车与其他搬运机械一样，能够减轻装卸工人繁重的体力劳动。除了能提高装卸效率，缩短车辆停留时间，降低装卸成本以外，它还有以下特点和用途。

(1) 机械化程度高。使用各种自动的取物装置或在货叉与货板配合使用的情况下可以实现装卸工作的完全机械化，不需要工人的辅助体力劳动。

(2) 机动灵活性好。叉车外形尺寸小，重量轻，能在作业区域内任意调动，适应货物数量及货流方向的改变，可机动地与其他起重运输机械配合工作，提高机械的使用率。

(3) 可以“一机多用”。在配备和使用各种取货装置如货叉、铲斗、臂架、吊杆、货夹、抓取器等的条件下，叉车可以适应各种品种、形状和大小货物的装卸作业。

(4) 能提高仓库容积的利用率。堆码高度一般可达 3m，采用高门架叉车可达到 5m。

(5) 利于开展托盘成组运输和集装箱运输。

(6) 成本低、投资少，能获得较好的经济效益。

5. 起重机

起重机适用于装卸大件笨重货物，借助于各种吊索具也可用于装卸其他货物，同时，起重机也是唯一以悬吊方式装卸搬运货物的设备。其吊运能力较大，一般为 3～30t。最常用的起重机有龙门起重机、桥式起重机和汽车起重机等。如图 1.24 所示为 C 型龙门起重机。

6. 堆垛机

堆垛机是专门用来堆码货垛或提升货物的机械。普通仓库使用的堆垛机(又称上架机)是一种构造简单、用于辅助人工堆垛、可移动的小型货物垂直提升设备，而且是商业储运系统定型生产的一种堆垛机，其外形尺寸为 1 260mm×712mm×2 550mm(长×宽×高)，最大起重量为300kg，提升高度为3.4m，提升速度20m/min，自重为500kg，电动机功率2.2kW。这种机械的特点是：构造轻巧，人力推移方便，能在很窄的走道内操作，减轻堆垛工人的劳动强度，且堆码或提升高度较高，仓库的库容利用率较高，作业灵活，所以在中小型仓库内广泛使用。它有桥式堆垛机、巷道式堆垛机等类型，如图1.25所示。

图1.24　C型龙门起重机

图1.25　堆垛机

1.3.3　仓储与配送设备使用管理规范

1. 设备管理的方式

设备管理的方式应根据仓库规模的大小、设备数量的多少，以及设备的集中与分散、固定与流动等使用情况而定。除少数固定的设备统一使用外，其余的均为分散使用。因此，设备通常在统一管理的基础上实行分级管理，专人及专门管理部门负责的方式，以确保设备的完好率，保证仓储业务的正常进行。

2. 设备的技术管理

对于仓库中的设备必须建立管理、使用、维修、保养制度，这是仓储管理工作中的一个重要环节。尤其是一些大型仓库，机械设备较多，更应加强管理。

特别提示

（1）制定必要的规章制度、操作规程，并认真贯彻执行。

（2）加强对操作、维修人员的安全教育和技术培训，实行使用、维修相结合的方法，不断提高技术水平。

（3）加强技术资料的管理工作，建立设备技术档案。

（4）及时总结推广先进经验，努力节约原材料、燃料，降低装卸搬运成本。

▶ 做一做

结合课程所学，分组模拟设计仓储与配送实训室，选择合适的仓储与配送设备。

▶ 评一评

各组相互评定所选设备的合理性、可行性，提出修正意见，每组重新修正和提高操作。

任务 1.4 仓库布局设计

学习目标

- 了解仓库的概念、功能和分类；
- 熟悉仓库库房和堆场的结构；
- 掌握仓库布局的原则、要求和流程；
- 能根据库布局的原则和功能要求对仓库进行合理的布局设计。

任务描述

本任务以仓库布局设计为主线，在了解仓库的概念、功能、分类、库房结构及布局原则与要求的基础上，学生分组参照仓库布局设计的工作流程对本任务所设计的模拟仓储与配送实训室进行布局设计。

工作任务

学生分组按照仓库布局设计的工作流程，对任务1.3中设计的实训室进行合理的布局设计。

操作步骤

仓库布局设计的工作流程如图 1.26 所示。

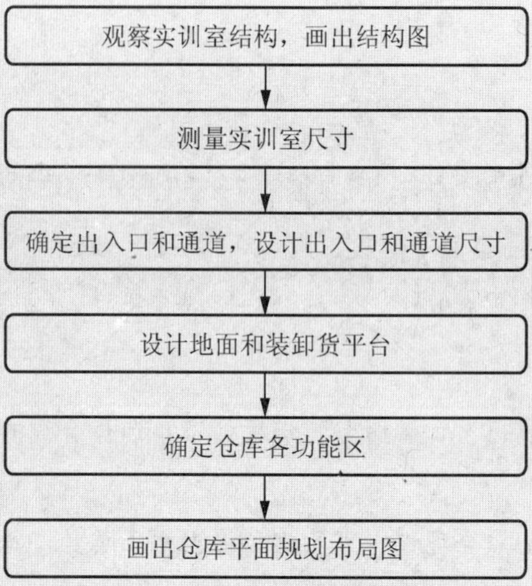

图 1.26　仓库布局设计的工作流程

知识准备

1.4.1　仓库认知

1. 仓库的概念

仓库是保管、存储物品的建筑物和场所的总称。仓库的概念可以理解为用来存放货物(包括商品、生产资料、工具或其他财产)并对其数量和状态进行保管的场所或建筑物等设施，还包括用于为减少或防止货物损伤而进行作业的土地或水面。仓库还应包括设置在仓库内，为仓储和作业服务的设备和设施，如地坪、货架、衬垫、苫盖物、固定式提升设备、通风照明设备等。

2. 仓库的功能

仓库的一个最基本的功能就是存储物资，并对存储的物资实施保管和控制。随着现代物流的发展，仓库也担负着分拣、配货、包装、物资处理、流通加工和物流信息服务等功能，其含义远远超出了单一的存储功能。一般来讲，仓库具有储存和保管、维护和加工场所、装卸和装拆集装箱以及信息处理和传递的功能。

3. 仓库的分类

仓库是物流系统的基础设施，按其营运形态、保管形态、建筑形态等可划分为不同的类型，见表 1-6。

表 1-6　仓库的分类

分类标志	仓库种类及内涵说明
根据营运形态分类	自用仓库——各生产或流通企业为了本企业物流业务的需要而修建的附属仓库
	营业仓库——是专门为了经营储运业务而修建的仓库
	公共仓库——属于公共服务的配套设施，为社会物流服务的仓库
根据保管形态分类	普通仓库——指常温下的一般仓库
	保温仓库——是指用于储存对湿度、温度等有特殊要求的仓库
	特种仓库——是指用来储存单一、特殊的货物的仓库
	水上仓库——是指漂浮在水面的储藏货物的水上建筑，或者在划定水面保管木材的特定水域、沉浸在水下保管物资的水域
	危险品仓库——是存储和保管易燃、易爆、有毒、有害物资等危险品的场所
按建筑形式分类	可分为室内仓库、露天堆场、货棚、集装箱仓库
按建筑构造不同分类	可分为平房仓库、多层仓库、高层仓库、地下仓库
按建筑材料不同分类	可分为钢筋混凝土仓库、混凝土预制板建筑仓库、钢骨架建筑仓库，竹木制建筑仓库、金属容器仓库

1）根据营运形态分类

（1）自用仓库。自用仓库是各生产或流通企业为了本企业物流业务的需要而修建的附属仓库。这类仓库只储存本企业的原材料、燃料、产品或商品，一般工厂、企业、商店的仓库以及军队的后勤仓库大多属于这一类。

（2）营业仓库。营业仓库是专门为了经营储运业务而修建的仓库，是面向社会服务的或以一个部门的物流业务为主，兼营其他部门的物流业务，如商业、物资、外贸等系统的储运公司的仓库等。营业仓库由仓库所有人独立经营或者由分工的仓库管理部门独立核算经营。

（3）公共仓库。公共仓库属于公共服务的配套设施，是为社会物流服务的仓库，如铁路车站的货场仓库、港口的码头仓库、公路货场的货栈仓库等。

2）根据保管形态分类

（1）普通仓库。普通仓库指常温下的一般仓库，用于存放一般性物资，没有特殊的要求，只要求具有一般通用的库房和堆场用于存放普通货物，如一般的金属材料仓库、机电产品仓库等。仓库设施较为简单，但储藏的物资种类繁杂，作业过程和保管方法、要求均不同。

（2）保温仓库。保温仓库是指用于储存对湿度、温度等有特殊要求的仓库，包括恒温、恒湿及冷藏库等，如粮食、水果、肉类等的储存。这类仓库在建筑上要有隔热、防寒、密封等功能，并配备专门的设备，如空调、制冷机等。

（3）特种仓库。特种仓库是指用来储存单一、特殊的货物的仓库，包括危险品仓库，如石油库、化学危险品库等，以及用于专门储藏粮食的粮仓等。其特点是储藏物单一，保管方法一致，但需要特殊的保管条件。

（4）水上仓库。水上仓库是指漂浮在水面的储藏货物的趸船、囤船、浮驳及其他水上建筑，或者在划定水面保管木材的特定水域、沉浸在水下保管物资的水域。近年来由于国际运输油轮的超大型化，大型船舶因许多港口的水深限制不能直接进港卸油，因而许多港口往往采用在深水区设立大型水面油库(超大型油轮)作为仓库转驳运油。

(5) 危险品仓库。危险品仓库是存储和保管易燃、易爆、有毒、有害等危险品的场所。根据隶属和使用性质分为甲、乙两类：甲类是商业仓储业、交通运输业、物资管理部门的危险品库；乙类为企业自用的危险品库。其中甲类危险品库储量大、品种多，所以危险性大。根据规模危险品仓库又可分为3类：面积大于9 000m^2的为大型危险品库，面积在550～9 000m^2的为中型危险品库，在550m^2以下的为小型危险品库。根据结构形式危险品库分为地上危险品库、地下危险品库、半地下危险品库。

1.4.2 仓库库房的结构

仓库库房的结构对于实现仓库的功能起着很重要的作用。因此，仓库库房的结构设计应做如下多方面考虑。

1. 平房建筑和多层建筑

仓库库房的结构应尽可能采用平房建筑，这样，就避免了在楼层间移动仓储物，而且电梯往往也是产品流转中的一个瓶颈地带，因为有许多材料搬运机通常都会竞相利用数量有限的电梯，影响仓库作业效率。即使采用倾斜输送机也是流量有限。在城市内，尤其是在商业中心地区，土地有限或地价昂贵，为了充分利用土地，采用多层建筑成为最佳的选择。在采用多层仓库时，要特别重视货物上下楼的通道建设。如果是周转量大的流通仓库，则采用二层立交斜路方式，车辆可直接行驶到二层仓库，两层都可同时进行收货、验货、保管。一层作为笨重货保管和配货、大型车辆装卸的场所，二层作为轻便货物作业和储存的场所。

2. 库房出入口和通道

1) 库房出入口和通道概述

库房出入口和通道的正确安排及尺寸是影响物流作业效率的一个关键因素。作为载货汽车、铲车的库房出入口，要求宽度和高度的最低限度必须达到4m。作为叉车的出入口，宽度必须达到3m，高度达到4m。通常库房出入口采用卷帘或侧推铁门。库房内的通道是保证库内作业畅顺的基本条件，通道应延伸至每一个货位，使每一个货位都可以直接进行作业。通道需要路面平整和平直，减少转弯和交叉。大型卡车和重型叉车入库作业通道的宽度应大于3m，小型叉车作业通道的宽度应达到2m。危险品仓库则要按照规范设定。出入口和通道的设置还要考虑仓储的性质，作为储存式仓储的仓库一般保持单行通道；而流通性强的仓储则要保持双向主通道为宜。

特别提示

作为存储区与进出货区的通路，通道的设计应能提供存货的正确存取、装卸设备的进出及必要的服务区间。通道的设计直接影响作业的效率。在设计通道时，首先需满足仓库内作业的需要，然后要考虑使通道的占地面积最小。采用中间贯穿式通道最为理想。如果不能贯穿，需要在仓库内回旋时，则以环形为宜，环形通道需要有足够的回旋区。如采用进出式则需要有掉头区，掉头区宽度应满足入库设备的掉头之用，如叉车掉头应有4m。

2）通道的类型

一般而言，仓储或配送中心的通道可分为库区外通道及库内通道。库区外通道将影响车辆、人员的进出，车辆回转，上下货等运动线；而库内通道主要影响配送中心的作业能力和效率。库内通道主要包括主通道和存储通道：主通道连接配送中心的进出门口和各作业区域，道路最宽，与码头的方向平行；存储通道为主通道连接各作业区域的通道．通常垂直或平行于主通道，不应与仓库墙壁临近。通道类型的说明见表1－7。

表1－7　通道类型说明

通道类型	说明和计算公式	
工作通道	货物出入存储区的通道	
	主要通道	沿着厂房的长度方向，允许两方面货物交通
	交叉通道	与主通道方向垂直，通常可达仓库的对门
人行通道	只用于员工进出特殊区域的通道，应维持最小数目	
电梯通道	提供出入电梯的通道，应不受任何通道阻碍。通常此通道宽度至少与电梯相同，距离主要工作通道约3～4.5m	
其他通道	公共设施、防火设备或紧急逃生所需的进出通道	

3）通道的设计原则

通道的设置及宽度设计是配送中心空间分配最重要的因素，表1－8是通道设计原则。

表1－8　通道设计原则说明

基本原则	原则说明
流量	形成最佳的作业移动线路
空间经济	最小的空间占用率
按序设计	先确定出入库位置以设计出主通道，再设计存储通道和作业区之间的通道，然后设计服务设施、其他通道等
大规模厂房的空间经济	在面积较大的配送中心可以取得较大的规模效果
直线	所有通道应以直线为原则
方向	主通道与码头的方向平行，存储通道垂直或平行于主通道
紧急逃生	要求通道随时能保证紧急情况下的人员逃生目的
电梯通道	电梯通道是通道的特例，其目的在于将主要通道的物品运至其他楼层，但又要避免阻碍主要通道的交通

4）几种常见通道的布局方式

如图1.27所示为几种常见通道的布置方式。

5）不同仓库通道形式的布局说明

不同存储区的布置形式一般有不同的通道空间比例，如表1－9和表1－10所示，分别为长方形仓库和正方形仓库的通道形式说明表。

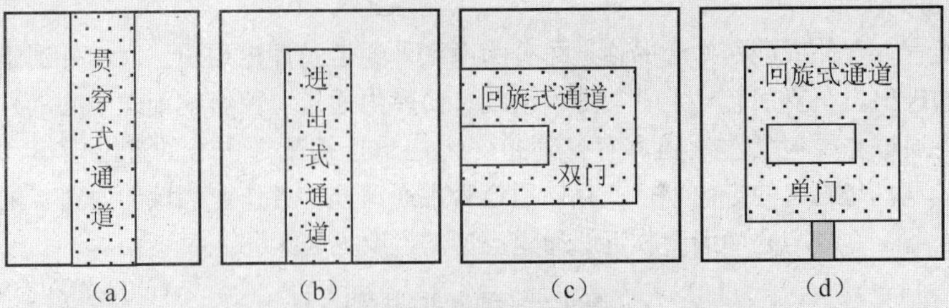

图 1.27　仓库通道的布局方式

表 1-9　长方形仓库通道形式说明

长方形仓库通道形式类型	通道形式说明
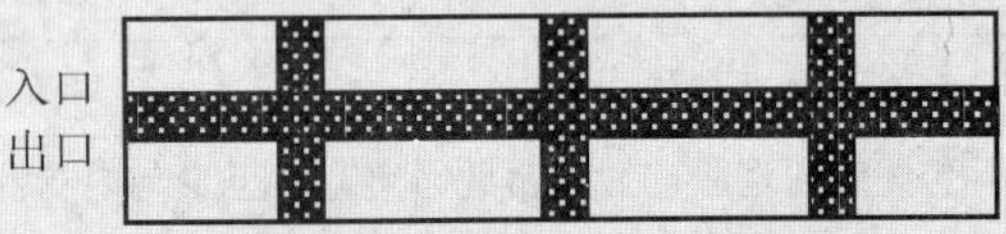	通道的面积占用率为 40%；最好的通道形式是中枢通道，指主要通道经厂房中央，且尽可能直穿，使开始及结束在出入口且连接主要交叉通道
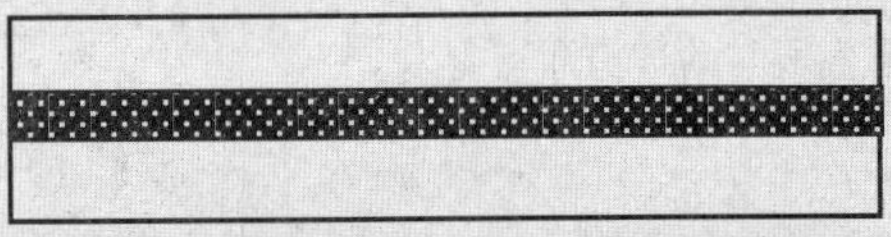	通道的面积占用率为 20%，通常用于堆垛存储方式
	通道的面积占用率为 40%，通常用来划分作业区

表 1-10　正方形仓库通道形式说明

正方形仓库通道形式类型	通道形式说明
	通道的面积占用率为 19%，这是正方形仓库常用的通道设置方式，主要适用于托盘地面存放的形式
	通道的面积占用率为 28%
	通道的面积占用率为 36%

续表

正方形仓库通道形式类型	通道形式说明
	通道的面积占用率为51%，占用面积较大，直接影响到仓库空间利用率

▶ 算一算

根据不同的通道类型，通道宽度的计算方式也不一样。例如，主通道＝2 辆堆高机宽度＋0.9m；存储通道宽度≥2 辆堆高机宽度＋0.9m，或存储通道宽度＝堆高机转弯半径。

请参照以上数据，参考图 1.28，画出实训室主通道示意图。

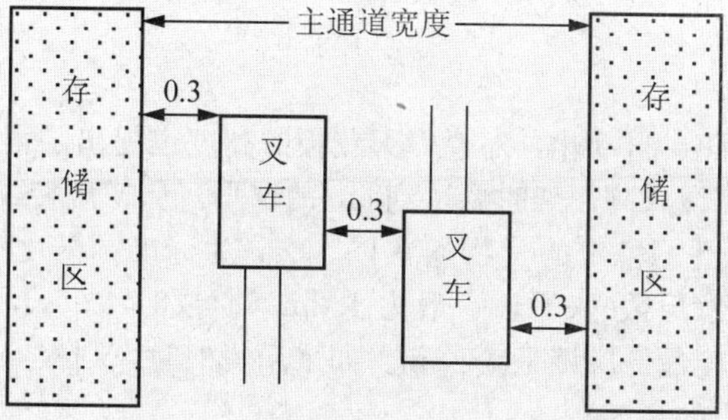

图 1.28　主通道

3. 立柱间隔

库房内的立柱是出入库作业的障碍，会导致保管效率低下，减少存货空间，因而立柱应尽可能减少。考虑出入库作业的效率，以汽车或托盘的尺寸为其中的一个基准，一般仓库的立柱间隔以 7m 的间隔较适当。它适合 2 台大型货车的运行宽度(2×2.5m)或 3 台小型载货车(3×1.7m)的作业间隔。采取托盘存货或作业的因托盘种类规格不同，以适合放置 6 个标准托盘为间隔，加上托盘间距和货柱间距，如采用 1.2m 标准托盘时，间隔为 7.65m(即 6×1.2m＋5×0.05m＋2×0.1m)。对于平房建筑的仓库，拓宽立柱间隔较为容易，可以实现较大的立柱间距，而钢骨架建筑的仓库则可不要立柱。

特别提示

立柱的间距应规则设置，否则易形成高风险区，增加搬运设备的损耗，损失面积利用率以及降低作业效率。除此以外，立柱的尺寸一般为 30～40cm，尺寸以较小为好；而且通道里不应设置立柱，以免成为障碍物。

▶ 算一算

本实训室装卸站台拟安排 2 辆卡车作业，卡车宽度为 2.5m，车辆间距为 1m，车柱间距 0.8m，试计算立柱间距。

立柱间距的计算公式为 2×2.5m+1×1m+2×0.8m=7.6m。

以上述例题中立柱间距为例，如图 1.29 所示。

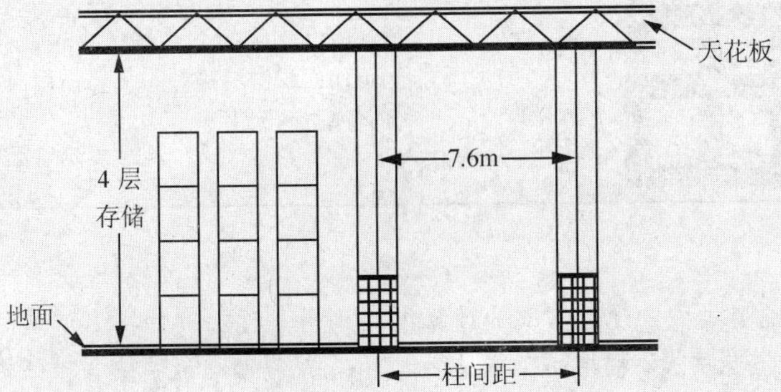

图 1.29　立柱间隔

4. 天花板的高度

要实现仓库的机械化、自动化，对仓库天花板的高度也提出了很高的要求。叉车的标准提升高度是 3m，使用多段式高门架时要达到 6m 的水平。从托盘装载货物的高度看，包括托盘的厚度在内，密度大且不稳定的货物通常以 1.2m 为标准，密度小而稳定的货物通常以 1.6m 为标准。以其倍数(层数)来看，一般为 1.2m×4(层)=4.8m，1.6m×3(层)=4.8m，因此，仓库的天花板高度最低应该是 5～6m。如采用货架时，则根据货架高度确定仓库高度(仓库地面至顶横梁下方的高度)。

表 1-11 和图 1.30 分别表示仓库库房楼层净高表及天花板净高示意图。

表 1-11　仓库库房楼层净高

仓库类型	天花板净高	
平房仓库	8～10m	
多层建筑	一层	5.5～6m
	二层	5～6m
	三层	5～5.5m
	四层	4.5～5m

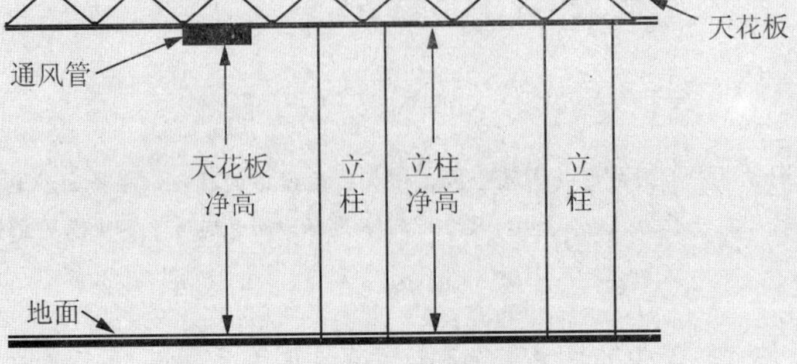

图 1.30　天花板净高

5. 地面

地面的承载力取决于承载货物的种类或堆码高度。通常，普通仓库 $1m^2$ 地面的承载力为 3t；流通仓库的地面承载力则必须保证重型叉车作业。

地面的形式有低台面和高台面两种。为了防止雨水流入仓库，低台面式的台面比基础地面高出 20～30cm，而且由于叉车的作业特点，出入口设为较平缓的坡度。高台面式的高度要与用于出入库的车厢地面的高度相符合。通常，大型载货车(5t 以上)为 1.2～1.3m，小型载货车(3.5t 以下)为 0.5～1.0m，铁路货车站台面高出轨面 1.1m 以上。

1.4.3 堆场的结构

堆场是指用于直接堆放货物的露天场地，是仓库的一种重要形式。按照堆放的对象分为集装箱堆场、杂货堆场和散货堆场。

1. 集装箱堆场

1）集装箱堆场的布局结构

集装箱堆场是堆存和保管集装箱的场所。根据集装箱堆存量的大小，可分为混合型和集装箱专用型两种形式。混合型堆场根据货源的需要堆放集装箱或其他货物。专用型堆场是专门用于集装箱堆放的专用堆场，分别设置重箱堆场、空箱堆场、维修与修竣箱堆场。设置堆场时应满足发送箱、到达箱、中转箱、周转箱和维修箱等的作业操作工艺，以及不同的功能要求，并尽可能缩短运送距离，避免交叉作业，便于准确、便捷地取放所需集装箱，利于管理。

特别提示

集装箱堆场的布局原则如下。

(1) 中转箱区应布置在便于集装箱顺利从一辆车直接换装到另一辆车的交通方便处。

(2) 周转和维修箱区应布置在作业区外围，靠近维修车间一侧，以便于取送和维修，减少对正常作业的干扰。

(3) 合理布置箱位。既要充分利用堆场面积，又要留足运输通道和装卸机械作业区及箱与箱之间的距离，做到安全方便。

(4) 合理利用与选择装卸机械和起重运输设备。除了要保证机械进出场区畅通和足够的作业半径外，还应尽量减少机械设备的行走距离，提高设备利用率。

(5) 场区内要有足够的排水设施，以利于排水。

(6) 堆场场地必须耐用，应根据堆场层数进行设计与处理。

2）集装箱堆场设计时应考虑的因素

在实际设计集装箱堆场时还是应该考虑尽量降低以下 3 个方面的因素的投入。

(1) 人力资源投入。集装箱堆存可以减少许多拆箱、倒箱工作，给进出堆场的装卸作业带来了许多便利条件，降低了劳动强度。因此，人员数量比其他形式的堆场大大减少。

(2) 减少土地使用。集装箱堆场通常设置在港口、码头附近，一般来说，港口场地的费用比任何内陆点都要高。地皮和场地一直都是仓库系统设计中成本分析最重要的部分。因此，尽管集装箱堆场较一般的仓库具有很多优势，但是，它的占地费用是必须要考虑的因素，在实际集装箱堆场的设计中应尽可能减少堆场的占地面积。

(3) 低单位操作和堆存成本。单位操作和堆存成本是将来堆场运作的成本，与土地使用具有背反的现象。操作和堆存的真实成本很难精确地确定，特别是对最佳操作的评估、堆场的管理作业、进出堆场的复合操作以及货物的损坏和变质等。

3) 集装箱堆场的设计目标

在设计集装箱堆场时，不仅要考虑设计的 3 个因素，还应该尽量达到以下 3 项目标。

(1) 服务的精确性。由于集装箱存放货物无须拆箱，所以，箱内货物的质量和数量完全靠货物文件以及其他相关单据，同时在分类堆存时也完全按照文件及其单据进行分类，所以在集装箱堆场的存放与管理过程中应尽量做到认真细致，力求达到服务的精确性。

(2) 单位堆存和流转速度。操作要求尽可能快，应与堆存区要求的服务水平相适应。由于要尽量减少堆场的占地面积，所以在设计集装箱堆场、选取合适的存放堆垛方式的过程中，要尽量增大单位堆存，同时尽量缩短保管时间，加快集装箱的流转速度，尽可能充分地发挥集装箱的优越性。

(3) 旺季存储能力。这与前面的因素有关。有这么一条经验，系统设计者应该满足一定时期内 95%的库存需求。按照不同的服务类型，这一定时期可以是一个月、一年。最后的 5%通常要花费巨大的代价才能满足，需要依据具体需要予以确定。比如在集装箱码头中，泊位利用率是服务的一个重要因素，为了保证泊位利用率，其堆场的设计应尽可能达到上限。

4) 集装箱堆场的箱位

需要对场地堆放的集装箱进行分配和标记，以便有规律地使用和保证操作的顺利进行，如图 1.31 所示。

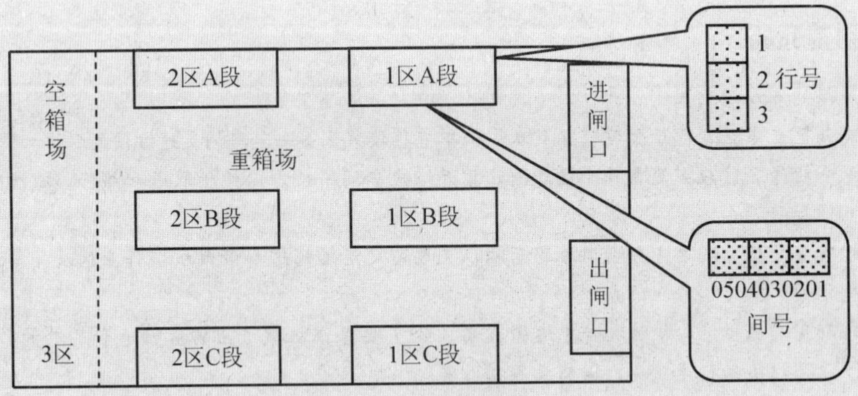

图 1.31　集装箱堆场

知识链接

港口集装箱堆场的箱位编排方式

(1) 分场。按照存箱的性质将堆场划分为空箱场、重箱场、装拆箱作业场、修箱场、检测场、冷藏箱场等。

(2) 分区。对于大型的场地，如重箱场、空箱场，根据作业工艺和作业流程、箱主或集装箱的性质对大型场进行分区，如 1 区、2 区等。

(3) 分段。从集装箱堆放的原则出发，考虑到堆取作业的便捷性，利用通道将某个区划分为若干段。其宽度可以并排堆放2个以上集装箱，根据作业设备能力确定，如使用龙门吊时，可设为4～6个箱宽。长度则根据场地情况确定，但不能超出分区。

(4) 行号。在一个段内会并行多个集装箱，需要对行进行编号，一般采用阿拉伯数字编号，如1、2、3，并标注在地面上。

(5) 间号。在同一行或列放置多个集装箱，以20ft箱为单位分间，每一个间每层可以堆放一个20ft集装箱。间的编号用数字单数依顺序编排，为01、03、05、07等。由于集装箱可能是20ft或者40ft集装箱，每一个单数表示一个20ft集装箱的间位，并标注在地面上。若存放40ft集装箱时，需要占用两个间位，则用双数表示，如放在01、03间位的40ft集装箱为02位。

(6) 层号。在集装箱堆场，集装箱均采用多层堆放方式。层数根据作业设备的能力确定，如重箱堆4层、空箱堆6层。层数自下而上编排，如1、2、3层。由于集装箱必须叠放，堆箱时层数按实际堆量确定，而取箱时需要指明层数。在一般情况下，由于层数较少且直观，可以不表达层数。

(7) 箱位号。采用一组数据表示集装箱的位置，比如“2A040503”表示该箱在2区A段第4行05间的第3层，为一个20ft集装箱。空箱场一般依箱主分别分堆，没有差别，因而也无需确定行、间、层号。

2. 杂货堆场

1) 杂货的概念

杂货是指直接以货物包装形式进行流通的货物，货物的包装有袋装、箱装、桶装、箩装、捆装、裸装等，也包括采用托盘、集装袋、绳网成组方式流通的货物。杂货中的相当一部分可以直接在堆场露天存放，如粗钢、油桶、日用陶瓷器等。在堆场存放要考虑苫盖、垫垛，以便防水、防晒、防尘，排水除湿。多数杂货需要在仓库室内存放。杂货的杂性使得杂货的装卸、堆垛作业效率极低，而且需要较大的作业空间，同时杂货容易混淆，需要严格进行区分。

2) 杂货堆场的货位布置形式

大多数杂货的货位布置形式均采用分区类布置，即对存储货物在“三一致”(性能一致、养护措施一致、消防方法一致)的前提下，将堆场划分为若干保管区域；根据货物大类和性能等划分为若干类别，以便分类集中堆存。

杂货堆场分区分类存放货物的作用有：①可以缩短货物的收、发作业时间；②可以合理利用有限的堆场占地面积；③可以使堆场管理人员掌握货物进出场的活动规律，熟悉货物性能，提高管理水平；④可以合理配置和使用机械设备，提高机械化操作程度。

小贴士

堆场分区分类的方法如下。

(1) 按照货物种类、性质和所属进行分区分类。这是大多数堆场采用的分区分类方法，即按货主、货物的类别来分类。把性能互不影响、互不抵触的货物在同一堆场内划定的同一货区里集中储存。

(2) 按照货物发往地区进行分区分类的分类方法主要适用于储存期限不长，而进出数量较大的中转性质的堆场。具体做法是，货物按照交通工具划分为公路、铁路、水路，再按到达站、港的线路划分。这种分区分类方法虽然不分货物种类，但是对于危险品、性能互相抵触的货物，还是应该分别存放。

3) 杂货堆场的货区布置

根据货物的不同性质，对各种堆存的货物进行合理的分类之后即可按照堆场的货区进行分类堆存。堆场的货区布置形式主要有3种：横列式、纵列式和混合式。

(1) 横列式。横列式布置形式是指货位的长度与堆场的长度方向互相垂直。这种布置方式的主要优点是：主要通道长且宽，副通道短，有利于货物的取存、检查；通风和采光条件好；有利于机械化作业。其主要缺点是：主通道占用面积多，堆场面积的利用率会受到影响。此形式适用于货物种类多、批量较小的仓库使用。

(2) 纵列式。纵列式布置形式是指货位的长度与堆场的长度方向平行。这种布置方式的优点主要是：仓库平面利用率较高。其缺点是：存取货物不方便，对于通风采光不利。此形式适用于货物批量较大的仓库使用。

(3) 混合式。混合式布置形式是指在堆场中，横列式和纵列式布置兼而有之，是两种方式的结合，兼有上述两种方式的特点。

在布置货位时，要留出适当垛距，不仅作为区分不同品种规格或不同批次的货物的分界道，同时还作为货物进出、检查的通道。隔离垛距要大于0.5m。

3. 散货堆场

散货是指未包装、无标志的小颗粒货物，直接以散装方式进行运输、装卸、仓储保管和使用。在仓储中不受风雨影响的散货一般直接堆放在散货堆场上，如砂、石、煤、矿等。

散货堆场根据堆存散货的种类不同，地面的结构不完全相同，可以是沙土地面、混凝土地面等。由于存量巨大，要求地面有较高的强度。由于散货都具有大批量的特性，散货货场往往面积较大。为了便于疏通，采取明沟的方式排水，并且通过明沟划分较大面积的货位。散装堆场都采用铲车或者输送带进行作业，所堆的垛型较为巨大。

1.4.4 仓库的使用规划

1. 仓库使用规划的原则

1) 专业化

仓库的专业化分工是依据库场存放和作业的货物的种类、流向、数量，以及库场的结构、位置来确定的。对于只储存单一货种的专业仓库，其库场必然是单一货种的专业化存储和作业。而对综合性仓库来说，为了开展专业化分工，可将库场进行专业化划分区段，不同的区段只承担某类货物和一种流向货物的存储和作业，实现局部的专业化分工。

2) 效率化

仓库使用规划的重要目的是实现高效率的仓库管理和使仓库作业能高效率地进行，实现货物周转速度的提高，减少压仓压库现象，特别是中转型仓库，高效率的周转是仓库的生命。对任何仓库来说，快捷的货物进出、方便的作业、高效率的作业速度都是会得到送货人、提货人的欢迎的。稳定的仓库使用规划使仓位的使用固化，方便员工熟悉和实现快速的货物查询。

3) 充分利用仓容

要根据现有仓库的场地特性、设备条件，针对仓储的货物种类合理地进行规划，使仓库的每一个空间都可以得到充分的利用。作业便捷的货位用于周转量大的货物仓储，而不便操作的货位用于保管长期存放的物资。作业线路的合理规划不仅要实现作业的快捷，还要使作业线路最少地占用仓库面积，提高存货空间。向高处发展是提高仓库使用空间的有效手段，在进行仓库使用规划时应尽可能地利用高度。

4）遵循企业管理的原则

企业在生产单位和机构设定上要遵循以任务为目标，专业分工，管理幅度和管理层次合理的原则。以管理幅度划分仓库区间，进行分段、分片的仓库管理、生产作业划分和机构设定。对不同的生产过程进行专业分工和业务分类，由不同的生产单位承担是库场规划的一种重要方法。通过合适的管理幅度的划分，使得人员管理到位、责任明确，员工激励和监督能有效进行，保证仓库管理有条不紊，员工的劳动业绩得以准确反映，便于考核。要避免作业交叉、管理重叠或出现真空地带。随着信息技术的广泛使用，管理信息和管理手段的改进会使得管理幅度增大，管或理趋向于集中。

特别提示

仓库使用规划过程中应考虑的因素如下。

（1）仓库的现状条件和未来的发展方向。

（2）明确仓库的经营方式和仓储对象。

（3）了解仓库的机械化程度和未来的发展方向，仓库管理的方法和能力，目前员工的素质，仓库面临的外部物流条件等。

（4）安全仓储和消防管理的需要。

2. 仓库使用规划的内容

1）仓库的总体合理布局

根据仓库生产和管理的需要，对整个仓库的所有设施进行用途规划，确定生产、辅助生产、行政等场所；确定仓储、作业、道路、门卫等的分布；并对各类设施和建筑进行区分，如仓库货场编号、道路命名、行政办公区识别等。通过总体布局规划形成仓库的总布置图。

2）仓库的专业化分工

按照仓储物的种类进行专业分类分区，对于专业化的仓库可以按照不同的作业方式进行划分。通过专业分区使得仓库形成如食品区、日用品区、机电区、物资区，或者保管区、验货区、包装区等分区。

3）仓库员工的分工和管理范围

按照管理幅度需要确定班组、管理范围，确定仓库工作岗位和岗位职责。

4）仓库货位的安排、作业通道和仓库的作业流程

为了实现安全保管和快捷作业，将仓库、货场划分为一定的货位，并对货位进行编号。确定仓库、货场内的作业通道，保证每一个货位都能与通道相通，制定每一个仓库和货场的作业流程、进出口和运送方向。

5）仓库的未来发展方向

仓库的未来发展方向包括仓库的发展战略和规模（仓库的扩建、改造任务，仓库吞吐、储存能力的增长等），以及仓库机械化发展水平和技术改造方向，如仓库的机械化、自动化水平等。

6）仓库的主要经济指标

仓库的主要经济指标包括仓库主要设备利用率、劳动生产率、仓库吞吐能力、仓库储存能力、物资周转率、储存能力利用率、储运质量指标等。

因此，仓库使用规划是在仓库合理布局和正确选择库址的基础上，对库区的总体设计、仓库建设规模以及仓库储存保管技术水平的确定，形成仓库相对稳定的布局和管理体系。

1.4.5 仓库布局

仓库布局是指在一定区域或库区内，对仓库的数量、规模、地理位置和仓库设施道路等各要素进行科学规划和整体设计。具体而言，仓库布局是将一个仓库的各个组成部分，包括库房、货棚、货场、辅助建筑物、铁路专运线、库内道路、附属固定设备等，在规定的范围内进行平面和立体的、全面合理的安排。

1. 仓库布局的原则

表1-12所示为仓库布局主要遵照的基本原则。

表1-12 仓库平面布局设计的基本原则和工具

仓库布局的基本原则	采取措施
集成化的作业系统原则(IWS)，增加每次行走的运载量	标准单元装载
减少行走频率	使用流力货架，作业区域合理，信息系统化设置
减少行走距离	主要通过优化拣货方式(采用批量间或方式或采用流力货架)减少作业行走频率，以减少行走花费的时间，并减少因行走造成的作业动线的交错
简化行走路径，避免逆向操作和大幅度变向的低效率运作	单向和直线运动
通过作业规划减少行走次数	按高/低频率对作业分类，并设置不同的作业区域。使用不同设备工具称作业方法。在高频率作业区使用直线作业以提高作业效率
分类存储	存储区域的弹性化
通用搬运	作业标准化
减少搬运次数	—
业务流程和搬运策略	—

特别提示

仓库布局的功能要求如下。

(1) 仓库位置应便于货物的入库、装卸和提取，库内区域划分明确、布局合理。

(2) 集装箱货物仓库与零担货物仓库分开设置，库内货物应按发送、中转、到达货物分区存放，并画线设置货位，以防商务事故的发生。要尽量减少货物在库内的搬运距离，避免任何迂回运输，并要最大限度地利用空间。

(3) 要有利于提高装卸机械的装卸效率，满足先进的装卸工艺和设备的作业要求。

(4) 仓库应配置必要的安全、消防设施，以保证安全生产。

(5) 仓库货门的设置既要考虑集装和货车集中到达时的装卸作业要求，又要考虑由于增设货门而造成的堆存面积的损失。

2. 仓库的功能布局区域划分

一个仓库通常由生产作业区、辅助生产区和行政生活区三大部分组成。

1）生产作业区

生产作业区是仓库的主体部分，是商品储运活动的场所，主要包括储货区、铁路专运线、道路、装卸台等。

储货区是储存保管的场所，具体分为库房、货棚、货场。货场不仅可以存放商品，同时还起着货位的周转和调剂、作业作用。铁路专运线、道路是库内外商品的运输通道，商品的进出库、库内商品的搬运都通过这些运输线路。专运线应与库内其他道路相通，保证畅通。装卸站台是供火车或汽车装卸商品的平台，有单独站台和库边站台两种，其高度和宽度应根据运输工具和作业方式而定。

2）辅助生产区

辅助生产区是为商品储运保管工作服务的辅助车间或服务站，包括车库、变电室、油库、维修车间等。

3）行政生活区

行政生活区是仓库行政管理机构和员工的生活区域。一般设在仓库入口附近，便于业务的接洽和管理，行政生活区与生产作业区应分开并保持一定的距离，以保证仓库的安全、行政办公和居民生活的安静。

特别提示

总平面布置的要求如下。

(1) 要适应仓储企业生产流程，有利于仓储企业生产正常进行。

① 单一的物流方向。仓库内商品的卸车、验收、存放地点之间的安排必须适应仓储生产流程，按一个方向流动。

② 最短的运距。应尽量减少迂回运输，并根据作业方式、仓储商品品种、地理条件等，合理安排库房、专用线与主干道的相对位置。主干道布置应在库区中部，铁路专用线应偏向车流量较少的区域。

③ 最少的装卸环节。减少在库商品的装卸搬运次数和环节，商品的卸车、验收、堆码作业最好一次完成。

④ 最大地利用空间。仓库总平面布置是立体设计，应有利于商品的合理储存和充分利用库容。

(2) 有利于提高仓储经济效益。

① 要因地制宜，充分考虑地形、地质条件，满足商品运输和存放上的要求，并能保证仓容充分利用。

② 平面布置应与竖向布置相适应。所谓竖向布置，是指建设场地平面布局中每个因素，如库房、货场、专运线、道路、排水、供电、站台等，在地面标高线上的相互位置。

③ 总平面布置应能充分、合理地利用我国目前普遍使用的门式、桥式起重机之类的固定设备，合理配置这类设备的数量和位置，并注意与其他设备配套，便于开展机械化作业。

(3) 有利于保证安全生产和文明生产。

① 库内各区域间、各建筑物间应根据 GB 50016—2006《建筑设计防火规范》的有关规定，留有一定的防护间距，并有防火、防盗等安全设施，经过消防部门和其他管理部门验收。

② 总平面布置应符合卫生和环境要求，既要满足库房的通风、日照等，又要考虑环境绿化、文明生产，有利于增进职工的身体健康。

3. 仓库总平面图的绘制

布局定型后，大多将布局绘制成仓库总平面图，如图 1.32 所示。

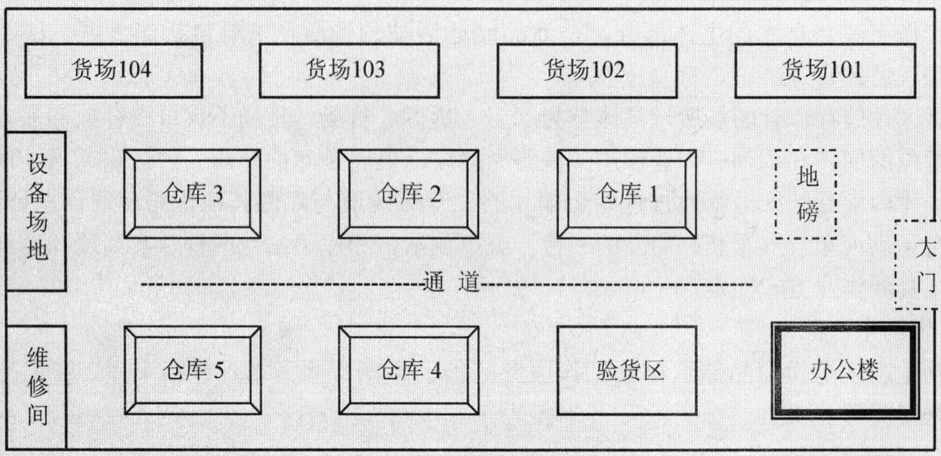

图 1.32　仓库总体布局

▶ 做一做

根据所学的仓库布局知识和要求，完成本任务开始时【工作任务】中的题目。

▶ 评一评

组间相互检查实训室布局设计规划，提出修正意见后，每组重新修正方案，增强执行效果。

项 目 小 结

本项目介绍了仓储和配送的基本知识，讲解了未来仓储业的发展方向和岗位职责要求，为本课程后续的学习奠定了基础。同时，在分组实训环节，培养学生根据选址的目标、原则和影响因素，确定合理的仓库选位和定址，继而为模拟实训室选择恰当的仓库设施设备，最后为该模拟仓库进行布局设计的能力。

复习思考题

一、单项或多项选择题

1. 仓储的经济功能表现在通过(　　)功能来实现物流总成本的降低？
   A. 发挥季节性储存的功能　　B. 发挥中转功能
   C. 共同配送　　D. 发挥流通加工功能

2. 配送中心的主要功能有(　　)。

A. 备货　　B. 储存　　C. 分拣及配货

D. 配装　　E. 配送运输　　F. 送达服务

3. 仓库选址需要考虑的因素有(　　)。

A. 宏观经济政策定位　　B. 建设和运营成本选位

C. 地质条件　　D. 交通运输条件

4. (　　)货架能保证先进先出，并且方便拣货，作为分拣式货架普遍应用于配送中心作业中。

A. 重力式　　B. 托盘　　C. 阁楼式　　D. 移动式

5. (　　)是指用于储存对湿度、温度等有特殊要求的仓库，包括恒温、恒湿及冷藏库等。

A. 恒温仓库　　B. 保温仓库　　C. 特种仓库　　D. 公共仓库

二、简答题

1. 仓储有什么功能？有何类别？
2. 什么是配送中心？配送中心有哪些类别？
3. 简述影响仓库选址的主要因素。
4. 简述配送中心规划的七要素。
5. 仓储与配送常用的设备有哪些？
6. 列举货架的种类，并比较其优缺点。
7. 简述仓库布局的功能要求。

三、能力拓展实训题

海尔国际物流中心设备的配置与运用

海尔集团（简称海尔）成立于1984年，在短时间内由一个濒临破产的小厂成长为全球家电企业十强之一。海尔的产品通过全球约3.8万个营销网点销往世界上160多个国家和地区。在供应方面，海尔的供应商为978家。其中不乏世界500强企业，如GE、爱默生和巴斯夫等。目前，海尔平均每个月接到6 000多个销售订单，制造7 000多种产品，需要采购的品种达15万余种。

使用立体仓库是海尔物流的一个突破口，表面上看仅仅是仓库设备的换代，实际上是观念的更新。1998年，海尔集团CEO张瑞敏提出在海尔园内建一个立体仓库。以前海尔工厂厂内设有仓库，仓库和工厂混在一起，由于生产规模的不断扩大，生产线随之增加，工厂内部周转仓库面积越来越小，只能大量外租仓库，成本很高。1999年，一个占地7 000多平方米、9 000多个货位的自动化立体仓库建成。同时，基础工作也都得到极大改进，如信息系统管理、标准化包装、机械化搬运、对物料进行统一编码并使用条形码等。在立体库成功运行后不久，海尔于2000年5月又投资兴建了全自动立体仓库，占地1.92万平方米，库存量达1.8万多货位，满足海尔园区内冰箱、商用空调、小家电、电热器和冷柜等所有原材料和成品库存的需要，如图1.33所示。在电气应用方面，海尔应用了国际先进的自动化技术、机器人技术、通信传感技术等，并配有激光导航小车，以及从日本引进的穿梭车和堆垛机。

图 1.33　海尔的立体仓库

1. 海尔国际物流中心的主要设备构成

海尔国际物流中心库区面积为 148m×120m。按物料管理方式，自动化物流系统主要由两部分组成：原材料自动化仓库和成品件自动化仓库。这两类自动化仓库的主要设备构成如下所示。

1）原材料自动化仓库

集装单元货物尺寸：1 200mm×1 000mm×1 560mm。

货位数量：12(排)×74(列)×11(层)=9 768 个。

巷道堆垛起重机数量：6 台。

巷道堆垛起重机载重量：1 000kg。

2）成品件自动化仓库

单元货物尺寸：2 100mm×1 200mm×2 000mm。

货位数量：16(排)×74(列)×8(层)=9 472 个。

巷道堆垛起重机数量：4 台(双深)。

巷道堆垛起重机载重量：1 200kg。

3）自动化仓库的公用系统

机械搬运叉车：若干台。

出入库输送机系统：1 套。

LGV(激光导引小车)自动搬运系统：1 套。

自动化控制系统：1 套。

计算机监控和管理系统：1 套。

大屏幕摄像监控系统：1 套。

语言对讲调度系统：1 套。

无线条码识别系统：1 套。

2. 自动化仓库的业务流程及设备运用情况

1）原材料自动化仓库

(1) 原材料入库。原材料由供货厂家送至自动化物流中心，由叉车卸车后堆放在原料入库暂存区。海尔质检人员对到达的原材料进行检验，对于检验合格的标准包装物料，叉车司机利用手持数据终端扫描包装上的条码信息并将条码信息实时传输到后台仓库管理系统后，由司机驾驶搬运叉车将原材料运送到自动化仓库的入库暂存区。入库输送机系统获得系统的入库指令，原材料由输送机进行运送，进入输送机的原材料经外形尺寸检测、条码识别及自动称重后，由计算机管理系统指挥调度环形穿梭车，将货物输送到相应的巷道堆垛机入库站台，巷道堆垛机根据计算机的指令将原材料运送到指定的货位，系统自动更新库存信息。

(2) 原材料出库。计算机系统根据提货清单，向巷道堆垛机发出出库指令。巷道堆垛机根据系统指定的货位将货位中的托盘货物取出，通过环形穿梭车将货物送往输送线，通过输送线将原料送到出库暂存区。输送机上设置有条码自动检测装置，物料通过时将自动识别物料信息，以确保出库货物的准确无误。到达出库暂存区的物料由搬运叉车提取出库，送到生产工厂或生产车间。

(3) 原材料拣选出入库。当原料需要按用户要求配单进行配盘时，在出入库暂存区设有原材料拣选配盘，在这里拣选人员，按订单要求进行拣选组盘，然后对组盘后的托盘进行出入库作业。

2) 成品件自动化仓库

(1) 成品入库。生产线下线的成品由专用车辆送到自动化物流中心(含托盘)，由叉车卸车后堆放在入库暂存区。计算机系统根据车间发来的成品信息向输送机系统发出入库指令，输送机根据入库指令在输送线上对产品进行外形尺寸检测、条码信息识别和自动称重后，将产品送到立体货架入库暂存区，再由计算机系统指挥调度 LGV 将产品送到立体货架相应货位的入库站台，此时，巷道堆垛机将货物取出，并将其送往指定的货位，系统对产品库存信息进行更新。

(2) 成品出库。首先计算机系统根据提货清单对巷道堆垛机发出取货指令，巷道堆垛机根据指令从相应货位中提取成品托盘，放入立体货架出货站台。此时，计算机系统调度 LGV 到该站台取货，并将成品托盘送往立体货架出库发货站台。然后由输送机将货物运送到立体仓库的出库暂存区等待出库。

3. 海尔自动化仓库的技术创新与收益

1) 海尔自动化仓库的技术创新

海尔自动化仓库采用了多项技术创新，如典型的创新项目是新颖的 LGV 系统。该系统使用了先进的激光导引方式、完善的小车调度管理软件。LGV 具有结构紧凑、高速、行驶路线自由灵活、充电时间短和持续运行时间长等优点。同时，采用该系统的柔性化能够满足未来自动化仓库出入库能力增加的需求。

新颖的 LGV 运用了单双托盘混合辊道式激光导引运输车型，提高了 LGV 的使用效率；采用多重安全保护装置，提高了 LGV 的安全性；采用智能交通管理技术，上位计算机系统可以自动调度，具有远程控制功能；采用了自动快速智能充电系统，提高了 LGV 的使用效率，减少了 LGV 的配置数量。

2) 自动化仓库带来的收益

海尔自动化仓库的库区面积仅为 148m×120m，但它相当于平面仓库近 30 万平方米，每天的吞吐量相当于 40 多个同样面积的普通平面仓库。库内原材料 4h 可以送达车间工位，仅需要 19 名员工，其中叉车司机 9 名，其作业效率令人叹服。

自动化仓库的使用对海尔物流的改革起到了很大的推动作用。

(1) 提高了海尔物流的标准化运作水平。物流的标准化主要是指货物单元及托盘的标准化。由于采用了标准器具，所以顺利实现了搬运工具及物流作业流程的标准化。实施了标准化以后，大大地降低了入库的工作量及验收、清点、堆垛、抽检、出库等一系列程序作业的工作量，减少了人工成本。

(2) 增强了海尔物流服务能力。自动化仓库具有很好的灵活性和扩展性。刚开始设计立体仓库时考虑的只是存放空调事业部的货物，但是通过计算机系统管理后，只占很少的库容，海尔马上把冰箱、洗衣机、计算机全部都放进去，很快减少了这些厂的外租库，整个效果非常明显。

思考题：

1. 本案例中，海尔国际物流中心配置了哪些典型的物流技术装备？

2. 这些物流技术装备的主要作用是什么？

3. 海尔国际物流中心的投入运营给海尔集团带来了什么收益？

4. 根据海尔自动化立体仓库的案例，通过网络等方式查找相关知识内容，全面了解自动化立体仓库的概念、特点、分类、主要技术、设施设备、布局等方面。

项目 2 仓储与配送商务管理

任务 2.1 仓储与配送成本分析与报价

学习目标

- 了解仓储成本分析的意义和目的；
- 熟悉仓储成本的类型，掌握平均成本的仓储费计算方法，能进行每天、每储位仓储费报价；
- 了解配送成本分析的意义和目的；
- 掌握配送成本的构成及配送费计算方法，能进行配送费用的报价。

任务描述

根据任务 1.3 和任务 1.4 设计的仓储与配送系统进行仓储与配送成本分析并报价，培养学生通过仓储与配送成本分析后能进行报价的工作能力。

工作任务

根据仓库经营的成本构成和仓储费的定价方法，以任务 1.3 和任务 1.4 规划设计的仓库为基础，开展对外经营服务，进行仓储费和配送费报价。

操作步骤

仓储成本分析与报价的工作流程如图 2.1 所示。

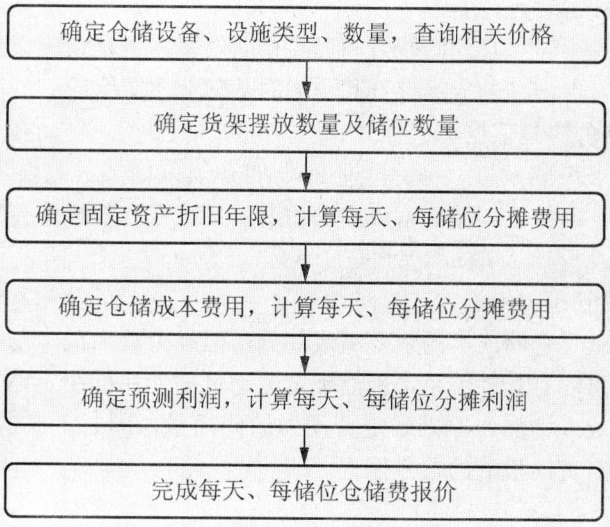

图 2.1 仓储成本分析与报价的工作流程

知识准备

2.1.1 仓储成本分析

1. 仓储成本分析的意义

仓储成本是指仓储企业在生产经营中各种要素投入的以货币计算的总和。其中一部分为仓储设施和设备的投资，另一部分则为仓储保管作业中的活劳动或者物化劳动的消耗，主要包括工资、管理费和能源消耗等。而对于仓储物占用的资金所需要支付的利息也是仓储成本的构成部分。此外仓储活动都存在的仓储物耗损和损害的风险成本也是仓储的成本。

通过仓储成本分析，最大限度地利用仓储设施和设备，尽量少用人力、物力、财力把库存管理好，把库存控制到最佳数量，为存货企业获取最大的供给保障，准确地确定仓储成本和产品价格，这是很多企业家、经济学家寻求的目标，甚至是企业之间生存竞争的重要一环。

2. 仓储企业成本分析的目的

1） 仓储经营管理

仓储经营管理是独立经营的仓储企业的生命，也是非独立经营的附属仓储必须考虑的管理项目(如独立核算)。经营管理的核心是通过对仓储成本的分析和对不同经营方案的比较，选择成本最低、收益最大的方案制订经营计划，开展经营活动。

2） 仓储产品定价

对社会提供仓储产品的仓储企业，在与仓储产品需求方交换仓储产品时，需要确定产品的价格，即仓储费。仓储费制订的前提就是仓储所要花费的成本。

3）仓储设施设备改造的依据

设施和设备改造是为了提高仓储能力和提高仓储效率，但是设施设备的投入必须获得相应的产出回报，也只有在准确的成本核算和预测的基础上才能保证。

4）仓储企业发展的决策依据

任何企业都在追求不断发展，但是企业的发展必须以增加的收益大于增加的投入为原则。收益由市场确定，而投入却受经营成本的约束。只有在有效成本控制的基础上才能保证预定发展目标的实现。

5）仓储企业劳动管理的依据

劳动力成本本身就是仓储成本的重要组成部分，但是劳动力成本与其他成本之间既可能存在着替代关系，也可能有互补关系，因而确定劳动量的使用的决定因素是收益，以能够获得总成本降低或者总收入增加为原则确定劳动力的使用量。同时，成本因素也是劳动考核、岗位设置的依据和决定劳动报酬的参考依据。

6）存货管理

核算和管理仓储期间的仓储物资产的资金成本，选择最佳的存货数量和存货期间，减少总成本的支出。

3. 仓储成本分析对存货企业的目的

1）存货成本降到最低

存货企业需要通过降低库存成本达到降低成本、增加盈利和增加竞争能力的目标。

2）保证供给程度最高和不允许缺货的目标

该目标使存货企业有很多的销售机会，会带来更好的经济效益，这就特别强调库存对其他经营、生产活动的保证，而不强调库存本身的成本。在企业通过增加生产以扩大经营时，常常选择这种控制目标。

存货企业由于技术、工艺条件的限制，不允许停产，因此必须以不缺货为控制目标，能起到不停产的保证作用。企业的某些重大决策必须以供货保证仓储与配送管理与其他企业履约，否则会受到罚款、索赔等惩罚。企业也可制订不允许缺货的控制目标。

3）限定资金

企业必须在限定资金的前提下实现供应，这就需要以此为前提进行库存管理。

4）快速反应

在一个大的系统中，库存控制不以本身的经济性来确定目标而以大系统的要求确定目标，这常常出现以最快速度实现进出货为目标来控制。通过成本分析，即时了解库存状况，从而制定进出货方案，以减少因信息滞后带来的损失。

5）生产经营成本定价

存货企业的存货费用是生产经营成本的组成部分，其生产经营产品的价格包含着存货成本，仓储成本和价格是存货企业必须掌握的信息，是存货企业生产经营的重要决策依据。

4. 仓储成本的类型

仓储成本是发生在货物储存期间的各种费用的支出，是由于因一段时期内储存或持有商品导致的。该成本可以分为 4 种：空间成本、资金成本、运作成本和库存风险成本。

1）空间成本

空间成本是仓储设施投入仓储生产的固定成本的体现，或者说是存货占用储存建筑内立体空间所支付的费用，包括场地地租、货架、道路使用费等仓储设备和建筑成本分摊。如果是自有仓库，则空间成本取决于固定投资的分摊和折旧。如果是租借仓库，空间成本一般按一定时间内储存产品的重量来计算，例如元/(t·月)。在计算在途库存的持有成本时，不必考虑空间成本。

2）资金成本

资金成本主要指使用流动资金所需要的成本，这些资金是仓储企业为了运营需要使用资金的成本，如果占有存货则还包括库存物资占用资金的成本。资金的机会成本也是资金成本的构成部分。资金成本有可能占到库存持有成本的80%(见表2-1)，无论如何都是一种不能忽略的成本。

对于资金成本的确切数额，许多企业使用资金的利息支出，另一些则使用企业的平均回报率。有人认为最低资金回报率最能准确反映真实的资金成本。

对于仓储企业来说，资金成本主要来自于流动资金造成的成本。但存货资金却是仓储企业持有的资产，仓储经营中的消费仓储则充分利用这种资产为仓储企业带来收益。

表2-1　某库存持有成本因素的相对比重

成本	比例/%	成本	比例/%
利息和机会	82.00	财产税	0.5
仓损	14.00	保险	0.25
存储和搬运	3.25	总计	100

3）运作成本

为库存商品提供的各项服务的成本，包括货物作业、劳务、信息服务、文件服务等，投入作业生产的设备的运营费用，包括燃料、润滑油，以及作业使用的工具和消耗品等属于运作成本。仓储企业的管理费用、业务费用、交易成本等都属于服务成本的范畴。服务成本主要表现为工资和福利费用。如果服务外包，则服务成本就会成为仓储企业对外支付的费用。

仓储的税收包括仓储营业税或者企业所得税在仓储运作成本中分摊。

4）库存风险成本

与产品变质、短少(偷窃)、损害或报废相关的费用构成仓储成本的最后一项。在保有库存的过程中，存货会被污染、损坏、腐烂，被盗或由于其他原因不适于或不能使用，直接造成存货的损失。仓库未履行合同的违约金、赔偿金也构成库存的风险成本。保险费也构成风险成本的一部分。保险作为一种保护措施，帮助企业预防火灾、风暴或偷窃带来的损失。

特别提示

具体来说，仓储成本是由投入仓储生产中的各种要素的成本和费用构成的。这些要素包括以下几点。

(1) 固定资产折旧。固定资产主要指库房、堆场、道路等基础设施建设的投资，以及仓储机械设备的投入，这些投资在仓库建设时一次性投入，通过逐年折旧的方式回收。由于不同的项目和企业经营的策略不同，固定资产折旧年限不完全相同，可以为5～30年。现今企业大都采取加速折旧法，在较短的时间内将成本回收。

（2）工资和福利费。工资和福利费包括仓储企业内各类人员的工资、奖金和各种补贴，以及由企业缴纳的住房公积金、医疗保险、退休基金等。

（3）能源费、水费、耗损材料费。这三项费用包括动力电力、燃料、生产设备原料等，仓库用水，装卸搬运生产使用的工具，绑扎、衬垫、苫盖材料的耗损等。

（4）设备维修费。大型设备的修理费通过大型设备修理基金每年从经营仓储与配送管理收入中提取，提取额度一般为设备投资额的3%～5%，专项用于设备大修。

（5）管理费用。管理费用为仓储企业为组织和管理仓储生产经营所发生的费用，包括行政办公费用、公司经费、工会经费、职工教育费、排污费、绿化费、咨询审计费、土地使用费、业务费、劳动保护安全费、坏账准备等。

（6）资金利息。资金利息是企业使用投资资金所要承担的利息，即资金成本。当资金为借款时，直接支付利息；如果使用自有资金，也应当对资金支付利息。

（7）保险费。保险费是仓储企业对于意外事故或者自然灾害造成仓储物损害所要承担的赔偿责任进行保险所支付的费用。一般来说，如果没有约定，仓储物的财产险由存货人承担，仓储保管人仅承担责任险投保。

（8）外部协作费。外部协作费指仓储企业在提供仓储服务时使用外部服务支付的费用，包括业务外包。

（9）税费。由仓储企业承担的税费也应作为成本计入，主要有营业税和企业所得税。

（10）营销费用。营销费用包括企业宣传、业务广告、仓储促销、交易费用等经营活动的费用支出。

5．仓储费

1）平均成本的仓储费计算

仓储成本需要在每单位仓储货物的仓储收费中得到补偿，要将总成本分摊到每一单位的仓储物上，只需确定每项物品在某一时期内的平均成本，再考虑企业收益和税负，从而可以确定要收取的仓储的费用。

仓储总成本由一定时期的固定资产折旧、资本费用、能源水费、工资、管理业务费、仓储经营的耗损费、保险费、税费等构成，其中资本费用表现为所使用资本的利息，包括自有资本的利息。

仓储总成本＝固定资产折旧＋资本费用＋工资＋能源水费＋
管理业务费＋耗损费＋保险费＋税费

将仓储管理费分摊到同期的仓储量中，就可以确定每一仓储量的仓储成本。

单位仓储成本＝仓储总成本÷库存总量

将仓储管理费分摊到同期的仓储总储位中，就可以确定每一仓储储位的仓储成本。

储位仓储成本＝仓储总成本÷总储位数

其中库存总量可以采取库存吨天量计算，则确定的单位仓储成本为日成本，确定的价格则为日价。如果采用月存量计算，则可得到月价。一般来说，仓储成本主要发生在出入库过程中，因而定价期的确定需要考虑货物存期。存期短、周转快的仓库应以日价确定价格；存期长的仓库可以选用较长期的价格。

库存总量如果采用前期的历史数据则只能反映前期的单位成本，仓储费定价却是为了提供给将来使用，因而需要考虑未来的量动因素进行调整，理论上应采用预测存量。

预测存量＝仓库面积×单位面积存量×保险系数×统计期天数

单位面积存量虽因货物的不同而不完全一样，但在预测时可以用仓库单位堆存定额。保险系数就是仓库利用率。而将库存管理费分摊到库存商品的资产上，就形成了单位资金库存费率。

单位资金库存费率＝仓储总成本÷库存金额

2）分级定价

（1）分级定价的意义。仓储成本需要通过对仓储货物收费得以回收，但是如果都按照每一单位货物的仓储成本进行计费回收，则会有无穷的收费标准，这是不可能操作的。仓储费定价就需要按照一定的规律进行分类，按类别进行定价，而定价类别越少则越便于操作。当然类别太少对于成本投入差别大的货物越会出现高成本低收费或者低成本高收费的不合理现象，最终会使得高成本的货物得到较大的消费者剩余，而大量选择该仓储造成仓储企业的收益减少或者发生亏损。仓储成本低的货物因生产者剩余太多，而寻找其他定价低的仓储企业的仓储服务，从而流失业务。

通过合理的分级，将仓储成本高的货物定价较高，成本低的货物定价较低，会使得价格更加合理。这样一方面满足和提高货物对仓储费的承受能力，另一方面也有利于局部市场的竞争。

（2）分级的原则见表2－2。

（3）分级的方法。由于货物种类繁多，价格分级也应适当简化，减少分级数或者适当增大级差，可以采取五级制、十级制等。专业型大宗货仓库也可直接按货物种类定价。

表2－2 分级的原则

分级的条件	分级的说明
货物仓储所需的条件	如仓库储存和堆场储存分别制定费率，各自按照所需的成本进行定价
作业的难度	作业所需的劳动或机械投入大，则定较高的价格；作业简单，无需特殊设备，则可定较低的价格
仓储物价值	仓储物的价值影响到仓储风险和仓库进行保管的细致程度。高价值货物适当增加仓储费，低价值货物则可以定价较低
仓储时间	对于一般的仓储保管，仓储期间越长，仓储费率越低。但对于周转量大的流通仓储（如码头、车站），为了保证仓储空间，往往采取递增的累进方式，仓储期越长，费率越高

6. 价格策略

价格策略是指仓储企业在进行产品定价时所采取的方式。选择何种价格取决于多种因素，其中包括组织类型、经济前景预期、行业的实际情况、税法以及其他规章制度。仓储企业根据本身的实际情况，选择不同的费用收取方法。仓储的价格策略有分类定价、竞争价格、追随价格、价格歧视等。

分类定价是指对不同的仓储物采取不同的定价，形成不同类别的仓储物的价差。仓储物可以按不同劳动投入来分类，也可以按不同价值来分类。

竞争价格是指采取积极的竞争策略时的定价，一般而言，该价格定得较低，采取部分让利的措施，使价格具有相对的竞争力。

追随价格也称为被动竞争价格，是指仓储企业完全按照市场中具有优势的仓储经营企业的价格定价，避免引起价格竞争。

价格歧视是指对不同的消费者采取不同定价的方式，通常有以下几种形式：①根据每个委托人的支付能力进行定价的一级价格歧视；②按照不同的仓储与配送管理仓储量进行定价的二级价格歧视；③针对不同的客户群采取不同价格的三级价格歧视。采取价格歧视一般需要有一定的条件：仓储企业具有一定的垄断能力，能够将市场进行细分，不同市场的客户具有不同的价格承受能力。

7. 价格单位

仓储费的价格以"t·天"为基本单位，吨以下的尾数保留 3 位小数，第 4 位起四舍五入。起点为"1t·天"，不足"1t·天"的按"1t·天"计算。

计费吨分为重量吨和体积吨。1 重量吨为 1 000kg。体积吨是指用体积折算的吨位，$1m^3$ 为 1 体积吨。货物计费时对重量吨和体积吨择大计费，即 1 000kg 货物的体积小于 $1m^3$ 的按重量吨计费；反之，1 000kg 体积大于 $1m^3$ 的按体积吨计费。

对于不可叠堆的货物，还可以以占用的仓库面积计费。面积计费一般以仓库的地面负荷折算成吨位计费。

8. 其他价格

仓储费除了以保管费方式计费外，还有因仓库提供其他劳务而发生的费用，有进出仓搬运费、装卸费、翻桩倒垛费、加工费、重型机械费等，一般采用单独定价和收费的方式进行。

▶ 做一做

以项目 1 规划设计的仓库为模拟经营场所，依据自己选取的设备、设施，创建仓储企业，设定组织机构和人员设置，确定相关折旧成本和费用数额，根据储位成本计算法完成每个储位的日报价。具体仓储成本项目及金额见表 2-3。

表 2-3 仓储成本项目及金额

序号	项目	金额
1	库房	300 万元
2	货架	每节 500 元
3	手动液压式托盘叉车	每台 2 000 元
4	内燃机叉车	每台 6 万元
5	托盘	每个 200 元
6	条码仪	每套 1.2 万元
7	计算机及相关软件	每套 2 万元

注：其他相关费用，如设备维护费、工资及福利、管理费用、销售费用、税金、利润等，自己根据需要拟定。

▶ 评一评

小组间相互检查依据所创建的仓储企业，根据所选设备、设施及组织、机构、人员的设置，判断确定的相关折旧成本和费用是否正确及每个储位的日报价是否正确。

2.1.2 配送成本分析

1. 配送成本分析的意义

配送成本有广义与狭义之分。广义的配送成本指配送中心为了开展配送业务所发生的各种直接和间接费用。根据配送中心的配送流程及配送环节，广义的配送成本实际上包含配送运输费用、分拣费用、配装费用、仓储保管费用、包装费用、流通加工费用、装卸搬运费用等。狭义的配送成本是指在集货、分拣、配货、配装、配送运输、送达服务、配送加工等配送环节所特有的主要成本费用，包括配送运输费用、分拣费用、配装费用和流通加工费用。即

配送成本＝配送运输成本＋分拣成本＋配装＋流通加工成本

有研究表明，从物流成本的构成比重上看，配送成本占物流总成本的比重最高，约为35％～60％。因此，对配送成本进行分析，对降低配送成本、提高物流收益具有重大意义。

2. 配送成本分析的目的

（1）配送经营管理。配送经营管理是独立经营的配送中心的基础，也是其他配送组织者必须考虑的管理项目。经营管理的核心是通过对配送成本的分析，采用先进合理的技术和装备，加强经济核算，改善配送管理来提高配送效率，减少物资周转环节，加快配送速度，扩大配送量，开展经营活动。

（2）加强配送计划性，提高运输效率、配送效率。在配送活动中，加强配送的计划性，降低因临时配送、紧急配送或无计划的随时配送造成的大幅度增加的配送成本，确定合理的配送路线，提高配送速度；进行合理的车辆配载，实行轻重配装，既能使车辆满载，又能充分利用车辆的有效体积，从而大大降低运输费用。

（3）配送经营成本定价。配送企业的配送费用是配送经营成本的组成部分，其配送的价格包含着配送成本，配送成本和价格是配送中心和其他配送组织者必须掌握的信息，是开展配送经营的重要决策依据。

3. 配送成本的构成

1）配送运输成本

配送运输成本是指配送车辆在完成配送货物过程中发生的各种车辆费用和配送间接费用，见表2-4。

2）分拣成本

分拣成本是指分拣机械及人工在完成货物分拣过程中所发生的各种费用，包括分拣的直接费用和间接费用两种，见表2-5。

3）配装成本

配装成本是指在完成配装货物过程中所发生的各种费用，包括直接费用和间接费用两种，见表2-6。

表 2-4 配送运输成本

配送运输成本	项目	说明
车辆费用：车辆费用是指配送车辆从事配送生产所发生的各项费用	工资	指支付给配送车辆司机的基本工资、附加工资及工资性津贴
	职工福利费	指按规定的工资总数及规定比例计提的职工福利费
	燃料	指配送车辆运行所耗用的燃料，如汽油、柴油等费用
	轮胎	指配送车辆耗用的外胎、内胎、垫带的费用支出，以及轮胎的翻新费用和修补费
	修理费	指配送车辆进行各级保养和修理所发生的工料费、修复旧件费用和行车耗用的机油费用
	大修费	指配送车辆计提的大修理基金以及车辆大修竣工后调整的费用差异，以及车辆超、亏大修里程定额差异应调整增减的费用
	折旧费	指配送车辆按规定计提的折旧费
	公路运输管理费	指按规定向运输管理部门缴纳的营运车辆管理费
	车船使用税费	指企业按规定向税务部门缴纳的营运车辆使用税
	行车事故损失	指配送车辆在配送过程中，因行车肇事所发生的事故损失
	其他费用	指不属于以上各项的车辆费用，如行车杂支、随车工具费、防滑链条费、中途故障救济费、司机和助手劳动保护用品费、车辆清洗费、冬季预热费、由配送方负担的过路过桥费等
配送间接费用：指配送运输管理部门为管理和组织配送运输生产所发生的各项管理费用和业务费用	工资	指按规定支付给配送运输管理部门人员的标准工资、奖金、津贴等
	福利费	指按规定的工资总数及规定比例计提的职工福利费
	管理费、业务费	指配送运输部门为组织运输生产活动所发生的管理费用及业务费用，如取暖费、水电费、办公费、差旅费、保险费等
	折旧费	指配送运输部门用固定资产的折旧费
	修理费	指配送运输部门用固定资产的修理费
	其他费用	指直接用于生产活动，构成营运成本但不能直接计入成本项目的其他费用

表 2-5 分拣成本

分拣成本	项目	说明
分拣直接费用	工资	指按规定支付给分拣作业工人的标准工资、奖金、津贴等
	职工福利费	指按规定的工资总额和提取标准计提的职工福利费
	修理费	指分拣机械进行保养和修理所发生的费用
	折旧费	指分拣机械按规定计提的折旧费
	其他费用	指不属于以上各项的费用，如分拣作业工人的劳保用品费等
分拣间接费用	—	指配送分拣管理部门为管理和组织分拣生产，需要由分拣成本负担的各项管理费用和业务费用

表2-6 配装成本

配装成本	项目	说明
配装直接费用	工资	指按规定支付的配装作业工人的标准工资、奖金、津贴
	职工福利费	指按规定的工资总额和提取标准计提的职工福利费
	材料费	指配装过程中消耗的各种材料，如包装纸、箱、塑料袋等
	辅助材料费	指配装过程中耗用的辅助材料，如标志、标签等
	其他费用	指不属于以上各项费用，如配装工人的劳保用品费等
配装间接费用	—	配装管理部门为管理和组织配装生产所发生的各项费用，由配装成本负担的各项管理费用和业务费用构成

4）流通加工成本

流通加工成本是指在完成货物流通加工时发生的各种费用，包括设备、材料和劳务等费用，见表2-7。

表2-7 流通加工成本

流通加工成本	说明
流通加工设备费用	在流通加工过程中，购置流通加工设备所支出的费用
流通加工材料费用	投入加工过程中的一些材料消耗的费用
流通加工劳务费用	在流通加工过程中，支付给从事加工活动的工人及有关人员的工资、奖金等费用
流通加工其他费用	除上述费用外，在流通加工中耗用的电力、燃料、油料以及管理费用等

▶ 做一做

以项目1规划设计的配送系统，依据自己选取的设备、设施，创建配送企业，设定组织机构和人员设置，确定配送成本的构成。

▶ 评一评

小组间相互查看依据所创建的配送企业，根据所选设备、设施，以及组织、机构、人员的设置，确定配送成本的构成是否正确。

案例链接

某集团储运公司配送价格的烦恼

某集团的一个储运公司曾经为一家超市提供配送服务，考虑到上海超市的配送定价基本都为销售额的2%左右，储运公司就用1%的价格配送。这一点对超市很有吸引力。但实际操作时储运公司发现成本不止1%，因为事前储运公司没完全弄明白客户究竟有多少要求，这些要求又要达到什么程度。比如24h配送比48h配送的成本增加了不是一倍，而是两倍。所以，当时储运公司以市场最低价争得了客户，到最后却维系不下去。配送价格应该是在根据客户的需要能够提供最好服务的情况下，给出最合理的价格。

分析思考题：

1. 定价应考虑哪些因素？本案例缺乏哪些？为什么该集团会如此定价？
2. 在配送市场上，如果某一个配送经营者试图把价格定得比市场价格更高，需要有什么条件？

任务2.2 拟定合同

学习目标

- 了解仓储经营管理的理念，掌握仓储经营管理的基本方法；
- 了解仓储合同的定义和种类，掌握仓储合同订立的原则；
- 掌握仓储合同的条款、生效和无效、变更和解除、仓储合同当事人的权利和义务，能拟定仓储合同；
- 掌握配送合同的基本条款，能拟定配送合同。

任务描述

根据任务1.3和任务1.4设计的仓储与配送系统进行仓储与配送成本分析并报价后，拟定仓储与配送合同，培养学生拟定仓储与配送合同的工作能力。

工作任务

根据自己规划布局的仓库，结合任务2.1的仓储成本分析及仓储费的报价，对外开展仓储商务活动，拟定一份保管仓储合同。

操作步骤

拟定保管仓储合同的工作步骤如图2.2所示。

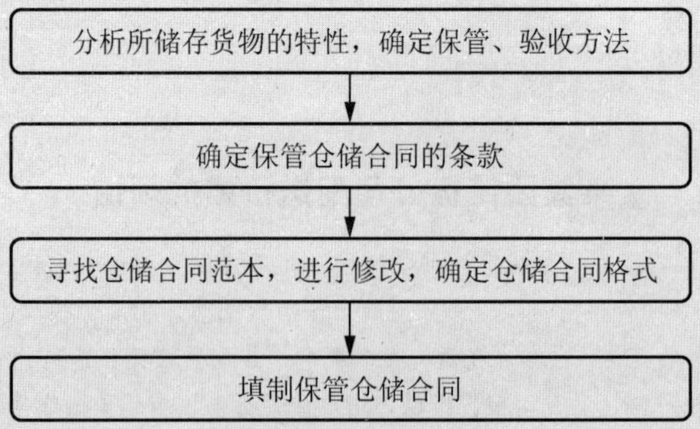

图2.2 拟定保管仓储合同的工作步骤

知识准备

2.2.1 仓储经营管理

1. 仓储经营管理的意义

仓储经营管理就是在仓库管理活动中，运用现代的管理思想、先进的管理理论、科学的方法以及市场经济的经营理念，对仓储经营活动进行计划、组织、指挥、协调、控制和监督，以实现最佳的协调与配合，充分利用仓储资源，降低仓储经营管理成本，提高仓储经营效益。

仓储经营管理的意义在于以下几点。

(1) 搞好仓储经营活动是社会再生产顺利进行的必要条件。通过仓储经营活动，调节生产与消费在空间、时间以及品种、数量等方面存在的矛盾，发挥仓储经营连接生产与消费的纽带和桥梁作用，借以克服众多的相互分离又相互联系的生产者之间、生产者与消费者之间在商品生产与消费地理上相分离的问题，衔接商品生产与消费时间上的不连贯，以及调节商品生产与消费在方式上的差异，保证社会再生产的顺利进行。

(2) 搞好仓储经营活动是保持物资原有使用价值和合理地使用物资的重要手段。任何一种物资在生产至消费之前，由于其本身的性质、所处的条件以及自然的、社会的、经济的、技术等因素，都可能出现数量减少、质量降低现象。如果不创建必要的保护条件，物资损害就不可避免。因此，必须进行科学的管理，加强对物资的养护，搞好仓储经营活动，以保护好处于暂时停滞状态的物资的使用价值。同时在仓储经营过程中，努力做到流向合理、分配合理、供料合理，以加快物资流转速度，不断提高工作效率，满足市场需求。

(3) 搞好仓储经营活动是提高仓储能力、加快资金周转、节约费用、降低成本、提高经济效益的有效途径。要搞好仓储经营活动，必须充分利用仓储设施和资源，提高仓储服务能力，提升仓储经营的层次，提高仓储服务的附加值，提高仓储企业的收益。通过仓储经营减少物资资产在仓储过程中的沉淀，盘活资金，增加收益，减少物质耗损和劳动消耗。从而可以加速物资和资金的周转，节省费用支出，降低物流成本，开发“第三利润源泉”，提高企业的经济效益。

(4) 开展仓储经营活动是物流发展的需要，可将仓储设施向社会开放，开展多样化经营，提高效益。在物流高速发展的今天，对仓储的技术要求越来越高。因此为满足要求，必须将现有的仓储经营设施向社会开放，开展多样化经营，具体内容有：①设施开放；②商品种类开放；③地区开放，行业开放；④服务对象开放；⑤经营项目开放；⑥服务时间开放等。

(5) 开展仓储经营活动可以加强企业基础工作，提高管理水平。经营管理是仓库管理的最高层次，经营管理需要良好的生产管理、财务管理、人事管理等的支持，同时良好的经营管理又能促进各项管理水平的提高。仓储管理的基础工作是仓储管理工作的基石，为适应仓储管理功能的变化，必须加强各项基础工作，如标准化工作、计量工作和经济核算等，要以提高仓储经济效益为目标，健全仓储管理体系，为提高仓储经营管理水平创造良好条件。

2. 仓储经营管理的基本方法

仓储经营方法根据仓储的目的不同可分为保管仓储、混藏仓储、消费仓储、仓库租赁经营、流通加工等，见表2-8。

表2-8 仓储经营管理的基本方法

经营方法	定义	经营特点	任务
保管仓储	是指保管人储存存货人交付的仓储物，存货人支付仓储费的一种仓储经营方法	① 保管物保持原状；②货物一般都是数量大、体积大、质量高的大宗货物、物资；③保管仓储活动是有偿的，保管人提供仓储服务，存货人支付仓储费；④仓储保管经营的整个仓储过程均由保管人进行操作，仓储经营人需要承担完全的投入，包括仓库设备、生产工具、物料及各种消耗和全部劳动力的投入	① 制订仓储规划；②提供适宜的保管环境，不同种类的货物要用不同的保管环境与保管条件；③提供仓储物资的信息，包括料账、料卡、各种单据报表，技术证件等的填写、整理、使用、保存、分析与运用、提供等；④进行广泛的市场宣传和市场开发
混藏仓储	是指存货人将一定品质、数量的种类物交付保管人储藏，保管人将相同的保管品集中混合储存，而在储存保管期限届满时，保管人只需以相同种类、相同品质、相同数量的替代物返还的一种仓储经营方法	① 混藏仓储的对象是种类物；②混藏仓储的保管物并不随交付而转移所有权；③混藏仓储是一种特殊的仓储方式，保管仓储的对象是特定物，而混藏仓储的对象是种类物	① 制订种类物的仓储规划；②制订先进先出的计划；③承担精确计量，确保进出数量完全一致
消费仓储	指存货人不仅将一定数量品质的种类物交付仓储管理人储存保管，而且与保管人相互约定，将储存物的所有权也转移给保管人，在保管期间，保管人可以使用仓储物。在合同期届满时，保管人以相同种类、相同品质、相同数量的替代品返还给存货人的一种仓储方法	① 消费仓储是一种特殊的仓储形式，具有与保管仓储相同的基本性质；②消费仓储以种类物作为保管对象，仓储期间转移所有权于保管人；③消费仓储以物的价值保管为目的，在消费仓储中不仅转移保管物的所有权，而且必须允许保管人使用、收益、处分保管物，保管物的所有权转移于保管人，保管人无须返还原物，而仅以同种类、品质、数量的物品返还，保存保管物的价值即可	① 制订消费仓储的仓储规划；②仓储保管人直接使用仓储物进行生产、加工，如建筑仓储经营人直接将委托仓储的水泥用于建筑生产，在保管到期前从市场购回相同的水泥归还存货人；③仓储经营人在仓储物的价格升高时将仓储物出售，在价格降低时购回

续表

经营方法	定义	经营特点	任务
仓库租赁经营	是通过出租仓库、场地，出租仓库设备，由存货人自行保管货物的仓库经营方式	① 进行仓库租赁经营时，在仓库租赁合同条款的约束下进行租赁经营，出租人收取租金；②对于租用仓库者而言，因其具有特殊的保管能力、作业能力，或者为了内部化的需要而租用仓库，自行进行仓储保管	① 签订仓库租赁合同；②出租人对出租的仓库及仓库设备拥有所有权，保证仓库及仓库设备的性能完好，承认租用人对所租用仓库及仓库设备的按约定的使用权；③租用人对租用的仓库及仓库设备享有使用权(而不享有所有权)，必须保护设备，在约定的范围内使用仓库及仓库设备，按约定支付租金
流通加工	是指物品从生产地到使用地的过程中，根据需要施加包袋、分割、计量、分拣、刷标志、拴标签、组装等简单作业的总称	① 有利于产品生产者提高生产率，提高产品质量和经济效益；②可以提高物流效率与服务质量，可以使产品满足用户个性化、多样化需求，使物流功能得以完善和提高；③可提高仓储业加工设备的利用率和劳动生产率；④可以提高各种运输手段的运用效率；⑤可以完善商品功能，提高经济效益	① 制定流通加工的规划；②确定加工的产品；③根据产品的特性及客户需要，制定具体的加工流程及质检标准

2.2.2　仓储合同

1. 合同的定义和种类

1）合同与仓储合同

《中华人民共和国合同法》（以下简称《合同法》）中所称合同是指平等主体的自然人，法人，以及其他组织之间设立、变更、终止民事权利义务关系的协议。

仓储合同也称为仓储保管合同，是指仓储保管人接受存货人交付的仓储物，并进行妥善保管，在仓储期满将仓储物完好地交还，保管人收取保管费的协议。《合同法》第三百八十一条将仓储合同规定为："仓储合同是保管人储存存货人交付的仓储物，存货人支付仓储费的合同。"同时，《合同法》第三百九十五条规定：仓储合同分则未规定的事项，适用保管合同分则的有关规定。

2）仓储合同的种类

仓储合同的种类见表2－9。

表 2-9 仓储合同的种类

种类	定义	说明
仓储保管合同	指仓库经营人提供完善的仓储条件，接受存货人的仓储物进行保管，在保管期届满时，将原先收保的仓储物原样交还给存货人而订立的合同	仓储保管合同的仓储物为特定物，严格承担归还原物的责任
混藏式合同	是指存货人将一定品质、数量的仓储物交付给保管人，保管人将不同存货人的同样仓储物混合保存，存期满时，保管人只需以相同种类、品质、数量的仓储物返还给存货人，并不需要原物归还而订立的合同	这种仓储方式常见于粮食、油品、矿石或保鲜期较短的商品的储藏。混藏式仓储合同的标的物为确定的种类物，保管人严格按照约定数量、质量承担责任，且没有合理耗损的权利。混藏式仓储合同具有保管仓储物价值的功能
消费式合同	是指存货人在存放仓储物时，同时将仓储物的所有权转移给保管人，保管期满时，保管人只需将相同种类、品质、数量的替代物归还给存货人而订立的合同	消费保管的仓储物的经营人一般具有仓储物消费能力，如面粉加工厂的小麦仓储、加油站的油库仓储、经营期货交易的保管人等。与其他形式的仓储合同的不同之处在于：仓储物的所有权转移到保管人一方，保管人需要承担所有人的权利和义务。消费式仓储经营人的收益除了约定的仓储费(一般较低)外，更重要的是消费仓储物与到期购回仓储物之间带来的差价收益
仓库租赁合同	是指仓库所有人将所拥有的仓库以出租的方式开展仓储经营，由存货人自行保管商品而订立的合同	仓储人只提供基本的仓储条件，进行一般的仓储管理，如环境管理、安全管理等，并不直接对存放的商品进行管理。仓库租赁合同严格意义上来说不是仓储合同，只是财产租赁合同。但是由于仓库出租方具有部分仓储保管的责任，所以具有仓储合同的一些特性

2. 合同当事人

仓储合同的双方当事人分别为存货人和保管人。

3. 合同的标的和标的物

合同标的是指合同关系指向的对象，也就是当事人权利和义务指向的对象。仓储合同虽然约定的是仓储物的保管事项，但合同的标的却是仓储保管行为，包括仓储空间、仓储时间和保管要求，存货人要为此支付仓储费。仓储合同是一种行为合同，一种当事人双方都需要行为的双务合同。

标的物是标的的载体和表现，仓储合同的标的物就是存货人交存的仓储物。仓储物必须是动产，能够移动到仓储地进行仓储保管，且是有形的实物动产，有具体的物理形状。不动产不能成为仓储物，货币、知识产权、数据、文化等无形资产和精神产品不能作为仓储物。例如，图书可以作为仓储物，但图书的著作权等不能成为仓储物。

4. 仓储合同的订立

1）要约与承诺

仓储合同的订立需要经过要约和承诺的过程。一方向另一方提出要约，另一方予以承诺，仓储合同成立。

一方向另一方发出不明确的交易愿望的行为为要约引诱，要约引诱不具有约束力，如广告、推销宣传等。

一方(主要是存货人)向另一方发出愿意订立仓储合同的要约，但没有明确合同的主要事项，这种要约构成了双方订立预约合同的要件。保管人的承诺表明双方成立了预约合同。预约合同并不是仓储合同本身，仅仅是双方达成了将要订立仓储合同的协议。生效的预约仓储合同也是有效的合同，双方承担将要订立仓储主合同的义务，否则须承担违反预约合同的责任。

2）订立仓储合同的原则

(1) 平等的原则。当事人双方法律地位平等是合同制度的基础，是任何合同行为都需要遵循的原则。订立仓储合同的双方应本着平等的法律地位的心态，进行平等协商，订立公平的合同。任何一方采取恃强凌弱或者以大欺小、行政命令的方式订立的合同都会成为无效合同。平等的原则还包括订立合同机会平等的原则，不能采取歧视的方式选择订立合同的对象。

(2) 等价有偿的原则。仓储合同是双务合同，合同双方都要承担相应的合同义务，享受相应的合同利益。保管人的利益体现在收取仓储费和劳务费方面。保管人在仓储过程中劳动和资源投入的多少，决定了所能获得报酬的多少。等价有偿的原则也体现在当事人双方合同权利和义务的对等上。

(3) 自愿与协商一致的原则。当事人订立合同时完全根据自身的需要和条件，利用各自的知识和能力，通过广泛的协商，双方在整体上接受合同的约定，这是合同生效的条件。任何采取胁迫、欺诈的手段订立的合同都将是无效的合同。合同未经协商一致，将来在合同履行中会发生严重的争议，会造成合同无法履行，所以订立合同之前要遵守协商一致的原则。

(4) 合法和不损害社会公共利益。当事人在订立合同时要严格遵守法律法规的规定，不得进行任何违反法律法规强制规定的经济主体、公民不能从事的行为，包括不能发生超越经营权、侵害所有权、侵犯国家主权、危害环境等违法行为。不损害社会公共利益的原则要求合同主体在合同行为中不进行有损社会安定、扰乱社会经济秩序、妨碍人民生活、进行不道德的行为等不良行为。要尊重社会公德、维护国家形象，有利于精神文明的建设。不损害社会公共利益从内容上说属于道德规范，但在《合同法》的规范中形成了法律规范，损害社会公共利益已成为违法行为。

3）仓储合同的形式

根据《合同法》的规定，合同可以采用书面形式、口头形式或其他形式。电报、传真、电子数据、电子邮件也可以作为书面形式。因而仓储合同可以采用书面形式、口头形式或者其他形式。订立仓储合同的要约、承诺也可以是书面的、口头的或其他的形式。

由于仓储的货量较大、存期较长，还可能进行配送、加工等作业，还会涉及作为仓单持有人的第三人，所以仓储合同使用完整的书面合同较为合适。完整的书面合同有利于合同的保存、履行和发生争议时的处理。

合同的其他形式包括通过行为订立合同、签发格式合同等。在未订立合同之前，存货人将货物交给仓储保管人，保管人接收货物，则表明事实上的合同已成立。在周转极为频繁的公共仓储中，保管人可以采用预先已设定好条件的格式合同。在格式合同中，存货人只有签署或者不签署合同的权利，而没有商定格式合同条款的权利。

知识链接

仓储合同的条款

当事人根据需要商定合同事项，且由双方协议采用合同的形式。仓储合同的主要条款有当事人条款、仓储物条款、仓储条款、价款、当事人的权利和义务、违约责任和争议处理条款，具体包括以下内容。

1. 存货人、保管人的名称和地址

合同当事人是履行合同的主体，需要承担合同责任，需要采用完整的企业注册名称和登记地址，或者主办单位地址。主体为个人的须明示个人的姓名和户籍地或常驻地(临时户籍地)。有必要时可在合同中增加通知人，但通知人不是合同当事人，仅履行通知当事人的义务。

2. 仓储物的品种、数量、质量、包装、件数和标记

仓储物必须是动产，须存放到仓储地进行保管并进行交接，因而需要明确地将仓储物特定化或者特定种类化。仓储物的品种需采用完整的商品名称或种类名称表达；数量采用公用的计量方法确定并达到最高的精度，用最小的独立封装单元确定件数，如箱装货物以封口的外包装为单位，或者以最小的组成单位，如成捆的管材，用具体管材根数表达；商品的质量可以仅用外包装可见质量或者商品本身的质量，标准可以采用国家标准、行业标准或者约定的标准来表达，必要时可以商品的质量检验报告为准；标记应采用外包装上的标记或者拴挂的标签标记。

3. 交接时间和地点、验收方法

交接时间显然确定了仓储物的入库时间，保管人须在此时准备好货位并确保能够进行交接。交接地点表明了运送货物入库的责任承担人，但还需要明确卸车搬运的责任人。合同中还需要明确交接理货方法，验收的内容、标准、时间和方式。验收内容与质量标准具有较强的相关性，往往就是针对质量标准进行验收。约定了验收标准的，保管人仅对验收事项负责。例如，约定仅对仓储物的外包装进行验收，返还仓储物时对于外包装的损坏保管人承担责任，而对内容不承担责任，除非是可证明为保管不当造成损害的。

4. 仓储物的损耗标准

仓储物在经过长期存放和多次作业后，由于挥发、散失、扬尘、氧化、计量方法不同等原因造成的耗损减量，保管人很难承担责任，因而采用协议免责的方法处理，也就是在合同中订立合理耗损条款，双方约定不追究对方责任的数量减少的标准，包括重量或者件数的减量。商品损耗标准可以采用国家标准或者行业标准，也可以由双方合理约定。有约定标准的则适用约定的标准。

5. 储存场所

储存场所指双方约定的仓储物存放的仓库或货场及其地理位置。根据仓储物的特性，储存场所可以约定得较为笼统或者极为具体明确。对于特殊商品，必要时要明确保管条件和保管方法。储存场所不仅表达了保管人的保管条件和存货人的保管要求，还确定了运输便利程度和出入库的运输成本。

6. 储存期间

双方约定的仓储物的储存时间有 3 种表示方式。用期限表示，如储存 3 个月，自货物入库起算；以日期的方式表示，如 9 月 10 日—12 月 10 日；不约定具体的存放期间，但约定到期方式的确定方法，如提前一个月通知等。保管人根据储存期间计收仓储费，安排库容使用计划并承担责任，对不能遵守储存期间条款的存货人，保管人有权要求其承担违约责任。

7. 仓储费

确定仓储费的费率、仓储费的计算方法、支付方法和支付时间的条款。仓储费有预付、定期支付、结算等支付方式。《合同法》规定当事人没有约定支付时间的，在交付仓储物时支付；当事人未约定仓储费的保管人仍可向存货人要求支付报酬。

8. 仓储物的保险约定

仓储物必须进行保险。若保管人已对仓储物进行了保险，必须告知保管人所投保的保险人、保险金额、保险期间。未保险的可以委托保管人进行投保，但仍然由存货人承担保险费。

9. 违约责任

合同约定存货人未交付货物、未在约定时间交付仓储物的违约责任，保管人不能接受仓储物或者不能在约定的时间接受仓储物的违约责任，存货人未在约定时间提取仓储物的超期费用，仓储物在仓储期间造成保管人或者其他损害的赔偿，违约金的标准，补救措施等出现违约时的处理方法。违约金是违约责任的主要承担方式，但必须在合同中明确，包括各种违约项目及违约金数额标准或者计算方法、支付方式等。

10. 合同变更解除的条件

合同的订立和履行是合同双方期望发生的结果。但因为客观原因发生重大变化或者双方利益的需要，原合同的继续履行可能对双方都不利，可以采用合同变更或解除的方法防止不利局面的发生。当事人在订立合同时就确定发生不利于履行合同时的具体条件，以及变更或者解除合同的处理方法，就是合同变更和解除条款。

11. 争议处理

争议处理指有关合同争议的诉讼或者仲裁的约定，包括仲裁地点、仲裁机构，或者合同中选择的诉讼地点。

12. 合同签署

合同签署是合同当事人对合同协商一致的表示，是合同成立的表征。一经签署，就意味着合同开始生效。合同由企业法人代表、代表人签名，注明签署时间，法人或者组织还需要盖合同专用章。个人签订合同时只需签署个人完整姓名。

5. 仓储合同的生效和无效

仓储合同为诺成性合同，在合同成立时就生效，具体表现为：双方签署合同书；合同确认书送达对方；受要约方的承诺送达对方；公共保管人签发格式合同或仓单；存货人将仓储物交付保管人，保管人接收。

无论仓储物是否交付存储，仓储合同自成立时生效。在仓储合同生效后，发生的存货人未交付仓储物、保管人不能接受仓储物等情况都属于仓储合同的未履行，由责任人承担违约责任。

无效合同是指已订立的合同由于违反了法律规定，而被认定为无效。合同无效由人民法院或者仲裁机构、工商行政机关认定，可以认定为合同整体无效或者部分无效，可以采取撤销或者变更的方式处理；合同无效可以在合同订立之后、履行之前、履行之中或者履行之后认定。

产生无效合同的形式：一方以欺诈、胁迫手段订立合同，损害国家利益的仓储合同；恶意串通，损害国家、集体或者第三人利益的仓储合同；以合法形式掩盖非法目的的仓储合同；损害社会公共利益的仓储合同；违反法律、行政法规强制性规定的仓储合同；无效代理的合同。对于因重大误解订立的合同，在订立合同中显示公平的合同一方当事人有权请求人民法院或者仲裁机构给予变更或者撤销。

6. 仓储合同的格式

仓储合同可以分为单次仓储合同、长期仓储合同、仓库租赁合同、综合仓储合同等。当事人可以协议采用任何合同格式。

1）合同书

合同书是仓储合同最常用的格式。合同书由合同名称、合同编号、合同条款、当事人签署等部分构成，合同书具有形式完整、内容全面、程序完备的特性，便于合同订立、履行和留存、合同争议的处理。

2）确认书

在采取口头(电话)、传真、电子电文等形式商定合同时，为了明确合同条款和表达合同订立，常常采用一方向另一方签发确认书的方式确定合同，确认书就是合同格式的主要部分。确认书仅由发出确认书的一方签署，与完整合同书有所不同，但其功能相同。确认书有两种形式，一种仅列明合同的主要事项，合同的其他条款在其他文件中表达，如传真："本公司同意接受贵公司 9 月 20 日提出的仓储 200t 钢管的函的要求，请按时送货"。另一种是将完整合同事项列在确认书上，形式相当于合同书。

3）计划表

在订立长期仓储合同关系的过程中，对具体仓储的安排较多采用计划表的形式，由存货人定期制订仓储计划交保管人执行。计划表就是长期仓储合同的补充合同或执行合同。

4）格式合同

对于仓储周转量极大、每单位仓储物量较小，也就是次数多、批量少的公共仓储，如车站仓储等，保管人可以采用格式合同。格式合同是由一方事先拟定，并在工商管理部门备案的单方确定合同。在订立合同时只是由保管人填写仓储物、存期、费用等变动事项后直接签发并让存货人签认，不进行条款协商。

7. 仓储合同的变更、解除

在合同生效后，当事人应按照约定全面履行自己的义务，任何一方不得擅自变更和解除合同，这是《合同法》所确定的合同履行原则。仓储经营具有极大的变动性和复杂性，会因为主客观情况的变化而变化，为了避免当事人双方的利益受到更大的损害，变更或者解除已生效的不利合同是更有利的选择。

1）仓储合同的变更

仓储合同的变更是指对已生效的仓储合同的内容进行修改或者补充，不改变原合同的关系和本质事项。

仓储合同当事人一方因为利益需要，向另一方提出变更合同的要求，并要求另一方在限期内答复，另一方可在期限内答复同意变更。如另一方在期限内未作答复，合同也发生变更，双方按照变更后的条件履行。如果另一方在期限内明确拒绝变更，则合同不能变更。合同变更后，按变更后的合同履行，对变更前已履行的部分没有追溯力，但因为不完全履行而发生的利益损害，作为受害一方可向对方请求赔偿或者提出变更合同的条件。

2）仓储合同的解除

仓储合同的解除则是将未履行的合同或合同还未履行部分不再履行，使希望发生的权利义务关系消亡，合同履行终止。

仓储合同解除的方式如下。

(1) 存货人与保管人协议解除合同。协议解除合同和协议订立合同一样，是双方意见一致的结果，具有至高的效力。解除合同协议可以在合同生效后、履行完毕之前由双方协商达成；也可以在订立合同时订立解除合同的条款，当约定的解除合同的条件出现时，一方通知另一方解除合同。

(2) 出现法律规定的仓储合同解除条件而解除合同。这是当事人一方依照《合同法》规定的有权采取解除合同的法律规定的行为。《合同法》规定：因不可抗力致使合同的目的不能实现，任何一方可通知对方解除合同；一方当事人将发生预期违约，另一方可以行使合同解除权；仓储合同的一方当事人迟延履行合同义务，经催告后在合理期限内仍未履行，另一方可以解除合同；仓储合同一方当事人迟延履行义务或者有其他违约行为，致使合同目的不能实现，另一方可以解除合同。一方依法选择解除合同的，只要书面向对方发出解除合同的通知，当通知到达对方时，合同解除。有权解除合同的一方也可以要求人民法院或仲裁机构确定解除合同。

3) 仓储合同解除后的后果

合同解除后，因为仓储合同所产生的存货人和保管人的权利义务关系消灭，所以对于未履行的合同条款终止履行。合同解除并不影响合同的清算条款的效力，双方仍需要按照清算条款的约定承担责任和赔偿损失，需承担违约责任的一方仍要依据合同约定承担违约责任、采取补救措施和赔偿损失的责任。例如，违约的存货人需要对仓库空置给予补偿，造成合同解除的保管人要承担运输费、转仓费、仓储费差额等损失赔偿。

8. 仓储合同当事人的权利和义务

当事人的权利和义务来自于合同的约定和法律的规定。在合同中的权利和义务的规定包括合同明示条款和合同的默示条款。明示条款具有绝对的效力，当事人应尽可能采用明示条款明确双方的权利和义务；默示条款则是在合同中没有写出的，但是根据订立合同的环境和合同的性质依据一般的专业知识可以合理地推定得出的当事人在合同履行中所能享受的权利与要承担的义务。

1) 存货人的权利与义务

(1) 告知义务。存货人的告知义务包括两个方面：对仓储物的完整明确的告知和瑕疵告知。

完整明确告知是在订立合同时，存货人要完整细致地告知保管人仓储物的准确名称、数量、包装方式、性质、作业保管要求等，涉及验收、作业、仓储保管、交付的资料，特别是危险货物，存货人还要提供详细的说明资料。存货人未明确告知的仓储物属于夹带品，保管人可以拒绝接受。

瑕疵包括仓储物及其包装的不良状态、潜在缺陷、不稳定状态等已存在的缺陷或将会发生损害的缺陷。保管人了解仓储物所具有的瑕疵后，可以采取针对性的操作和管理，以避免发生损害和危害。

因存货人未告知仓储物的性质、状态，造成的保管人验收错误、作业损害、保管损坏，由存货人承担赔偿责任。

(2) 妥善处理和交存货物。存货人应对仓储物进行妥善处理，根据性质进行分类、分储，根据合同约定妥善包装，使仓储物适合仓储作业和保管。

存货人应在合同约定的时间向保管人交存仓储物并提供验收单证。交存仓储物存货人履行合同的义务。存货人未按照约定交存仓储物构成违约。

(3) 支付仓储费和偿付必要费用。仓储费是保管人订立仓储合同的目的，是对仓储物进行保管所获得的报酬，是保管人的合同权利。存货人应根据合同约定按时、按量地支付仓储费，否则构成违约。如果存货人提前提取仓储物，保管人不减收仓储费；如果存货人逾期提取，应加收仓储费。由于未支付仓储费，保管人有对仓储物行使留置权的权利，即有权拒绝将仓储物交还存货人或应付款人，并可通过拍卖留置的仓储物等方式获得款项。仓储物在仓储期间发生的应由存货人承担责任的费用支出或垫费，如保险费、货物自然特性的损害处理费用、有关货损处理及运输搬运费、转仓费等，存货人应及时支付。

(4) 查验、取样。在仓储保管期间存货人有对仓储物进行查验、取样的权利，能提取合理数量的样品进行查验。由于查验会影响保管人的工作，取样还会造成仓储物的减量，但存货人合理进行的查验和取样，保管人不得拒绝。

(5) 及时提货。存货人应按照合同的约定按时将仓储物提取。保管人根据合同的约定安排仓库的使用计划，如果存货人未将仓储物提取，会使得保管人已签订的下一个仓储合同无法履行。存货人未在约定的时间提取仓储物，保管人可以向提存机关要求提存该仓储物。提存是一种民事义务的履行方式，由义务人向国家提存机关履行民事义务，或者义务人要求国家提存机关证明其已履行义务。

2) 仓储保管人的权利和义务

(1) 合适的仓储条件。仓储保管人经营仓储保管的先决条件就是具有合适的仓储保管条件，有拟保管的货物的保管设施和设备，包括适合的场地、容器、仓库、货架、作业搬运设备、计量设备、保管设备、安全保卫设施等条件；同时，还应配备一定的保管人员、商品养护人员，制定有效的管理制度和操作规程等。保管人具有的仓储保管条件还要适合所要进行保管的仓储物的相对仓储保管要求，如保存粮食的粮仓、保存冷藏货物的冷库等。保管人若不具有仓储保管条件，则构成根本违约。

(2) 验收货物。验收货物不仅是保管人的义务，也是其合同权利。保管人应该在接受仓储物时对货物进行理货、计数、查验，在合同约定的期限内检验货物质量，并签发验货单证。验收货物按照合同约定的标准和方法或者按照习惯的、合理的方法进行。保管人未验收货物推定为存货人所交存的货物完好，保管人也要返还完好无损的货物。保管人在验收中发现货物溢短，对溢出部分可以拒收，对于短少的有权向存货人主张违约责任。对于货物存在的不良状况，保管人有权拒绝接受或要求存货人更换、修理，否则须如实编制纪录，以明确责任。

(3) 签发仓单。保管人在接受货物后，根据合同的约定或者存货人的要求，及时向存货人签发仓单。在存期届满，根据仓单的记载向仓单持有人交付货物，并承担仓单所明确的责任。保管人根据实际收取的货物情况签发仓单。保管人应根据合同条款确定仓单的责任事项，避免将来向仓单持有人承担超出仓储合同所约定的责任。

(4) 合理化仓储。保管人应在合同约定的仓储地点存放仓储物，并充分使用先进的技术、科学的方法、严格的制度，高质量地做好仓储管理。使用适合于仓储物保管的仓储设施和设备，如容器、货架、货仓等，从谨慎操作、妥善处理、科学保管和合理维护等各方面做到合理化仓储。保管人对于仓储物的保管承担严格责任，因其保管不善所造成的仓储物在仓储期间发生损害、灭失时，除非保管人能证明损害是由于货物性质、包装不当、超期等以及其他免责原因造成的，否则保管人要承担赔偿责任。

（5）返还仓储物。保管人应在约定的时间和地点向存货人或仓单持有人交还约定的仓储物。仓储合同没有明确存期和交还地点的，存货人或仓单持有人可以随时要求提取，保管人应在合理的时间内交还存储物。同样，保管人也可以随时要求存货人提取仓储物。保管期满，保管人在催告存货人提货期满后，可以提存仓储物。作为一般仓储合同，保管人在交返仓储物时，应将原物及其孳息、残余物一同交还。

（6）危险通知义务。当仓储物出现危险时，保管人应及时通知存货人或者仓单持有人，包括在货物验收时发现不良情况、发生不可抗力损害、仓储物的变质、仓储事故的损坏等事故，以及其他涉及仓储物所有权的情况。存货人掌握仓储物的状态是存货人具有所有权的权利体现，对于仓储物的危险涉及仓储物的交易、保险，以及可能造成的进一步损害，存货人及时掌握信息和采取措施处理，有利于减少损失。在发生或发现危险时，保管人有义务采取紧急措施处置，防止危害扩大。

（7）行使留置权。《中华人民共和国物权法》（以下简称《物权法》）第二百三十条规定："债务人不履行到期债务，债权人可以留置已经合法占有的债务人的动产，并有权就该动产优先受偿。"在仓储经营活动中，提货人未支付仓储费、加工处理费或其他应向保管人支付的费用，仓储保管人可以留置处于保管人占有状态的仓储物为担保。如果提货人在合理期限内仍未偿还债务，保管人可以处分仓储物以保障其债权的实现。除鲜活易腐等不易保管物外，该合理期限为2个月以上。处分的方式为将留置财产按市场价格折价或者拍卖、变卖。如果所得价款超过债权时，剩余部分归还提货人，不足部分继续向提货人追偿。

拟留置的财产属于债务人所有，也就是留置权只能针对债务人的财产。在仓储关系中只能对提货人的债务行使留置权，主要债务指提货人要支付的仓储费、处理费和提货人承担的其他费用等。

留置物与债权之间的关系根据《物权法》第二百三十一条规定："债权人留置的动产，应当与债权处于同一法律关系，但企业之间留置的除外。"也就是说在企业之间，所留置的财产与债权之间可以没有关联性，可以因为提货人的其他债务对仓储物行使留置权。

仓储保管人只有在占有仓储物时，才能行使留置权。仓储物为可分物时，留置仓储物的价值与债务金额相当。

9. 违约责任和免责

违约是指存货人或者保管人不能履行合同约定的义务或者履行合同义务不符合合同的约定的不作为或作为。为了限制违约行为，以及为了避免一方的违约造成另一方的损失，由违约方承担违约责任不仅是合同法律制度的规范，也是当事人协议合同的必要事项。通过法定的和合同约定的违约责任的承担，增加违约成本，弥补被违约方的损失，减少违约的发生，有利于市场秩序的稳定。

违约责任往往以弥补对方的损失为原则，违约方需对对方的损失包括直接造成的损失和合理预见的利益损失给予弥补。违约责任的承担方式有支付违约金、赔偿损失、恢复原状、继续履行合同等。

（1）支付违约金。违约金是指合同约定当一方违反合同约定时需向另一方支付的金额。违约金本身来说是一种对违约的惩罚。违约金产生的前提是合同约定和违约行为的发生，包括发生预期违约，而无论是否发生损失。根据《合同法》的规定，当事人可以约定一方违约时应当根据违约情况向对方支付一定数额的违约金，也可以约定因违约产生的损失为赔偿额的计算方法；同时，规定当违约金过高或者过低时，可以要求法院或仲裁机构予以调整。因而违约金又是一种赔偿处理的方法，具有赔偿性。合同违约金的约定可以按照违约的现象进行约定，如未履行合同的违约金、不完全履行的违约金、迟延违约金等，也可以确定一种违约金的计算方法，当发生违约时通过计算确定具体违约金。

违约金以约定支付的方式进行。对于合同履行中因责任造成对方损失的赔偿，也可以采取违约金支付的方式，这样有利于简化索赔过程。

(2) 赔偿损失。当事人一方由于违反仓储合同的约定，不履行合同义务或者履行合同义务不符合约定使合同对方发生损失的，应该承担对方损失的赔偿责任。赔偿损失的条件为违约和使对方产生损失。这种损失包括违约所造成的直接损失和违约方在订立合同使所能预见的履行合同后对方可以获得的利益。

违约的赔偿责任既是法定的责任也是约定的责任，是因为约定的合同的义务未得到履行，出现了损失，才导致赔偿的法律责任。

合同中约定违约金时，一方的违约造成超过所支付的违约金的损失时，另一方仍有权要求违约方赔偿超额的损失。

赔偿损失可以采用支付赔偿金的方式也可以采取其他方式进行，如实物补偿等。

(3) 继续履行。继续履行是指发生违约行为后，被违约方要求对方或请求法院强制对方继续履行合同的义务的违约责任承担制度。继续履行合同是一种违约责任的承担方式，而无论违约方是否支付了违约金和承担了对方的损失赔偿，其条件为合同还可以继续履行和违约方还具有履行合同的能力。但继续履行合同不违背原合同的性质和法律关系，也就是还是原来的合同标的、仓储标的物、仓储地点和仓储条件等。若法律上或者事实上不能履行、继续履行费用过高、被违约方未在合理期限内提出继续履行，则违约方可免除继续履行。

(4) 采取补救措施。发生违约后，被违约方有权要求违约方采取合理的补救措施，弥补违约的损失，并减少进一步损失的发生。如对损坏的仓储物进行修理，将仓储物转移到良好的仓库存放，修复仓储设备，或者支付保养费、维修费、运杂费。

(5) 定金惩罚。定金是《中华人民共和国担保法》规范的一种担保方式。在订立合同时，当事人可以约定采用定金的方式来担保合同的履行。在履约前，由一方向另一方先行支付定金，在合同履行完毕，收取定金一方退还定金或者抵作价款。当合同未履行时，支付定金一方违约的，定金不退还；收取定金一方违约的，双倍退还定金。

定金不得超过合同总金额的20%，同时，有定金和违约金约定的，当事人只能选择其中一种履行。

特别提示

(1) 仓储合同当事人的免责。免责又称为免除民事责任，指不履行合同或法律规定的义务，致使他人财产受到损失，由于有不可归责于违约方的事由，违约方可以不承担民事责任。免责原因有法律规定的免责事项和合同约定的免责事项。但是造成对方人身伤害，因故意或者重大过失造成对方财产损失的不能免责。

① 不可抗力。不可抗力是指当事人不能预见、不能避免并且不能克服的客观情况的发生，包括自然灾害和某些社会现象，如火山爆发、地震、台风、冰雹、洪涝等自然灾害，战争、罢工、国家行为等社会现象。

不可抗力的免责必须是实际发生的不可抗力，且直接由于不可抗力造成的损失和不可抗力致使当事人不能履行合同或者不能完全履行合同的损失赔偿责任和违约责任。

不可抗力免责的范围仅限在不可抗力的直接影响，当事人未采取有效措施防范、救急所造成的损失扩大部分不能免责。对于延迟履行合同中所遇到的不可抗力不能免责。在发生不可抗力事件后所订立的合同不得引用不可抗力免责。

② 仓储物自然特性。因仓储物的性质超过有效储存期造成仓储物变质、损坏的损失，保管人不承担赔偿责任。

③ 存货人的过失。由于存货人的原因造成仓储物的损害，如包装不符合约定、未提供准确的验收资料、隐瞒和夹带、存货人的错误指示和说明等，保管人不承担赔偿责任。

④ 合同约定的免责。基于当事人的利益，双方在合同中约定免责事项，对负责事项造成的损失，不承担互相赔偿责任。例如，约定货物入库时不验收重量，则保管人不承担重量短少的赔偿责任；约定不检验货物内容质量的，保管人不承担非作业保管不当的内容变质损坏责任。

(2) 不同的仓储企业，仓储合同不尽相同，但内容无外乎都包含了仓储合同的主要条款：当事人条款，仓储物条款，仓储条款，价款，当事人的权利和义务，违约责任和争议处理条款。

2.2.3　配送经营管理

1. 配送经营的模式

配送经营是指开展配送服务的企业或个人所提供的配送服务的经济活动，可以是独立的配送经营，也可以是兼营或附带的配送服务，具体经营模式分为4种。

1) 独立经营的配送

企业或者个人以配送经营为专营业务，以“配送”、“配送中心”或其他名义为名，接受需要配送物品的委托人的委托，专门提供配送服务。独立的配送经营也称为第三方配送，可以是法人企业的经营，也可以是个体经营。

独立的配送经营者通过与委托人订立配送合同的方式提供配送服务。可以采用自营配送中心和配送运输的形式开展配送，也可以使用社会仓储或运输能力开展配送服务，但必须提供配送组织和承担配送合同责任。由于独立的配送经营开展的配送业务都是对外的服务，需要不断地与他人发生外部经济联系，所以涉及配送商务管理的程度最深。

2) 兼营配送

兼营配送是指从事物流服务、运输、仓储、港站作业、贸易代理等业务的企业或个人兼营配送的行为。兼营配送是经营人在主业外，利用具有的能力和条件开展的多元服务或业务延伸。兼营配送也是以第三方的地位承接配送业务，但是兼营配送没有单独与委托人订立配送合同，而是将配送关系合并在其提供的主业的服务合同之内。兼营配送是仓储业、港站经营人、汽车运输经营人最为便利的业务发展方向，是实现传统仓储、运输服务增值的重要途径。

3) 厂商配送

厂商配送是产品生产者或者商业经营者的送货业务的发展。原来的将交货产品一次性送货上门发展成为有计划、按时按量的配送服务。厂商配送中仅有两方的关系，一方为生产或销售的厂商，另一方为产品购买方，其配送关系是销售合同或供货合同的组成部分，配送中的权利和义务由销售合同或供货合同规范，厂商配送的商务活动合并在销售、采购商务活动之中，可以说没有独立的配送商务活动。

4）协同配送

协同配送是厂商配送特殊发展后的产物，是指多家厂商共同使用一个配送系统，而该配送系统可以是其中一家厂商自有的配送系统，也可以是共同组建的配送系统，使用的各方形成一种合作或者合伙关系。协同配送的目的是为了提高运输工具利用率和降低配送成本。协同配送采用商务的方式建立关系，通过订立共用或合用配送系统的协议，协调使用、分担成本的方式运作。但这种协议由需要配送的厂商之间订立，而非配送经营人和委托人订立。

参与协同配送的各方一般不具有竞争关系，能够和平地或者主次分明地共同利用配送系统。协同配送往往最终发展成为第三方配送经营。

2. 配送环节

1）集货

集货是将分散的或小批量的物品集中起来，以便进行运输、配送的作业。

2）分拣

分拣是将物品按品种、出入库先后顺序进行分门别类拣取、堆放的作业。

3）配货

配货就是使用各种拣选设备和传输装置，将存放的物品按客户要求分拣出来，配备齐全，送入指定发货地点。

4）配装

集中不同客户的配送货物，进行搭配装载以充分利用运能、运力。

5）配送运输

配送运输是较短距离、较小规模、频度较高的运输形式，一般使用汽车作为运输工具。配送运输的路线选择问题是技术难点。

6）送达服务

圆满地实现运到之货的移交，并有效地、方便地处理相关手续并完成结算，讲究卸货地点、卸货方式等。

7）配送加工

配送加工是按照配送客户的要求进行的流通加工。

2.2.4 配送合同

1. 配送合同的概念

配送合同是配送经营人与配送委托人确定配送服务的权利和义务的协议；或者说，是配送经营人收取费用，将委托人委托的配送物品在约定的时间和地点交付给收货人而订立的合同。委托人可以是收货人、发货人、贸易经营人、商品出售人、商品购买人、物流经营人、生产企业等配送货物的所有人或占有人，可以是企业、组织或者个人。

2. 配送合同的性质

1）无名合同

配送合同不是《合同法》分则的有名合同，不能直接引用合同法分则有名合同的规范。

因而，配送合同需要依据合同法总则的规范，并参照运输合同、仓储合同、保管合同的有关规范，通过当事人签署的完整的合同调整双方的权利和义务关系。

2）有偿合同

配送是一种服务，配送经营人需要投入相应的物化成本和劳动才能实现产品的生产。独立的配送经营是为了赢利，需要在配送经营中获得利益回报。配送经营的盈利性决定了配送合同为有偿合同。委托人需要对接收的配送产品支付报酬。配送经营人收取报酬是其合同的权利。

3）诺成合同

诺成合同表示合同成立即可生效。当事人对配送关系达成一致意见时配送合同就成立，合同也就生效。配送合同成立后，配送方需要为履行合同组织力量，安排人力、物力，甚至要投入较多的资源，购置设备，聘请人员，如果说合同还不能生效，显然对配送经营人极度不公平。因而配送合同必须是诺成合同。当事人在合同订立后没有依据合同履行义务，就构成违约。当然，当事人可以在合同中确定合同开始履行的时间或条件，时间未到或条件未成熟时虽然合同未开始履行，但并不等同于合同未生效。

4）长期合同

配送活动具有相对时间长的特性，配送过程都需要持续一段时期，以便开展有计划、小批量、不间断的配送，以实现配送的经济目的。如果只是一次性的送货，则是运输关系而非配送关系。因而配送合同一般是期限合同，确定一段时期的配送关系或者是一定数量的产品的配送需要持续较长的时间。

3. 配送合同的种类

1）独立配送合同

独立配送合同是指由独立经营配送业务的配送企业或个人，或兼营配送业务的组织与配送委托人订立的仅涉及配送服务的独立合同。该合同仅仅用于调整双方在配送过程中的权利和义务关系，以配送行为为合同标的。

2）附属配送合同

附属配送合同是指在加工、贸易、运输、仓储或者其他物质经营活动的合同中，附带地订立配送活动的权利和义务关系，配送活动没有单独订立合同。附属配送合同主要包括仓储经营人与保管人在仓储合同中附属配送协议、运输合同中附带配送协议、销售合同中附带配送协议、物流合同中附带配送协议、生产加工合同中附属配送协议等。

3）配送合同的其他分类

根据合同履行的期限，配送合同可以分为定期配送合同和定量配送合同。定期配送合同是指双方约定在某一期间由配送人完成委托人的某些配送业务而订立的合同。定量配送合同则是配送人按照委托人的要求，对一定量的物品进行配送，直到该数量的物品配送完毕，合同终止。

配送合同按照配送委托人身份的不同还可以分为批发配送、零售配送、工厂配送等合同。依据配送物的不同分为普通商品配送、食品配送、水果蔬菜配送、汽车配送、电器配送、原料配送、零部件配送等配送合同。按照配送地理范围的不同分为市内配送、地区配送、全国配送、跨国配送、全球配送等配送合同。

4. 配送合同的订立

配送合同是双方对委托配送经协商达成一致意见的结果，经过要约和承诺的过程，当承诺生效，合同成立。在现阶段，我国的配送合同订立时往往需要配送经营人首先要约，向客户提出配送的整体方案，指明配送业务对客户产生的利益和配送实施的方法，以便客户选择接受配送服务并订立合同。

配送合同的要约和承诺可以用口头形式、书面形式或其他形式。同样，配送合同也可以采用口头形式、书面形式或其他形式，为不要式合同。但由于配送时间延续较长，配送所涉及的计划管理性强，及时性配送所产生的后果可大可小，甚至会发生如生产线停工，客户流失等重大损失，配送过程受环境因素的影响较大，如交通事故等，所以为了便于双方履行合同、利用合同解决争议，签订完整的书面合同最为合适。

5. 配送合同的主要内容

无论是独立的配送合同还是附属配送合同都需要对配送活动的当事人的权利和义务进行协商达到意见一致，并通过合同条款准确地表达。两者的内容大体相似，主要有以下几点。

（1）合同当事人是合同的责任主体，是所有合同都必须明确表达的项目。

（2）配送合同的标的就是将配送物品有计划地在确定的时间和地点交付收货人。配送合同的标的是一种行为，因而配送合同是行为合同。

（3）配送方法或者称为配送要求是双方协商同意配送所要达到的标准，是合同标的的完整细致的表达，根据委托方的需要和配送方的能力协商确定。有定量配送、定时配送、定时定量配送、及时配送、多点配送等多种方法。需要在合同中明确时间及其间隔、发货地点或送达地点、数量等配送资料。配送方法还包括配送人对配送物处理的行为约定，如虚拟配装、分类、装箱。配送方法变更的方法有订单调整等。

（4）标的物即被配送的对象可以为生产资料或生活资料，但必须是动产、有形的财产。配送物的种类(品名)、包装、单重、尺寸体积、性质等决定了配送的操作方法和难易程度，必须在合同中明确。

（5）当事人权利与义务指在合同中明确的双方当事人需要履行的行为或者不为的约定。

（6）违约责任是指双方约定任何一方违反合同约定时须向对方承担的责任。违约责任包括约定违约行为须支付的违约金及数量、违约造成对方损失的赔偿责任及赔偿方法、违约方继续履行合同的条件等。

（7）补救措施本身是违约责任的一种，但由于未履行配送合同可能产生极其严重的后果，为了避免损失的扩大，合同约定发生一些可能产生严重后果的违约补救方法，如采取紧急送货、就地采购等措施。

（8）配送费和价格是配送经营人订立配送合同的目的。配送人的配送费应该能弥补其开展配送业务的成本支出并获取可能得到的收益。合同中需要明确配送费的计费标准和计费方法，或者总费用以及费用支付的方法。

由于配送合同持续时间长，在合同期间如果构成价格的成本要素价格发生变化，如劳动力价格、保险价格、燃料电力价格、路桥费等变化，为了使配送方不至于亏损，或者委托方也能分享成本降低的利益，允许对配送价格进行适当调整，要在合同中订立价格调整条件和调整幅度。

(9) 合同期限和合同延续条款对于按时间履行的配送合同，必须在合同中明确合同的起止时间，起止时间用明确的日期方式表达。由于大多数情况下配送关系建立后都会保持很长的时间，会出现合同不断延续的情况。为了使延续合同不致发生较大的变化，简化延续合同的订立程序，往往在合同中确定延续合同的订立方法和基本条件要求，如提出续约的时间、没有异议时自然续约等。

(10) 合同解除的条件配送合同都需要持续较长时间，为了使履约过程中一方不因另一方能力的不足或没有履约诚意而招致损害，或者在合同没有履行必要和履行可能时也不致违约，在合同中约定解除合同条款，包括解除合同的条件、解除合同的程序。

(11) 不可抗力和免责不可抗力是指由于自然灾害、当事人不可抗拒的外来力量所造成的危害，如风暴、雨雪、地震、雾、山崩、洪水等自然灾害，还包括国家行为、战争、罢工等社会现象。不可抗力是《合同法》规定的免责条件，但《合同法》没有限定不可抗力的具体现象。虽然法律实践对于一般认可的不可抗力已形成共识，但对配送仓储行为影响的特殊不可抗力的具体情况，如道路塞车等，以及需要在合同中陈述的当事人认为必要的免责事项，需要在合同中详细明确。不可抗力条款还包括发生不可抗力时的通知、协调方法等的约定。

(12) 其他约定事项配送物种类繁多、配送方法多样，当事人在订立合同时充分考虑到可能发生的事件和合同履行的需要，并达成一致意见，是避免发生合同争议的最彻底的方法。特别是涉及成本、行为的事项，更需要事先明确。如配送容器的使用、损耗、退货、信息传递方法、争议处理(合同约定发生争议的处理方法)、合同签署等问题。

6. 配送合同当事人的权利和义务

配送合同双方应该严格履行合同，任意一方不得擅自改变合同的约定，这是双方的基本义务。此外，依据合同的目的确定合同中没有约定的双方当事人分别还需要承担的一些责任。

(1) 配送委托人保证配送物适宜配送。配送委托人需要保证由其本人或者其他人提交的配送物适宜于配送和配送作业。对配送物进行必要的包装或定型；标注明显的标志并保证能与其他商品相区别；保证配送物可以按配送要求进行分拆、组合；配送物能用约定的或者常规的作业方法进行装卸、搬运等作业；配送物不是法规禁止运输和仓储的禁品；对于限制运输的物品，需提供准予运输的证明文件等。

(2) 配送经营人选择合适的方法。配送经营人使用的配送中心具有合适的库场，适宜于配送物的仓储、保管、分拣等作业；采用合适的运输工具、搬运工具、作业工具，如干杂货使用箱车运输，使用避免损害货物的装卸方法，大件重货使用吊机或拖车作业；对运输工具进行妥善记载，使用必要的装载衬垫、绑扎、遮盖；选择合理的配送运输线路；使用公认的或者习惯的理货计量方法，保证理货计量准确。

(3) 配送人提供配送单证。配送经营人在送货时必须向收货人提供配送单证、配送清单。配送清单为一式两联，详细列明配送物的品名、等级、数量等信息，经收货人签署后收货人和配送人各持一联，以备核查和汇总。配送人须在一定期间间隔向收货人提供配送汇总表。

(4) 收货人收货。委托人保证收货人正常地接收货物，不会无故拒收；收货人提供合适的收货场所和作业条件。收货人对接收的配送物有义务进行理货查验，并签收配送单和注明收货时间。

(5) 配送人向委托人提供存货信息和配送报表。配送人须在约定的期间如每天向委托人提供存货信息，并随时接受委托人的存货查询。定期向委托人提交配送报表，包括分收货人报表、残损报表等汇总材料。

(6) 配送人接收配送物并承担仓储和保管义务。配送经营人须按合同的约定接收委托人送达的货物，承担查验、清点、交接、入库登记、编制报表的义务；安排合适的地点存放货物，妥善堆放或上架；对库存货物进行妥善的保管、照料，防止存货受损。

(7) 配送人返还配送剩余物，委托人处理残料。配送期满或者配送合同履行完毕，配送经营人需要将剩余的物品返还给委托人，或者按委托人的要求交付给其指定的其他人。配送人不得无偿占有配送剩余物。同样，委托人有义务处理配送残余物或残损废品、回收物品、加工废料等。

做一做

结合所给合同范例和本任务相关内容，拟定一份仓储合同。

保管合同范例

×××公司仓储合同

合同编号：

签订日期：　年　月　日

合同签订地：

保管方：　　　　地址：　　　　电话：　　　　传真：

存货方：　　　　地址：　　　　电话：　　　　传真：

依据《中华人民共和国合同法》，保管方和存货方根据仓储储量的情况，双方协商一致，签订本合同，共同信守。

第一条、储存货物的名称、规格、数量、质量等(采用表2-10格式的形式)。

表2-10　储存货物的相关资料

编号	包装	货物名称	品种规格	数量	质量

第二条、货物包装。

(1) 存货方负责货物的包装，包装标准按国家或专业标准规定执行，没有以上标准的，在保证运输和储存安全的前提下，由合同当事人议定。

(2) 包装不符合国家或合同规定，造成货物损坏、变质的，由存货方负责。

第三条、保管方法：根据有关规定进行保管，或者根据双方协商方式进行保管。

第四条、保管期限：从____年____月____日至____年____月____日。

第五条、验收项目和验收方法。

(1) 存货方应当向保管方提供必要的货物验收资料，如未提供必要的货物验收资料或提供的资料不齐全、不及时，所造成的验收差错及贻误索赔期或者发生货物品种、数量、质量不符合合同规定时，保管方不承担赔偿责任。

(2) 保管方应按照合同规定的包装外观、货物品种、数量和质量对入库物进行验收，如果发现入库货物与合同规定不符，应及时通知存货方。保管方未按规定的项目、方法和期限验收，或验收不准确而造成的实际经济损失，由保管方负责。

(3) 验收期限：国内货物不超过____天，国外到货不超过____天。超过验收期限所造成的损失由保管方负责。货物验收期限是指货物和验收资料全部送达保管方之日起至验收报告送出之日止。日期均以运输或邮电部门的戳记或直接送达的签收日期为准。

第六条、入库和出库的手续：按照有关入库、出库的规定办理，如无规定，按双方协议办理。入库和出库时，双方代表或经办人都应在场，检验后的记录要由双方代表或经办人签字。该记录就视为合同的有效组成部分，当事人双方各保存一份。

第七条、损耗标准和损耗处理：按照有关损耗标准和损耗处理的规定办理，如无规定，按双方协议办理。

第八条、费用负担、结算办法。

第九条、违约责任。

1. 保管方的责任

(1) 由于保管方的责任，造成退仓或不能入库时，应按合同规定赔偿存货方运费和支付违约金。

(2) 对危险物品和易腐货物，不按规程操作或妥善保管，造成毁损的，负责赔偿损失。

(3) 货物在储存期间，由于保管不善而发生货物灭失、短少、变质、污染、损坏的，负责赔偿损失。如属包装不符合合同规定或超过有效储存期而造成货物损坏、变质的，不负赔偿责任。

(4) 由保管方负责发运的货物不能按期发货，赔偿存货逾期交货的损失；错发到货地点除按合同规定无偿运到规定的到货地点外，并赔偿存货方因此而造成的实际损失。

2. 存货方的责任

(1) 易燃、易爆、有毒等危险物品和易腐物品，必须在合同中注明，并提供必要的资料，否则造成货物毁损或人身伤亡由存货方承担赔偿责任直至由司法机关追究刑事责任。

(2) 存货方不能按期存货，应偿付保管方的损失。

(3) 超议定储存量储存或逾期不提时，除交纳保管费外，还应偿付违约金。

3. 违约金和赔偿方法

(1) 违反货物入库和货物出库的规定时，当事人必须向对方交付违约金。违约金的数额为违约所涉及的那一部分货物的____个月保管费(或租金)或____倍的劳务费。

(2) 因违约使对方遭受经济损失时，如违约金不足抵偿实际损失，还应以赔偿金的形式补偿其差额部分。

(3) 前述违约行为给对方造成损失的，一律赔偿实际损失。

(4) 赔偿货物的损失，一律按照进货价或国家批准调整后的价格计算；有残值的，应扣除其残值部分或残件归赔偿方，不负责赔偿实物。

第十条、由于不能预见并且对其发生和后果不能防止或避免的不可抗力事故致使直接影响合同的履行或约定的条件履行时，遇有不可抗力事故的一方，应立即将事故情况电报通知对方，并应在__天内，提供事故详情及合同不能履行或者部分不能履行或需要延期履行的理由的有效证明文件，此项证明文件应由事故发生地区的公证机构出具。按照事故对履行合同影响的程序，由双方协商决定是否解除合同，或者部分免除履行合同的责任，或者延期履行合同。

第十一条、其他。

保管方：　　（盖章）	存货方：　　（盖章）
法定代表人：	法定代表人：
地址：	地址：
银行账户：	银行账户：

▶ 评一评

以小组为单位相互评定所拟定的仓储合同条款是否正确、适用、完整。

任务 2.3　签订仓储与配送合同

学习目标

- 了解仓储商务管理的意义、内容及所遵循的原则；
- 掌握仓储商务的内容，能进行经营决策，会签订仓储合同；
- 了解配送商务工作的一般组织和决策，了解配送业务关系的建立；
- 掌握配送商务的内容，能进行经营决策，会签订配送合同。

任务描述

根据仓储与配送商务管理的内容，根据任务 1.3 和任务 1.4 所设计的仓储与配送系统，分析仓储资源，制订仓储营销策略，选择商机，培养学生掌握进行商务磋商和签订仓储、配送合同的工作能力。

工作任务

根据仓储商务管理的知识内容，分析自己的仓储资源，制订仓储营销策略，选择商业机会，进行商务磋商和签订仓储合同。

操作步骤

签订仓储合同的工作步骤如图 2.3 所示。

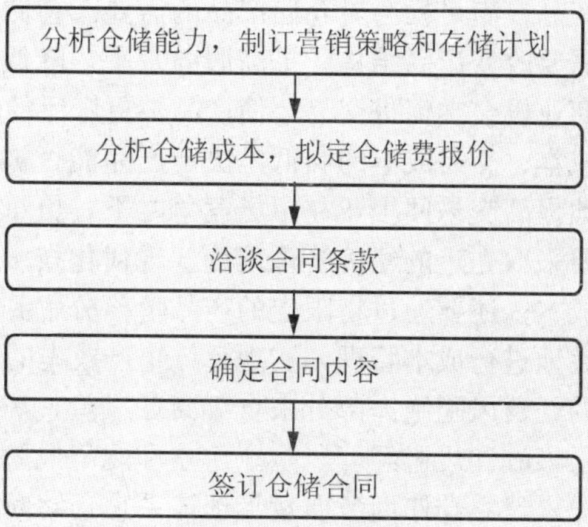

图 2.3 签订仓储合同的工作步骤

知识准备

2.3.1 仓储商务管理

1. 仓储商务管理的意义

仓储商务是指仓储经营人利用所具有的仓储保管能力向社会提供仓储保管产品和为获得经济收益所进行的交换行为。仓储商务是仓储企业基于仓储经营而进行的对外的经济交换活动，是一种商业性的行为，因而，仓储商务发生在公共仓储和营业仓储之中，企业自营仓储则不发生仓储商务。

仓储商务活动的内容主要有：仓储商情调查和发现商业机会，市场分析和选择商业机会，商务磋商和签订商业合同，合同履行的协调，争议处理和风险控制，塑造企业形象，制定竞争战略并发展市场，保持企业可持续发展。

仓储商务管理则是仓储经营人对仓储商务进行的计划、组织、指挥和控制的过程，是独立经营的仓储企业对外商务行为的内部管理，属于企业管理的一个方面。仓储商务管理涉及企业的经营目标、经营收益，因而更为重视管理的经济性、效益性。相对于其他企业项目管理，仓储商务管理具有外向性，围绕着仓储企业与外部发生的经济活动进行管理；仓储商务管理又有整体性的特性，商务工作不仅是商务职能部门的工作，涉及仓储企业整体的经营和效益，也是其他部门能否获得充足工作量的保证。因而仓储商务管理是仓储企业的高层管理的核心工作，也是企业其他各部门应关心的工作和需要各部门支持的工作。

仓储商务管理的目的是为了使仓储企业充分利用仓储资源，最大限度地获得经济收入和提高经济效益，具体表现在以下几方面。

(1) 充分利用企业资源。在良好的仓储管理之下，仓储企业获得大量的商业机会，也承担了按时、完整提供产品的义务，这就需要仓储企业充分利用企业的一切资源，包括仓储能力和作业能力、生产的资金和人力资源，完成生产任务。

(2) 满足社会需要。仓储商务管理就是为了使仓储企业能进行尽可能大的产品交换，向社会提供尽可能多的仓储产品，满足社会对仓储产品的需要。仓储商务管理的任务就是有效地开发市场，跟随市场的需要改变产品结构，提高服务水平，降低产品价格，提高产品竞争力。通过市场开发、挖掘商业机会、促进交易，使产品被更广泛的市场和客户接受。

(3) 降低成本。生产成本、交易成本的高低是决定产品能否被社会接受的基本条件。仓储商务管理不仅要尽可能地提高交易回报，在市场竞争之下，更重要的是控制成本，提高产品竞争力。仓储商务管理要采取先进的经济管理理论、现代化技术、传统的有效经营相结合的手法，控制和减少交易成本；还要通过将限定的产品价格分解到每个生产环节，促使仓储生产的每一个环节有针对性地进行成本管理，实现整体生产成本的控制。

(4) 减少风险。企业的经营风险绝大部分来自于商务风险，高水平的商务管理就在于避免发生商务风险，防止责任事故和规避经营风险。建立和规范风险防范机制，及时发现风险隐患，妥善地处理协议纠纷，建立仓储商务质量管理体系是仓储商务管理的重要任务。

(5) 塑造企业形象。商务人员对外交往，代表着企业的形象。通过以人为本、任人唯贤、职责明确的原则建立的商务队伍，在对外商业交往中可以体现出商务人员的精明能干、业务熟练，再加上提倡合作和服务的精神，企业守合同、讲信用的商务管理，形成仓储企业高水平、可信赖的企业形象。仓储商务管理的每一项工作都会对企业形象产生直接的影响。

(6) 提高效益。通过充分利用仓储企业的有效资源，提供满足社会需要的产品，可以使产品被市场广泛接受，促进产量的提高；另一方面，严格的成本管理、最少的风险承担使得成本降低，实现仓储企业经济效益的提高，而良好的企业形象还能促进企业社会效益的提高。提高整体效益，实现仓储企业可持续发展是仓储商务管理的最终目的。

2. 仓储商务管理的内容

仓储商务管理是仓储企业管理的一个组成部分，包括对商务工作的人、财物的组织和管理，涉及企业资源的使用、制度建设、激励机制以及商务队伍的教育培养、发展提高等各方面，具体来说有以下10个方面。

(1) 确定仓储商务机构和商务人员的选用和配备，以及商务工作制度、商务管理制度的设立。

(2) 有效地组织市场调查，广泛收集并高质量地分析市场信息，捕捉有利的商业机会，科学制订竞争策略。

(3) 根据市场的发展和需要，科学规划并设计产品营销策略，督促产品推销。

(4) 进行科学合理的组织，充分利用先进的技术和传统的有效方法降低交易成本。

(5) 准确地进行成本核算，确定合适的价格，提高产品的竞争力。

(6) 细致地进行成本分解，促进企业整体成本管理的效果，进一步降低成本。

(7) 以优质的服务满足用户的需要，提高企业的经济效益和社会效益。

(8) 加强交易磋商管理和合同管理，严格依合同办事，讲信用、保证信誉。

(9) 建立风险防范机制，妥善处理商务纠纷和冲突，防范和减少商务风险。

(10) 加强商务人员管理，以人为本，充分发挥全体商务人员的积极性和聪明才智。重视商务人员的培养和提高，确保商务人员能跟上时代发展的要求并保持发展后劲。

3. 仓储商务管理遵循的原则

1) 满足社会需要

仓储生产是为了满足社会对仓储的需要。仓储商务管理就是保持仓储产品社会交换的不断进行，使仓储资源能被最大限度地利用，服务于社会，为社会创造更大的财富。在仓储商务管理中以社会的需要来组织产品的供应，当产品供不应求时，充分挖掘仓储潜力，发展仓储能力，使需要仓储的物资都能获得必要的储存；当供过于求时，通过组织增值服务，开展多元服务，进一步提高服务质量，使仓储总供给量与市场需求平衡。要避免垄断经营，歧视经营，囤积仓储能力等不满足社会需要的经营方式。随着社会需求的不断发展和不断变化，仓储商务管理也应不断求变，不断创新，跟上社会发展的步伐。

2）适应市场竞争

市场经济的基本特征就是广泛的市场竞争，没有竞争就没有市场。作为进入门槛较低的仓储业，供给的增长极快，也就必然成为竞争激烈的行业。仓储商务工作面临的是竞争激烈的局面，仓储商务管理就要敢于竞争、善于竞争，既要敢于开展积极的竞争，也要勇于面对竞争的挑战。仓储业需要制定完整的市场竞争策略，建立成本优势、价格优势、服务优势、技术优势，充分利用资本经营手段，进行规模化发展，实现规模效应，形成网络服务和竞争优势，在市场竞争中求生存、求发展。

3）守法、依法进行商务

市场经济是法制的经济，需要通过法律规范市场，防止恶性竞争和不正当竞争，防止侵害合法权益的现象，维护合法行为和利益。商务工作需要严格遵守法律法规开展商务行为，守法商务、依法商务。

商务工作涉及与企业外的经济利益关系，商务管理部门特别要重视利用法制的手段保护企业自身的利益，防止合法利益受到侵犯，维护自身的合法权益。

4）追求效益最大化

追求效益最大化是市场经济主体的生产经营目的。作为商业活动，仓储经营显然也是为了在向社会提供仓储产品的过程中获得最大的经济效益。获得效益最大化也就是仓储商务管理的基本原则。在仓储商务管理中需要通过合理地利用企业资源、有效的营销手段和竞争策略、广泛的市场开发、准确的产品定位、优质的服务、以人为本的激励措施促进产品的销售，使仓储资源能被充分、高效率地利用。另一方面通过不断降低交易成本，控制生产成本，防止责任风险的发生使得企业成本降低，实现仓储经营的效益最大化，使企业能保持正常经营和进一步发展。

4. 仓储商务的内容

1）仓储经营决策

仓储企业根据社会对仓储产品的需要，以及仓储企业所具有的能力和实力、仓储市场的供给水平，遵循充分运用企业资源、满足社会需要和获得最大利润的原则，合理制定实现企业经营发展目标的方法和经营决策。根据市场的需求和自身的能力，仓储企业可以选择租赁经营、公共仓储、物流中心或者配送中心方式经营，或者采用单项专业经营或者综合经营方式，实行独立经营或者联合经营的经营定位。根据企业所选择的经营方式，合理组织商务队伍，制定仓储商务管理和作业规章制度，形成科学、合理的管理体系。

2）市场调查和市场宣传

市场调查不仅是企业经营决策的依据，也是仓储企业经营的日常工作。商务部门需要不断进行市场调查并发现商业机会，以便建立商业关系。商务市场调查主要针对市场的供求关系、消费者对产品需求的变化以及将来的发展进行准确调查和科学预测，以便企业进行经营决策、产品设计和商务宣传。

市场宣传是建立企业形象的一种手段，也是企业获得商业机会的手段之一。商务部门应合理、充分地利用企业的有限资源，采取有针对性的有效措施，对潜在客户和竞争对手的客户进行有效宣传和推广，促进商业关系的建立。市场宣传可以采用广告、公共关系、人员促销等方法进行。

3）积极营销和妥善选择商机

营销也称为市场营销，是从市场需要出发，构思、设计、定价、促销和分销的规划和实施过程，其核心是交换，即实现双方互利的交换。仓储企业按照市场对产品的需求，设计仓储方案并向社会推广，实现交易，达到仓储营销的目的。积极营销就是要细致地开拓市场、分析产品，准确地选择目标市场和进行产品定位，合理地确定营销组合，严格管理营销的活动过程。

仓储推销可以采用人员推销和非人员推销的方式。人员推销是选择合适的员工采取上门推销、柜台推销、会议推销等方式进行面对面的推销；非人员推销则是采用广告、公共关系等方式，使产品被社会接受。

在获得商机之后，仓储企业应根据企业的经营目标和客户的资信选择合适的对象开展交易活动。

4）订立仓储合同

合同是市场经济主体之间期望发生民事关系的手段。通过订立合同，两个独立的经济主体发生了债权债务关系。需要仓储服务的存货人与经营仓储的保管人通过订立仓储合同发生了货物保管和被保管的经济关系，并通过仓储合同调整双方关于仓储的权利和义务。仓储合同需要经过双方要约和承诺的过程，当双方意见一致时合同成立。

由于物资仓储往往需要较长的时间，还可能需要对仓储物进行加工处理、分拆等作业进行流通管理，为了保证保管人严格按照存货人的要求进行处理，避免时间久远以致遗忘而出现争议，甚至涉及仓单持有人的第三方关系，仓储合同需要订立较为完备的合同，需要合同条款细致，内容充分。由于仓储保管是双务的行为，需要较为完整的合同订立程序，明确地表示合同成立以及完整的合同形式。

5）存货人向仓库存货

存货人应按合同的约定向保管人交付仓储物。存货人交付仓储物是存货人履行合同的行为。存货人交付仓储物时必须对仓储物进行妥善处理，保证仓储物适合仓储。对危险品或者易变质物品，应提供有关资料，说明仓储物的性质和处理方式。对仓储物的状态、质量程度提供相应的证明。存货人须按合同的约定将仓储物准备好，在合同约定的地点或者仓储地点，为仓库卸货提供方便。在货物交付给仓库时与仓库工作人员共同理货、查验货物。

合同约定预付仓储费的，存货人在存货时应向保管人支付约定的保管费。

6）保管人接收货物和保管货物

保管人应按照合同约定在接收仓储物之前准备好仓储场地，使场地适合仓储物存放和保管。保管人在接收仓储物之前必须验收仓储物，对仓储物进行理货检验，确认仓储物的状态、质量和准确数量。

合同约定由保管人负责仓储物装卸、堆放的，保管人应安排并妥善进行卸载、堆放。仓储物接收完毕，保管人应根据约定向存货人签发仓单。约定由存货人卸货存放的，存货人按照仓库的安排，将货物运至指定的地点卸货并按仓库的要求进行堆码摆放。

在仓储物入仓后，保管人应按照合理的方法、有效的措施对仓储物进行妥善地管理和相应的作业。在存放期间若仓储物损害或发生变化，应及时通知存货人处理，并采取必要的处理措施，减少损失。同意存货人或者仓单持有人检查仓储物或提取样品。

7）存货人(仓单持有人)提货

仓储期届满，存货人或者仓单持有人凭仓单向保管人提取仓储物，交付仓储费用和保管人的垫费，由于仓储物的性质造成的保管人的损失，超期存货费和超期加收费等费用。提货人在提货时要对仓储物进行检验，确认仓储物的状态和数量。

提货人提货完毕，在仓单上签署后，将仓单交回保管人。

如果合同未约定存储期限，存货人或者仓单持有人可以随时要求提取仓储物，但应有合理的通知期。

提货人对仓储中产生的残损货物、收集的地脚货、货物残余物等应一并提取。

2.3.2 配送商务管理

1. 配送商务及其内容

配送商务是指配送经营人与需要产品配送的委托人之间的基于配送活动的经济联系，是双方基于配送产品交换的经济活动，两者的经济是完全独立的。无论是独立经营的配送企业，还是兼营的配送业务，都需要与客户发生商务关系，即使执行内部生产计划的企业内部配送，也可能涉及采用公共运输等对外的商务关系。配送商务的具体内容包括以下几点。

（1）配送经营决策和产品的市场定位。

（2）配送产品的市场宣传。

（3）交易机会搜寻和推销。

（4）交易磋商和订立配送合同。

（5）配送成本核算和配送价格确定。

（6）配送合同履行的督促和履行合同中的沟通和协调。

（7）配送合同争议处理和商务风险的防范。

（8）客户关系维持和新市场开发。

配送商务是配送经营的核心工作，是经营的基础。只有在良好的商务工作基础上，配送经营才能成为有米之炊，创造效益。

2. 配送商务的组织与管理

配送商务的组织与管理是配送经营人对其配送商务工作的组织和管理。合理的组织使所提供的配送产品满足社会的需要，科学有效的管理可提高经营的效率。对独立配送经营人的商务的组织和管理是整个经营的核心工作，必须给予高度重视，要将其贯穿在整个配送经营之中。企业内部的配送活动，则属于企业生产管理的范畴，而没有独立的配送商务活动。

配送商务的组织与管理的目的是为了最大限度地利用所拥有的配送资源、向社会提供最多的产品，在交换产品中获得最多的收益，实现配送生产的成本最小化，最终实现利润最大化。

配送的组织和管理应该遵循最高效率的原则，最大限度地利用企业资源的原则，充分利用社会资源的原则，最低成本的原则，开展效率管理，进行成本管理、风险管理、服务质量管理，实现企业经营的盈利目的。配送经营者需要将商务管理工作列入最高层的管理，从组织机构、商务人员配备上进行优化，制定严格的商务工作章程、明确的责任制度、完善的监督和有效的激励制度，建立对商务工作的支持体系，保证商务工作高效率和有效益地进行。

▶ **做一做**

南京××商贸公司一票货物见表2-11。

表2-11　南京××商贸公司一票货物

序号	品名	规格/型号	单位	数量	金额/元	备注
1	××方便面	85g	箱	10	600	
2	××方便面	80g	箱	8	400	
3	××酸奶	50ml	箱	10	300	
4	××牛奶	50ml	箱	10	260	
5	××鲜奶	250ml	箱	5	260	
6	××洗衣粉	450ml	箱	10	700	
7	××透明皂	45g	箱	10	400	
8	××香皂	45g	箱	10	500	
9	××洗发水	500ml	箱	6	1 000	
10	××笔记本电脑	DN120	台	10	60 000	
11	××液晶电视	YJ37’	台	5	40 000	
12	××手机	SJ118	箱	4	40 000	
13	××液晶显示器	YX19’	箱	10	20 000	

以上货物为一次性存储，电器、日用品存储期限为1个月，食品存储期限为10天。该客户地址：南京市××路120号，货主：李××。要求对客户货物设定仓储条件，进行仓储费竞价，签订仓储合同。

▶ **评一评**

小组间相互查对客户货物设定仓储条件是否正确，仓储费报价是否合理，签订的仓储合同是否可行。

任务2.4　设计与签发仓单

学习目标

- 了解仓单的作用；
- 掌握仓单的内容和形式，能设计仓单；
- 掌握仓单的签发业务，能进行仓单的签发工作；

- 掌握仓单的分割、转让业务，能进行凭仓单的放货工作。

任务描述

设计一份仓单，并根据任务2.3签订的仓储合同签发仓单，培养学生掌握设计和签发仓单的工作能力。

工作任务

设计一份仓单，并按任务2.3签订的合同签发仓单。

操作步骤

设计与签发仓单的工作步骤如图2.4所示。

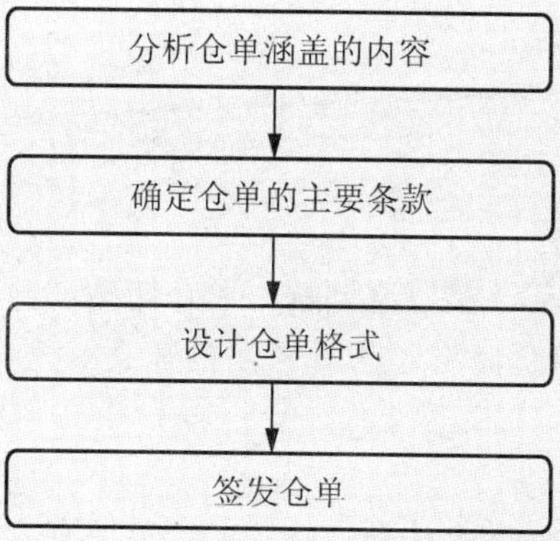

图2.4 设计与签发仓单的工作步骤

知识准备

2.4.1 仓单概述

1. 仓单的概念和作用

仓单是保管人在接收仓储物后签发的表明一定数量的保管物已经交付仓储保管的法律文书。保管人签发仓单，表明已接收仓储物，并已承担对仓储物的保管的责任以及保证将向仓单持有人交付仓储物。签发仓单是仓储保管人的法律义务，根据《合同法》规定："存货人交付仓储物时，保管人应当给付仓单。"

仓单的作用表现在：签发仓单表明保管人已接收了仓单上所记载的仓储物；仓单是仓储保管人返还保管物的凭证；仓单是确定保管人和仓单持有人，提货人责任和义务的依据；同时仓单还是仓储合同的证明。

2. 仓单的法律特性

（1）仓单是提货凭证。仓储保管人保证向仓单持有人交付仓储物。在提取仓储物时，提货人必须向保管人出示仓单，并在提货后将仓单交回保管人注销。没有仓单不能直接提取仓储物。

（2）仓单是所有权的法律文书。保管人在查验并接收仓储物后向存货人签发的仓单，表明仓储物的所有权并没有转移给保管人，只是将仓储物的保管责任转交给保管人，通过保管人签发的仓单作为仓储物的所有权文书，并由存货人或其他持有人持有。

（3）仓单是有价证券。仓单是仓储物的文件表示，仓储保管人依据仓单返还仓储物，占有仓单表示占有仓储物，也就意味着占有了被仓储的财产和该财产所包含的价值。受让仓单就需要支付与该价值对等的资产或价款，因而仓单是表明仓储物价值的有价证券。只不过由于仓单所表示的是实物资产的价值，其价格受实物市场的供求关系的影响，需要根据实物的市场价格确定仓单的具体价值。

（4）仓单是仓储合同的证明。仓单本身并不是仓储合同，当双方没有订立仓储合同时，仓单作为仓储合同的书面证明，证明合同关系的存在，存货人和保管人按照仓单的记载承担合同责任。

3. 仓单的功能

1）保管人承担责任的证明

仓单的签发意味着仓储保管人接管仓储物，对仓储物承担保管责任，保证在仓储期满向仓单持有人交还仓单上记载的仓储物，并对仓储物在仓储期间发生的损害或灭失承担赔偿责任。

2）物权证明

仓单作为提货的凭证就意味着合法获得仓单的仓单持有人具有该仓单上记载的仓储物的所有权，但这种所有权是一种确定的物权，只表示占有该仓单上所描述的具体“物”，并不意味着固定的价值。这种物权会因为不可抗力、自然损耗等保管人免责的原因造成灭失，还会因为保管到期产生超期费、保管人进行提存的风险，以及由于仓储物的原因造成保管人、其他财产损失的赔偿风险。仓单持有人因持有仓单所获得的仓储物所有权仅仅是仓单明示的物权，并不当然获得存货人与保管人订立仓储合同中的权利，只有这些权利在仓单中列明时才由仓单持有人享受。相应地保管人也不能用未在仓单上明示的仓储合同的约定条款对抗仓单持有人，除非仓单持有人与存货人为同一人。

3）物权交易

仓储物交给仓储保管人保管后，保管人占有仓储物，但是仓储物的所有权仍然属于存货人，存货人有权依法对仓储物进行处理，可以转让仓储物，这是存货人行使所有权的权利。但在保管人签发仓单的情形下，存货人和保管人达成了凭仓单提货的契约，保管人可以拒绝仓单持有人之外的其他人行使提货权。因而存货人要进行存储物转让就必须将仓单转让。另一方面，对于存货人在获得仓单后，需要转让仓储物时，如果要通过取出仓储物进行实物交割显然是极为烦琐且不经济的。为了便利和节省交易费用，存货人通过直接转让仓单的方式转让仓储物，由受让人凭仓单提货。通过仓单转让即可以实现仓储物所有权的转让交易，又不涉及仓储物的保管和交接，是一种简便和经济的方法。仓单转让机制的基础在于仓储保管人对于仓储物的理货验收、对仓储物的完整性承担责任及对所签发仓单的提货保证。

（1）仓单的背书转让。由于仓单大都为记名证券，仓单的转让必须采用背书转让的方式进行。由出让人进行背书，并注明受让人的名称，保持仓单的记名性质。

（2）仓单转让须经保管人签署仓单通过背书转让，仓储物的所有权发生了转移，被背书人成为了仓单持有人。这也就意味着原先同保管人订立仓储合同的存货人将凭仓单提取货物的合同权利转让给了其他人。保管人将向第三人履行仓储合同义务。根据《合同法》第八十条规定，“债权人转让权利的，应当通知债权人”；同时还规定“债务人转让义务的，应当经债权人同意”。仓单的转让可能仅涉及存货人债权的转让，也可能存在受让人支付仓储费等债务的转让，因而仓单转让需要保管人的认可，经保管人签字或者盖章，仓单受让人才能获得提取仓储物的权利。

4）融资和担保工具

由于仓单具有的物权功能，仓单也代表着仓储物的价值，成为有价证券，可以作为一定价值的担保，因而仓单可以作为质押、财产保证的融资工具和其他的信用保证。在期货交易市场上，仓单转让和交割是交易核心的部分。

仓单质押是指仓单持有人将仓单出质给他人占有，作为债务担保，到期不能偿还债务时，接受出质的他人有权就仓单的价值优先受偿。仓单持有人为出质人，是所担保债务的债务人；接受仓单的一方为质权人，是所担保债务的债权人。《物权法》将仓单质押归为权利质押，出质人要拥有对仓单权利的处分权，出质人与质权人要签订书面合同，质权自仓单交付质权人时成立。仓单质押是以仓单的权利质押，在质押合同中不能预定仓储物属于债权人。当质押人到期不能偿还债务时，质权的实现可以通过仓单折现，也可以通过拍卖、变卖仓储物所得价款优先受偿。

仓单质押的债务期限应与仓单的提货期限相匹配。如果债务担保期限超过提货期限的，《物权法》规定：“仓单的提货日期先于担保债权到期的，质权人可以提货，并与出质人协议将提取的货物提前偿还债务，或者采用提存方式处理。”

知识链接

仓单的形式与内容

仓单由保管人提供。仓储经营人准备好仓单簿，仓单簿为一式两联：第一联为仓单，在签发后交给存货人；第二联为存根，由保管人保存，以便核对仓单。

《合同法》规定仓单的内容包括下列事项：①存货人的名称或者姓名、住所；②仓储物的品名、数量、质量、包装、件数和标记；③仓储物的耗损标准；④储存场所；⑤储存期间；⑥仓储费；⑦仓储物的保险金额、期间以及保险人的名称；⑧填发人、填发地和填发日期。

1. 存货人的名称或者姓名、住所

存货人是初始仓储物的所有人或者占有人，有权对货物进行仓储处理。存货人是仓单法律关系的一方，承担着仓单确定的存货义务和责任。存货人名称记录完整性也是判定仓单背书转让连续性的依据。

存货人的名称为存货企业法人的完整名称，与法人证书的登记名称完全一致。当存货人为个人时，采用该人的完整姓名。住所为存货企业的所在地、主营业地所在地、发生仓储业务关系的分营业部所在地、个人的居住地或者常驻地。住所地址要求采用完整的街牌号或者乡村名称。住所地址是仓单发生司法争议时司法管辖权的确定因素之一，同时也是仓储业务中保管人与存货人联系的途径，因而一般还会注明联系电话等便利的联系方法。

2. 仓储物的品名、数量、质量、包装、件数和标记

仓储物是仓单的标的物，仓储物的品名、数量、质量、包装、件数和标记是保管人对所接收的仓储物的准确描述，构成了仓储物的特定化，是存储期满后，保管人向仓单持有人交还物品的标准。保管人不能交还仓单描述的仓储物，就需要给予赔偿。仓储物的品名、数量、质量、包装、件数和标记是保管人在接收仓储物时查验和理货获得的准确结果，必要时可以通过商品检验获得。仓储物的品名应是标准名称，质量可以采用公认的等级质量标准或者标明具体的质量水平，或者标明检验结论，包装必须是在存储期间存续的包装方式，一般来说为保管人认可的包装方式。

3. 仓储物的耗损标准

仓储物因为长期保存和仓储作业会发生耗损和减量。仓储物自身特性(如干燥、分化、挥发等)的自然减量和公认的合理耗损(如计量误差、黏结、破损、氧化生锈、陈旧、粘尘等)由保管人承担显然不合理或者不经济。仓储物的耗损标准就是在交还仓储物时仓储物数量短少在仓单约定的仓储物耗损标准之内，保管人不予赔偿。

仓储物的耗损标准有国家标准或者行业标准规定的按规定执行，无标准的由双方约定耗损标准。

4. 储存场所

储存场所应具备对仓储物的保管条件、保管标准、操作方法。这可以确定仓储期间仓储物风险的大小，存入和提出仓储物的经济成本和便利条件，也可以使仓单持有人了解仓储物存放的位置。储存场所也是发生仓储争议时的合同履行地、财产所在地司法管辖权的判断依据。

储存场所一般在仓储合同中约定，也可以由保管人安排，在仓单中记载的储存场所为仓储物的实际存放地点。储存场所包括储存的仓库的名称和地点，往往还明确注明存放仓储物的仓库号、堆场、货位号等存货的具体位置。

5. 储存期间

仓储合同是一种有时限的合同，保管人在约定的时期内对仓储物承担保管责任。为了使仓单持有人明确掌握储存期限，需要将储存期间特别是储存到期时间明确地记录在仓单上。储存时间的表示可以采用开始期加期限的方式，如存储期 3 个月，从仓单签发日起算，到期日若为节假日，顺延到假日后的第一个工作日；也可以采用明确到期日的方式表达，如×年×月×日。

储存期间是保管人承担仓储保管责任的期间，也是计算仓储费的依据，是确定和计算超期费、空置费的依据，是保管人提存保管物的时间条件。

6. 仓储费

仓储费是保管人开展仓储服务的回报，是其合同行为的目的。仓储费由保管人和存货人约定，包括仓储费计费标准、支付方式、支付时间、支付地点等。提货人支付仓储费或者在提货结算时，必须在仓单上准确纪录，以便约束仓单持有人。仓储费也可以在仓单转让时，让受让人知道其所要承担的支付义务和支付额。

仓储费率是超期保管费计算的基础，如超期保管费加倍计算。

7. 仓储物的保险金额、期间以及保险人的名称

为了降低承担的风险，通常要对仓储物进行投保，其成本原则上应该由仓储物所有人承担。如果保管未保险的仓储物，保管人为了降低风险可购买保险，但其保险的成本必然通过仓储费等方式转移给仓储物的所有人。另一方面，仓储物是否购买保险，对仓单受让人具有直接的利益关系，仓单的转让只是转让了入库时仓储物的物权，入库后仓储物状态的变化是受让人要承担的风险。仓单受让人通过保险的方式获得仓储物的状态和价值保证，需要掌握保险金额、期间等内容。

在仓单上记载保险资料有利于发生事故时的保险处理，如通知保险公司和保险索赔等。

8. 填发人、填发地和填发日期

填发人为仓储经营人的企业名称(公章)或者法定代表人的姓名。有填发人签署表明仓单发生效力。填发地和填发日期不仅表示仓单发生效力的时间和地点，也是属地管辖的依据和时效起算时间的依据。

一份有效的仓单可以包含以上所有内容或者其他保管人认为必要的内容，但是也可以缺省一些内容。只要仓单的内容能够充分表达出仓储物的物权、保管人的责任承担程度、持有人提取仓储物的权利等仓单功能的事项，保管人签发的仓单就应该有效。缺乏保管人、存货人、仓储物、存货地点、保管人签署等条件事项的是无效的仓单。

2.4.2 仓单业务

1. 仓单的签发

仓单由保管人向存货人签发。存货人要求保管人签发仓单时，保管人必须签发仓单。当存货人将仓储物交给保管人时，保管人对仓储物进行查验和理数，确认仓储物的状态，在全部仓储物收妥后，填制并签发仓单。保管人在填制仓单时必须将所接收的仓储物的实际情况如实记录在仓单上，特别是对仓储物的不良状况更是要准确描述，以便到期时能按仓单的记载交付仓储物。经保管人签署的仓单才能生效。保管人对仓储物不良状态的批注必须实事求是，且准确、明确。当存货人不同意批注时，如果仓储物的瑕疵不影响仓储物的价值或质量等级，保管人可以接受存货人的担保而不批注，否则就必须批注，或者拒绝签发仓单。

2. 仓单份数

根据《合同法》规定，仓储保管人只签发一式两份仓单，一份为正式仓单，交给存货人，另一份为存底单，由保管人保管。仓单副本则根据业务需要复制相应份数，但需注明为“副本”。

3. 仓单的分割

存货人将一批仓储物交给保管人时，因为转让的需要，要求保管人签发分为几份的仓单，或者仓单持有人要求保管人将原先的一份仓单分拆成多份仓单以便向不同人转让，这就遇到仓单的分割业务。仓单的分割不仅只是单证的处理，还意味着保管人需要对仓储物进行分劈，应该说是仓储保管人提供的额外服务。仓单分割的条件是仓储物必须能够被分劈，且达成对残损、地脚货的分配协议并对分割后的仓单持有人有约束力，分割后仓单的仓储物总和数与仓储物总数相同。保管人对已签发出的仓单进行分割后，必须将原仓单收回。

4. 仓单转让

仓单持有人需要转让仓储物时，可以通过背书转让的方式进行仓储物转让。

(1) 背书转让方法。作为记名单证，仓单的转让采取背书转让的方式进行。背书转让的出让人为背书人，受让人为被背书人。仓单可以进行多次背书转让，第一次背书的存货人为第一背书人。在第二次转让时，第一次被背书人就成为第二背书人。因而背书过程是衔接的完整过程，任何参与该仓单转让的人都在仓单的背书过程中记载下来。

(2) 保管人签署存货人将仓单转让，意味着保管人需要对其他人履行仓储义务，保管人与存货人订立仓储合同的意境和氛围都因仓单的转让而发生改变。保管人对仓单受让人履行仓单义务，需要了解义务对象的变化，对仓单受让人行使仓单权利也需要对债务人有足够的信任，因而需要对仓单的转让给予认可。所以仓单的转让需要保管人签署，之后受让人方可凭仓单提取仓储物。

特别提示

（1）仓单转让生效的条件为：①背书过程完整；②经保管人签署。

（2）背书格式为：

兹将本仓单转让给×××（被背书人的完整名称）

×××（背书人的完整名称）

背书经办人签名、日期

5. 凭仓单提货

在保管期满或者经保管人同意的提货时间，仓单持有人向保管人提交仓单并出示身份证明，经保管人核对无误后，保管人给予办理提货手续。流程如图 2.5 所示。

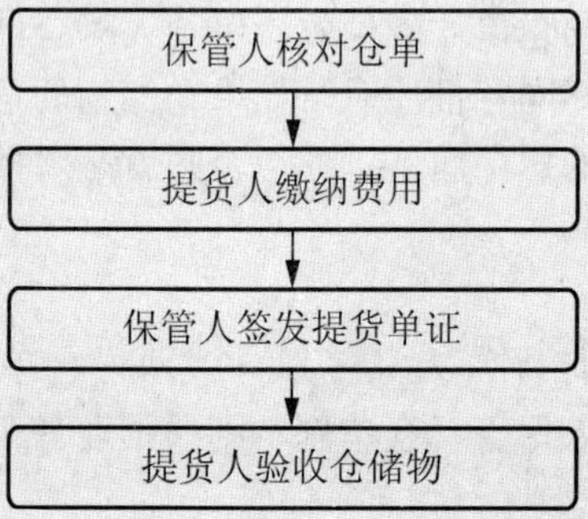

图 2.5　凭仓单提货的流程

（1）核对仓单。保管人核对提货人提交的仓单和自身的存底仓单，确定仓单的真实性；查对仓单背书的完整性，过程衔接是否清楚；核对仓单上的存货人或者被背书人与其所出示的身份证明是否一致。

（2）提货人缴纳费用。仓单记载由提货人缴纳仓储费用的，提货人按约定支付仓储费；根据仓储合同约定并记载在仓单上的仓储物在仓储期间发生的仓储人的垫费，为仓储物所有人利益的支出，对仓储人或其他人造成的损害赔偿等费用核算准确后由提货人偿付。

（3）保管人签发提货单证并安排提货。保管人收取费用、收回仓单后，签发提货单证，安排货物出库准备。

（4）提货人验收仓储物。提货人根据仓单的记载与保管人共同查验仓储物，签收提货单证，收取仓储物。如果查验时发现仓储物状态不良，应现场编制记录，并要求保管人签署，必要时可申请商品检验，以备事后索赔。

6. 仓单灭失的提货

仓单因故损毁或灭失，将会出现无单提货的现象。原则上提货人不能提交仓单，保管人不能交付货物，无论对方是合同订立人还是其他人。因为保管人签发出仓单就意味着承认只能对仓单承担交货的责任，不能向仓单持有人交付存储物就需要给予赔偿。

但在特殊情况下，也可以进行提货行为。仓单灭失的提货方法如下。

（1）通过人民法院的公示催告使仓单失效。根据《中华人民共和国民事诉讼法》，原仓单持有人或者仓储合同人可以申请人民法院对仓单进行公示催告。当60天公示期满无人争议时，人民法院可以判决仓单无效，申请人可以向保管人要求提取仓储物。在公示期内有人争议，则由法院审理判决，确定有权提货人，并凭法院判决书提货。

（2）提供担保提货。提货人向保管人提供仓储标的物的担保后提货，由保管人掌握担保财产，将来另有人出示仓单而不能交货需要赔偿时，保管人使用担保财产进行赔偿。该担保在可能存在的仓单失效后，方可解除担保。

7. 不记名仓单

如果保管人和存货人达成协议，由保管人签发不记名仓单，则所签发的仓单的存货人项就可以为空白。不记名仓单在转让时无需背书，存期届满由持有人签署，并出示同样的身份证明就能提货。不记名仓单不能提前提货。使用不记名仓单的存货人和保管人双方都存在一定的风险，仓储保管人不能控制仓单的转让，也不知道将来要向谁交货，而仓单持有人遗失仓单就等于遗失仓储物。

在仓单的存货人项不填写真正的存货人或所有人，而只填写通知人或者经手人等非实际仓储物的所有人的仓单也属于不记名仓单。

▶ 做一做

就前文提及的南京××商贸公司的一票货物，依据签订的仓储合同，拟定并签发仓单。

▶ 评一评

以小组为单位相互评定设计的仓单是否完整、适用，格式是否清晰、便于填写和签发。

项目小结

通过对仓储与配送成本的分析后对仓储费、配送费进行报价，然后对仓储与配送合同的拟定与签订，以及仓单的设计和签发，都是仓储与配送管理从业人员必备的基本技能。有关仓储成本、配送成本、合同的规定及条款、仓单的属性等也是仓储与配送管理从业人员必备的基本知识。本项目以工作任务为载体，锻炼学生工作技能，对领悟知识，形成工作能力有很大帮助。

复习思考题

一、填空题

1. 仓储成本是指仓储企业在生产经营中各种要素投入的以货币计算的总和。其中一部分为____________和____________的投资，另一部分则为仓储保管作业中的活劳动或者物化劳动的消耗，主要包括____________、____________和____________等。

2. 仓储成本是发生在货物储存期间的各种费用的支出，是由一段时期内储存或持有商品而导致的。该成本可以分为4种：____________、____________、____________和____________。

3. 仓储经营方法根据仓储的目的不同可分为：__________、__________、__________、__________、__________等。合同形式可以采用__________、__________或其他形式。

4. 仓储合同的主要条款有__________、__________、__________、__________、__________、__________条款。

5. 配送的组织和管理应该遵循__________的原则、__________的原则、__________的原则、__________的原则，开展效率管理，进行成本管理、风险管理、服务质量管理，实现企业经营的盈利目的。

6. 仓单是__________在接收仓储物后签发的__________的保管物__________的法律文书。__________签发仓单，表明__________，并已承担__________的责任以及保证__________。

二、简答题

1. 简述仓单的法律特性。
2. 分别说明什么情况下仓储、配送合同生效，什么情况下仓储、配送合同无效。
3. 简述仓储保管人的权利和义务。
4. 简述仓储商务的具体内容。
5. 简述配送商务的具体内容。
6. 简述配送合同的主要内容。

三、能力拓展实训题

海尔是世界白色家电第一品牌。截至 2010 年，海尔在全球建立了 29 个制造基地，8 个综合研发中心，19 个海外贸易公司，全球员工超过 7 万人。2010 年，海尔全球营业额实现 1 357 亿元，品牌价值 855 亿元，连续 9 年蝉联“中国最具价值品牌”榜首。请对海尔家电产业的仓储配送系统进行调研，分析和总结其仓储、配送管理的方法和经验。

项目3 仓储与配送质量管理

任务3.1 制定仓储与配送质量管理规范

学习目标

- 了解仓储与配送质量管理的意义和内容；
- 掌握仓储质量的特征、配送质量的特征；
- 掌握仓储质量、配送质量的指标，并会计算相关指标；
- 能制定仓储与配送质量管理规范。

任务描述

以项目1所规划设计的仓储配送系统及设立的仓储配送企业，根据拟定的商务管理策略及开展的业务，制定仓储与配送质量管理的规范，培养学生掌握制定仓储与配送质量管理规范的工作能力。

工作任务

根据项目1及项目2设立的仓储配送企业和确定的经营管理策略、商务管理方法，制定仓储与配送质量管理规范。

操作步骤

制定仓储与配送质量管理规范的工作步骤如图3.1所示。

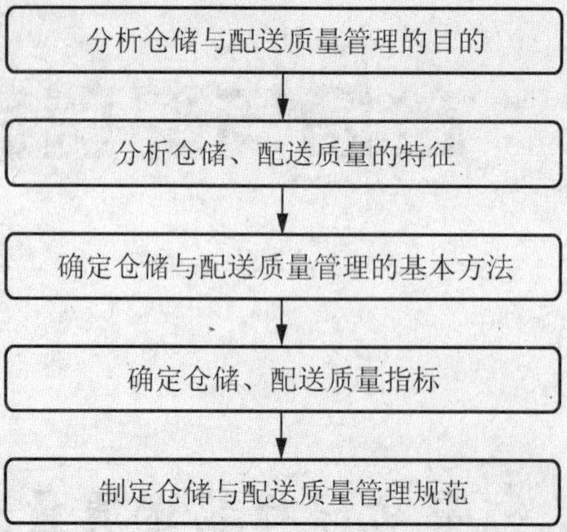

图 3.1　制定仓储与配送质量管理规范的工作步骤

▶ 想一想

××公司是一家仓储配送中心，每年要处理 1 000 万种订货，为 300 家地区零售店经营进行产品的配送。该公司采取了 3 项质量活动。

一是经过慎重考虑后提出一系列小改革，解决公司存在的一些主要问题。其中包括采纳工人的建议——创建中央工具库，用以提高工作效率和保证工具容易获得。

二是在每次装运送货前，进行质量控制和实际点数，如果存在差异则进行 100%的检查，并采用计算机系统进行协调，确保精确。

三是应用激光扫描技术，以 99.9%的精确性来跟踪 230 000 个存货单位。

从本案例中，你认为应该如何提高仓储配送质量？

知识准备

3.1.1　仓储与配送质量管理概述

1. 仓储与配送质量管理的意义与内容

质量是企业的生命，没有生产的质量就没有产品的质量。若产品质量不合格，企业的生产和经营不仅将毫无意义，而且还需要承担违约、赔偿的责任。仓储与配送必须要高度重视质量管理，向社会提供合格质量的产品，做到用户满意，确保仓储、配送经营能被社会广泛接受。仓储、配送环节要以良好的质量管理，防止和减少发生违约和损害赔偿责任，降低风险成本，形成价格竞争的潜在优势，实现市场占有率的提高，最终保证经济效益的提高和社会效益的提高。

仓储、配送产品的质量笼统来说就是产品的使用价值。仓储、配送产品能被社会接受的品质质量特征包括功能性、经济性、安全性、时间性、舒适性等，它使仓储与配送安全、及时、完整、经济、优质服务的质量特征得以充分表现。具体来说，仓储、配送的质量包括严格按照仓储合同，配送合同的合同履行，妥善保管，风险的防范，对客户要求的及时反应，与客户的友好合作和提供细致周到的服务，满足客户的质量要求等，其目的都是为了达到及时、圆满、准确和友好的质量标准。

仓储与配送质量管理就是为了实现仓储与配送产品的质量特征所开展的计划、组织、控制和协调。它包括制定产品的质量标准、质量标准的实施方案，组织力量实施质量的保证方案，在实施过程中进行严格的控制、监督、约束，在实施过程中做好人员和人员、部门与部门、企业内外之间的协调和信息沟通，以及质量标准在实施中的调整和优化等。

2. 仓储质量的特征

仓储质量是仓储经营、作业、保管和服务的一系列活动的良好状态的反映。具体来说其质量特征表现为以下几点。

(1) 储存多。储存多是指充分利用仓库、货场，增加仓库的有效利用面积，提高仓库场地的利用率，尽可能利用立体空间，合理安排减少场地空置，使仓库能容纳最多的货物。

(2) 进出快。进出快有两方面的意思：一方面为货物进出库迅速，作业效率高、时间短，减少运输工具停库时间，货物出入仓库顺畅无阻；另一方面要求货物周转快，缩短货物滞库时间，提高物资流通速度。

(3) 保管好。保管好是指仓库具有适合货物保管的条件，具有科学合理的保管方案和管理制度，有针对性的保管措施，员工认真进行保管作业，货物在仓库内堆垛稳固、摆放整齐、查询方便，账、卡、证、物一致，货物随时能以良好的状态出库。

(4) 耗损少。耗损少是指没有发生货物残损和变质等各类保管、作业事故。仓库货物的自然耗损应控制在最低的程度，意外事故和不可抗力造成的损失最小，整体货损货差率达到最低。同时也包括散落货物能及时良好回收，受损货物能及时得到维护。

(5) 费用省。费用省是指通过节省开支、消除无效作业、充分利用生产要素、开展规模化经营，使仓储成本降低，客户所要支付的费用减少；避免发生不合理的、损害社会效益的费用发生。

(6) 风险低。仓储风险包含两个方面：一是仓储保管人承担的风险，如仓储物损害的赔偿；另一个是存货委托人承担的风险，如不可抗力造成的仓储物损害。仓储风险质量目标就是实现彻底消灭仓储保管操作风险，尽力减少委托人承担风险所造成的仓储物损失。

(7) 服务优。服务质量是仓储的生命力，是客户接受仓储服务的前提条件，也是其他质量特征在客户面前的综合体现。服务水平是一项软指标，不同的服务消费者都有不同的服务要求，因此服务具有相对性。要保证仓储的服务水平，必须建立服务标准，对内标准化，以便所有员工按章遵守，保证服务水平。对外须采取协议化手段明确服务水平。对外服务协议化是为了使客户明确所能享受到的服务水平，让客户知道物有所值；更重要的是针对消费者对服务的无止境需求，通过协议进行明确的限定，防止发生服务纠纷。

3. 配送质量的特征

配送质量是反映配送活动过程中满足客户明确和隐含需要的能力的特性的总和，其质量特征表现为以下几点。

(1) 数量正确。指在配送过程中配送的实际数量与要求数量一致。

(2) 质量正确。指配送过程中配送物品的实际质量与要求质量一致，物品完好，无损耗。

（3）时间准确。指配送过程中物品配送流转的实际时间与要求时间相符，配送时间准确性高。

（4）地点正确。指配送过程中物品配送到达的实际地点与要求地点相符。

（5）工作完善。指配送过程中对客户问询的响应程度、客户特殊送货要求的满足程度，是服务质量的体现。服务质量也是配送的生命力，是客户接受配送服务的前提条件，也是其他质量特征在客户面前的综合体现。

3.1.2 仓储与配送质量管理的基本方法

1. 全面质量管理的实施

仓储与配送的全面质量管理是以仓储、配送产品的质量为中心，以最优的质量、最低的消耗、最佳的服务使客户满意为目标，运用一定的组织体系和科学的管理方法，动员、组织各部门和全体员工共同努力，在仓储、配送的各个环节上对影响仓储与配送质量的因素进行综合处理的行为。全面质量管理包括 4 个方面。

（1）质量管理的对象是全面的。对象的全面性包括仓库设计、配送系统规划、仓储配送计划、仓储与配送作业、仓储与配送管理、商务、财务、人力资源、设备管理等各方面。

（2）质量管理是全过程的管理。它指从市场宣传、商务磋商到仓储安排、接收货物、作业、包装、配送、交付、客户保持的全过程都实施全面质量管理。

（3）仓储与配送全面质量管理是一种全员的管理。它指包括直接参与仓储、配送活动的所有部门及人员和支持部门及人员，从企业的高层到底层的员工全都参与，使全体员工具有高度的质量意识，充分发挥主动性和创造性，确保产品质量。

（4）质量管理的方法是系统的。对于整个仓储、配送活动的质量管理，需要依据统一的质量标准和质量体系，对所有部门、人员有相同的质量责任要求。

2. 以防为主

质量管理的基本要求是仓储、配送的一切活动都是为了客户的需要，要以预防为主。质量管理需要建立有效的质量管理体系，采取严格的质量责任制，通过事先控制、以防为主来保证质量，形成质量管理和保证的系统，即以事先的检查、事先的要求、事先的防范进行管理。因而需要充分利用质量控制和管理的现代技术和手段，预先发现问题，提前进行控制，确保达到质量标准。

3. 细节着手

虽然质量管理是一项系统的工作，要有规划、有系统地进行，从大处着眼。但是在质量管理中更要重视对细节的质量管理，从仓储、配送的服务现场工作入手，通过一系列小改革、小变革改变小瑕疵，解决小问题，不断进行质量改进的良性循环，促使整体质量的不断提高，且不会花费极高的质量管理成本。

3.1.3 仓储质量指标

仓储质量指标是用于反映质量现状的数据，用于判定质量水平的标准，是制定质量改进措施的依据，也是全面质量管理用数据说话的表现。

1. 库存量

库存量是指在统计期内平均存货数量，它反映了仓库平均库存水平和库容利用程度，反映了仓库的经营情况。

$$月平均库存量=\frac{月初库存量+月末库存量}{2}$$

$$年平均库存量=\frac{各月平均库存量之和}{12}$$

2. 收发正确率

收发正确率表示仓库在某一段时期正确收发货物的程度；从反向看，则表示收发误差程度。

$$物资收发正确率=\frac{期内吞吐量-发生收发差错的物资总量}{同期吞吐量}\times 100\%$$

3. 完好率

完好率是指在统计期内货物发生丢失、损坏、变质等质量事故的整体程度。

$$物资完好率=\frac{期内平均库存量-期内丢失、损坏、变质的物资总量}{同期平均库存量}\times 100\%$$

4. 验收时间

验收时间表示仓库对货物入库的货物验收所花费的时间指标。

$$平均验收时间=\frac{期内各批验收天数之和}{同期平均验收年批次数}(天/批)$$

5. 赔偿率

赔偿率是指仓库事故造成毁损的损失赔偿和违反行政管理制度的罚款总额占经营收入的比例，表示仓储经营的风险成本。

$$业务赔偿率=\frac{期内业务赔偿罚款总额}{同期业务总收入}\times 100\%$$

3.1.4 配送质量指标

配送质量指标是配送质量现状的数据反映，用于判定质量水平的标准，是制定质量改进措施的依据，也是全面质量管理用数据说话的表现。以配送环节中送达服务，根据配送质量的特征，其主要指标有以下几个。

1. 配送物品完好率

配送物品完好率反映在统计期内配送物品发生丢失、损坏、变质等质量事故的整体程度。

$$配送物品完好率=\frac{期内配送物品总量-期内丢失、损坏、变质的物品总量}{期内配送物品总量}\times 100\%$$

2. 配送延迟率

配送延迟率是反映配送过程中物品的配送时间与要求时间的符合程度。

配送延迟率=配送延迟次数/配送总次数

3. 客户问询响应率

客户问询响应率是体现配送工作的完善程度的。

$$客户问询的响应率=\frac{(客户问询响应完成总次数-客户问询响应未完成次数)}{客户问询响应完成总次数}\times 100\%$$

▶ 做一做

××公司 2005 年到库物资共 2 000t，出库 1 500t，年初库存 500t，全年错发错收 20t，丢失 2t、损害 5t，赔偿 10 000 元，另因消防不合格被罚款 5 000 元。全年营业收入 300 000 元。

1. 计算吞吐量、年平均库存量、物资收发差错率、物资完好率、业务赔偿率。

2. ××公司应从哪些方面着手改进工作以提高质量管理水平?

▶ 评一评

以小组为单位相互评定所设计的计算吞吐量、年平均库存量、物资收发差错率、物资完好率、业务赔偿率是否正确。

任务 3.2　ABC 管理方法

学习目标

- 了解仓储与配送质量管理的意义和内容;
- 掌握仓储质量的特征、配送质量的特征;
- 掌握仓储质量、配送质量的指标，并会计算相关指标;
- 能制定仓储与配送质量管理规范。

任务描述

以项目 1 规划设计、设立的仓储企业，根据开展的业务，运用 ABC 管理法进行库存管理，培养学生掌握 ABC 管理进行库存管理的工作能力。

工作任务

根据项目 1、项目 2 设立的仓储企业开展的仓储业务，进行 ABC 库存管理。

操作步骤

ABC 库存管理法的工作步骤如图 3.2 所示。

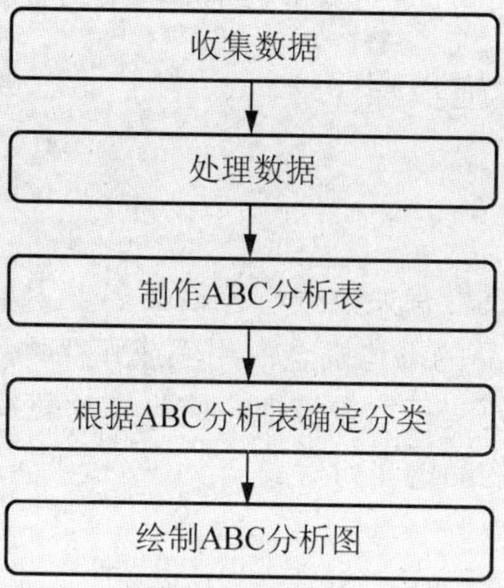

图 3.2　ABC 库存管理法的工作步骤

知识准备

3.2.1　ABC 管理法概述

1. ABC 管理法的定义

ABC 管理法又称巴雷特分析法，或称 ABC 分析法，把企业的物资按其金额大小分为 A、B、C 3 类，然后根据重要性分别对待。

A 类物资：品种少、实物量少而价值高的物资，其成本金额约占 70%，而实物量不超过 20%。

C 类物资：品种多、实物量多而价值低的物资，其成本金额约占 10%，而实物量不低于 50%。

B 类物资：介于 A 类和 C 类之间，成本金额约占 20%，实物量不超过 30%。

2. 库存 ABC 管理法的概念

ABC 库存管理法是在 1951 年由美国电器公司率先应用的。它由 ABC 分析法转化而来，是对企业库存的物料、在制品、完成品等，按其重要程度、价值高低、资金占用或消耗数量进行分类和排序，以分清主次、抓住重点，并施以不同的管理、控制方法的仓库管理手法。

3. 库存 ABC 管理法的意义

不同的品种对库存的资金占用和库存周转的影响存在较大的差异。如果采取“平等对待”的方法，不但工作量很大，效果也难以保证。因此有必要对商品品种进行分类，实施不同的管理方法。库存ABC管理法就是有效地控制库存规模，确定库存管理的重点，以便集中力量抓好主要矛盾，这是一种简单有效的节约资金和费用的科学管理方法。它把企业库存的物料分成了3类，即A类物料：关键的少数类物料；B类物料：比较次要且数量较多数类的物料；C类物料：次要的多数类物料。通过找出关键的少数A类物料和次要的多数B、C类物料，然后进行重点控制，以减少整体的库存量及损耗率从而达到有效管理库存量的目的。

3.2.2 库存ABC管理的实施步骤

1. 收集数据

按分析对象和分析内容，收集有关数据，包括品名、用量、价格等。例如，对库存进行ABC分类管理就应该对库存物品的平均资金占用额或库存物品的价值进行分析，以了解哪些物品占用资金多、价值大，以便实行重点管理。应收集的数据为每种库存物品的平均库存量或一定期限内的库存量、每种物品的单价等。

2. 处理数据

对收集来的数据资料进行整理，计算各种库存物品的平均资金占用额或一定期限内库存物品的价值、品种数与百分比，按平均资金占用额或物品的价值进行排序并依据一定的标准进行分类。其计算方法如下。

库存物品的平均资金占用额＝物品平均库存量×物品单价

库存物品的价值＝一定期限内库存物品的库存量×物品单价

价值的百分比＝单元价值÷总价值

品种的百分比＝品种数量÷总的种类量

特别提示

库存物品分类的范围既可是全部的物品，也可以是部分区域的物品，可以根据实际需要进行选择。库存物品分类的品种可以是单件物品，也可以是组件物品，关键由物品的性质和实际操作方便来决定。

3. 制作ABC分析表

以分析库存物品平均资金占用额为例，其ABC分析表见表3－1。具体为：第一栏为品目数累计百分数，即每一种物品皆为一个品目数，品目数累计实际就是序号；第二栏为品目数累计百分数，即累计品目数对总品目数的百分比；第三栏为物品名称；第四栏为物品单价；第五栏为平均库存；第六栏是第四栏单价乘以第五栏平均库存，为各种物品平均资金占用额；第七栏为平均资金占用额累计；第八栏为平均资金占用额累计百分数；第九栏为分类结果。

制表按下述步骤进行：将第二步已求算出的平均资金占用额从大到小排序，由高至低填入表中第六栏。以此栏为准，将相当物品名称填入第三栏、物品单价填入第四栏、平均库存填入第五栏、在第一栏中按1.2.3.4……编号，则为品目数累计。此后，计算品目数累计百分数，填入第二栏；计算平均资金占用额累计，填入第七栏；计算平均资金占用额累计百分数，填入第八栏。做步骤可得表3－1。

表 3-1　库存物品平均资金占用额的 ABC 分析

品目数累计	品目数累计百分数	物品名称	物品单价/万元	平均库存	平均资金占用额/万元	平均资金占用额累计/万元	平均资金占用额累计百分数	分类结果
1	3.57%	A	0.2	200	40	40	40%	A
2	10.71%	B	0.3	100	30	70	70%	
3	21.43%	C	0.1	100	10	80	80%	B
4	35.71%	D	0.1	100	10	90	90%	
5	53.57%	E	0.05	100	5	95	95%	C
6	75%	F	0.15	20	3	98	98%	
7	100%	G	0.01	200	2	100	100%	

4. 根据 ABC 分析表确定分类

按 ABC 分析表，观察第二栏累计品目百分数和第八栏平均资金占用额累计百分数，将累计品目百分数为 5%～15%而平均资金占用额累计百分数为 60%～80%的前几个物品确定为 A 类；将累计品目百分数为 20%～30%，而平均资金占用额累计百分数也为 20%～30%的物品，确定为 B 类；其余为 C 类，C 类情况正和 A 类相反，其累计品目百分数为 60%～80%，而平均资金占用额累计百分数仅为 5%～15%。

5. 绘 ABC 分析图

以累计品目百分数为横坐标，以累计资金占用额百分数为纵坐标，按 ABC 分析表第三栏和第八栏所提供的数据，在坐标图上取点，并连结各点曲线，则绘成如图 3.3 所示的 ABC 曲线。

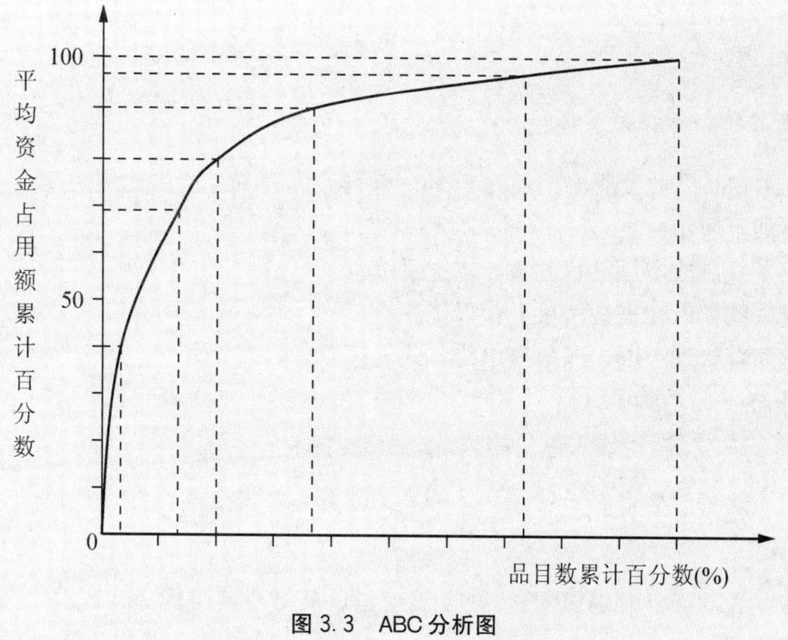

图 3.3　ABC 分析图

按 ABC 分析曲线对应的数据，按 ABC 分析表确定 A、B、C 3 个类别的方法，在图上标明 A、B、C 3 类，则制成 ABC 分析图。在管理时，如果认为 ABC 分析图直观性仍不强，也可绘成如图所示的直方图。

3.2.3 库存 ABC 管理的管理策略

1. A 类物品特征及相关策略

特征：A 类物品的品种数所占比例在 20%以下，库存平均占用资金所占比例为 70%。管理策略重点管理，如以下几点。

（1）对每件物品进行编号。

（2）努力精确地预测需求量。

（3）少量频繁地采购，减少平均库存量。

（4）采用定期订货方式，对其存货必须做定期检查。

（5）严格执行盘点，每天或每周定期盘点，以提高库存精确度。

（6）对交货期限须加强控制，发货和收货设置严格标准。

（7）货品放置于出入口附近。

2. B 类物品特征及相关策略

特征：B 类物品在存货品种和销售金额上所占的比例适中，周转正常。品种数所占比例为 20%～25%，库存资金所占比例为 10%～15%。

管理策略如下所示。

（1）采用定量订货方式，但对前置时间较长或需求量有季节性变动趋势的商品宜采用定期订货方式。

（2）每 2～3 周盘点一次。

（3）中量采购。

3. C 类商品特征及相关策略

特征：C 类物品品种数所占比例为 55%～65%，库存资金所占比例为 5%～10%。

管理策略如下所示。

（1）采用复仓制或定量订货方式，节省手续。

（2）大量采购，以在进货价格上获得优惠。

（3）简化库存管理手段，以最简单的方式管理。

（4）每月盘点一次即可。

▶ 做一做

根据项目 1 设置的仓储公司及项目 2 开展的业务，对其仓库库存进行 ABC 管理。

▶ 评一评

以小组为单位相互评定 ABC 分类是否正确，以及对所确定的 A、B、C 3 类仓库物品的管理措施是否合理。

项目小结

本项目介绍了仓储质量的特征、配送质量的特征、仓储质量的指标、配送质量的指标等，这些都是仓储与配送管理从业人员必备的基本知识，而制定仓储与配送质量管理规范以及用ABC管理方法进行库存管理，更是仓储与配送管理从业人员特别是管理人员必备的基本技能。

复习思考题

一、填空题

1. 仓储、配送的质量包括严格按照__________履行__________、__________、对客户要求的__________、与客户的__________和提供__________、__________等，其目的都是为了达到__________、__________、__________和__________。

2. 仓储与配送质量管理就是为了实现仓储、配送产品的质量特征所开展的__________、__________、和__________。它包括__________、__________，组织力量__________，在实施过程中进行严格的__________、__________、__________，在实施过程中做好__________、__________、__________的协调和信息沟通以及质量标准在实施中的__________和__________等。

3. 仓储质量指标有__________、__________、__________、__________、__________。

4. 配送质量的特征表现为__________、__________、__________、__________、__________。

5. 仓储质量的特征表现为__________、__________、__________、__________、__________。

二、简答题

1. 简述仓储质量的特征。
2. 仓储与配送质量管理的基本方法有哪些？
3. 简述ABC管理的实施步骤。
4. 什么是ABC管理法？有何作用？
5. 简述库存ABC管理的管理策略。

三、能力拓展实训题

利用ABC管理方法，对仓储配送企业的客户进行客户ABC管理分析，提出客户管理的策略，以便对客户进行有效管理。

项目4 入库作业

任务4.1 常用工具使用

学习目标

- 了解入库操作常用工具；
- 熟悉堆高机种类、性能及使用方法；
- 熟练使用手动液压托盘搬运车进行搬运；
- 能正确操作手动液压托盘搬运车进行准确定位。

任务描述

本任务以手动液压托盘搬运车的使用为载体，加以相应的工具介绍和技能训练，培养学生正确使用手动液压托盘搬运车搬运货物和进行准确定位的工作能力。

工作任务

利用手动液压托盘搬运车，将一个托盘的货物从仓库搬运作业的工作区域的A区搬运到B区，并准确定位。

操作步骤

手动液压托盘搬运车使用的操作步骤如图4.1所示。

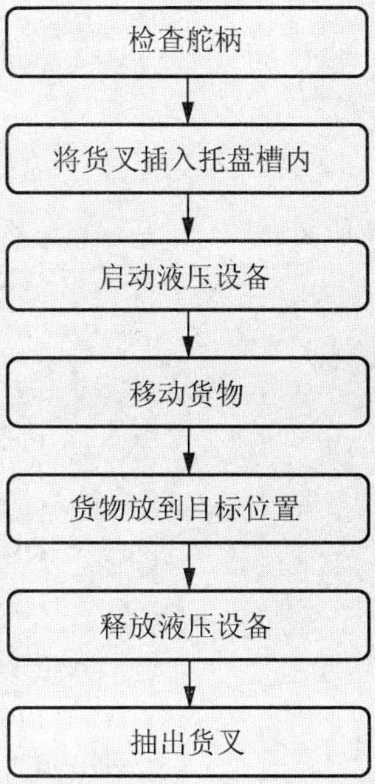

图 4.1 手动液压托盘搬运车使用的操作步骤

知识准备

4.1.1 仓库搬运作业的工作区域

仓库搬运作业的工作区域在进货暂存区，如图 4.2 中的深色区域。

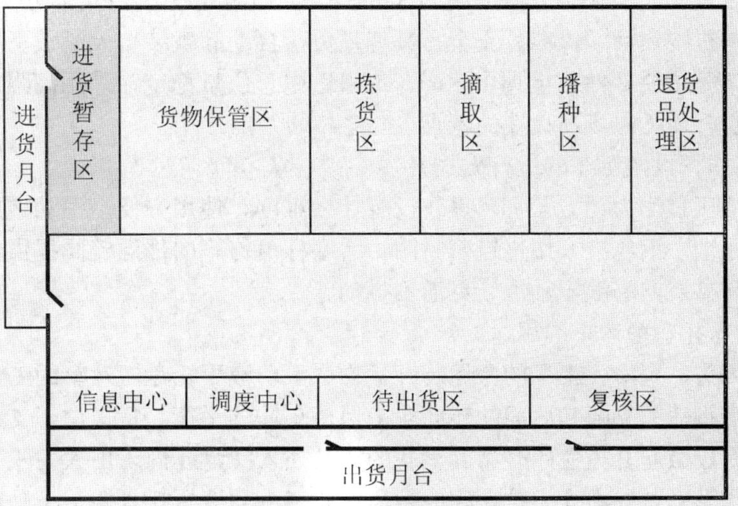

图 4.2 搬运作业的工作区

4.1.2 手动液压托盘搬运车

1. 手动液压托盘搬运车介绍

手动液压托盘搬运车如图4.3所示。

图4.3 手动液压托盘搬运车

手动液压托盘搬运车也称地牛，常见的有普通手动液压托盘车、快起高级手动液压托盘车、重型手动液压托盘车。

1）手动液压托盘搬运车的特点

车身小、自重轻、能在狭窄通道中工作并能满载进入电梯；控制部分安装于手柄上部，操纵简易，控制机构灵活、可靠、安全；具有超负荷自动卸载装置及满载下降限速装置，以便有效保护车架等主要部件；模具化生产、价格适中、质量稳定；采用高强度聚氨酯轮，具有平稳、灵活、轻便无磁场与火花的特点。

2）手动液压托盘搬运车的运行方式

用小体积液压缸作为动力装置，操作没有什么难度，使用方便。手动液压托盘搬运车符合人体工程学原理，液压缸采用进口密封圈，活塞杆镀铬；内部溢流阀提供过载保护，旋转轴连接处采用高品质向心滚子轴承，灵活不抖动。

3）手动液压托盘搬运车的用途

它适用于码头、仓库、工场的搬运装卸货物。手动液压托盘搬运车的工作原理是由外伸在车体前方的带脚轮的支腿和后面的转向轮来保持车体的平衡，货叉位于支腿的正上方，并由液压系统来完成微起升，使用时将其承载的货叉插入托盘孔内，由人力驱动液压系统来实现托盘的起升和下降，并由人力拉动完成搬运作业。手动液压托盘搬运车是搬运作业工具中最简便、最有效、最常见的人力装卸搬运工具。

4）手动液压托盘搬运车的部分性能

其部分性能见表4-1。

表 4-1 手动液压托盘搬运车的部分性能

项目	单位	参数				
额定起重量	kg	1 000	1 500	2 000	2 500	3 000
货叉起升高度	mm	120				120
货叉下降最低位	mm	80				100
托盘插口有限高度	mm	100				120

2. 手动液压托盘搬运车操作指导

1）检查舵柄

舵柄的作用是控制液压系统的启动。开启舵柄后，液压系统可以产生压力；释放舵柄后，液压系统的压力也随之消失。检查舵柄是否已经放下。放下舵柄的方法如图 4.4 所示。

（a）　　　　（b）

图 4.4 放下舵柄

2）将货叉推入托盘槽内

在货叉推入托盘槽内的时候，手柄应与地面或货叉保持垂直。同时，手臂伸直，两手同时抓住手柄的两端，如图 4.5 所示。

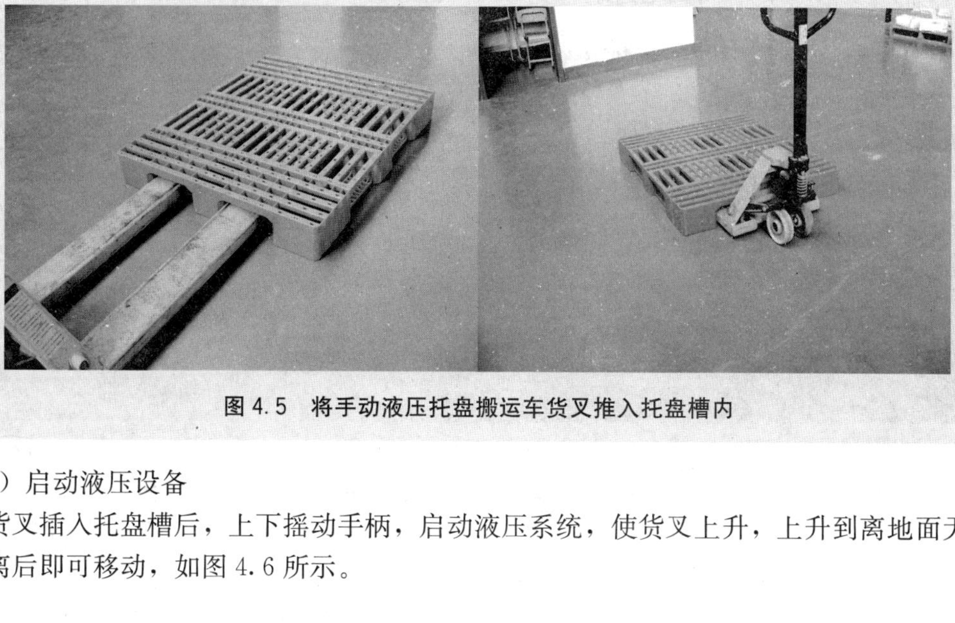

图 4.5 将手动液压托盘搬运车货叉推入托盘槽内

3）启动液压设备

货叉插入托盘槽后，上下摇动手柄，启动液压系统，使货叉上升，上升到离地面无摩擦的距离后即可移动，如图 4.6 所示。

图 4.6　上下摇动手柄，使货叉上升

4）移动货物

移动货物的时候，为了使用方便和视线不被货物挡住，应用手拉着叉车，而不是推。运送到位后，提起舵柄，使货叉下降。

5）货物放到目标位置

将货物放到目标位置黄线区域内，等待验收。

6）注意事项

（1）手动液压托盘搬运车上禁止站人，禁止使用托盘车滑行，如图 4.7 所示。

（2）不要超载。

（3）地面条件是否允许使用。

（4）正确装载货物。

（5）每次使用前请做一次彻底的操作检查。

（6）注意日常检查和保养，对搬运车的检查可尽可能地减少磨损，需要特别注意车轮、车轴、手柄、货叉、举升和降低控制。每当工作完成时，货叉空载并降低到最低位置。

（a）　　　　　　　　（b）

图 4.7　错误的托盘搬运车操作

4.1.3 堆高机

堆高机是仓库常见的搬运设备(车辆)，是用来以较安全的方式举升及搬运负载。

1. 堆高机的种类

堆高机按动力方式不同，一般分为 3 类。

(1) 手动液压堆高机。不附带任何动力装置，完全靠人力推拉升降，周转半径小，起升费力，如图 4.8 所示。

(2) 半电动液压堆高机。用液压装置和电控部件及起升门架，人力推拉前后转向，电动升降，周转半径小，灵活方便，如图 4.9 所示。

(3) 全电动堆高机。自走电升，使用方便，快捷，如图 4.10 所示。

图 4.8 手动液压堆高机

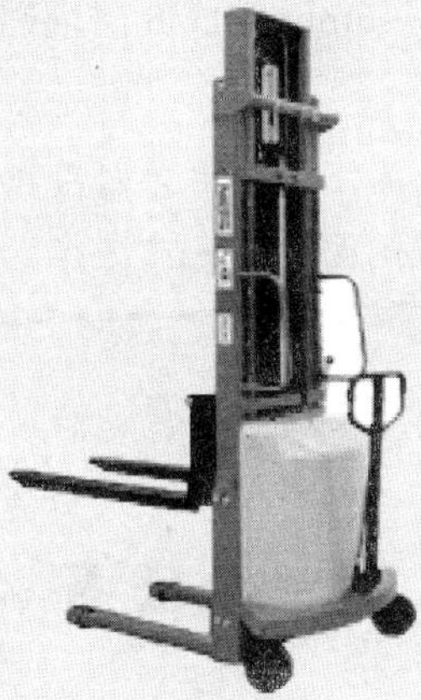

图 4.9 半电动液压堆高机

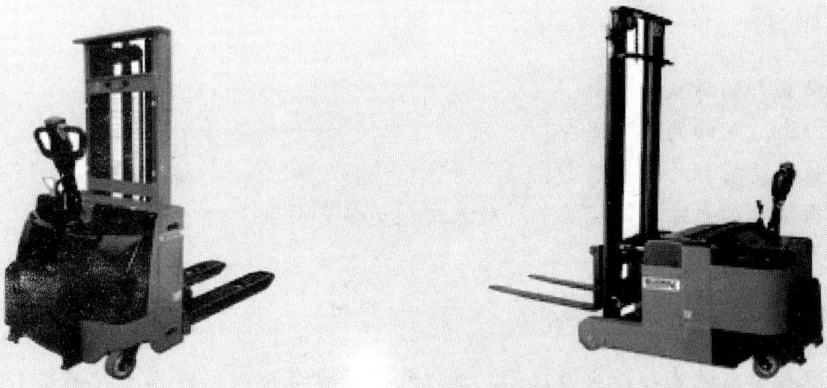

(a) (b)

图 4.10 全电动堆高机

堆高机结构简单、操控灵活、微动性好、防爆安全性能高。其适用于狭窄通道和有限空间内的作业，是高架仓库、车间装卸托盘化的理想设备。它可广泛应用于石油、化工、制药、轻纺、军工、油漆、颜料、煤炭等工业，以及港口、铁路、货场、仓库等含有爆炸性混合物的场所，进行装卸、堆码和搬运作业。

2. 堆高机的主要特点

(1) 具有高度稳定性。
(2) 低噪音、无污染、故障率低。
(3) 门架前后移动，转弯半径小。
(4) 提升高度高，适合高层堆垛。

3. 堆高机的技术参数

功率：380V、50Hz、10kW。
气压：6kg/cm^2。
托盘适用范围：1 600mm×1 600mm 内。
堆码工件总高：1 600mm 内。
速度：每 2～5min 完成 6 层堆码。

▶ 做一做

根据工作任务，结合手动液压托盘搬运车的操作指导和注意事项，利用手动液压托盘搬运车和托盘进行托盘搬运定位操作。

▶ 评一评

成员间相互评定操作步骤，修正操作。

任务 4.2 搬运装卸

学习目标

- 了解装卸的特点；
- 熟悉搬运装卸的基本概念；
- 掌握搬运装卸的基本原则；
- 掌握货物加固方法，能正确进行人工搬运装卸作业。

任务描述

本任务以人工搬运装卸作业为载体，加以相应的技能训练。使学生了解装卸的特点，熟悉搬运装卸的基本概念，掌握搬运装卸的基本原则，培养学生正确进行人工搬运装卸作业的工作能力。

工作任务

根据装卸单据，设计装卸工艺，对货物进行加固处理，提高装卸效率，减少装卸时间。运用手动液压托盘搬运车以及装卸工具，进行快速有序的装货和卸货作业。

操作步骤

1. 人工装货

人工装货的操作步骤如图 4.11 所示。

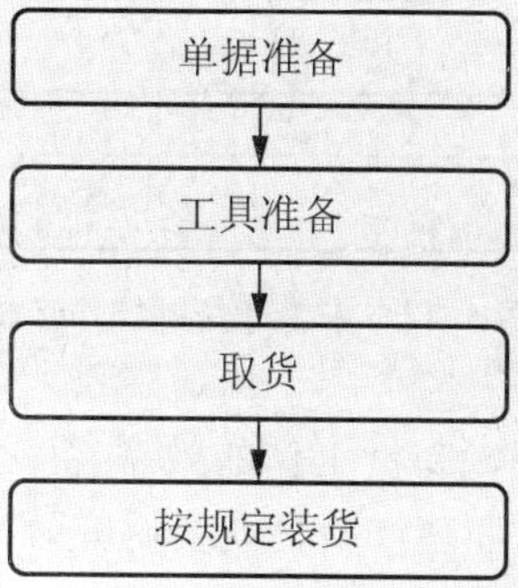

图 4.11　人工装货的操作步骤

由于客户的要求，仓库经常会发生将存放于仓库的货物进行转移的作业，这就产生了装货的操作。如何合理快速地进行此操作，对保持整个仓储作业的连贯性和高效性具有非常重要的意义。以下是一个完整的装货作业的操作步骤。

1）单据准备

操作人员要从信息部领取相应的装货单。装货单就是把待装货物按目的地和货物性质归类，按照一定规律(如到达顺序等)排列的货物汇总清单，是供作业人员进行装货、进出库场的业务单据。

2）工具准备

操作人员按照装货单上货物的相关信息(粉状、液体或固体)，选择所需的合适的装货工具，一般情况下多为手动液压托盘搬运车，结合托盘进行装货操作。

3）取货

操作人员按照装货单上显示的货物所处的库位，将待装的货物从仓库中搬运至相应装货的位置上。

4）按规定装货

根据货物的性质，并结合不同货物送达的先后次序(当存在两种以上的货物或两个不同的货主时应特别注意)，操作人员要往已经安排好的运输工具上搬运货物，同时注意遵守以下装货的安全操作规定。

(1) 重型、中型载货汽车，半挂车载物，高度从地面起不得超过 4m，载运集装箱的车辆不得超过 4.2m。

(2) 其他载货的机动车载物高度从地面起不得超过 2.5m。

2. 人工卸货

人工卸货的操作步骤如图 4.12 所示。

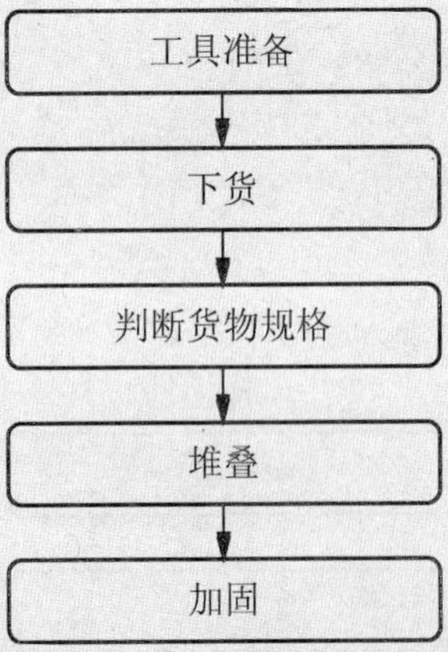

图 4.12　人工卸货的操作步骤

卸货是仓库中常见的工作之一，卸货工作的效率在一定程度上制约着仓库的运作效率，可见卸货在物流活动中的重要性。而装卸货物既要讲究效率，快速准确，又要讲求质量，轻拿轻放。卸货的主要操作环节如下。

1）工具准备

卸货常用的工具有托盘、胶带等。送货车到达后，将托盘等卸货工具准备好，并将托盘放到合适的位置。卸货完毕后，将货物搬运到指定堆放地点。常见的托盘如图 4.13 所示。

（a）　　（b）

图 4.13　托盘

2）下货

下货前，打开装货车的车门时要注意将车门慢慢打开，防止货物倒下压到人，造成事故。

3）判断货物的规格

在将货物搬运到托盘时，应根据货物的外包装尺寸、托盘的尺寸及货物属性，按照一定的堆码方式堆叠货物，尽量合理利用托盘的承载面积。

4）堆叠

货物堆放有一定重量与高度的限制，要以托盘和货架实际大小和载重量为依据。同时，堆叠时应注意，货物堆放不应超出托盘范围。

5）加固

为了防止货物倒塌造成不必要的经济损失，通常对堆叠好的货物进行加固处理。常见的加固处理方法有胶带加固、捆扎绳加固、收缩膜加固等。胶带加固的货物如图 4.14 所示。

图 4.14　胶带加固的货物

特别提示

当托盘上的货物超过一定高度(大约 1.5m)时，则必须对货物进行加固，特别是要上架到高层货架的货物更须加固。如图 4.15 所示的货物则是未加固的货物，搬运中很容易倒塌，伤人毁货。

图 4 15　未加固的货物

知识准备

4.2.1 装卸作业的工作区域

仓库装载的工作区域一般在出货月台，卸货的工作区域一般在进货月台，如图 4.16 所示的深色区域。

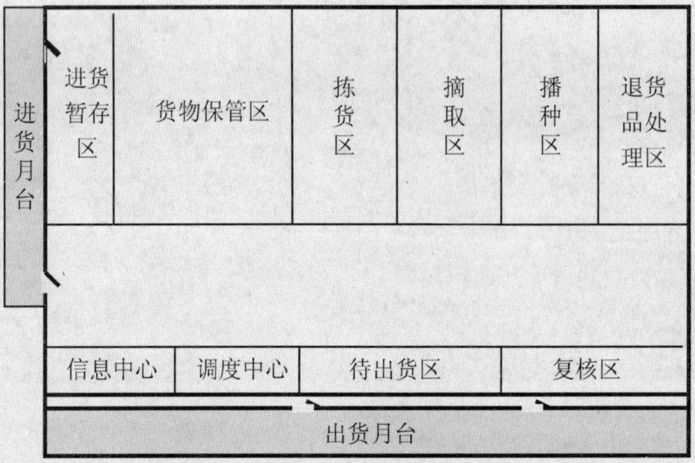

图 4.16 装载或卸货的工作区域

4.2.2 装卸

装卸是指在同一地域范围内，为改变“物”的存放、支承状态所做的活动。在物品由生产到消费的流动过程中，装卸作业是不可缺少的。在物流过程中，装卸活动是不断出现和反复进行的，它出现的频率高于其他各项物流活动，并且花费时间很长，所消耗的人力也很多。装卸是物流系统的构成要素之一，是保证采购、配送、运输和保管顺利进行的作业。虽然装卸不直接创造价值，但装卸作业的好坏影响着物流成本，装卸不好，会把物品弄脏或造成破损进而影响包装成本。因此，合理的装卸是提高物流效率的重要手段之一。

1. 装卸的特点

装卸的特点如下。

（1）装卸是附属性、伴生性的活动。

（2）装卸是支持性、保障性的活动。

（3）装卸是衔接性的活动。

2. 装卸的基本原则

装卸应遵循如下的基本原则。

（1）合理正确地使用工具，避免设备损坏。

（2）文明装卸，装卸货时要轻拿轻放，爱惜货物，禁止乱扔乱放。

（3）装车时货物摆放要整齐，重的货物放下面，轻的放上面，对易碎、价值昂贵的货物要采取保护措施。

（4）装车完毕后须将月台上的托盘堆叠整齐，搬运工具停放在指定地点。

（5）卸货完毕后，须及时整理好车内剩余的货物，摆放平整，避免途中损坏。

（6）集中作业，集散分工。集中作业是指装载点和卸载点要尽量集中，同一类货物尽量集中在一起。集散分工是指成件货物集装化作业，粉粒状袋装货物散装化作业。

3. 装卸的分类

装卸的分类方法有以下几种。

（1）按装卸搬运施行的物流设施、设备对象分类，可分为铁路装卸、港口装卸、汽车装卸、飞机装卸等。

（2）按被装卸物的主要运动形式分类，可分为垂直装卸和水平装卸。

（3）按装卸搬运的作业特点分类，可分为连续装卸与间歇装卸。

4.2.3 搬运

1. 搬运的原则

搬运是指在同一场所内，对物品进行水平移动的物流作业。搬运作业是物流中心的基本作业之一。搬运作业的重要原则之一是作业量最少原则，即当货物移动时尽量减少“二次搬运”和“临时停放”，使搬运次数尽可能减少。除此之外，为了提高装卸搬运作业的效率和经济效益，搬运时还应遵循以下原则。

（1）简化流程。设法取消、合并搬运环节和次数，杜绝重复性、不必要的作业；必须进行的作业尽可能流水作业。

（2）标准通用。尽量使用标准通用的搬运工具。

（3）省力节能。尽量利用重力来提高搬运工序之间的活性。

（4）牢固稳定。搬运过程中的货物堆码要稳固，以减少货损。

2. 搬运的工具

为提高搬运工作的效率，仓库中一般配备的搬运工具有手动液压托盘搬运车和电动托盘搬运车。

1）手动液压托盘搬运车

见任务 4.1 相关介绍。

2）电动托盘搬运车

电动托盘搬运车的工作原理是由外伸在车体前方的带脚轮的支腿来保持车体的平衡，货叉位于支腿的正前方，并由电动液压系统来完成微起降。电动托盘搬运车适用于拣货和长距离搬运，是搬运作业工具中最灵活、快捷的工具，在仓库中被大量使用。

4.2.4 装卸搬运的合理化原则

装卸搬运是指对仓储物资在空间的垂直举放、水平移动的物理性活动。具体来说，装卸是指将物品装载到运输、搬运设备上，从运输、搬运设备上卸下，以及相应的拆码和堆码作业；搬运则是在同一场所内，对物品进行较短距离的水平移动。装卸搬运是仓储的基本作业环节，在仓储中占最大的劳动作业量。从货物进入仓库的查验、接收、检验、堆码，到出库时的整理、备料、清点、发运，以及涉及的流通加工无不伴随着装卸搬运作业。

装卸搬运作业不仅是繁重的工作，是仓储中需要劳动投入最大的项目，而且也是仓储物残损的高发环节。做好装卸和搬运作业管理，不仅有利于降低仓储成本，也能大幅度降低仓储风险。装卸搬运需要耗用较多的时间，也是影响仓储周转效率的重要因素。

装卸搬运合理化是装卸搬运的基本原则。装卸搬运合理化表现在以下各方面。

1. 装卸搬运次数最少

仓库应通过良好的组织和妥善的安排，使货物被装卸和搬运的次数最少，消除无效装卸和搬运。为此需要准确掌握仓储物品的流通动向，通过仓储协议确定物品流通计划，选择合适的仓位，必要时采取分点存放，防止压堵出库货物，避免货物在仓库内倒仓。通过良好的物流组织，可有效排除重复装卸搬运行为。

2. 装卸搬运移动距离最短

在装卸和搬运作业中，应提前清理作业现场，妥善调度车辆等运输工具，务必使装卸搬运距离最短；尽可能使运载车辆、搬运工具接近货物存放的位置，或装卸作业设备能直接进行作业的位置；尽可能消除完全采用人力的水平搬运。

3. 装卸搬运作业衔接流畅

装卸和搬运是伴随进行的，如果装卸和搬运脱节，会使作业量大幅增加。比如说，搬运到装车场地的货物，先要卸下搬运设备，在地面堆放，然后再从地面装上车辆，这就意味着增加了一次落地和离地的作业。相反直接从车辆、船舶卸到搬运设备上，运到堆场堆垛，装卸搬运作业量就会减小很多。

4. 机械化作业

装卸搬运是高强度、大负荷的作业，采用人力作业不仅效率低，而且容易产生差损。仓库装卸搬运作业应采用机械作业，降低劳动强度，提高装卸搬运效率。此外为了降低物流成本，货物采用集成的大包装成为主流趋势，这类货物人力无法作业，唯有使用机械作业。机械化作业不仅包括复杂的机械作业，还可以使用简单机械，如人力吊机、手推车等人力机械进行作业。

5. 托盘化、集成化等成组作业

托盘化作业是指将货物直接堆放在托盘上，进行必要的固定，连同托盘一起进行搬运、装卸和堆垛的仓库作业方式，一般还连同托盘一起出库运输。托盘化就是为了使用机械进行高效率的作业。此外还可以采用其他成组器材，如绳网、货箱或其他较大容器进行成组集成。成组化作业不仅能提高效率，还可减少货物在作业中的耗损和散失。在成组作业时要注意使用标准化的成组设备。

6. 省力化作业

仓库装卸搬运作业毕竟还不能实现完全的无人化作业，需要适当使用人工作业或协助作

业。为了降低作业的劳动强度，省力化的作业设计和组织极为必要。省力化作业方法主要有：充分利用重力，如采用滑板、自上向下作业等；避免重物提升，如重货放在货架下层的齐腰高度，建造与车厢同样高度的车辆作业平台；可能的话采用滚动作业等。

7. 系统化

装卸搬运作业是仓库作业的必然过程，不可缺少；同时又是关系仓库效率、仓储质量的重要环节，必须把装卸搬运与仓储经营、仓库管理合并成一个完整的系统来处理。通过系统化、全局化的组织和协调，努力实现仓储装卸和搬运的合理化。

4.2.5 搬运活性

搬运活性是指物品便于装卸搬运的程度的分类，通常用活性指数0、1、2、3、4来表示。指数越高表明搬运的方便程度越高，越易于搬运。例如，无包装在地面散放的货物要移动最不容易，其活性指数为0；有包装或放置在一般容器内的物品，其活性指数为1；装载在托盘上或者装入集装箱的物品，其活性指数为2；装在无棚货车或者可移动设备或工具上的物品，其活性指数为3；放置在输送线上的物品，其活性指数为4。

仓储货物需要根据其在仓库内存放时间的安排，合理选择活性指数。大多数仓储物都处于待运状态，其活性指数较高。活性指数高虽然表示方便搬运作业，但也表示存放的不稳定或者占用作业设备资源，影响到仓容的利用率。对于长时期仓储的物品，应采用较低的搬运活性，实行稳定堆垛的处理方式。

知识链接

搬运作业的分类

搬运作业按使用工具车辆不同，可分为以下几类。

1. 人力搬运

人力搬运分为直接采用人力负重搬运和采用人力设备搬运。直接采用人力负重搬运只适用于堆码、拆码、上架、装拆箱、打码、成组等作业，或者应急作业。人力作业的负重能力小、人体容易受伤害、作业不稳定、计量不准、持续时间极短，因而效率低、容易产生差损，正常的作业安排不应依赖人力负重搬运作业。

人力设备搬运则是较为常见的方法，如手推车、人力拖车、手动提升机等。采用人力设备搬运应注意控制搬运距离，不能进行长距离搬运；每次搬运负荷控制在适当的范围，如手推车不得超过500kg；搬运线路地面应平坦，避免在坡度大的场地进行。

2. 叉车搬运

叉车搬运是仓库近距离搬运的主要方法，直接利用叉车的水平移动能力进行搬运。叉车搬运有直接对大型货物搬运和利用货板、托盘打码搬运的优势。由于叉车具有提升能力，所以能直接进行装卸车、搬运、堆垛、上架作业。叉车自重量小，作业较不稳定，容易发生货物滑落；尤其是在地面不平坦及转弯作业时，更不稳定。

3. 拖车搬运

利用机动拖车和平板车相结合的搬运一般适用于较远距离、地面不平坦的场地搬运。拖车搬运量较大，可适用于任何货物，包括集装箱的搬运。但拖车搬运需要装卸车作业，只有在两端直接装卸作业时才有效率。

4. 输送带搬运

输送带搬运指利用输送带将货物从装卸场传输到仓库的搬运方法，可以实现不间断搬运，是效率较高的搬运方式，且搬运质量最佳。现今的散装货物库场搬运基本上都使用输送带搬运。输送带是自动化仓库最重要的设备。由于输送带一般为固定安装，所以只能在特定的场合使用。输送带的一次载货量较小，不适合较重或大件货物的搬运。

▶ **做一做**

根据工作任务要求，结合操作步骤，两人一组装卸工作情境，分别进行人工装货和卸货作业，并利用胶带对托盘货物进行加固处理。

▶ **评一评**

相互评定完成的结果，提出修正意见，每组重新修正和提高操作。

任务4.3 拟定商品储存方案

学习目标

- 了解商品入库作业的工作流程；
- 熟悉商品检验的标准和方法；
- 掌握理货的概念与内容；
- 掌握商品储存方案的内容，能拟定商品的储存方案；
- 掌握入库作业相关单据的设计原则，能设计相关入库作业单据。

任务描述

本任务以为南京××商贸公司待入库货物拟定储存方案为载体，通过拟定商品的储存方案，使学生了解商品入库作业的工作流程和工作内容，熟悉商品检验的标准和方法，掌握理货的概念与内容，掌握入库作业相关单据的设计原则，培养学生在仓储管理入库作业过程中的工作能力。

工作任务

南京××商贸公司执行仓储合同，所送货物见表4-2。

为该票货物顺利入库，拟定储存方案，合理安排仓库与储位、作业方法与工具，进行人员分工等。

表4-2 南京××商贸公司送货单

编号：11081808

送货单位：××运输公司　　　　日期：×年×月×日

序号	品名	规格/型号	单位	数量	金额/元	备注
1	××方便面	85g×20	箱	10	600	
2	××方便面	80g×20	箱	8	400	
3	××酸奶	50ml×40	箱	10	300	

续表

序号	品名	规格/型号	单位	数量	金额/元	备注
4	××牛奶	50ml×50	箱	10	260	
5	××洗衣粉	450g×20	箱	10	700	
6	××透明皂	45g×40	箱	10	400	
7	××香皂	35g×40	箱	10	500	
8	××洗发水	500ml×20	箱	6	1 000	
9	××笔记本电脑	DN120	台	10	60 000	
10	××液晶电视	YJ37’	台	5	40 000	
11	××手机	SJ118	箱	4	40 000	
12	××液晶显示器	YX19’	箱	10	20 000	

收货单位：(盖章)　　　　制单：　　　　送货单位：(盖章)

经手人：

注：(1) 合同规定，仓库保管方仅对货物的包装质量和数量负责。

(2) 液体货物比重为1。

操作步骤

仓库保管方应根据仓储合同或者入库单、调拨单等制订商品储存计划。方案内容一般应包括分析待入库货物、进行库场和工具准备情况、人员分工、验收内容与方法、装卸搬运工艺、相关作业单据等，以便货物能按时入库，保证入库过程顺利进行。仓库的入库准备需要由仓库的业务部门、仓库管理部门、设备作业部门分工合作，共同做好以下工作。

商品储存方案的主要内容如图4.17所示。

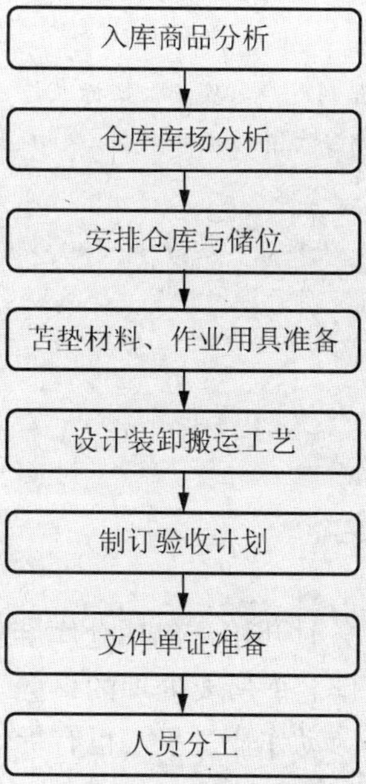

图4.17　商品储存方案的内容

特别提示

1. 入库商品分析

查阅合同或入库货物资料，必要时向存货人询问，掌握入库货物的品种、规格、数量、包装状态、单件体积、到库确切时间、货物存期、货物的理化特性、保管的要求等，据此进行精确和妥善的库场安排、准备。一方面根据货物的储存特性，分析其储存要求、货物的兼容性，进行分类，决定货物进哪一个仓库；另一方面根据货物的重量特性，决定货物的储存形式，即安排货架存放或地面存放。同时考虑货物的品种、规格型号和单重，决定货物货架存放的层次或地面存放的货堆。

2. 仓库库场分析

仓库管理人员应了解在货物入库期间、保管期间仓库的库容、设备、人员的变动情况，以便安排工作；必要时对仓库进行清查，按照先进先出、易腐先出、同品种、同规格型号、同储存期限、同客户等原则清理归位，进行整仓作业，以便腾出仓容。对必须使用重型设备操作的货物，一定要确保该货位可使用该设备。

3. 安排仓库与储位

根据入库货物的性能、数量、类别，结合仓库库场情况以及分区分类保管的要求，核算货位大小，根据货位使用原则，妥善安排货位，验收场地，确定堆垛方法、苫垫方案。制订储存计划，并将任务下达到各相应的作业单位、管理部门。

仓库员要及时进行货位准备，彻底清洁货位，清除残留物，清理排水管道(沟)，必要时安排消毒除虫、铺地。此外，还应详细检查照明、通风等设备，发现损坏应及时报修。

4. 苫垫材料、作业用具准备

在货物入库前，有关人员应根据确定的苫垫方案准备相应的材料，并组织衬垫铺设作业；对作业所需的用具准备妥当，以便能及时使用。

5. 设计装卸搬运工艺

管理人员应根据货物、货位、设备条件、人员等情况，合理科学地设计卸车搬运工艺，保证作业效率。

6. 制订验收计划

根据合同要求、货物情况和仓库管理制度等，确定验收标准与方法，验收场地安排，验收所需的点数、称量、测试、开箱装箱、丈量、移动照明等工具、用具。

7. 文件单证准备

准备货物入库作业所需的各种报表、单证、记录簿等，如入库记录、理货检验单、料卡、残损单等预填妥善，以备使用。

知识准备

4.3.1 仓库作业的工作流程

仓库作业过程是从接受仓储任务时开始，包括仓库准备、接收货物、堆存、保管、交付的整个过程。在这一过程中，要了解仓库所要处理的事务，承办的工作和承担的责任。仓库作业过程既有装卸、搬运、堆垛等劳动作业过程，也有货位安排、理货检验、保管、货物记账、统计报表等管理过程，还有收货交接、交货交接、残损处理等商务作业，如图 4.18 所示。

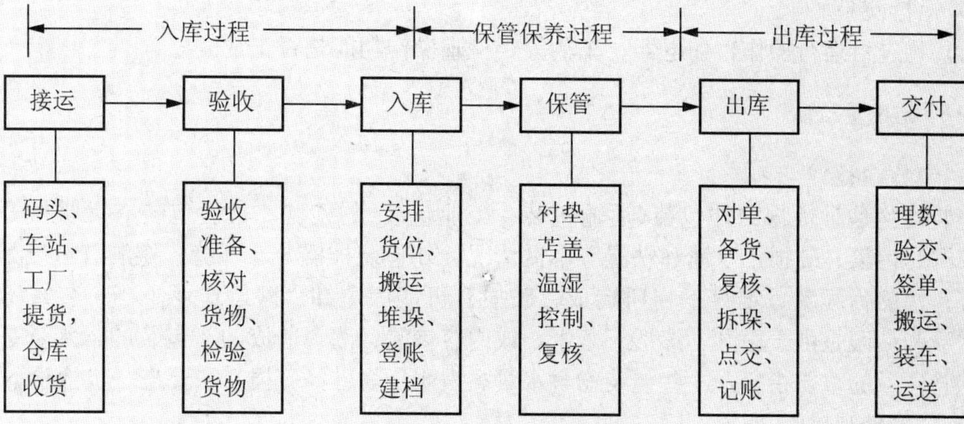

图 4.18 仓库作业流程

4.3.2 货物入库检验

入库货物的质量检验包括外观质量查验和内在质量检验，又分为数量检验和质量检验。货物数量检验包括毛重、净重的确定，件数理算、体积丈量等。质量检验则是对货物外表、内容的质量进行判定。合同没有约定检验事项时，仓库仅对货物的品种、规格、数量、外包状况，以及无须开箱、拆捆，可以直观可见可辨的质量情况进行检验；对于内容的检验则根据合同约定、作业特性确定。需要进行配装作业的仓储就需要检验所有货物的品质和状态。

1. 检验方法和标准

货物质量检验的方法根据仓储合同的约定确定；合同没有约定的，按照货的特性和仓库的习惯确定。由于新产品不断出现，不同货物具有不同的质标准，仓库应认真研究各种检验方法；必要时要求客户、货主提供检验方和标准，或者要求收货人共同参与检验。仓库成立专职检验队伍是提高检验水平的有效方法。

货物检验的主要方法有以下几种。

1）视觉检验

在充足的光线下，利用视力观察货物的状态、颜色、结构等表面状况，检查有无变形、破损、脱落、变色、结块等损害情况，以定其质量。

2）听觉检验

通过摇动、搬运操作、轻度敲击等听取声音的手段来判定其质量。

3）触觉检验

利用手感鉴定货物的细度、光滑度、黏度、柔软程度等以判定其质量。

4）嗅觉、味觉检验

通过货物所特有的气味、滋味测定，判定其质量，或者发现串味损害。

5）测试仪器检验

利用各种专用测试仪器进行货物性质测定，如含水量、容重、黏度、成分、光谱等测试。

6）运行检验

对货物进行运行操作，如电器、车辆等，检查操作功能是否正常。

2. 外观质量检验

1）包装检验

包装检验是对货物的外包装(运输包装、工业包装)的检验。检验包装有无被撬开、开缝、挖洞、污染、破损、水渍和粘湿等不良情况。外包装被撬开、开缝、挖洞有可能是被盗的痕迹；污染为配装、堆存不当所造成；破损有可能因装卸、搬运作业不当、装载不当造成；水渍和粘湿是由于雨淋、渗透、落水，或内容渗漏、潮解造成的。包装的含水量是影响货物保管质量的重要指标，一些包装物含水量高表明货物已经受损，需要进一步检验。

2）货物外观检验

对无包装的货物，直接察看货物的表面，检查是否有生锈、破裂、脱落、撞击、刮痕等损害。

3）重量、尺寸检验

对入库货物的单件重量、货物尺寸进行衡量和测量，确定货物的质量。

4）标签、标志检验

检验货物的标签和标志是否具备、完整、清晰，标签、标志与货物内容是否一致。

5）气味、颜色、手感检验

通过货物的气味、颜色等判定其是否新鲜，有无变质现象。用手触摸、捏试，判定有无结块、干涸、融化、含水量太高等现象。

6）打开外包装检验

若外包装检验中判定内容有受损的可能，或者检验标准要求开包检验、点算包内细数时，应该打开包装进行检验。开包检验必须有两人以上在现场，检验后在箱件上印贴已验收的标志。需要封装的应及时进行封装，包装已破损的应更换新包装。

3. 内在质量检验

内在质量检验是对货物的内容进行检验，包括物理结构、化学成分、使用功能等进行鉴定。内在质量检验由专业技术检验单位进行，经检验后出具检验报告说明货物质量。

4. 入库货物检验程度

入库货物检验程度是指对入库货物实施数量和质量检验的数量，分为全查和抽查。原则上应采用全查的方式，对于大批量、同包装、同规格、较难损坏、质量较高、可信赖的货物可以采用抽查的方式检验。但是在抽查中发现不符合要求的货物较多时，应扩大抽查范围，甚至全查。

特别提示

1. 数量检验的范围

数量检验的范围包括以下内容。

(1) 不带包装(散装)货物的检斤率为100%，不清点件数；有包装的毛检斤率为100%，回皮率为5%～10%，清点件数为100%。

(2) 定尺钢材检尺率为10%～20%，非定尺钢材检尺率为100%。

(3) 贵重金属材料100%过净重。

(4) 有标量或者标准定量的化工产品，按标量计算，核定总重量。

(5) 同一包装、规格整齐、大批量的货物，包装严密、符合国家标准且有合格证的货物采取抽查的方式验量。抽查率为10%～20%。

2. 质量检验的范围

质量检验的范围包括以下几个方面。

(1) 带包装的金属材料的抽查率为5%～10%，无包装的金属材料全部目测查验。

(2) 入库量10台以内的机电设备的验收率为100%；100台以内，验收率不少于10%；运输、起重设备100%查验。

(3) 仪器仪表外观质量缺陷查验率为100%。

(4) 易于发霉、变质、受潮、变色、污染、虫蛀、机械性损伤的货物的抽查率为5%～10%。

(5) 外包装存在质量缺陷的查验率为100%。

(6) 对于供货稳定，信誉、质量较好的厂家产品，特大批量货物可以采用抽查的方式检验质量。

(7) 进口货物原则上100%逐件查验。

5. 入库检验时间

对货物的数量、外表状况应在入库时进行检验；对货物的内容，在合同的约定时间之内进行检验，或者按照仓储习惯在入库的10天之内(国外到货30天之内)进行内容质量检验。

4.3.3 理货

仓库理货是指仓库在接收入库货物时，根据入仓单、运输单据、仓储合同和仓储规章制度，对货物进行清点数量、检查外表质量、分类分拣、数量接收的交接工作。

理货的作用如下。

1. 仓库履行仓储合同的行为

仓库理货工作是仓库确认收存货物实物的作业过程，经过理货意味着接收货物，因而是仓库履行仓储合同的保管人义务的行为。仓库理货对货物数量和表面质量进行检查，确认货物是仓储合同所约定的货物。发现货物与合同的约定不同，包括数量不同、品种不同、状态不符合约定时，仓库可以拒绝接收并追究存货人的违约责任。如果事先未订立合同，仓库对货物进行理货确认，也表明仓库接受货物的仓储，成为一种通过行为订立合同的方式。

2. 仓库保管质量的第一道关口

理货是货物入库的第一次检查，通过对货物的全面检查，可及时发现货物的不良情况，对已残损、玷污、粘连、变质的货物可以拒绝接收；对已存在质量隐患的货物予以认定和区别，并采取针对性的妥善处理的措施，或者采用特别的保管手段，防止损害扩大，有利于提高保管质量。

3. 划分责任

通过理货确定货物的数量、质量状况，若发现货物短少、残损，则送货人对其承担责任；若未发现，就会成为仓储期间的损耗要由仓库承担责任。对货物质量隐患的认定可减轻仓库对货物质量的负责程度。另外理货工作也是从时间上划分了仓库负责的期间，在理货之后的期间发生的残损原则上由仓库负责。

4. 仓储作业的过程

理货过程同时也是仓库管理员安排仓储、指挥装卸搬运作业的过程，仓库承担对货物分类、分拣的作业过程。若采用外来作业时，也是监督作业质量的过程；采用内部作业的，理货人员就是内部作业质量管理的监控人。

5. 交接工作

货物经理货确认，由理货人员与送货部门或者承运人办理货物交接手续，签署送货单或交接清单及单证，接收送货文件。

4.3.4 理货的内容

仓库理货是仓库管理人员在货物入库现场的管理工作，其工作内容不仅是简单的理货工作，还包括货物入库的一系列现场管理工作。

1. 清点货物件数

对于件装货物，包括有包装的货物、裸装货物、捆扎货物，根据合同约定的计数方法，点算完整货物的件数。如合同没有约定则仅限点算运输包装件数(又称大数点收)。合同约定计件方法为约定细数以及需要在仓库拆除包装的货物，则需要点算最小独立(装潢)包装的件数，包括捆内细数、箱内小件数等；对于件数和单重同时要确定的货物，一般只点算运输包装件数。

对入库拆箱的集装箱则要在理货时开箱点数。

2. 查验货物单重、尺寸

货物单重是指每一运输包装的货物的重量。单重确定了包装内货物的含量，分为净重和毛重。对于需要拆除包装的需要核定净重。货物单重一般通过称重的方式核定，按照数量检验方法确定秤重程度。

对于以长度或者面积、体积进行交易的商品，入库时必须要对货物的尺寸进行丈量，以确定入库货物数量。丈量的项目(长、宽、高、厚等)根据约定或者货物的特性确定，通过使用合法的标准量器，如卡尺、直尺、卷尺等进行丈量。同时，货物丈量还是区分大多数货物规格的方法，如管材、木材的直径，钢材的厚度等。

3. 查验货物重量

查验货物重量是指对入库货物的整体重量进行查验。对于计重货物(如散装货物)、件重并计(如包装的散货、液体)货物，需要衡定货物重量。货物的重量分为净重和毛重，毛重减净重为皮重。

特别提示

根据约定或具体情况确定毛重或净重，衡重方法如下。

衡量单件重量，则总重等于所有单件重量之和。

分批衡量重量，则总重等于每批重量之和。

入库车辆衡重，则总重＝总重车重量－总空车重量。

抽样衡量重量，则总重＝(抽样总重/抽样样品件数)×整批总件数。

若抽样重量核定的误差在1%以内，则总重＝货物单件标重×整批总件数。

对设有连续法定计量工具的仓库，可以直接用该设备进行自动衡重。连续计量设备主要有轨道衡、皮带衡、定量灌包器、流量计等。连续计重的设备必须经国家计量行政管理部门检验发证(审证)方可有效使用。

此外，还可以通过对容器或运输工具的液体货物的体积量算(容器、货舱体积)和液体的比重测定来计算重量，此法称为液量计算。船舶的排水体积乘以水的比重，减去空船、储备、油水的重量，是不很准确计算货物重量的方法，称为船舶水尺计量。

4. 检验货物表面状态

理货时应对每一件货物的外表进行感官检验，查验货物外表状态，以接收货物外表状态良好的货物。外表检验是仓库的基本质量检验要求，用于确定货物有无包装破损、内容外泄、变质、油污、散落、标志不当、结块、变形等不良质量状况。

5. 剔除残损

在理货时发现货物外表状况不良，或者怀疑内容损坏等，应将不良货物剔出，单独存放，避免又与其他正常货物混淆。待理货工作结束后进行质量确定，确定内容有无受损以及受损程度。对不良货物可以采取退货、修理、重新包装等措施处理，或者制作残损报告，以便明确划分责任。

6. 货物分拣

仓库原则上采取分货种、分规格、分批次的方式储存货物，以保证仓储质量。对于同时入库的多品种、多规格货物，仓库有义务进行分拣分类分储。理货工作就是要进行货物确认和分拣作业。对于仓储委托的特殊的分拣作业，如对外表的分颜色、分尺码等，也应在理货时进行，以便分存。当需要开包进行内容分拣时，则需要进行独立作业。

7. 安排货位、指挥作业

由理货人员进行卸车、搬运、垛码作业指挥。根据货物质量检验的需要，指定检验货位；无须进一步检验的货物直接确定存放位置。要求作业人员按照预定的堆垛方案堆码货物或者上架。对货垛需要的垫垛、堆垛完毕的苫盖的铺设，指挥作业人员按要求进行。作业完毕，要求作业人员清扫运输、搬运工具，收集地脚货。

8. 处理现场事故

对于在理货中发现的货物残损，不能退回的，仓库只能接收，但要制作残损记录，并由送货人、承运人签署确认。对作业中发生的工损事故，也应制作事故报告，由事故责任人签署。

9. 办理交接

由理货人员与送货人、承运人办理货物交接手续。它包括接收随货单证、文件，填制收费单据，代表仓库签署单证，提供单证由对方签署等。

4.3.5 理货的方法

1. 在运输工具现场进行理货

仓库理货必须在送货入库的运输工具现场进行理货。一般在车旁与卸货同时进行；或者在车上点数，卸车时查验外表状态。除非在特殊情况下或者对特殊货物，经送货人、存货人同意，可以在其他地方理货。如双方同意在货垛点数，需要开箱查验货物内容质量时，应约定卸车时不查验外表质量等。

2. 与送货人共同理货

理货又称为理货交接，是货物交接的一个环节，因而理货必须由交接双方在场共同理货，以免将来发生争议。如果送货人或存货人拒绝参与理货，表明其放弃理货权利，只能接受仓库单方的理货结论。

3. 按送货单或者仓储合同理货

仓库员在理货时，按照仓储合同的约定或者送货单的货物记载、质量要求进行理货，只要货物符合单据、合同所描述的状态和质量标准，符合送货人提供的验收标准，就可以验收，无须要求货物的质量绝对合格。如运单记载货物使用旧包装，则并不要求包装物表面无污迹。没有约定质量标准的按照国家标准、行业标准，或者能保证储藏保管质量不发生变化的要求验收货物的品种、规格、数量、外表状态、包装状态等。

4. 在现场进行记录和及时签署单证

对在理货中查验的事项、发现的问题，理货员应在现场进行记录和编写单证，并要求送货人给予签署证明，不能等待事后补编补签。

4.3.6 理货单据

1. 计数单

理货点数时不能仅依靠记忆进行计数，这样容易出现差错。应采用统一格式的计数单进行记数。仓库理货人应对每一单元的点数进行记载，同时记载发现的残损等不良现象的货号、残损量、存位等，以便统计数量和查找残损。计数单是理货时在现场使用的记录簿。

2. 入库单

入库单是仓库统一设置的入库单证，一般由仓库管理部门预填入库货物信息后交付仓库，作为向仓库下达的仓库作业命令。在查验货物后，将实收货物数、存放货位位置填写在单上，把货物不良情况在备注上批注，最后要送送货人签署。入库单一式多联(一般为三联，其中一联交送货人，一联仓库留存联，一联交记账)，其他则根据需要相应增加联数。

3. 送货单、交接清单

送货单或交接单是送货人随货提交的单证，仓库根据单证理货验收。验收完毕，理货人员签署该单据，并将验收情况，特别是短少和残损记录在单据上，并收留其中一联。

4. 现场记录

现场记录是理货人员对作业现场发生的事故、不当作业、气候突变，或者其他影响到货物质量、作业安全的事件进行的记录。现场记录既是为了明确责任，也是仓库严格管理的需要。

特别提示

1. 入库业务的工作流程(图 4.19)

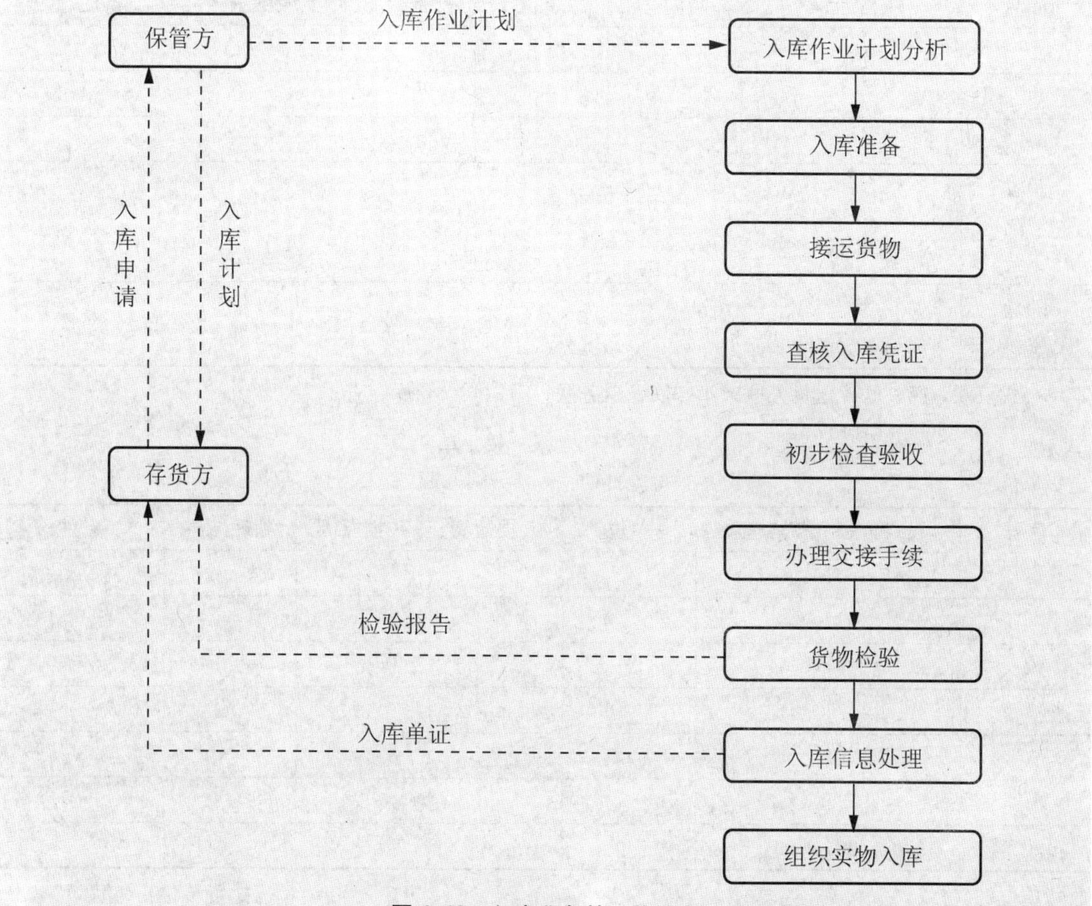

图 4.19 入库业务的工作流程

2. 相关理货单据(表 4-3、表 4-4、表 4-5 和表 4-6)

表 4-3　入库记录单

送货单位：　　　　入库日期：　　　　年　月　日　　　　入货仓库：　　　　编号：

物资编号	品名	规格/型号	单位	应收数量	检验员	实收数量	备注
货物入库情况描述							

会计：　　　　仓库收货人：　　　　制单：

表 4-4　货物交接单

送货单位名称：

客户名称：　　　　送货日期：　　　　收货日期：

品名	规格/型号	合同号	单位	交货数量	实收数量	备注
验收情况记录	送货人：　　　　签收人：					
随货资料						

本单一式三联，第一联：送货人联；第二联：财务联；第三联：仓库存查。

表 4-5　残　损　单

送货单位：　　　　检验日期：　年　月　日　　　　编号：

序号	品名	规格/型号	单位	残损数量	残损原因	处理结果	备注

收货单位：(盖章)　　　　制单：　　　　送货单位：(盖章)

检验员：　　　　送货人：

表4-6 送 货 单

送货单位： 日期： 年 月 日 编号：

序号	品名	规格/型号	单位	数量	单价	金额/元	备注

收货单位：(盖章) 制单： 送货单位：(盖章)

经手人：

▶ 做一做

依据项目1为满足学生学习的需要所设计的实训室，分设2个仓库，A号库有2排轻型货架，B号库有一排轻型货架。实训室现有设备为轻型货架、托盘和手动液压托盘搬运车，每个货架4层，每层10个储位，每储位存放一件货物。以人工操作为主。现仓库库场有南京××商贸公司货物7件商品，商品具体存放情况如下。

A号库

一号货架：

	××电脑	××显示器			(四层)
					(三层)
××香皂					(二层)
					(一层)

二号货架：

					(四层)
					(三层)
	××电视	××香皂			(二层)
					(一层)

B号库

一号货架：

					(四层)
	××方便面				(三层)
	××茶叶				(二层)
					(一层)

注：以上商品的品名为简称，具体的品名、规格型号同工作任务中的送货单一致。

根据工作任务和送货合同的要求，结合现有仓库库场情况及设备设施，两人一组制定送货商品的储存方案。

▶ 评一评

小组间相互交换所设计和制定的商品储存方案，并提出修正意见，每组重新修正和提高方案。

任务 4.4　执行商品储存方案

学习目标

- 了解货物堆存的基本方法；
- 熟悉货物堆码的基本原则；
- 掌握入库货物验收工作技能，能进行商品入库验收；
- 掌握货物堆码方法，能正确堆放货物；
- 掌握料卡和储位编码的原则，能进行储位编码和设计料卡。

任务描述

本任务以南京××商贸公司待入库货物执行储存方案为载体，通过执行商品的储存方案，使学生通过储位编码、整仓、商品堆码、商品检验、入库操作和设计料卡等训练，锻炼学生入库作业过程中的工作技能，形成相关岗位的工作能力。

操作步骤

商品储存方案执行的操作步骤，如图 4.20 所示。

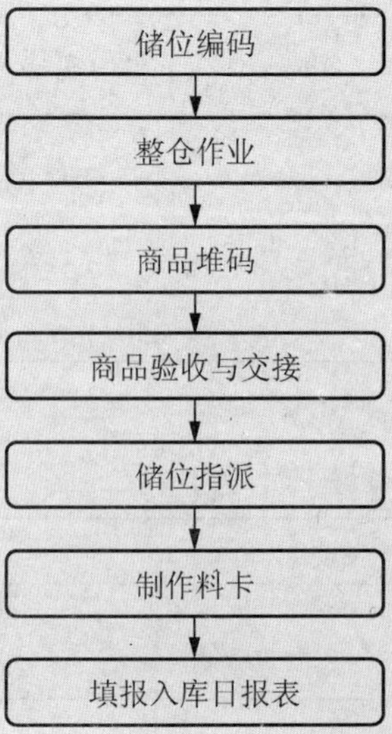

图 4.20　商品储存方案执行的操作步骤

1. 储位编码

按四号定位法对仓库现有储位进行编码，用条码打印机打印二维条码，粘贴在货架适宜的位置上。

2. 整仓作业

根据储存方案内仓库库场分析模块，按照商品的储存特性和重量特性，以及先进先出、易腐先出、同品种、同规格型号、同储存期限、同客户等原则清理归位，进行整仓作业，便于充分利用仓库的存放空间，将不同储位上相同的商品整合在一起，节省储位，增加仓库容量。

整仓作业的标准如下所示。

(1) 同品种、同规格型号、同储存期限、同客户的货物整合在一起。

(2) 数量少(如一个托盘小于或等于3件)的货物拼盘到一起。

(3) 按先进先出、易腐先出、快到保存期的货物放在出口处。

(4) 同一批次进货的货物整合在一起。

3. 商品堆码

依据货物堆码的基本原则和基本方法，选择合理的堆码方式，确保同品种、同规格分类存放，标签朝外。堆码过程中要轻拿轻放，禁止乱扔乱抛。注意人身安全，禁止堆码过高。

1) 重叠式堆码方法

重叠式堆码的堆叠方法如下。

(1) 将货物箱平行排列，根据托盘规格决定列数和每列的数量。

(2) 堆码过程中按先远后近的原则堆码。

(3) 将底层的货物箱堆码整齐，箱与箱之间不留空隙。

(4) 箱与箱的交接面为正面与正面衔接，侧面与下侧面衔接，如图4.21所示。

图4.21 重叠式堆码的箱与箱交接面的衔接方法

（5）将货物箱逐层叠堆码，层与层之间的货物箱平行，货物箱的 4 个角边重叠，方向相同，直到堆码完成。

2）正反交错式堆码

正反交错式堆码方法如下。

（1）每层货物箱在排列的时候，列与列之间的货物箱垂直放置。

（2）箱与箱的交接面为正面与侧面衔接，如图 4.22 所示。

图 4.22　正反交错式堆码的箱与箱交接的衔接方法

（3）层与层之间的货物箱摆放时，上层的货物箱与下层的货物箱旋转 180°摆放，如图 4.23 所示。

图 4.23　正反交错式堆码的层与层摆放方法

3）纵横交错式堆码

纵横交错式堆叠方法如下。

（1）货物箱的每层堆码方式同重叠式一样，水平同方向摆放。

（2）货物箱的第二层与底层旋转 90°摆放。如此循环，直到堆码结束，如图 4.24 所示。

图 4.24 纵横交错式堆码的层与层摆放方法

4）旋转交错式堆码

旋转交错式堆码方法如下。

（1）货物箱的每层摆放为：相邻的货物箱相互垂直旋转摆放；根据托盘及货物箱的规格，也可以两个货物箱为一个单位相互垂直摆放。

（2）每个堆码单位的交接面必须有一个正面和一个侧面，如图 4.25 所示。

图 4.25 旋转交错式堆码的交接面

4. 商品验收与交接

仓库的商品验收是指接收仓储合同客户送来的货物，并对货物进行数量和质量检验。商品验收与交接是入库作业的核心环节，是理清责任，保证储存质量的关键。客户送货到仓库，负责验收的工作人员首先要引导送货车辆停靠在相应位置，然后检查送货的单据。单据符合验收的标准后，核对送来的货物，如货物名称、规格、数量、条形码等。

验收过程中，如果发现有异常，按仓库工作流程的相关制度进行处理，同时要热情解答送货人员提出的相关问题。

货物验收无误后，在相关单据上签字签收，并将相关单据妥善保存，交予相关部门。

按仓库的验收作业流程对一定数量货品进行检验，做到准确、快速。

1）商品验收要点

（1）核对送货单。

（2）检验货物。

（3）清点货物数量。

（4）签收。

（5）做已验收标记。

2）商品质量检验的操作步骤

商品质量检验的操作步骤如图 4.26 所示。

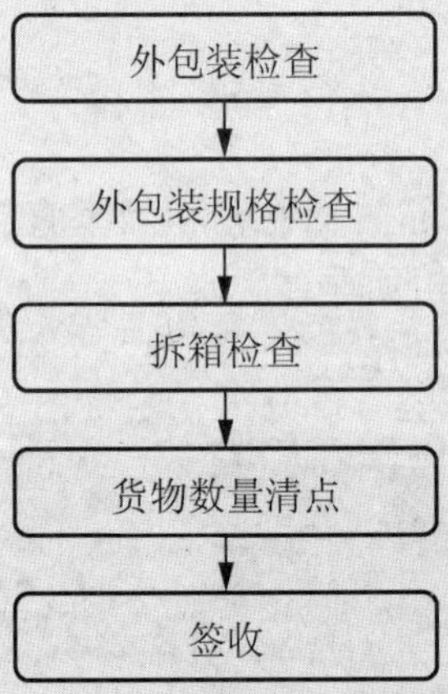

图 4.26　商品质量检验的操作步骤

3）准备验收单据

（1）入库记录单，见任务 4.3 附表 4－3。

（2）交接单，见任务 4.3 附表 4－4。

（3）残损单，见任务 4.3 附表 4－5。

特别提示

商品质量检验的细节如下。

1. 外包装检查

(1) 查看包装有无破损及破损程度。

(2) 部分贵重或易碎产品的纸箱包装有无摔痕或褶皱。

(3) 液体产品外包装有无漏液情况，有无被其他液体污染及被泡过的水痕。

(4) 若出现以上情况，则根据入库的作业流程进行处理或拒收。

2. 外包装规格检查

外包装规格检查的主要内容如下。

(1) 检查外包装的产品名称。

(2) 检查外包装的大小规格。

(3) 检查外包装的条形码。

如出现不符合检查标准的情况，则拒绝签收。

3. 拆箱检查

为防止包装箱内错装其他货物，可以进行适当的抽样开箱检查。主要抽样检查以下方面。

(1) 包装内商品是否有破损及其他损伤情况。

(2) 检查包装内商品的商品规格、名称、条形码等。

(3) 检查商品的保质期是否符合验收的标准。一般仓库对商品的保质期都有一个标准，食品的保质期须入库前不得超过20%，进口产品不超过30%等。

4. 货物数量清点

清点箱内货物数量，确认无误后，将样品放回包装箱内，然后，清点托盘上货物整件数量。

1) 主要项目

检验货物数量主要包括以下项目。

(1) 实际交货数量与交货通知单上的数量比较。

(2) 实际交货数量与预入库单上的数量比较。

2) 可能的结果

通过上述比较可能会出现下列结果。

(1) 多交。与客户协商，可以做退还或记录入库处理。

(2) 欠交。如果不是运输损耗，那么多数是供货商的疏忽，这时可通过协商解决。

5. 签收

签收即为检验无误后，仓库的验收员在送货单上签名确认。如表4-4交接单，其检验无误后，填写实收数量、备注等，完毕后，在签收人处签名确认。

6. 注意事项

(1) 仓库常见的3种验收方式即按照送货单签收、按照订货单签收、按照验收单签收，应予以区分。

(2) 检验送货单和预入库资料是否一致，主要核对商品的生产日期、品名、规格、数量、条形码等。

(3) 检查货物与单据是否一致，如货比单少，则据实收；单比货多，则经有关部门同意将多出的货物补单。

(4) 验收时注意货品的质量、数量。

5. 储位指派

即进行入库操作，根据货物的性质，给检验合格的货物安排合适的储位进行存放，安排货物入库，进行堆码存放。

1) 储位指派操作步骤

储位指派操作步骤如图4.27所示。

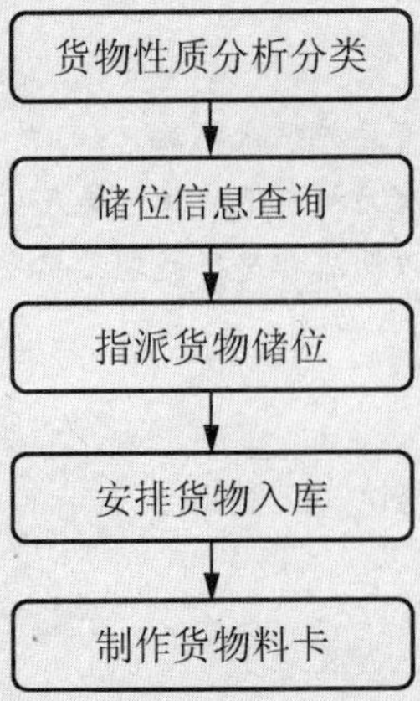

图 4.27　储位指派操作步骤

2）操作指导

（1）信息处理人员根据客户传送过来的送货清单，将货物按不同的性质(日用品、食品、电器等)先行一个区分。

（2）储位信息查询。根据不同的货物性质，通过仓储管理系统，查询相对应仓库的空储位信息。

（3）指派货物储位。待验收员完成货物的验收后，将预先查询安排好的储位信息打印在入库单上，指派货物储位。

（4）根据货物储位信息，安排货物入库。

3）注意事项

（1）不同类的货物原则上不能安排存放于相邻储位上，即食品与日用品不能安排放置于同一仓库同一货架的相邻储位里。

（2）当预存放的货物多于空置储位时，可先对仓库中已经占用储位的同一货物进行整仓操作后，再将货物放入仓库中。

6. 制作料卡

料卡上注明储位号、货物名称、规格、批号、来源、进货日期、存货人、数量、接货人(制单人)等信息。货物名称、规格、批号、来源、进货日期完全相同的货物可填制同一料卡。货架存放可参照进销存卡填制，进销存卡见表 4-7。

表 4-7　进 销 存 卡

货物名称：　　　　　　　　　　规格：　　　　　　　　　　编号：

年		送(提)货单位	单位	单价	入库数量	出库数量	结存数量	经手人	备注
月	日								

7. 填报入库日报表

入库日报表见表 4-8。

知识准备

4.4.1 执行储存方案的工作区域

执行储存方案的工作区域为图 4.28 的深色区域和货物保管区，其中仓库商品验收作业的工作区域在进货月台和进货暂存区，即深色区域。

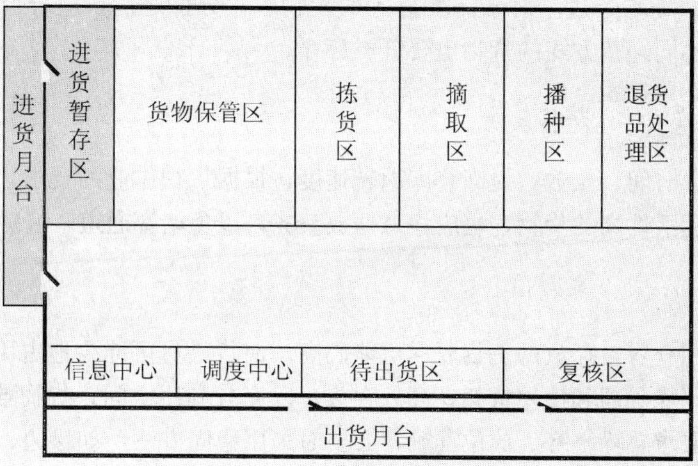

图 4.28 执行储存方案的工作区域

4.4.2 储位编号

为了便于货物管理，要对仓库、储位和堆场进行编号，编号应遵从一定的规律性，以便查阅和记忆。

1. 仓库编号

仓库编号可以采用数字编号，也可以采用字母加数字的方式，如“EC2”表示“东 2 号仓”。

2. 货架储位编号

货架储位编号按顺序进行，须完整地将仓位编号和储位编号合并表示。在采用货架的仓库内，一般采用四号八位编码法表示，即仓库号+货架号+层数号+储位号。例如“03—10—03—06”表示“第 3 号仓库、第 10 货架、第 3 层和第 6 个储位”。货位确定后，应在相应的货位处制作醒目的标记。

3. 货场编号

采用3位数编号法，首位表示货场的区位，后两位为货场的序号，如“105”表示“1区5号堆场”。

4.4.3 物堆码的基本原则

1. 分类存放

分类存放是仓库保管的基本要求，是保证货物质量的重要手段。不同类别的货物要分类存放，甚至需要分库存放；不同规格、不同批次的货物也要分位、分堆存放；残损货物要与原货分开，放在原货堆旁边。对于需要分拣的货物，在分拣之后，应分位存放，以免又混合。不同流向、不同经营方式的货物也要分类分存。

2. 适当的搬运活性，摆放整齐

为了减少作业时间、次数，提高仓库周转速度，根据货物作业的要求，合理选择货物的搬运活性。对搬运活性高的货物，也应注意摆放整齐，以免堵塞通道，浪费仓容。

3. 尽可能码高，使货垛稳固

为了充分利用仓容，存放的货物要尽可能码高，使货物尽可能少地占用地面面积。尽可能码高包括采用码垛码高和使用货架在高处存放，以充分利用空间。货物堆垛必须稳固，避免倒垛、散垛，要求叠垛整齐、放位准确，必要时采用稳固方法，如垛边、垛头采用纵横交叉叠垛，使用固定物料加固等。同时只有在货垛稳固的情况下才能码高。

4. 面向通道，不围不堵

面向通道包括两方面意思：一是垛码、存放的货物的正面尽可能面向通道，以便察看，货物的正面是指标注主标志的一面；二是所有货物的货垛、货位都有一面与通道相连，处在通道旁，以便能对货物进行直接作业。只有在所有货位都与通道相通时，才能保证不围不堵。

4.4.4 货物堆存的基本方法

货物的堆存要根据货物的特性、包装方式和形状、保管的需要，在确保货物质量的前提下，考虑方便作业和充分利用仓容以及仓库的条件确定堆存方式。仓库货物堆存的方式有地面平放式、托盘平放式、直接码垛式、托盘堆码式、货架存放式。具体的货物储存的码垛方法如下。

1. 散堆法

散堆法适用于露天存放的没有包装的大宗货物，如煤炭、矿石、黄沙等；也可适用于库内的少量存放的谷物、碎料等散装货物。散堆法是直接用堆场机或者铲车从确定的货位的后端开始，直接将货物堆高，在达到预定的货垛高度后，逐步后退堆货，后端先形成立体梯形，最后成垛，整个垛形呈立体梯形状。由于散货具有流动性、散落性，堆货时不能太近垛位4边，以免货物散落超出预定的货位。散堆法绝不能采用先堆高后平垛的方法堆垛，以免堆超高时压坏场地地面。

2. 货架存放

货架存放适用于小件、品种规格复杂且数量较少，包装简易或脆弱、易损害、不便堆垛，特别是价值较高而需要经常查数的货物的仓储存放。货架存放需要使用专用的货架设备。常用的货架有橱柜架、悬臂架、U形架、板材架、栅格架、钢瓶架、多层平面货架、托盘货架、多层立体货架等。

3. 堆垛法存货

对于有包装(如箱、桶、袋、箩筐、捆、扎等包装)的货物，包括裸装的计件货物，一般采取堆垛的方式储存。堆垛法储存能充分利用仓容，保持仓库内的整齐，方便作业和保管。

1）重叠式堆码

重叠式也称直堆法，指逐件、逐层向上重叠堆码，一件压一件的堆码方式。为了保证货垛稳定，在一定层数后(如10层)改变方向继续向上，或者长宽各减少一件继续向上堆放(俗称四面收半件)。该方法方便作业、计数，但稳定性较差。它适用于袋装、箱装、箩筐装货物，以及平板、片式货物等。

2）纵横交错式

纵横交错式指每层货物都改变方向向上堆放，适用于管材、捆装、长箱装货物。该方法堆垛较为稳定，但操作不便。

3）仰俯相间式

对上下两面有大小差别或凹凸的货物，如槽钢、钢轨箩筐等，将货物仰放一层，再反过来俯放一层，仰俯相间相扣，称为仰俯相间式。该垛极为稳定，但操作不便。

4）压缝式

压缝指将底层并排摆放，上层放在下层的两件货物之间。如果每层货物都不改变方向，则形成梯形形状；如果每层都改变方向，则类似于纵横交错式，其上下层件数的关系分为“2顶1”、“3顶2”、“4顶1”、“5顶3”等(图4.29)。

（a）2顶1　（b）3顶2　（c）4顶1　（d）5顶3

图4.29 压缝式垛码

5）通风式

货物在堆码时，每件相邻的货物之间都留有空隙，以便通风。层与层之间采用压缝式或者纵横交错式。此法适用于需要通风量较大的货物堆垛。

6）栽柱式

码放货物前在货垛两侧栽上木桩或者钢棒，形如U形货架，然后将货物平码在桩柱之间，码放几层后用铁丝将相对两边的柱拴联，再往上摆放货物，形如“H”货架。此法适用于棒材、管材等长条状货物，操作较为方便。

7）衬垫式

码垛时，隔层或隔几层铺放衬垫物，衬垫物平整牢靠后，再往上码。它适用于不规则、且较重的货物，如无包装电机、水泵等。

8）直立式

货物保持垂直方向码放的方法。它适用于不能侧压的货物，如玻璃、油毡、油桶、塑料桶等。

4.4.5 料卡

为了在保管中及时掌握货物的资料，需要在货垛上张挂有关该垛货物的资料标签，该标签被称为料卡或称货垛牌、货物标签等。货物码垛完毕，仓库管理人员就需要根据入库货物资料、接收货物情况制作料卡，并排放或拴挂在货垛正面明显的位置或者货架上。

料卡的主要内容有货位号、货物名称、规格、批号、来源、进货日期、存货人、该垛数量、接货人(制单人)等。此外可以根据各种货物的不同特点相应增减项目。

特别提示

日报表格式见表4－8。

表4－8　货物入库日报表

编号：　　　　　　　　　　　　　　　　　　入库日期：　　年　月　日

存货人		送货人		检验员		入库记录人	
合同编号	入库单号	品名	规格	数量	储位	储存期限	备注

审核：

▶ 做一做

每组依据储存方案的内容和操作步骤提示，进行储位编码、堆码训练，执行储存方案并为南京××商贸公司货物办理验收交接和入库操作。

▶ 评一评

小组间相互检查商品储存方案的执行步骤和结果，以及相关单据表格的填写，提出修正意见，每组重新修正方案，提高执行效果。

项目小结

准确使用工具，合理进行货物搬运与装卸，正确设计与执行货物的储存方案是仓储与配送管理从业人员必备的基本技能，本项目具体知识内容包括以下几点。

（1）任务4.1，常用工具使用。包括仓库搬运作业的工作区域；手动液压托盘搬运车：手动液压托盘搬运车，手动液压托盘搬运车操作指导；堆高机：堆高机的种类，堆高机的主要特点，堆高机的技术参数。

（2）任务4.2，搬运装卸。包括装卸作业的工作区域；装卸：装卸的特点，装卸的基本原则，装卸的分类；搬运：搬运的原则，搬运的工具；装卸搬运的合理化原则：装卸搬运次数最少，装卸搬运移动距离最短，装卸搬运作业衔接流畅，机械化作业，托盘化、集成化等成组作业，省力化作业，系统化；搬运活性。

（3）任务4.3，制定商品储存方案。包括仓库作业的工作流程；货物入库检验：检验方法和标准，外观质量检验，内在质量检验，库货物检验程度，入库检验时间；理货：理货的内容，理货的方法，理货单据。

（4）任务4.4，执行商品储存方案。包括执行储存方案的工作区域；储位编号：仓库编号，货架储位编号，货场编号；货物堆码的基本原则；货物堆存的基本方法：散堆法，货架存放，堆垛法存货；料卡。

复习思考题

一、填空题

1. 重型、中型载货汽车，半挂车载物，高度从地面起不得超过______m，载运集装箱的车辆不得超过______m。其他载货的机动车载物，高度从地面起不得超过______m。

2. 无包装在地面散放的货物，其活性指数为______；有包装或放置在一般容器内的物品，其活性指数为______；装载在托盘上或者装入集装箱的物品，其活性指数为______；装在无棚货车或者可移动设备或工具上的物品，其活性指数为______；放置在输送线上的物品，其活性指数为______。

3. 检验的主要方法有______检验、______检验、______检验、______检验。

4. 包装检验是对货物的外包装的检验。检验包装有无被______、______、挖洞、______、破损、______和粘湿等不良情况。

5. 内在质量检验是对货物的内容进行检验，包括______、______、使用功能等进行鉴定。

6. 料卡的主要内容有______、______、规格、批号、来源、______、存货人、该垛数量、______等。

二、简答题

1. 简述装卸搬运的合理化原则。
2. 举例说明货物检验的方法。
3. 什么是理货？简述理货的作用。
4. 简述理货的内容。
5. 结合实训，简述理货方法的作用。
6. 简述货物堆码的基本原则。

三、能力拓展实训题

利用条形码、射频识别(RFID)和仓储信息管理系统(WMS)技术，配合进行任务4.3中南京××商贸公司合同货物的货物验收和入库操作，结合本项目的训练操作，重新拟定该批货物的储存方案。

项目 5　信息技术应用

任务 5.1　仓储信息技术

学习目标

- 了解 RFID、EDI 的含义；
- 熟悉仓库条码技术的应用流程；
- 掌握条码仪的使用方法，能编制货位码。

任务描述

本任务以条码仪的操作为载体，加以相应的技能训练，使学生熟悉仓库条码技术的应用流程，掌握条码仪的使用方法并编制货位码，培养学生正确应用信息技术的工作能力。

工作任务

用条码仪编制和打印货位编码。

操作步骤

以某公司仓库管理信息系统(Warehouse Management System，WMS)中货位条码的编制与生成为例，说明条码仪使用的操作步骤，如图 5.1 所示。

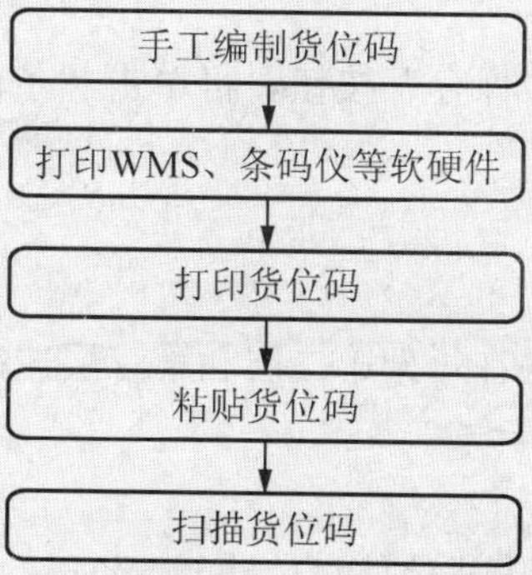

图 5.1　条码仪使用的操作步骤

操作提示

1. 手工编制货位码

货物以货架方式储存，按四号八位编码法对仓库货位进行编码，即仓库号＋货架号＋层号＋货位号，每号以两位阿拉伯数字表示。

2. 准备 WMS、条码仪等软硬件

将计算机与条码仪连接，启动 WMS，以仓库管理员身份登录(如图 5.2 所示)。

图 5.2　WMS 登录界面

3. 打印货位码

点击“存货管理”子系统，执行“货位打印”命令，打开“货位打印”窗口。单击“增加”按钮，输入对应的仓库编码、仓库名称、货位编码、货位名称及条码号信息，如图 5.3 所示。

图 5.3　“货位打印”窗口界面

核对上述信息无误后，单击“保存”按钮，再单击“条码 T”按钮，货位条码即自动打印完成。

4. 粘贴货位码

将打印好的二维货位条码粘贴在货架第二层和第三层连接处。

5. 扫描货位码

使用 PDA 扫描货位码，将相应货位信息传输至 WMS，生成储位信息列表，以便制订入库、出库等计划时使用。

知识准备

5.1.1 条码技术

1. 条码的概念

条码是根据某条码规则，由一定规律的粗细线条、空和相应的数字组成的一组识别图形符号。这种符号可以通过光电扫描识别，是现代识别技术的最重要的方式，现已被广泛地应用到商品流通、自动化生产、运输、仓储之中，对生产和流通效率的提高、降低以致消除识别错误起着重大的作用。条码技术是仓储自动化的基础，是提高仓储效率、消除错误的重要手段。在仓储业务处理中主要应用在收货、摆货、仓储、配货、补货等商品的识别上，以及货位、搬运工具、容器等的识别上。

小贴士

目前，物流条码主要有3种，即EAN码制中的标准条码EAN－13码、缩短版商品储运单元条码EAN－8码和综合商品信息的EAN－128码。标准版商品条码由前缀码、厂商识别代码、商品项目代码和校验码组成。缩短版商品条码由商品项目识别代码和校验码组成。商品条码印刷面积超过商品包装表面面积或者标签可印刷面积1/4的，可以申请使用缩短版商品条码。在我国，任何单位和个人使用商品条码必须经中国物品编码中心及其分支机构核准注册。图5.4为某商品条码实例，其中前3位690为前缀码，是国际物品编码协会分配给中国物品编码中心的标志代码；1234为企业代码，是中国物品编码中心统一分配给申请厂商的代码；56789为商品代码，是由厂商根据商品条码编码唯一性原则自行分配的代码；最后一位2为校验码，用来校验编码正误。

6 901234 567892

图5.4 条形码的符号结构

2. 条码识读设备

在仓储用到的条码中，除了商品的条码外，还有货位条码、装卸台条码、运输车条码等，这一类条码属于内部使用码，可以由仓储企业自行选用。

仓库管理中使用的条码识读设备分两种：线式阅读器和便携式识读器。常见的有笔式扫描器、手持式扫描器(CCD扫描器)、台式扫描器、卡槽式扫描器和便携式数据采集器等。常用的几种条码识读设备如图5.5所示。

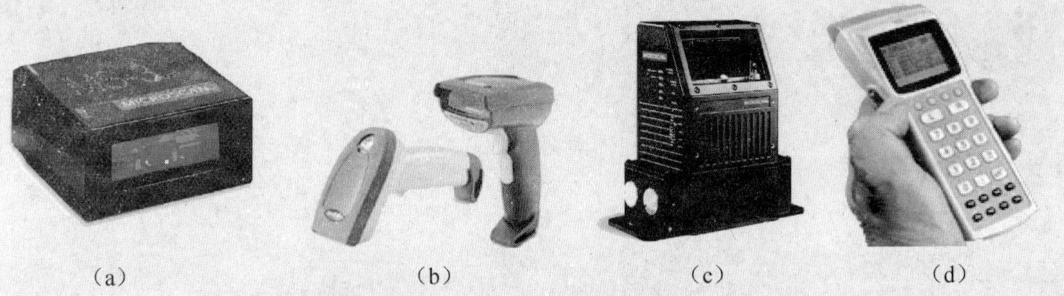

图 5.5 常见的条码识读设备

3. 条码技术在仓库管理中的应用

仓库管理中条码技术的应用主要是条码的编码和识别技术。条码技术是快速、准确而可靠地采集数据的有效手段，条码技术的应用解决了仓库信息管理中数据录入和数据采集的“瓶颈”问题，为仓库信息管理系统的应用提供了有利的技术支持。

设计时需根据不同的要求选用不同的软件和条码设备，系统使用的软件分为两部分：一部分是条码终端使用的软件，另一部分是在仓库计算机中心或服务器上使用的软件。条码终端使用的软件只完成数据的采集功能，较为简单。仓库计算机中心或服务器中使用的软件包括数据库系统和仓库管理软件。另外，系统中还须配置条码打印机，以便打印各种标签，如货位、货架使用的标签及物品标志用的标签。当然，首先要确定标志的方案。图 5.6 为仓库条码技术应用示意图。

图 5.6 仓库管理中条码处理过程

5.1.2 无线射频识别(RFID)技术

1. 无线射频识别技术的概念

无线射频识别技术(Radio Frequency Identification，RFID)，是非接触式自动识别技术的一种。与传统条形码依靠光电效应不同的是，RFID标签无须人工操作，在阅读器的感应下可以自动向阅读器发送商品信息，从而实现商品信息处理的自动化。射频识别技术利用无线射频方式在阅读器和射频卡之间进行非接触双向数据传输，以达到目标识别和数据交换的目的。相对于传统的磁卡及IC卡技术，射频识别技术具有非接触、阅读速度快、无磨损等特点，具有覆盖范围广、全自动识别等能力。随着射频卡技术的发展，使用成本越来越低，在最近几年里得到快速发展，在仓储领域被广泛使用。

2. 无线射频识别技术系统的组成

最基本的无线射频识别技术系统由3部分组成。

(1) 电子标签(Tag，即射频卡)：由耦合元件及芯片组成，标签含有内置天线，用于和射频天线间进行通信。

(2) 阅读器：读取(在读写卡中还可以写入)标签信息的设备。

(3) 天线：在标签和读取器间传递射频信号。

小贴士

RFID系统的工作流程如下。

(1) 在仓库的出入口安装固定的阅读器，在仓库内则使用移动式阅读器，可以由人工手持或安装在叉车上。阅读器通过发射天线发送一定频率的射频信号，当电子标签进入发射天线工作区域时产生感应电流，电子标签获得能量被激活。

(2) 电子标签将自身编码等信息通过卡内内置的发送天线发送出去。

(3) 系统的接收天线接收到从电子标签发送来的载波信号，经天线调节器传送到阅读器，阅读器对接收信号进行解调和解码，通过有线或无线传输送到后台信息处理器进行相关处理。

(4) 信息处理器根据逻辑运算判断该电子标签的合法性，针对不同的设定做出相应的处理和控制，显示接受的信息和存储，并根据系统设定发出指令信号，控制执行机构动作。

5.1.3 EDI技术

电子数据交换(EDI)在物流系统中的应用主要是用计算机网络来传递信息，包括日常查询、计划、询价、合同等信息的交换。EDI是一套报文通信工具，它利用计算机的数据处理与通信功能，将交易双方彼此往来的文档(如询价单、订货单等)转换成标准格式，并通过通信网络传输给对方。由于建立一个EDI应用系统需要大量的资金，因此，对于小型仓储企业来讲，利用互联网通过相关的技术支持传输EDI报文是较好的解决方案。EDI通信方式主要有两种，即原始连接方式(图5.7)和网络连接方式(图5.8)。

▶ 做一做

分组了解条码仪和WMS中条码功能模块，模拟货位码的编制、打印、粘贴和扫描操作。

▶ 评一评

小组成员间相互评定操作成果，修正各操作步骤及内容。

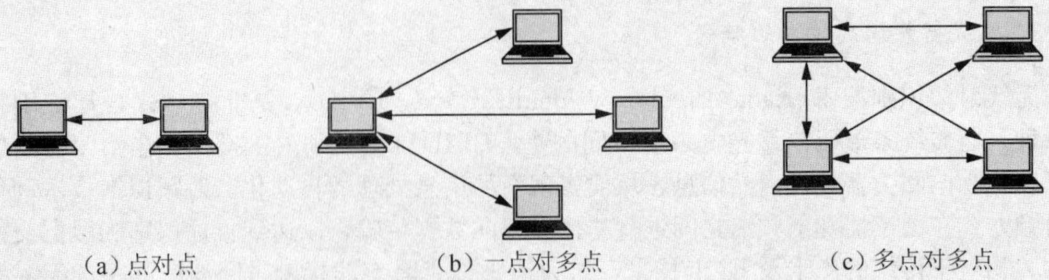

图 5.7　原始连接方式

图 5.8　网络连接方式

任务 5.2　仓库管理信息系统的应用

学习目标

- 了解仓库管理信息系统的功能结构；
- 熟悉仓库管理信息系统的基本流程；
- 掌握仓库管理信息系统软件的使用步骤。

任务描述

本任务以仓库管理信息系统软件的操作为载体，加以相应的技能训练，使学生熟悉仓库管理信息系统的基本流程，掌握该软件的使用步骤，培养学生正确使用信息系统的工作能力。

工作任务

仓库管理信息系统模拟操作。

操作步骤

以某公司仓库信息管理系统为例，如图 5.9 所示流程进行实训操作。

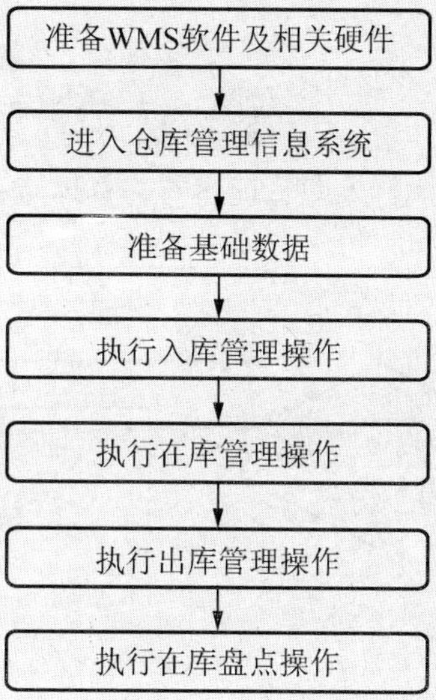

图 5.9 仓库信息管理系统使用的操作流程

操作提示

1. 准备 WMS 软件及相关硬件

准备好计算机、条码仪、PDA 及相应 WMS 软件。

2. 进入仓库管理信息系统

启动 WMS，以仓库管理员身份登录。该系统下设 6 个基础模块，分别是系统管理、数据字典、存货管理、在库盘点、在库管理和出货管理。其中，“系统管理”包括系统设置、增加新用户、定义用户角色及权限等功能；“数据字典”包括建立和查询部门、人员等基础数据功能；“存货管理”、“出货管理、“在库盘点”以及“在库管理”4 个子系统，起到仓库管理各环节相关单证及数据的录入、生成和查询功能。

3. 准备基础数据

基础数据准备工作包括部门、人员、仓库、货位、物料和客户 6 项基础档案的定义。以定义仓库档案为例：首先点击“数据字典”子系统，执行“仓库表”命令，打开“仓库表”窗口，然后单击“增加”按钮，输入对应的仓库代码、名称、负责人、电话和地址信息。确认无误后，单击“保存”按钮，仓库档案定义完毕，如图5.10所示。

图5.10 “仓库表”窗口界面

4. 执行入库管理操作

点击“存货管理”子系统，执行入库管理操作，具体流程如图5.11所示。

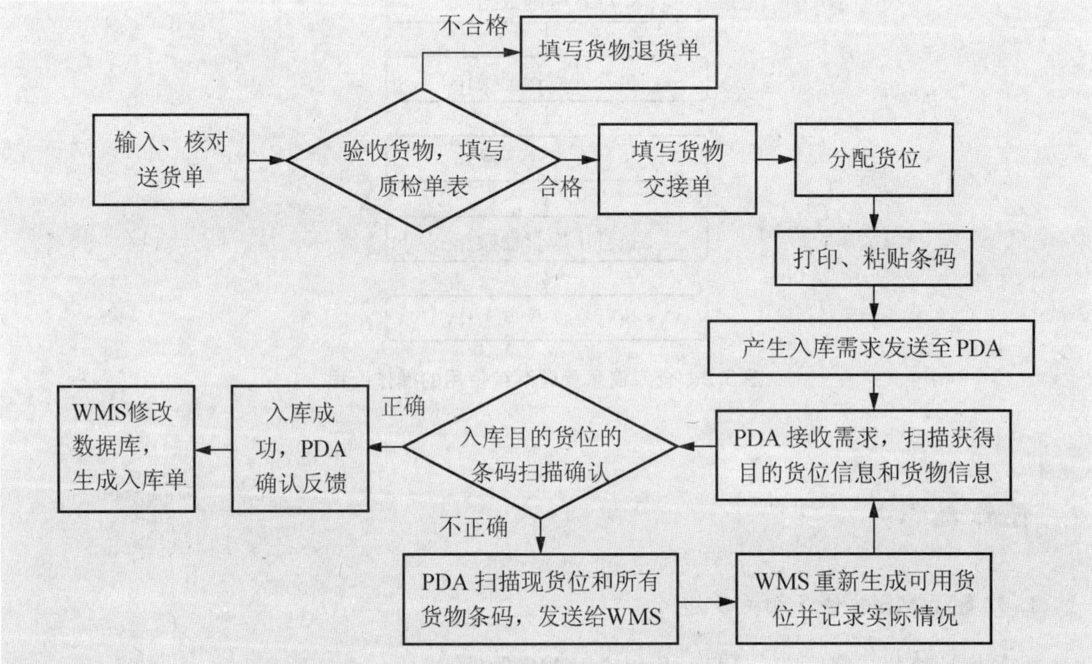

图5.11 应用WMS的仓库入库流程图

(1) 单击打开“送货单表”窗口，点击“增加”按钮，输入客户编码、客户简称、存货编码、物料名称、数量等信息。确认无误后，保存并审核，如图5.12所示。

(2) 对入库货物进行人工验收，填写质检单。单击打开“质检单表”窗口，点击“增加”按钮，输入客户编码、客户简称、送检数量、合格数量、不合格数量等信息。确认无误后，保存并审核，如图5.13所示。

(3) 验收合格的货物，填写货物交接单(图5.14)，打开“货物交接单”窗口，点击“增加”按钮，输入相关信息，保存并审核。

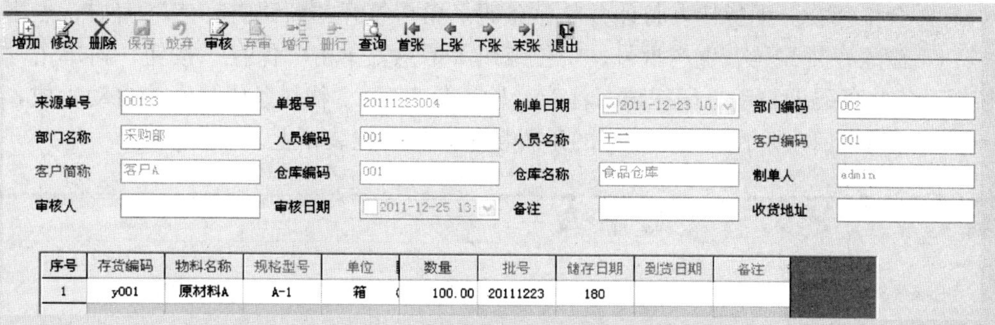

图 5.12 “送货单表”窗口界面

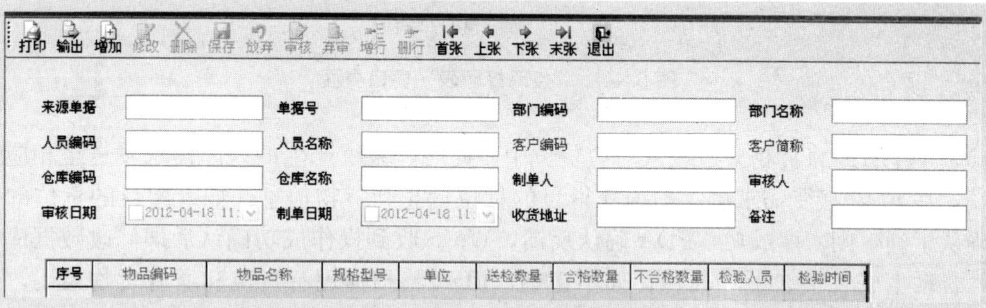

图 5.13 “质检单表”窗口界面

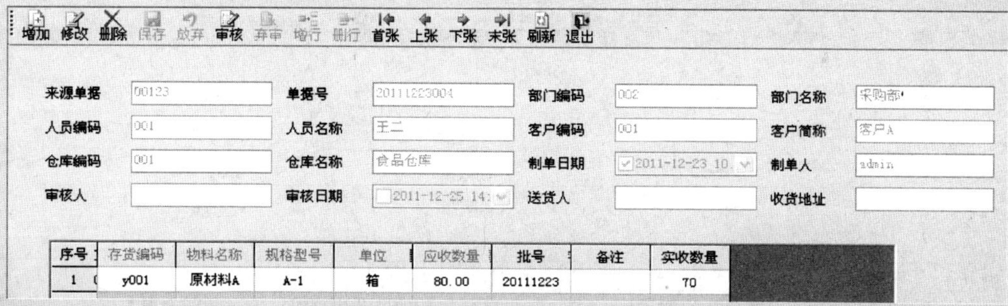

图 5.14 “货物交接单”窗口界面

验收不合格的货物，填写货物退货单，操作同上(图 5.15)。

图 5.15 “货物退货单”窗口界面

（4）对合格货物分配货位，打印并粘贴条码。单击打开“条码打印表”窗口，点击“增加”按钮，输入存货编码、生产批号、货位编码等信息，单击“保存”按钮，再单击“条码T”按钮，货物条码即自动打印完成。注意：输入信息时，“物料条码号”为自动生成，不要手工录入，如图 5.16 所示。将打印好的条码粘贴到货物包装箱上。

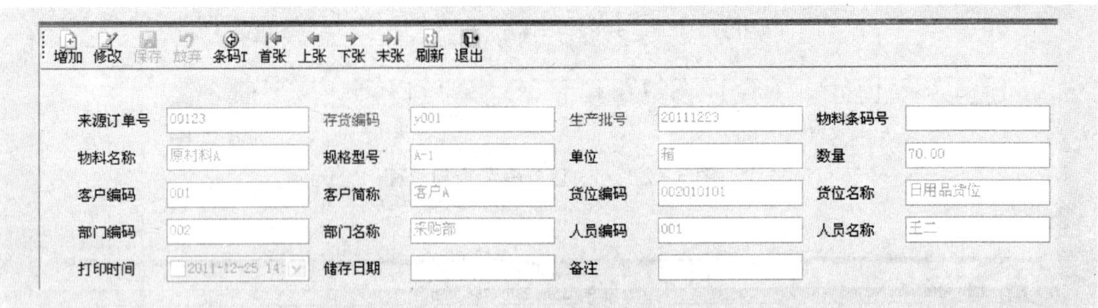

图 5.16　“条码打印表”窗口界面

（5）学生分组将货物搬运放入对应货位中。此时，系统产生的入库需求发送至相应的手持终端，在 PDA 接受需求后，扫描获得目的货位信息和货物信息。如入库目的货位的条码扫描确认正确，则入库成功，PDA 确认反馈，WMS 收到操作成功确认后即修改数据库相关记录，自动生成入库单(图 5.17)；如不正确，PDA 将扫描现有货位和所有货物条码，发送给 WMS，WMS 将该异常情况记入数据库，重新生成可用货位并记录实际情况，直至成功完成入库操作。

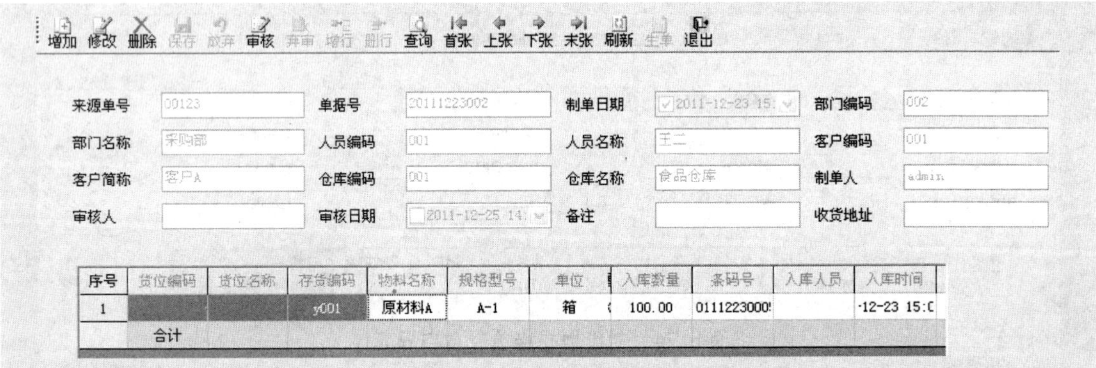

图 5.17　“入库单”窗口界面

5. 执行在库管理操作

点击“在库管理”子系统，单击打开“库存流水账”窗口，点击“查询”按钮，在“通用查询”窗口中(图 5.18)输入物料名称等查询条件，单击“过滤”，即可查询到相应库存流水帐信息(图 5.19)。库存库位分布情况查询操作同上。

6. 执行出库管理操作

点击“出货管理”子系统，执行“领料出库”操作，具体流程如图 5.20 所示。

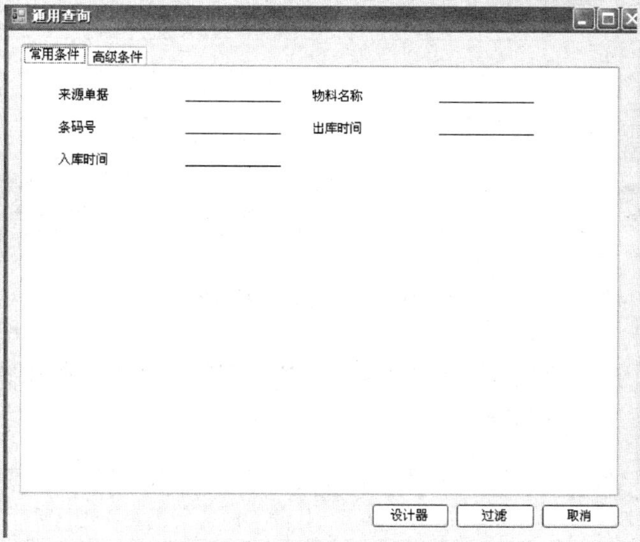

图 5.18　“通用查询”窗口界面

序号	来源单据	客户编码	客户简称	物料编码	物料名称	规格	单位	条码号
1	20120112001			005	电器	5	箱	201201120001
2	20120112001			005	电器	5	箱	201201120001
3	20120112001			006	食品	6	箱	201201120004
4	2012011201	004	客户1	006	食品	6	箱	201201120004
5	2012011201	004	客户1	007	日用品	7	箱	201201120002
6	2012011201	004	客户1	006	食品	6	箱	201201120004
7	2012011201	004	客户1	006	食品	6	箱	201201120004
8	2012011201	004	客户1	007	日用品	7	箱	201201120003

图 5.19　“库存流水账”窗口界面

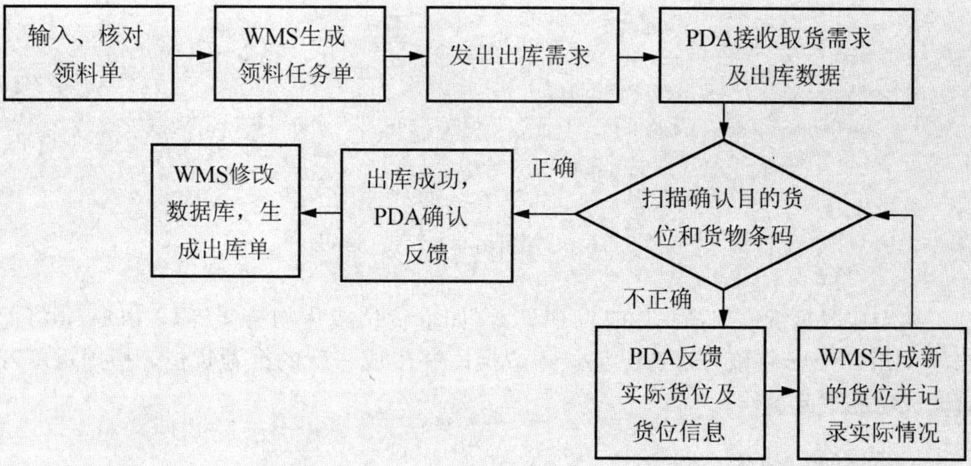

图 5.20　应用 WMS 的仓库出库流程图

(1) 单击打开“领料单”窗口，点击“增加”按钮，输入客户编码、客户简称、物品编码、数量等信息。确认无误后，保存并审核，如图 5.21 所示。

图 5.21 “领料单”窗口界面

(2) WMS参照生成领料任务单。点击“增加”按钮，将光标放在“来源单据”处，按F2，即可参照生成，如图5.22所示。

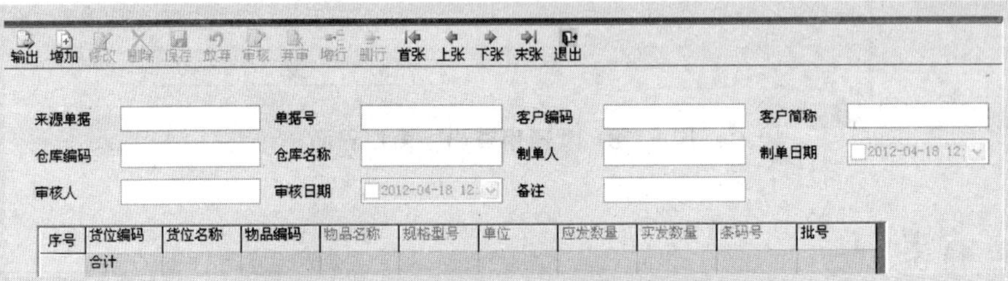

图 5.22 “领料任务单”窗口界面

(3) 根据领料任务单，系统发出出库需求，PDA接收取货需求及出库数据并扫描确认货位货物信息。如确认无误，操作人员取出货物并送至待出库区，最终由出货终端扫描确认后，操作完成的相关信息传输至WMS，WMS收到此确认信息后修改数据库的相关记录，生成出库单(图5.23)。

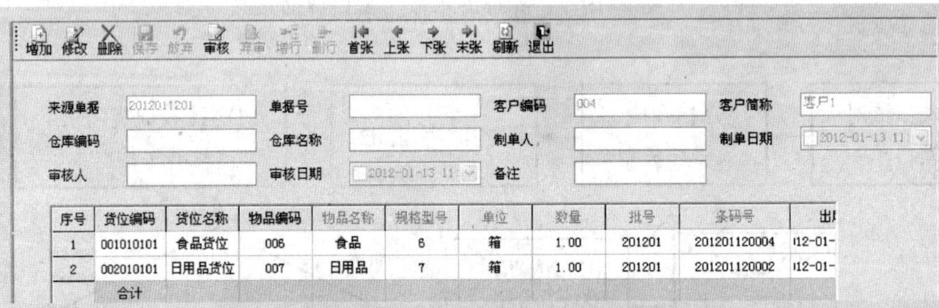

图 5.23 “领料出库单”窗口界面

(4) 如果在取货货位扫描确认时发现异常(如空货位或货物错误等)，PDA会将此信息发送给WMS，WMS将该异常情况记录入数据库并生成一新的推荐货位，指挥重新开始操作，直至成功完成此操作。

7. 执行在库盘点操作

点击“在库盘点”子系统，执行盘点操作。

(1) 点击打开“盘点准备单”窗口，单击“增加”按钮，输入客户编码、客户简称、物品编码等信息，确认无误后，保存并审核，即生成盘点单。盘点准备单如图5.24所示。

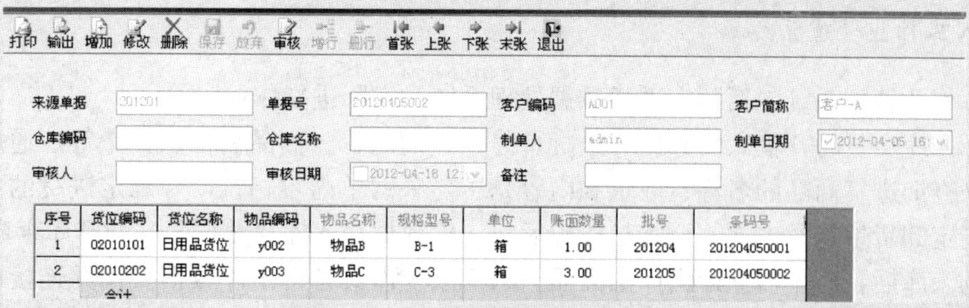

图 5.24 “盘点准备单”窗口界面

(2) 系统将盘点需求发送至 PDA，PDA 接受需求后，扫描获得货位信息和货物信息，再传输至 WMS，记录实盘数量(图 5.25)。

图 5.25 “盘点单”窗口界面

(3) 如盘点出现异常，PDA 将扫描现有货位和所有货物条码，反馈实际盘点信息至 WMS，WMS 将该异常情况(盘盈或盘亏)记入数据库，生成相应盘点差异分析表。

知识准备

5.2.1 仓库管理信息系统简述

仓库管理信息系统是以条码技术和数据库技术为基础，可实现仓库管理中货物的入库、出库、库存控制、盘点等管理功能，并可依托互联网进行客户订单的跟踪和查询，其基本流程如图 5.26 所示。

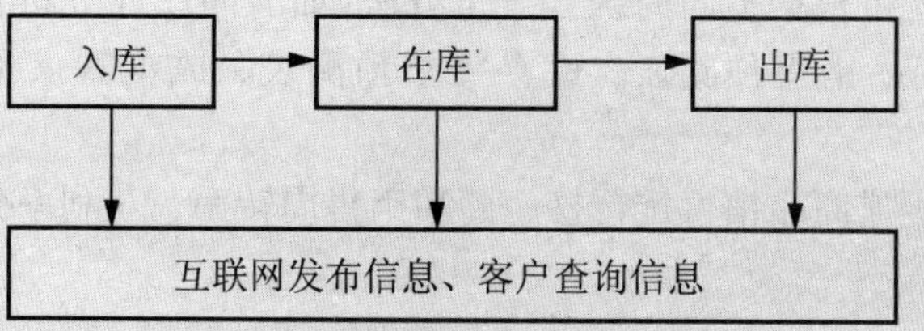

图 5.26 仓库管理信息系统流程

1. 入库作业管理系统

入库作业管理系统包括预定进货数据处理系统和实际进货作业。

实际入库交货时，输入的数据有送货单号、厂商名称、商品名称、数量等。通过输入送货单号来查询进货商品的名称、数量和内容是否与采购单内容相符，并确定进货的月台，由仓管员指定卸货地点及方式。仓管员检验后将入库数据输入库存数据库并调整库存数据库。

货物入库后，对于需立即出库的商品，入库系统需具备待出库数据查询并连接派车及出货配送系统，当入库数据输入后即访问订单数据库取出该商品待出库数据信息并转入出货配送数据库，同时调整库存数据库。对于需上架入库再出库的商品，进货系统需具备货位指定功能，当进货数据输入时即启动货位指定系统，由货位数据库、产品明细数据库来计算入库商品所需的货位大小，根据商品特性和货位状况来确定最佳货位。货位管理系统则主要完成商品货位登记、跟踪并提供货位状况报表，为货位分配提供依据。货位跟踪时可将商品编码或入库编码输入货位数据库来查询商品所在货位，输出的报表有货位指示单、商品货位报表、可用货位报表、各时间段入库一览表、入库数据统计等。

2. 出库作业管理系统

出库作业管理系统以客户为对象，涉及的作业有自客户处取得订单，进行订单处理，仓库系统管理，从出库准备到实际将货物运送至客户手中为止的一系列作业。

1）订单处理系统

订单处理系统主要包括客户询价、报价，以及订单接收、确认及输入。自动报价系统需输入的数据包括客户名称、询价商品的名称和规格等，然后系统根据这些数据调用产品明细数据库、客户交易此商品的历史数据库、此客户报价的历史数据库、客户数据库、厂商采购报价等，以取得此商品的报价历史资料、数量折扣、客户以往交易记录及客户折扣、商品供应价等数据，再由系统按其所需净利润与运输成本、保管成本等来制定估价公式并计算销售价格，然后可打印报价单送交客户，客户签回后即成为正式订单。

订单的传送可采用邮寄、电话、传真、通过互联网传输 EDI 报文，或直接用电子邮箱传送。

2）销售分析及销售预测

销售分析及销售预测主要包括销售分析、销售预测和商品管理。

销售分析主要是为了使管理人员对销售现状能有全面的了解。通过输入销售日期、月份、年度、商品类别、名称、客户名称、操作员名称等查询各种销售统计资料，可提供商品销售统计表、年度商品数量统计表、年度及月份商品数量统计比较分析报表、商品成本利润分析表，并可查询各业务员的销售业绩。

销售预测分析系统可根据不同的统计分析方法(如时间序列分析、指数平滑法、多元回归分析等方法)生成商品销售预测表、库存需求预测表、成本需求预测表、设备需求预测表等。

商品管理系统可生成商品销售排行榜、商品销售周转率、获利率分析表。

3. 库存控制系统

库存控制系统主要完成库存商品分类分级、订购数量和订货点的确定、库存跟踪管理及库存盘点等作业。商品分类分级可根据分类分级标志按库存量排序和分类，生成各种排序报表。订购数量和订货点可根据库存数据库、厂商报价数据库、采购批量计算公式数据库等生成。库存盘点方式有两种：定期盘点和循环盘点。盘点作业系统是定期打印库存商品报表，待实际盘点后输入实际数据生成并打印盘赢盘亏报表、库存损失分析报表等。实际盘点前，库管员调用盘存清单打印系统，输入某类商品的名称或仓库货区、货位名称，系统自动调用库存数据库或货位数据库进行检索并打印出盘点清单。库管员根据此清单会同有关人员用手持式数据采集器采集商品库存数据，然后将采集到的数据输入中央数据库，调整库存数据库的内容，最后由盘点打印系统打印出盘亏报表、库存损失报表等结果。

根据需要库存控制系统还可以设定定期盘点和循环盘点时间，使系统能够在预定的时间自动启动盘点系统，打印各种报表以便于进行实际盘点作业。

▶ 做一做

分组了解仓库管理信息系统的功能模块，模拟进行入库、出库、在库管理及盘点作业操作。

▶ 评一评

成员间相互评定操作步骤及内容，修正各操作步骤及内容。

项目小结

本项目对仓储与配送信息技术及其应用作了较为系统的介绍。任务 5.1 以条码仪的操作为载体，加以相应的技能训练，使学生熟悉了仓库条码技术的应用流程，掌握了条码仪的使用方法并编制货位码，培养了学生正确应用信息技术的工作能力。任务 5.2 以仓库信息管理系统软件的操作为载体，加以相应的技能训练，使学生熟悉了仓库管理信息系统(WMS)的基本流程，掌握了仓库管理信息系统软件的使用步骤，培养了学生正确使用信息系统的工作能力。

复习思考题

一、单项或多项选择题

1. 物流条码主要有 3 种，即(　　)。

A. EAN－13 码　B. EAN－8 码　C. EAN－128 码　D. EAN－256 码

2. 常见的条码识读设备有(　　)。

A. 笔式扫描器　B. CCD 扫描器　C. 台式扫描器　D. 便携式数据采集器

3. (　　)是利用无线射频方式在阅读器和射频卡之间进行非接触双向数据传输，以达到目标识别和数据交换的目的。

A. 条码技术　B. 信息技术　C. RFID 技术　D. EDI 技术

4. 仓库管理信息系统是以(　　)和(　　)为基础，可实现仓库管理中货物的入库、出库、库存控制、点仓等管理功能，并可依托互联网进行客户订单和查询管理。

A. 条码技术　　B. 数据库技术　　C. RFID技术　　D. EDI技术

二、简答题

1. 简述条码的含义。
2. 简述RFID技术的工作原理。
3. 简述仓库管理信息系统的主要功能。

三、能力拓展实训题

在了解仓库管理信息系统的功能模块，熟悉其操作的基础上，分组模拟进行订单出库业务操作。

项目6 在库管理

任务6.1 仓库保卫与安全

学习目标

- 了解治安保卫的基本内容；
- 熟悉仓库消防的相关知识；
- 熟练进行仓库安全作业；
- 能根据仓库安全保卫要求，设计仓库安全管理方案。

任务描述

本任务在了解仓库治安保卫、消防等基本知识的基础上，掌握仓库安全作业内容，通过相应的技能训练，培养学生制定仓库安全管理方案的能力。

工作任务

根据仓库安全保卫工作要求，规划仓库安全保卫设施以及配备相应设备，并制定仓库的安全保卫管理方案。

操作步骤

仓库保卫与安全的操作步骤如图6.1所示。

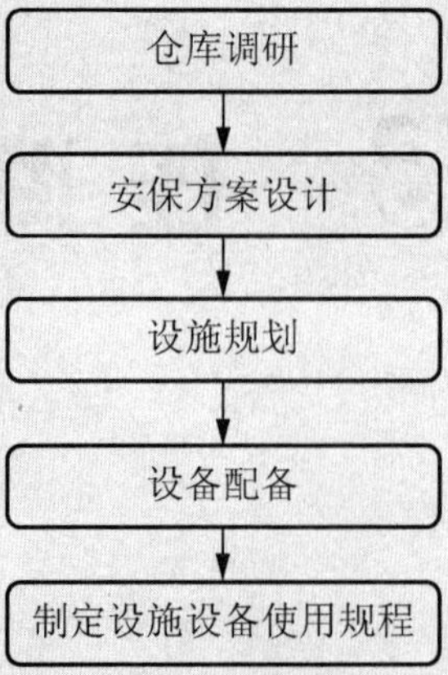

图 6.1 仓库保卫与安全的操作步骤

知识准备

6.1.1 仓库治安保卫

1. 治安保卫管理的内涵与原则

仓库的治安保卫工作是仓库为了防范、制止恶性侵权行为和意外事故对仓库及仓储财产的侵害和破坏，维护仓储环境的稳定，保证仓储生产经营的顺利开展所进行的管理工作。治安保卫工作的具体内容就是执行国家治安保卫规章制度、防盗、防抢、防骗、防破坏、防火、防止财产侵害、维持仓库内交通秩序、防止交通意外事故等仓库治安灾难事故，协调与外部的治安保卫关系，维持仓库内的安定局面和员工人身安全。

仓库治安保卫管理的原则为：坚持预防为主、确保重点、严格管理、保障安全和谁主管谁负责。

2. 治安保卫管理制度

仓库治安保卫的规章制度既有独立的规章制度，如安全防火责任制度、安全设施设备保管使用制度、门卫值班制度、车辆和人员进出仓库管理制度、保卫人员值班巡查制度等；也有合并在其他制度之中，如仓库管理员职责、办公室管理制度、车间管理制度、设备管理制度等规定的治安保卫事项。

3. 治安保卫工作的内容

仓库的治安保卫工作主要有防火、防盗、防破坏、防抢、防骗、员工人身安全保护、保密等工作。治安保卫工作不仅有专职保安员承担的工作，如门卫管理、治安巡查、安全值班等，还有大量的工作由相应岗位的员工承担，如办公室防火防盗、财务防骗、商务保密、仓库员防火、锁门关窗等。具体内容见表 6-1。

表 6-1 治安保卫工作内容

项目	内容
守卫大门和要害部位	仓库需要通过围墙或其他物理设施隔离，设置一至两个大门，大门守卫是维持仓库治安的第一道防线。对于危险品、贵重物品、特殊品仓库等要害部位，需要安排专职守卫看守
巡逻检查	专职保安员要不定时、不定线、经常地巡视整个仓库区的每一个位置。巡逻检查中发现不符合治安保卫制度要求的情况，应采取相应的措施处理或者通知相应部门处理
防盗设施设备的使用	仓库的防盗设施大至围墙、大门，小到门锁、防盗门窗，都要根据法规规定和治安保管的需要进行设置和安装。仓库使用的防盗设备包括保安员的警械、视频监控设备、自动警报设备、报警设备等
治安检查	治安责任人应经常检查治安保卫工作，督促保卫人员照章办事。治安检查实行定期与不定期检查相结合的制度，班组每日检查、部门每周检查、仓库每月检查，以及时发现治安保卫漏洞、安全隐患
治安应急	是仓库发生治安事件时，采取紧急措施，防止和减少事件造成的损失的制度。治安应急内容包括制定应急方案、确定应急人员职责、信息(信号)发布和传递规定、经常的演练来保证实施

6.1.2 仓库消防管理

1. 仓库火灾知识

1）火灾的危害

仓库火灾是仓库的灾难性事故，不仅会造成仓储货物的损害，还会损毁仓库设施。燃烧和燃烧产生的有毒气体会直接危及人身安全。仓库储存有大量的物资，且物资存放密集，机械、电气设备大量使用，管理人员偏少，具有发生火灾的系统性缺陷。仓库的消防工作是仓库安全管理的重中之重，也是长期的、细致的、不能疏忽的工作。

小贴士

火的发生必须具备三要素：可燃物、助燃物以及着火源。

可燃物是指在常温条件下能燃烧的物质，包括一般植物性物料、油脂、煤炭、蜡、硫磺、大多数的有机合成物等。

助燃物指支持燃烧的物质，包括空气中的氧气、释放氧离子的氧化剂。

着火源则是物质燃烧的热能源，无论是明火源还是其他火源都能产生易燃物燃烧所需的热能，该热能引起易燃物汽化，形成易燃气体，易燃气体在火源的高温中燃烧。着火源是引起火灾的罪魁祸首，是仓库防火管理的核心。

特别提示

仓库火灾的着火源主要有以下几点。

1. 明火与明火星

有生产、生活活动使用的炉火，灯火，气焊气割的乙炔火，火柴、打火机火焰，未熄灭的烟头、火柴梗的火星，车辆、内燃机械的排烟管火星，飘落的未熄灭的烟花爆竹等。

2. 电火

由于电线短路、用电超负荷、漏电引起的电路电火花，电器设备的电火花、电器设备升温等引起燃烧。

3. 化学火灾和爆炸性火灾

一些化学反应会释放大量热能，甚至直接发生火焰燃烧，从而会引发火灾，如活泼轻金属遇水的反应和燃烧、硫化亚铁氧化燃烧、高锰酸钾与甘油混合燃烧等。具有爆炸危险的货物在遇到冲击、撞击或热源时，会发生爆炸而引起火灾。一定浓度的易燃气体、易燃物的粉尘遇到火源也会发生爆炸。

4. 自燃

自燃是指物质自身温度升高，达到自燃点时，无需外界火源就发生燃烧的现象。容易发生自燃的物质有粮食谷物、煤炭、棉花、化纤、干草、鱼粉、部分化肥、油污的棉纱等。

5. 雷电与静电

雷电是带有不同电荷的云团接近时瞬间放电而形成的电弧，电弧的高能量能引起可燃物燃烧。静电则是因为摩擦、感应使物体表面电子大量集结，向外以电弧的方式传导的现象，同样也能使易燃物燃烧。液体容器、传输液体的管道、工作中的电器、运转的输送带、高压电气、强无线电波等都会产生静电。

6. 聚光

太阳光的直接照射会使物体表面温度升高，如果将太阳光聚合，形成强烈的光束就会使易燃物升温而燃烧。玻璃的折射、镜面的反射光都可能出现聚光现象。

7. 撞击和摩擦

金属或者其他坚硬的非金属在撞击时会出现火花，引起附近的易燃物的燃烧。物体长时间摩擦也会升温导致燃烧。

8. 人为纵火破坏

人为纵火破坏是人为恶意将火源引入仓库所造成的火灾。人为故意引火构成纵火罪，纵火人要受到刑事处罚。

2）仓库火灾的种类

防火工作重视按着火源进行分类，分为直接着火源和间接着火源，如明火源、电火源、化学火源、自燃等。从灭火的方法角度又要视可燃物的不同采用不同的灭火方法，而对火灾进行分类。

（1）普通火。普通火是指普通可燃固体燃烧所引发的火灾，如木料、棉花、化纤、煤炭等。普通火虽然燃烧扩散较慢，但燃烧较深入，货堆内部都在燃烧，灭火后重燃的可能性极高。普通火较适合用水扑灭。

（2）油类火。油类火是指各种油类、油脂发生燃烧所引起的火灾。油类属于易燃品，即易燃烧，且还具有流动性，着火的油的流动会迅速扩大着火范围。油类轻于水，会漂浮在水面，随水流动，因此不能用水灭火，只能采用泡沫、干粉等灭火措施。矿油类应储藏在专用的油库，普通仓库中不得存放矿油类物品；但普通仓库中可存放独立包装的食用油。

（3）电气火。电气火是指电器、供电系统漏电引起的火灾，以及具有供电的仓库发生的火灾。其特征是在火场中还有供电存在，有人员触电的危险；另外由于供电系统的传导，还会在电路的其他地方产生电火源。因而发生火灾后，要迅速切断供电，采用其他安全方式照明。

（4）爆炸性火灾。爆炸性火灾是指具有爆炸性的货物发生的火灾或者火场内存在爆炸性物品，如易发生化学爆炸的危险品，会发生物理爆炸的密闭容器等。爆炸不仅会加剧火势，扩大燃烧范围，更危险的是会直接对人的生命产生伤害。发生这类火灾时，首要的工作是保证人身安全，迅速撤离人员。

2. 防火与灭火方法

燃烧须其三要素中的可燃物、助燃物、着火源(温度)共同作用才能发生，缺少一个要素都不能形成火灾。防火工作就是使三者分离，不互相发生作用。而灭火的方法也就是围绕着这个原理进行，将其中一种或两种要素分离。

1）防火方法

(1) 控制可燃物。控制可燃物是指通过减少或者不使用可燃物、将可燃物质进行难燃处理来防止火灾。例如仓库建筑采用不燃材料建设，使用难燃电气材料等；易燃货物使用难燃包装，用难燃材料苫盖可燃物等；此外通风使可燃气体及时排出，洒水可减少可燃物扬尘。

(2) 隔绝助燃物。对于易燃品，可采取封闭、抽真空、充装惰性气体、不燃液体浸泡等方式，或表面涂刷不燃漆、不燃涂料的方式，使易燃物不与空气直接接触，防止燃烧。

(3) 消除着火源。消除着火源是指通过使着火源不在仓库内出现来实现防火的目的。由于仓库不可避免地会储藏可燃物，而隔绝空气的操作需要较高的成本，所以仓库防火的核心就是消除着火源。消除着火源也是灭火的基本方法。

2）灭火方法

灭火则是可燃物已发生燃烧时，为终止燃烧所采取的措施。

(1) 冷却法。冷却法是将燃烧物的温度降低到燃点以下，使之不能汽化，从而阻止燃烧。常用的冷却法有用大量冷水、干冰等降温。

(2) 窒息法。窒息法是使火附近的氧气含量减少，使燃烧不能继续。窒息法有封闭窒息法，如将燃烧间密闭；充注不燃气体窒息法，如充注二氧化碳、水蒸气等；不燃物遮盖窒息法，如用黄沙、惰性泡沫、湿棉被等覆盖着火物灭火。

(3) 隔绝法。隔绝法是指将可燃物减少、隔离的方法。当发生燃烧时，将未着火的货物搬离，从而避免火势扩大。隔绝法是灭火的基本原则，一方面可减少货物受损，另一方面能控制火势。当发生火灾时，首要的工作就是将火场附近的可燃物搬离或者用难燃材料隔离。

(4) 化学抑制法。化学抑制法是指通过多种化学物质在燃烧物上的化学反应产生降温、绝氧等效果消除燃烧。

(5) 综合灭火法。火灾的危害性极大，而且当火势凶猛时，很难控制。发生火灾时要及时采取各种能够采用的灭火方式共同进行，提高灭火的能力，如封闭库房和库外喷水降温同时进行；在货场搬离附近货物的隔绝法和释放灭火剂同时进行。

特别提示

在共同使用多种灭火方式时，要注意避免所采用的手段互相干扰，降低灭火效果。如采用泡沫灭火时，不能用水冲，除非需要有大量的水源来代替不足的泡沫；酸性灭火剂不能与碱性灭火剂共同使用。另外，还得防止造成人员伤害，如释放惰性气体时，必须先将现场人员撤离。

3）消防设施

(1) 仓库建筑的防火规范。仓库必须依据《中华人民共和国消防法》、GB 50016—2006

《建筑设计防火规范》来设计和建设，仓库的拟定用途要合乎规范的耐火等级、层数和占地面积、库房容积和防火间距。这些在仓库建设后不得改变。

仓库应按照国家有关防雷设计规范的规定，设置防雷装置；并需要定期检查，防止损害，保证有效。防雷装置接地电阻不大于 10Ω，接闪器圆钢直径不小于 8mm，扁钢、角钢厚度不小于 4mm。

仓库区内必须设置消防通道，消防通道宽度不小于 4m。

（2）防水系统。库房内应设室内消防给水，同一库房内应采用统一规格的消防栓、水枪和水带，水带长度不应超过 25m。超过 4 层的库房应设置消防水泵接合器。对于面积超过 1000m^2的纤维及其制品仓库，应设置闭式自动喷水灭火系统。消防水可以由水管网、消防水池、天然水源供给，但必须要有足够的压力和供水量。寒冷季节，要采取必要的防冻措施防止消防水系统损坏。

4）灭火器和灭火剂

（1）灭火器。灭火器是一些轻便的容器，内装灭火剂。发生火灾时，可使用灭火器内的灭火剂扑灭火源。灭火器布置在仓库的各个出入口附近位置，是应急灭火的最重要的灭火器材。

灭火器根据容器内盛装的灭火剂命名，分为清水灭火器、泡沫灭火器、二氧化碳灭火器、干粉灭火器、1211 灭火器等。不同的灭火器有针对性地使用，才能起到安全灭火的目的。

小贴士

常见灭火器的使用介绍如下。

1. 干粉灭火器

在距离燃烧处上风向 3m 处，放下灭火器，一手紧握喷枪，另一手拔开气瓶把手上的保险销，提起提环或者压下把手或者拧开手轮(气瓶结构不同)，随即提起灭火器。当干粉喷出后，对准火焰的根部扫射，逐步前移。扫射移动速度不应太快，不能对着火焰中心喷射，以免火焰扩散。

2. 泡沫灭火器

现在主要使用的是机械泡沫灭火器，采取储压喷射的方式。在距离燃烧物 3m 外，拔除手把上的保险销，一手持泡沫喷嘴，另一手握紧开启把手打开密封或刺穿储气瓶密封片，空气泡沫即可从喷嘴喷出。传统使用的酸碱泡沫灭火器则是在到达灭火位置时，双手将灭火器颠倒摇动，使泡沫从喷口喷出。喷射的泡沫是不能直接喷射在燃烧的液体表面的，应经一定缓冲后(容器内壁等)流动堆积在燃烧液体表面。

3. 二氧化碳灭火器

二氧化碳灭火器的操作方法与干粉灭火器相同(均为储压式气瓶)。灭火时的喷口(喇叭口)应顺风在火焰侧面从上朝下喷射，保持一定的角度。使用干冰(固态二氧化碳)灭火器时，手只能持喇叭筒上的把手，不能直接持软管和喇叭筒，以免冻伤。

（2）灭火剂。① 水。水是最常用的灭火剂，能起到降温冷却、隔绝空气、冲击火焰的灭火作用。除了电气火灾、油，以及轻于水且不溶于水的液体、碱金属外，其他火灾都可以用水扑灭。

② 泡沫。又分为化学泡沫和空气泡沫。由于泡沫较轻，可覆盖在可燃物表面，起着阻隔空气的作用，从而使燃烧终止。泡沫主要用于油类火灾，也可以用于普通火灾的灭火。

③ 二氧化碳。采用二氧化碳灭火的灭火器又称为干冰灭火器。它是利用液态的二氧化碳在气化时大量吸热，造成降温冷却，以及二氧化碳本身的窒息作用灭火。二氧化碳最适

用于电器设备、气体，以及办公地点、封闭仓室的灭火。二氧化碳能及时气化，不留痕迹，不会损坏未燃烧的物品。但二氧化碳对人体同样具有窒息作用，在使用时要注意防冻和防窒息。

④ 干粉。如碳酸氢钠粉等干燥、易流动、不燃、不结块的粉末。它主要起覆盖窒息的作用，还能减少燃烧液体的流动。干粉在使用后也容易清洁，不污染燃烧物。

⑤ 卤代烷 1211。“1211”即二氟一氯一溴甲烷，是一种无色透明的不燃绝缘液体，通过氮气高压存储在高压钢瓶内。灭火时对着着火物释放，通过降温、隔绝空气、形成不燃覆盖层灭火。其灭火效率极高，比二氧化碳高约 3～4 倍，适合于油类火灾、电气火灾的扑灭。由于 1211 在高温中会产生有毒气体，已被逐步限制使用，在小型灭火器中还有一定的使用，它将逐步被新的化合物替代，如 1301 等。

⑥ 沙土。对于小面积火灾，使用沙土覆盖灭火是一种有效的手段。由于沙土本身惰性、不燃，较为沉重，具有较好的覆盖镇压能力，适合于氧化剂、酸碱性物质、遇水燃烧物质的灭火，同时沙土能吸附液体，阻止液体流动，因此是扑灭液体火灾的重要材料。

3. 仓库消防管理

仓库消防管理的方针是“预防为主、防消结合”，重视预防火灾的管理，以不存在火灾隐患为管理目标。

仓库的消防管理工作包括仓库建设时的消防规划、消防管理组织、岗位消防责任、消防工作计划、消防设备配置和管理、消防检查和监督、消防日常管理、消防应急、消防演习等。

仓库根据需要可以组织专职消防机构和消防队伍，承担仓库消防工作的管理支持、检查和督促，应急消防，员工消防培训，消防值班，公共场所的消防管理，仓库消防设备管理和维护工作；同时组织兼职消防队伍，承办各工作部门的消防工作，检查所在部门的消防工作，及时发现消防隐患。

消防工作采用严格的责任制，采取“谁主管谁负责，谁在岗谁负责”的制度。每个岗位每个员工的消防责任要明确确定，并采取有效的措施督促执行。仓库须制定严格和科学的消防规章制度，制定电源、火源、易燃易爆物品的安全管理和值班巡逻制度，确保各项规章制度被严格执行。仓库还要制定合适的奖惩制度，激励员工做好消防工作。

仓库内的工作人员需要经过消防培训，考核合格方可上岗。仓库还需要定期组织员工进行消防培训，并结合消防演习，确保每一位仓库员工熟悉岗位消防职责。仓库要经常开展防火宣传，保持员工的高度防火警惕性。

仓库的消防设备要有专人负责管理，坚决制止挪用或损坏消防设备；根据各类消防设备的特性定期保养和检查、充装；定期检查防雷系统，保证其处于有效状态。

4. 仓库防火

(1) 严格把关、严禁将火种带入仓库。库区内严禁吸烟，严禁用明火炉取暖。存货仓库内严禁明火作业。库房内不准设置和使用移动式照明灯具。库房内不得使用电炉、电烙铁等电热器具和电视机、电冰箱等家用电器。库房不得作为办公场所和休息室。

(2) 严格管理库区明火。库房外使用明火作业，必须按章进行，在消除可能发生火灾的条件下，经主管批准，在专人监督下进行。明火作业后要彻底消除明火残迹。库区内的取暖、烧水炉应设置在安全地点，并有专人看管。库区及周围 50m 范围内，严禁燃放烟花爆竹。

(3) 电气设备防火。库区内的供电系统和电器应经常检查，发现老化、损害、绝缘不良时及时更换。每个库房应该在库房外单独安装开关箱，保管人员离库时，必须拉开电闸断电。使用低温照明的不能改为高温灯具，防爆灯具不得改用普通灯具。

(4) 作业机械防火。进入库区的内燃机械必须安装防火罩，电动车要装设防火星溅出装置，蒸汽机车要关闭灰箱和送风器。车辆装卸货物后，不准在库区、库房、货场内停放，更不得在库内修理。作业设备会产生火花的部位要设置防护罩。

(5) 入库作业防火。装卸搬运作业时，作业人员不得违章采用滚动、滑动、翻滚、撬动的方式作业，不使用容易产生火花的工具，避免跌落、撞击货物。对容易产生静电的作业，要采取消除静电措施。货物入库前，要专人负责检查，确定无火种隐患后，如无升温发热、燃烧痕迹、焦味等，方准入库；对已升温的货物，要采取降温措施后才能入库。

(6) 从安全角度选择货位。货物要分类、分垛储存。对于会发生化学反应的货物应间隔较远，消防方法不同的货物不得同仓储存。根据货物的消防特性选择合适的货位，如低温位置、通风位置、光照位置、方便检查位置、干燥位置、少作业位置等。

(7) 保留足够安全间距。货垛大小应合适，间距应符合要求。堆场堆垛应当分类、分堆、分组和分垛，按照防火规范的防火距离的要求保留间距。

特别提示

库房内按类分垛，每垛占地面积不宜大于 $100m^2$，垛与垛间距不少于 1m，垛与墙间距不少于 0.5m，垛与梁、柱的间距不小于 0.3m，货垛与水暖取暖管道、散热器间距不小于 0.3m，库内主要通道的宽度不小于 2m。

在照明灯具下方不得堆放物品，其垂线下方与存货品间距不得小于 0.5m，电器设备周围间距保留 1.5m，架空线路下方严禁堆放货物。不得占用消防通道，疏散楼梯严禁存放货物和其他物品，不得围堵消防器材。

(8) 货物防火保管。对已入库货物的防火保管是仓库保管的重要工作。仓库管理人员应经常检查仓库内的防火情况，按防火规程实施防火作业。仓库人员要经常检查易自燃货物的温度，做好仓库通风，对货场存放较久的货物时常掀开部分苫盖通风除湿；气温高时对易燃液体、易燃气体洒水降温；烈日中苫盖好货物，阻止阳光直射入仓库或反射入仓库照射货物。仓库人员要经常查看电气设备工作状态，及时发现不良情况。仓库保管中发现不安全情况应及时报告，迅速采取有效措施，消除隐患。

(9) 及时处理易燃杂物。对于仓库作业中使用过的油污棉纱、油手套、油污垫料等沾油纤维、可燃包装、残料等，应当存放在库外的安全地点，如封闭铁桶、铁箱内，并定期处理。仓库作业完毕，应当对仓库、通道、作业线路、货垛边进行清理清扫，对库区、库房进行检查，确定安全后，方可离人。

(10) 危险品库的防火。危险品仓库对消防工作有更高的要求，严禁一切火源入库，汽车、拖拉机不得进入，仓库内使用防爆作业设备，使用防爆电气；特别危险的危险仓不接入电，人员穿戴防静电服装作业，且不得在库内停留。

6.1.3 仓库安全作业

1. 仓库货物作业的安全特性

1）作业对象的多样性

除了少数专业仓库从事单一的货物作业外，绝大多数仓库仓储的货物都种类众多、规格繁多，仓库须面对多种多样的货物作业。

2）作业场地的多变性

仓库作业除了部分配送中心、危险品仓库在确定的收发货区进行装卸外，大多数仓库都是直接在库房门口或仓内、货场货位进行装卸作业，而搬运作业则延伸至整个仓库作业过程中的每一个位置，因而仓库作业的环境极不确定。

3）机械作业与人力作业并重

我国现代仓库的发展主要是普及机械化作业，但仓库作业的多样和多变使得人力作业不可缺少；而且仓库的机械作业主要是采用通用机械设备，需要一定的人力协助。我国的国情也确定了人力作业仍会是仓库作业的重要方式。通用机械作业的稳定性较差，而人力作业容易直接造成人身伤害。

4）突发性和不均衡性

仓库作业因货物出入库而定。货物到库，仓库组织卸车搬运、堆垛作业；客户提货则进行拆垛、搬运装车作业。由于货物出入库的不均衡，仓库作业也就具有阶段性和突发性的特性，闲忙不均。

5）任务紧迫性

为了缩短送提货运输工具的停库时间，需要迅速将货物归类储藏，因此仓库作业不能间断。每次作业都要完成阶段性作业，方可停止。

6）不规范的货物

随着仓储开展提供增值服务热潮，越来越多的货物以未包装、内包装、散件、混件的形式入库，极易发生货物损害。

2. 安全作业管理

作业安全涉及货物的安全、作业人员人身安全、作业设备和仓库设施的安全。这些安全事项都是仓库的责任范围，造成的损失100％都是由仓库承担。作业安全管理应从作业设备和场所、作业人员两方面进行管理：一方面消除安全隐患，减小不安全的系统风险；另一方面提高人员的安全责任心和安全防范意识。

（1）安全操作管理制度化。安全作业管理应成为仓库日常管理的重要项目，通过制度化的管理保证管理的效果。仓库应制定各种科学合理的作业安全制度、操作规程和安全责任制度，并通过严格的监督，确保管理制度得以有效和充分地执行。

（2）加强劳动安全保护。劳动安全保护包括直接和间接施行于员工人身的保护措施。仓库要遵守《中华人民共和国劳动法》的劳动时间和休息规定，执行每日8h、每周不超过44h的工时制，依法安排加班，保证员工有足够的休息时间，包括合适的工间休息。仓库应提供合适和足够的劳动防护用品，如高强度工作鞋、安全帽、手套、工作服等，并督促作业人员使用和穿戴。

仓库应采用较高安全系数的作业设备、作业机械，作业工具应适合作业要求，作业场地必须具有合适的通风、照明、防滑、保暖等适合作业的条件。仓库不得进行冒险作业和不安全环境的作业，在大风、雨雪影响作业时应暂缓作业，避免人员带伤病作业。

（3）重视作业人员的资质管理和业务培训、安全教育。对新参加仓库工作和转岗的员工应进行仓库安全作业教育，对所从事的作业进行安全作业和操作培训，确保熟练掌握岗位的安全作业技能和规范。从事特种作业的员工必须经过专门培训并取得特种作业资格，方可进行作业，且仅能从事其资格证书限定的作业项目操作，不能混岗作业。

作业安全检查是仓库安全作业管理的日常性工作。仓库要通过不断的宣传、严格的检查，严厉地对违章和忽视安全的行为实施惩罚，强化作业人员的安全责任心。

知识链接

仓库安全作业的基本要求

1. 人力作业

（1）人力作业仅限制在轻负荷的作业上。男工人力搬举货物每件不超过80kg，距离不大于60m；集体搬运时每个人负荷不超过40kg；女工不超过25kg。

（2）尽可能采用人力机械作业。人力机械承重也应在限定的范围，如人力绞车、滑车、拖车、手推车等不超过500kg。

（3）只在适合作业的安全环境中进行作业。作业前应使作业员工清楚明白作业要求，让员工了解作业环境，指明危险因素和危险位置。

（4）作业人员按要求穿戴相应的安全防护用具，使用合适的作业工具进行作业。作业人员应采用安全的作业方法，不采用自然滑动和滚动、推倒垛、挖角、挖井、超高等不安全作业，人员在滚动货物的侧面作业。注意人员与操作机械的配合，在机械移动作业时人员须避开。

（5）合理安排工间休息。每作业2h至少有10min休息时间；每4h有1h休息时间，并合理安排生理需要时间。

（6）必须有专人在现场指挥和安全指导。指挥人员应严格按照安全规范进行作业指挥；人员应避开不稳定货垛的正面和塌陷、散落的位置，运行设备的下方等不安全位置作业；在作业设备调位时暂停作业；发现安全隐患时及时停止作业，消除安全隐患后方可恢复作业。

2. 机械作业

（1）使用合适的机械、设备进行作业。操作人员应尽可能采用专用设备作业，或者使用专用工具。使用通用设备时，必须满足作业需要，并进行必要的防护，如货物绑扎、限位等。

（2）使用的设备具有良好的工况。设备不得带“病”作业，特别是设备的承重机件，更应无损坏，符合使用的要求。应在设备的许用负荷范围内进行作业，决不超负荷运行；危险品作业时还须减低25%负荷。

（3）设备作业要有专人进行指挥。采用规定的指挥信号，按作业规范进行作业指挥。

（4）汽车装卸时，注意保持安全间距。汽车与堆物距离不小于2m，与滚动物品距离不得小于3m。多辆汽车同时进行装卸时，直线停放的前后车距不得小于2m，并排停放的两车侧板距离不得小于1.5m。汽车装载应固定妥当、绑扎牢固。

（5）移动吊车必须在停放稳定后方可作业，叉车不得直接叉运压力容器和未包装货物。移动设备在载货时须控制行驶速度，不得高速行驶。货物不能超出车辆两侧0.2m，禁止两车共载一物。

(6) 载货移动设备上不得载人运行。除了连续运转设备如自动输送线外，其他设备须停止稳定后方可作业，不得在运行中作业。

▶ 做一做

(1) 根据治安保卫的工作内容，制定车辆出入仓库管理制度和巡逻检查制度，并规划设计仓库防盗设施和设备。

(2) 对实训仓库进行消防设施设备规划设计，并根据仓库消防管理要求，制定仓库防火管理制度。

(3) 制定叉车安全作业规程。

▶ 评一评

小组间相互检查相关制度的制定和方案的规划，提出修正意见，每组重新修正方案，提高执行效果。

任务6.2 货物护养

学习目标

- 了解仓储商品质量变化的类型；
- 熟悉影响商品质量变化的各种因素；
- 掌握商品保管的基本要求；
- 熟练运用5S对仓库进行管理。

任务描述

本任务以仓储商品质量相关内容为基础，加以相应的技能训练，使学生了解仓储商品质量变化的类型，熟悉影响商品质量变化的各种因素，掌握商品保管的基本要求，培养学生正确运用5S对仓库进行管理的工作能力。

工作任务

对入库货物制定护养措施并实施5S管理。

操作步骤

货物护养的操作步骤如图6.2所示。

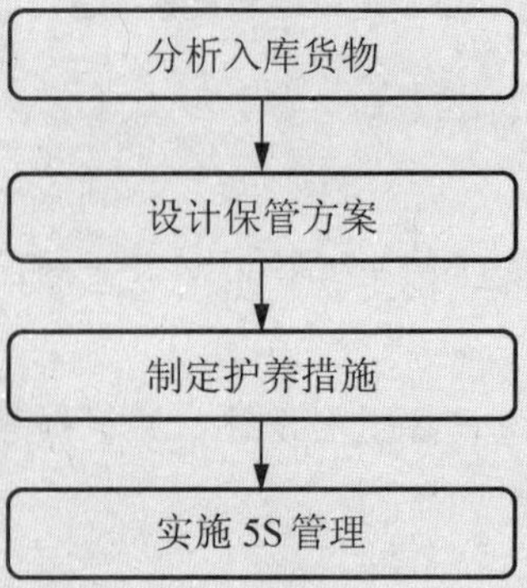

图 6.2 货物护养的操作步骤

知识准备

6.2.1 货物储存质量变化的形式及影响因素

1. 仓储商品质量变化的类型

1）商品的物理和机械变化

商品物理变化是指只改变物质本身的外部形态，而不改变其性质，没有新的物质生成，并且反复进行的质量变化现象；商品的机械变化是指商品在外力作用下发生的形态变化。商品的物理和机械变化的结果不仅使商品的数量发生损失或质量下降，而且还可使商品失去使用价值。仓储商品常发生的物理与机械变化有挥发、溶化、熔化、渗漏、串味、沉淀、沾污、破碎与变形等，具体内容见表 6－2。

表 6－2 商品的物理和机械变化

种类	项目	内容
挥发	概念	是指低沸点的液态商品或经液化的气体商品在空气中经汽化而散发到空气中的现象
	代表商品	酒精、白酒、香精、花露水、香水，化学试剂中的各种溶剂，医药中的一些试剂，部分化学农药、杀虫剂、油漆等
	养护措施	加强包装的密封性，控制仓库温度，高温季节要采取降温措施，保持在较低温度条件下储存，以防挥发
溶化	概念	是指有些固体商品在保管过程中，能吸收空气或环境中的水分，当吸收数量达到一定程度时，就会溶化成液体
	代表商品	食糖、糖果、食盐、明矾、硼酸、甘草流浸膏、氯化钙、氯化镁、尿素、硝酸铵、硫酸铅、硝酸锌和硝酸锰等
	养护措施	按其性能分区、分类存放在干燥阴凉的库房内，不适合与含水分较大的商品共同储存。堆码时要注意底层商品的防潮和隔潮，垛底要垫高，并采取吸潮和通风相结合的温湿度管理方法来防止商品吸湿溶化

续表

种类	项目	内容
熔化	概念	是指低熔点的商品受热后发生软化以致化为液体的现象
	代表商品	香脂、蛤蜊油、发蜡、蜡制品、复写纸、蜡纸、打字纸、圆珠笔芯、松香、石蜡、粗萘、硝酸锌等
	养护措施	根据商品熔点的高低，选择阴凉通风的库房储存。可采用密封和隔热措施，加强库房的温度管理，防止日光照射
渗漏	概念	是指液体商品特别是易挥发的液体商品由于包装容器不严密、包装质量不符合商品性能的要求，或在搬运装卸时碰撞震动破坏了包装，致使商品发生跑冒滴漏等现象
	代表商品	酒精、汽油、溶剂、香水等易挥发液体
	养护措施	对液体商品应加强入库商品检查及温、湿度的控制和管理
串味	概念	指吸附性较强的商品吸附其他气味、异味，改变本来气味的变化现象
	代表商品	常见的易串味商品有食品、茶叶、卷烟等，常见的引起其他商品串味的商品有煤油、桐油、腌鱼肉、樟脑、卫生球、肥皂、化妆品、农药等
	养护措施	对易被串味的商品尽量采取密封包装，在储存中不得与有强烈气味的商品同库储藏，同时还要注意仓储环境的清洁卫生
沉淀	概念	是指含有胶质或易挥发成分的商品在低温或高温等因素影响下，引起部分物质的凝固，进而发生沉淀或膏体分离的现象
	代表商品	墨汁、墨水、牙膏、雪花膏等，饮料、酒在仓储中也会离析出纤细絮状的物质而发生混浊沉淀的现象
	养护措施	根据不同商品的特点，防止阳光照射，做好商品冬季保温工作和夏季降温工作
沾污	概念	沾污是指商品外表有其他脏物，染有其他污秽的现象
	代表商品	对一些外观质量要求较高的商品，如绸缎呢绒、针织品、服装、精密仪器、仪表等
	养护措施	改善生产、储运中的卫生条件，严密包装
破碎与变形	概念	指商品在外力作用下发生的形态上的改变
	代表商品	玻璃、陶瓷、搪瓷、铝制品、皮革、塑料、橡胶等
	养护措施	注意妥善包装，轻拿轻放。在库堆垛高度不能超过一定的压力限度

2）仓储商品的化学变化

化学变化是指构成商品的物质发生变化后，不仅改变了商品的外表形态，也改变了商品的本质，还会生成新物质，且不能恢复原状的变化现象。商品化学变化过程即商品质变过程，严重时会使商品失去使用价值。商品的化学变化形式主要有氧化、分解、水解、化合、聚合、裂解、老化、曝光、锈蚀、风化等。具体内容见表6－3。

表6-3 仓储商品的化学变化

种类	项目	内容
氧化	概念	是指商品与空气中的氧或其他能放出氧的物质发生氧化反应
	代表商品	化工原料、纤维制品、橡胶制品、油脂类商品等，如棉、麻、丝、毛、轮胎、食用油等
	养护措施	储存在干燥、通风、散热条件好和温度比较低的库房，才能保证其质量安全
分解	概念	是指某些性质不稳定的商品在光、电、热、酸、碱及潮湿空气的作用下，由一种物质生成两种或两种以上物质的变化现象
	代表商品	过氧化氢(双氧水)遇高温分解生成水和氧气，漂白粉遇二氧化碳和水分解出氯化氢、碳酸钙和次氯酸，电石遇潮气生成乙炔和氢氧化钙等
	后果	商品发生分解反应后，不仅数量减少，质量降低，有的还会在反应过程中产生一定的热量和可燃气体，从而引发事故
水解	概念	是指某些商品在一定条件下，遇水发生分解的现象
	代表商品	硅酸盐和肥皂的水解产物是酸和碱；高分子有机物中的纤维素和蛋白质在相应的酶的作用下发生水解，能使其链节断裂，强度降低
	养护措施	注意包装材料的酸碱性，哪些商品可以或不能同库储存，以便防止商品的人为损失
化合	概念	是指商品在储存期间，在外界条件的影响下，两种或两种以上的物质相互作用而生成一种新物质的反应
	代表商品	化工商品中的过氧化钠如果遇热，就会发生分解并放出氧气；过氧化钠如果同潮湿的空气接触，在迅速地吸收水分后，便发生分解，降低了有效成分；氧化钙的吸潮作用也是一种化合反应的过程
	后果	一般不单一存在于化学反应中，而是两种反应(分解、化合)依次先后发生。如果不了解这种情况，就会给保管和养护此类商品造成损失
聚合	概念	是指某些商品在外界条件的影响下，能使同种分子互相加成，从而结合成一种更大分子的现象
	代表商品	桐油在日光、氧气和温度的作用下，发生聚合反应，生成B型桐油块；甲醛也容易聚合使性质变化
	养护措施	要特别注意日光和储存温度的影响，以防止发生聚合反应，造成商品质量的降低
裂解	概念	是指高分子有机物在日光、氧气、高温等条件的作用下，发生分子链断裂，从而使其强度降低，机械性能变差，产生发软、发粘等现象
	代表商品	如棉、麻、丝、毛、橡胶、塑料、合成纤维等
	养护措施	要防止受热和日光的直接照射
老化	概念	是指含有高分子有机物成分的商品在日光、氧气、热等因素的作用下，性能逐渐变坏的过程
	代表商品	如橡胶、塑料、合成纤维等
	养护措施	要注意防止日光照射和高温的影响，切不能使其在阳光下曝晒。橡胶制品切忌同各种油脂和有机溶剂接触，以防止发生粘连现象。塑料制品要避免同各种有色织物接触，以防止由于颜色的感染，发生串色

续表

种类	项目	内容
曝光	概念	是指某些商品见光后，引起变质或变色的现象
	代表商品	苯酚(石碳酸)为白色结晶体，见光即变成红色或淡红色；照相用的胶片见光后，即成为废品
	养护措施	要特别注意防止空气中的氧气和温、湿度的影响，其包装要做到密封严密
锈蚀	概念	是指金属或金属合金同周围的介质相接触时，相互间发生了某种反应，而逐渐遭到破坏的过程
	代表商品	各种金属商品。
	成因	其一是由于金属本身的不稳定，在其组成中存在着自由电子和成分的不纯；其二是由于受到水分和有害气体(SO_2、HCl 等)的作用造成的
风化	概念	是指含结晶水的商品在一定温度和干燥空气中，失去结晶水而使晶体崩解，变成非结晶状态的无水物质的现象
	代表商品	日常生活中碱块($Na_2CO_3 \cdot 10H_2O$)变成碱面(Na_2CO_3)
	特点	由于晶体结构的特点和外界条件的影响，有的晶体只失去一部分结晶水，有的晶体失去全部结晶水，这都属于风化

3）商品的生化变化及其他生物引起的变化

生化变化是指有生命活动的有机商品在生长发育过程中，为了维持自己的生命，本身所发生的一系列生理变化。如粮食、水果、蔬菜、鲜鱼、鲜肉、鲜蛋等有机商品在储存过程中，受到外界条件的影响和其他生物作用，往往会发生这样或那样的变化，这些变化主要有呼吸、发芽、胚胎发育、后熟、霉腐、虫蛀等，具体内容见表 6－4。

表 6－4 商品的生化变化及其他生物引起的变化

种类	项目	内容
呼吸作用	概念	是指有机商品在生命活动过程中，不断地进行呼吸，分解体内有机物质，产生热量，维持其本身的生命活动的现象
	后果	粮食的呼吸作用会使粮食变质，同时有机体分解的水分有利于有害微生物的生长繁殖，加速商品的霉变，还可能产生酒精积累。对于一些鲜活商品，无氧呼吸往往比有氧呼吸要消耗更多的营养物质
	养护措施	鲜活商品储藏时，应保证正常而最低的呼吸，利用它们的生命活性，减少商品损耗，延长储藏时间
发芽	概念	有机体在适宜条件下，冲破“休眠”状态，发生的发芽、萌发现象
	后果	使有机体商品的营养物质转化为可溶性物质，降低有机体商品的质量。在发芽、萌发过程中，伴有发热、生霉等情况，增加损耗，降低质量
	养护措施	对于能够萌发、发芽的商品必须控制它们的水分，并加强温、湿度管理，防止发芽、萌发现象的发生

续表

种类	项目	内容
胚胎发育	概念	主要指的是鲜蛋的胚胎发育
	后果	当温度和供氧条件适宜时，胚胎会发育成血丝蛋、血环蛋。经过胚胎发育的禽蛋新鲜度和食用价值大大降低
	养护措施	为抑制鲜蛋的胚胎发育，应加强温、湿度管理，最好是低温储藏或阻断供氧条件，亦可采用石灰水浸泡、表面涂层等储藏方法
后熟	概念	是指瓜果、蔬菜等食品在脱离母株后继续其成熟过程的现象
	后果	后熟作用能改进色、香、味以及适口的硬脆度等食用性能。但当后熟作用完成后，则容易发生腐烂变质，难以继续储藏甚至失去食用价值
	养护措施	应在其成熟之前采收并采取控制储藏条件的办法来调节其后熟过程，以达到延长储藏期、均衡上市的目的
霉腐	概念	是指商品在霉腐微生物作用下发生的霉变和腐败现象
	后果	性能会受到不同程度的破坏，严重的霉腐可使商品完全失去使用价值。有些食品还会因腐败变质而产生能引起人畜中毒的有毒物质
	养护措施	在储存时必须严格控制温、湿度，并做好商品防霉和除霉工作
虫蛀	概念	指商品在储存期间遭到仓库害虫蛀蚀的现象
	后果	破坏商品的组织结构，使商品发生破坏和孔洞，而且排泄各种代谢废物污染商品，影响商品的质量和外观，降低商品使用价值
	养护措施	对含有有机成分的商品，做好防虫、灭虫工作

2. 影响商品质量变化的因素

商品发生质量变化，是由一定的因素引起的。为了保养好商品，确保商品的安全必须找出产生质量变化的原因，掌握商品质量变化的规律。通常引起商品质量变化的因素有内因和外因两种，内因是变化的根据，外因是变化的条件。

1）影响商品质量变化的内在因素

（1）商品的物理性质。商品的物理性质主要包括商品的吸湿性、导热性、耐热性、透气性与透水性等。

① 商品的吸湿性是指商品吸收和放出水分的特性。商品吸湿性的大小、吸湿速度的快慢直接影响该商品含水量的增减，对商品质量的影响极大，是许多商品在储存期间发生质量变化的重要原因之一。商品的很多质量变化都与其含水的多少以及吸水性的大小有直接关系。

② 商品的导热性是指物体传递热能的性质。商品的导热性与其成分和组织结构有密切关系，商品结构不同，其导热性也不一样。另外，商品表面的色泽与其导热性也有一定的关系。

③ 商品的耐热性是指商品耐温度变化而不致被破坏或显著降低强度的性质。商品的耐热性除与其成分、结构和不均匀性有关外，与其导热性、膨胀系数也有密切关系。导热性大而膨胀系数小的商品的耐热性良好，反之则差。

④ 商品的透气性与透水性。商品能被水蒸气透过的性质，称为透气性；商品能被水透过的性质则称为透水性。这两种性质在本质上都是指水的透过性能，不同的是前者指气体水分子的透过；后者是指液体水的透过。

小贴士

商品透气、透水性的大小主要取决于商品的组织结构和化学成分。结构松弛、化学成分含有亲水基团，其透气、透水性都大。

（2）商品的机械性质。商品的机械性质是指商品的形态、结构在外力作用下的反应。商品的这种性质与其质量关系极为密切，是体现适用性、坚固耐久性和外观的重要内容，它包括商品的弹性、可塑性、强度、韧性、脆性等。这些商品的机械性质对商品的外形及结构变化具有很大的影响。

（3）商品的化学性质。商品的化学性质是指商品的形态、结构以及商品，在光、热、氧、酸、碱、温度、湿度等作用下发生改变商品本质相关的性质。与储存紧密相关的商品的化学性质包括商品的化学稳定性、毒性、腐蚀性、燃烧性、爆炸性等。

① 商品的化学稳定性是指商品受外界因素作用，在一定范围内不易发生分解、氧化或其他变化的性质。化学稳定性不高的商品容易丧失使用性能。商品的稳定性是相对的，稳定性的大小与其成分、结构及外界条件有关。

② 商品的毒性是指某些商品能破坏有机体生理功能的性质。具有毒性的商品主要是用作医药、农药以及化工等的商品。有的商品本身有毒，有的蒸气有毒，有的本身虽无毒，但分解或化合后会产生有毒成分等。

③ 商品的腐蚀性是指某些商品能对其他物质发生破坏的化学性质。具有腐蚀性的商品本身具有氧化性和吸水性。因此，不能把这类商品与棉、麻、丝、毛织品，以及纸张、皮革制品等同仓储存，也不能与金属制品同仓储存。在保管时要根据商品不同的性能选择储存场所，安全保管。

④ 商品的燃烧性是指有些商品性质活泼，发生剧烈化学反应时常伴有热、光同时发生的性质。具有这一性质的商品被称为易燃商品。常见的易燃商品有红磷、火柴、松香、汽油、柴油、乙醇、丙酮等低分子有机物。易燃商品在储存中应特别注意防火。

⑤ 商品的爆炸性是指物质由一种状态迅速变化为另一种状态，并在瞬间以机械功的形式释放出大量能量的现象。能够发生爆炸的商品要专库储存，并应有严格的管理制度和办法。

知识链接

商品的化学成分

（1）无机成分的商品指构成成分中不含碳的商品，但包括碳的氧化物、碳酸及碳酸盐。这类商品有化肥、部分农药、搪瓷、玻璃、五金及部分化工商品等。无机成分的商品按其元素的种类及其结合形式，又可以分为单质商品、化合物、混合物等3大类。

（2）有机成分的商品指以含碳的有机化合物为其成分的商品，但不包括碳的氧化物、碳酸与碳酸盐。属于这类成分的商品的数量相当庞大，如棉、毛、丝、麻及其制品，化纤、塑料、橡胶制品、石油产品、有机农药、有机化肥、木制品、皮革、纸张及其制品，蔬菜、水果、食品、副食品等。这类商品成分的结合形式也不相同，有的是化合物，有的是混合物。

（3）商品成分中的杂质。单一成分的商品极少，多数商品含有杂质，而成分绝对纯的商品十分罕见。所以，商品成分包括主要成分与杂质两部分。主要成分决定着商品的性能、用途与质量；而杂质则影响着商品的性能、用途与质量，给储存带来不利影响。

（4）商品的结构。商品的种类繁多，各种商品有各种不同形态的结构，要求用不同的包装盛装。如气体商品，分子运动快、间距大，多用钢瓶盛装，其形态随盛器的改变而改变；液体商品，分子运动比气体慢，间距比气体小，其形态随盛器改变而改变；只有固体商品有一定的外形。

虽然商品形态各异，但概括起来可分为外观形态和内部结构两大类。

① 商品的外观形态多种多样，所以，在保管时应根据其体形结构合理安排仓容，科学地进行堆码，以保证商品质量的完好。

② 商品的内部结构即构成商品原材料的成分结构，属于商品体的分子及原子结构，是人的肉眼看不到的结构，必须借助于各种仪器来进行观察分析。商品的微观结构对商品的性质往往影响极大，有些分子的组成和分子量虽然完全相同，但由于结构不同，性质就有很大差别。

总之，影响商品质量发生变化的因素很多，这些因素主要包括商品的性质、成分、结构等内在因素，这些因素之间是相互影响的统一整体，工作中决不能孤立对待。

2）影响商品质量变化的外界因素

商品储存期间的质量变化主要是商品体内部运动或生理活动的结果，但与储存的外界因素也有密切关系。这些外界因素主要包括空气中的氧、日光、微生物和仓库害虫、温度、空气的湿度、卫生条件、有害气体等。

（1）空气中的氧。空气中约含有21%的氧气。氧非常活泼，能和许多商品发生作用，对商品质量变化影响很大。如氧可以加速金属商品锈蚀；氧是好氧性微生物活动的必备条件，使有机体商品发生霉腐；氧是害虫赖以生存的基础，是仓库害虫发育的必要条件；氧是助燃剂，不利于危险品的安全储存；在油脂的酸败，鲜活商品的分解、变质中，氧都是积极参与者。因此，在养护中，对于受氧气影响比较大的商品，要采取各种方法(如浸泡、密封、充氮等)隔绝氧气对商品的影响。

（2）日光。日光中含有热量、紫外线、红外线等，它对商品起着正反两个方面的作用。一方面，日光能够加速受潮物品的水分蒸发，杀死杀伤微生物和商品害虫，在一定的条件下，有利于商品的保护；但是另一方面，某些商品在日光的直接照射下，又会发生破坏作用，如日光能使酒类挥发、油脂加速酸败、橡胶塑料制品迅速老化、纸张发黄变脆、色布褪色、药品变质、照相胶卷感光等。因此，要根据各种不同商品的特性，注意避免或减少日光的照射。

（3）微生物和仓库害虫。微生物和仓库害虫的存在是商品霉腐、虫蛀的前提条件。微生物在生命活动过程中分泌一种酶，利用它把商品中的蛋白质、糖类、脂肪、有机酸等物质分解为简单的物质加以吸收利用，从而使商品受到破坏、变质，丧失其使用价值。同时，微生物异化作用中，在细胞内分解氧化营养物质，产生各种腐败性物质排出体外，使商品产生腐臭味和色斑霉点，影响商品的外观，加速高分子商品的老化。

特别提示

微生物的活动需要一定的温度和湿度。没有水分，它是无法生活下去的；没有适宜的温度，它也不能生长繁殖。掌握了这些规律，就可以创造条件，根据商品的含水量情况，采取不同的措施，防止微生物生长，以利于商品储存。

仓库害虫在仓库里不仅蛀食动植物性商品和包装，有些害虫还能危害塑料、化纤等化工合成商品，此外，白蚁还会蛀蚀仓库建筑物和纤维质商品。害虫在危害商品的过程中吐丝结茧，排泄各种代谢废物沾污商品，影响商品的质量和外观。

（4）温度。温度是影响商品质量变化的重要因素。温度能直接影响物质微粒的运动速度。一般商品在常温或常温以下都比较稳定，但是高温能够促进商品的挥发、渗漏、熔化等物理变化和化学变化；而低温又容易引起某些商品的冻结、沉淀等变化。所以温度忽高忽低会影响到商品的稳定性。此外，温度适宜时会给微生物和仓虫的生长繁殖创造有利条件，加速商品的腐败变质和虫蛀。因此，控制和调节仓储商品的温度是商品养护的重要工作内容之一。

（5）空气的湿度。空气的干湿程度称为空气的湿度。空气湿度的改变能引起商品的含水量、化学成分、外形或体态结构发生变化。湿度下降将使商品因放出水分而降低含水量，减轻重量。如水果、蔬菜等会发生萎蔫或干缩变形，纸张、皮革制品等失水过多会发生干裂或脆损。湿度增高，商品的含水量和重量相应增加，如食盐、食糖、化肥、硝酸铵等易溶性商品，结块、膨胀或进一步溶化，铁制品生锈，纺织品、竹木制品、卷烟等发生霉变或被虫蛀等。湿度适宜可保持商品的正常含量、外形或体态结构和重量。所以，在商品养护中，必须掌握各种商品的适宜湿度要求，尽量创造商品适宜的空气湿度。

（6）卫生条件。卫生条件是保证商品免于变质腐败的重要条件之一。卫生条件不良，不仅使灰尘、油垢、垃圾、腥臭等污染商品造成某些外观疵点和感染异味，而且还为微生物、仓虫等创造了活动场所。因此，商品在储存过程中，一定要搞好储存环境的卫生，保持商品本身的卫生，防止商品之间感染。

（7）有害气体。大气中的有害气体主要来自燃料，如煤、石油、天然气、煤气等燃烧放出的烟尘，以及工业生产过程中产生的粉尘、废气。对空气产生污染的主要是二氧化碳、二氧化硫、硫化氢、氯化氢和氮的氧化物等气体。

小贴士

商品储存在有害气体浓度大的空气中，其质量变化会非常明显。如二氧化硫气体溶解度很大，溶于水中能生成亚硫酸，当它遇到含水量较大的商品时，能强烈地腐蚀商品中的有机物。目前，主要是利用改进和维护商品包装或商品表面涂油、涂蜡等方法，减少有害气体对商品的影响。

6.2.2 仓储货物保管保养措施

1. 商品保管的基本要求

仓库储存商品的保管是商品储存过程中的一项重要工作，是保证商品在储存期间质量完好的关键环节。商品在储存过程中，由于本身的自然属性及外界因素的影响，随时会发生各种各样的变化，从而降低产品的使用价值甚至丧失其使用价值。仓储商品保管就是研究商品性质以及商品储存期间的质量变化规律，积极采取各种有效措施和科学的保管方法，创造一个适宜于商品的储存条件，维护商品在储存期间的安全，保护商品的质量和使用价值，最大限度地降低商品的损耗。要求仓储管理人员熟悉和掌握储存商品的原料、性能、结构、成分、规格、品种等方面的知识，同时还要熟悉和掌握同商品保管有关的物理学、化学、昆虫学、气象学等自然科学的基础理论知识。

“以防为主，以治为辅，防治结合”是商品保管工作的方针。搞好商品保管，具体应做好以下几个方面的工作。

（1）严格验收入库商品。要防止商品在储存期间发生各种不应有的变化，首先在商品入库时要严格验收，弄清商品及其包装的质量状况。对吸湿性较强的商品要检测其含水量是否超过安全标准，对其他有异常情况的商品要查清原因，针对具体情况进行处理并采取救治措施，做到防微杜渐。

（2）适当安排储存场所。由于不同商品的性能不同，对保管条件的要求也不同。例如，怕潮湿和易霉变、易生锈的商品，应存放在较干燥的库房里；易溶化、发粘、挥发、变质或易发生燃烧、爆炸的商品，应存放在温度较低的阴凉场所；一些既怕热、又怕冻，且需要较大湿度的商品，应存放在冬暖夏凉的楼下库房或地窖里。此外，性能相互抵触或易串味的商品不能在同一库房混存，以免相互产生不良影响。尤其对于化学危险物品，要严格按照有关部门的规定，分区分类安排储存地点。

（3）妥善进行堆码苫垫。潮气、阳光和雨雪对商品质量影响很大，要切实做好货垛下垫隔潮工作和货垛的遮苫工作，如利用石礅、枕木、垫板、苇席、油毡或采取其他防潮措施。存放商品的货场四周要有排水沟，以防积水流入垛下；货垛周围要遮盖严密，以防雨淋日晒。

特别提示

货垛的垛形与高度应根据各种商品的性能和包装材料，结合季节气候等情况妥善堆码。含水率较高的易霉商品热天应码通风垛；容易渗漏的商品应码间隔式的行列垛。此外，库内商品堆码应留出适当的距离，俗称“五距”，即顶距：平顶楼库顶距为50cm以上，“人”字形屋顶以不超过横梁为准；灯距：照明灯要安装防爆灯，灯头与商品的平行距离不少于50cm；墙距：外墙50cm，内墙30cm；柱距：一般留10～20cm；垛距：通常留10cm，对易燃商品还应留出适当防火距离。

（4）控制好仓库的温、湿度。仓库的温度和湿度对商品质量变化的影响极大。各种商品由于其本身特性，对温、湿度一般都有一定的适应范围，超过这个范围，商品质量就会发生不同程度的变化。因此，应根据库存商品的性能要求，适时采取密封、通风、吸潮和其他控制与调节温、湿度的办法，力求把仓库温、湿度保持在适应商品储存的范围内，以维护商品质量的安全。

（5）认真进行商品在库检查。做好商品在库检查，对维护商品安全具有重要作用。库存商品质量发生变化，如不能及时发现并采取措施进行救治，就会造成或扩大损失。因此，对库存商品的质量情况应进行定期或不定期的检查。检查时应特别注意仓储商品的温度、含水量、气味是否异常，包装物的外观、堆垛状态是否变形。

（6）搞好仓库清洁卫生。储存环境不清洁，易引起微生物、虫类的孳生繁殖，危害商品。因此，对仓库内外环境应经常清扫，彻底铲除仓库周围的杂草、垃圾等物，必要时使用药剂杀灭微生物和潜伏的害虫。对容易遭受虫蛀、鼠咬的商品，要根据商品性能和虫、鼠生活习性及危害途径，及时采取有效的防治措施。

2. 货物保管的措施

入库货物的保管是指仓库针对货物的特性，结合仓库的具体条件，采取各种科学手段对货物进行养护，防止和延缓货物质量变化的行为。货物保管的目的在于保持库存货物的使用价值，最大限度地减少货物的自然耗损，杜绝保管不善而造成的货物损害，防止造成货物损失，从而失去仓储保管的意义。保管人有绝对的义务对仓储物进行妥善保管，这是仓储合同要求仓储保管人担负的责任。对于由于保管不善造成的损失，保管人要承担赔偿责任。

仓库应高度重视货物保管工作，以制度、规范确定保管工作的责任。仓库应针对各种货物的特性制定保管方法和程序，充分利用现有的技术手段开展有针对性的保管、维护。

1）通风

通风是指采取措施加大空气流通的保管手段。利用干燥空气的大量流通降低货物的含水量；利用低温空气降低货物温度；另外，通风还具有消除货物散发出的有害气体的作用，如造成货物窒息的二氧化碳、使金属生锈的二氧化硫和酸性气体等。

小贴士

仓库通风的方式如下所示。

(1) 利用库内外温度差使库内热空气上升排出的自然通风方式。

(2) 利用通风机将库内空气排出的机械通风方式。

(3) 利用通风机在库内将空气搅动的机械循环通风。

(4) 将库内空气抽出制冷、除湿后再排入仓库的制冷通风方式。

注意：普通仓库只采用前两种通风方式。

2）温度控制

除了冷库外，仓库的温度直接受天气温度的影响，库存货物的温度也就随天气温度同步变化。货物温度高时，会融化、膨胀、软化，容易发生腐烂变质、挥发、老化、自燃，甚至物理爆炸等现象。温度太低时，会变脆、冻裂、液体冻结膨胀等损害货物。一般来说，绝大多数货物在常温下都能保持正常的状态。

普通仓库的温度控制主要是避免阳光直接照射货物，因为阳光直接照射的地表温度要比气温高很多，在午间时甚至高一倍。仓库遮阳采用仓库建筑遮阳和苫盖遮阳。当然不同建筑材料的遮阳效果不同，混凝土结构的遮阳效果最佳。对怕热货物应存放在仓库内阳光不能直接照射到的货位。

对温度较敏感的货物，在气温高时可以洒水降温。对怕水的货物可以对苫盖、仓库屋顶洒水降温。在日晒降低的傍晚或夜间，将堆场货物的苫盖适当揭开通风，也是对露天堆场货物降温保管的有效方法。

货物自热是货物升温损坏的一个重要原因。对容易自热的货物，应经常检查货物温度，当发现升温时，可以采取加大通风、洒水等方式降温，还可以翻动货物散热降温。必要时可以采用在货垛内存放冰块、释放干冰等措施降温。

此外仓库里的热源也会造成温度升高，应避开或者避免在高温季节使用仓库内的热源。

在严寒季节，气温极低时，可以用加温设备对货物进行加温防冻。对突至的寒潮采取寒潮到达前对货物进行保暖苫盖，也具有短期保暖效果。

3）湿度控制

湿度分为货物湿度、空气湿度(大气湿度)。湿度表示含水量的多少，但在不同场合又有不同的表示方式。货物含水量用百分比表示，空气湿度则用绝对湿度和相对湿度两种方式表示，空气中的水汽结露成水珠用露点来表示。

(1) 控制货物湿度。货物湿度指货物的含水量。货物的含水量对货物有直接影响，含水量高则容易发生霉变、锈蚀、溶解、发热、甚至化学反应等；含水量太低则会发生干裂、干涸、挥发、容易燃烧等危害。控制货物的含水量是货物保管的重要工作。大多数货物要求较低的含水量，具体可根据货物的资料确定合适的含水量标准。

(2) 控制空气湿度。空气湿度用绝对湿度和相对湿度两种方式表示。

绝对湿度是指空气中含水汽量的绝对数，用“帕(Pa)”或“g/m^3”表示，如25℃时，空气最高绝对湿度(也称为饱和湿度)为31.7×10^2Pa或者$22.80g/m^3$。温度越高，空气中水分子的动能越大，空气含水汽的能力就越高，空气的最高绝对湿度就会越高。

相对湿度则是空气中的含水汽量与相同温度空气能容纳下的最大水汽量的百分比，最大时为100%。相对湿度越大，表明空气中的水汽量距离饱和状态越接近，表示空气越潮湿；相反，相对湿度越小，表明空气越干燥。

在一定温度下，空气中含有一定水汽量(未饱和)。将温度降低，直到空气达到饱和状态，并开始出现水珠时的温度称为露点。露点用温度表示。如果温度下降到露点以下，空气中的水汽就会在物体表面凝结成水滴，俗称“汗湿”，会造成货物的湿损。

(3) 湿度控制措施。① 湿度监测。仓库应经常进行湿度监测，包括空气湿度和仓内湿度监测。一般每天早、晚各监测一次，并做好记录，格式如表6-5所示的“仓库温湿度记录表”。

表6-5　仓库温湿度记录

序号：　　　　　　主要物资：　　　　　　　　　　仓库号：　　　　　　　　　年　月

检查时间			检查情况				气候	检查人
日	时	分	干表温度	湿表温度	绝对湿度	相对湿度		

月温度最高：　　℃；　　最低：　　℃；　　平均：　　℃。

相对湿度最高：　　%；　　最低：　　%。

气候：晴天“O”，雨天“川”，阴天“●”，风天“≈”，雪天“△”。

② 空气湿度太低时的处理措施。空气湿度太低意味着空气太干燥，应减少仓内空气流通，采取洒水、喷水雾等方式增加仓内空气湿度，或者对货物采取加湿处理，直接在货物表面洒水。

③ 空气湿度太高时的处理措施。封闭仓库或者密封货垛，避免空气流入仓库或货垛；在有条件的仓库采用干燥式通风、制冷除湿等措施；在仓库或货垛内摆放吸湿材料，如生石灰、氯化钙、木炭、硅胶等；及时擦干、排除出现的“汗水”；特殊货仓可采取升温措施。

4）特殊情况下的保管

为了保证保管质量，除了温度、湿度、通风控制外，仓库应根据货物的特性采取相应的保管措施，如对货物进行油漆、涂刷保护涂料，除锈、加固、封包、密封等，发现虫害及时杀虫，施放防霉药剂等针对性保护措施。必要时进行转仓处理，将货物转入具有特殊保护条件的仓库，如冷藏。

3. 仓库5S管理

5S是指整理（Seiri）、整顿（Seiton）、清扫（Seiso）、清洁（Seiketsu）、素养（Shitsuke），具体内容如图6.3所示。

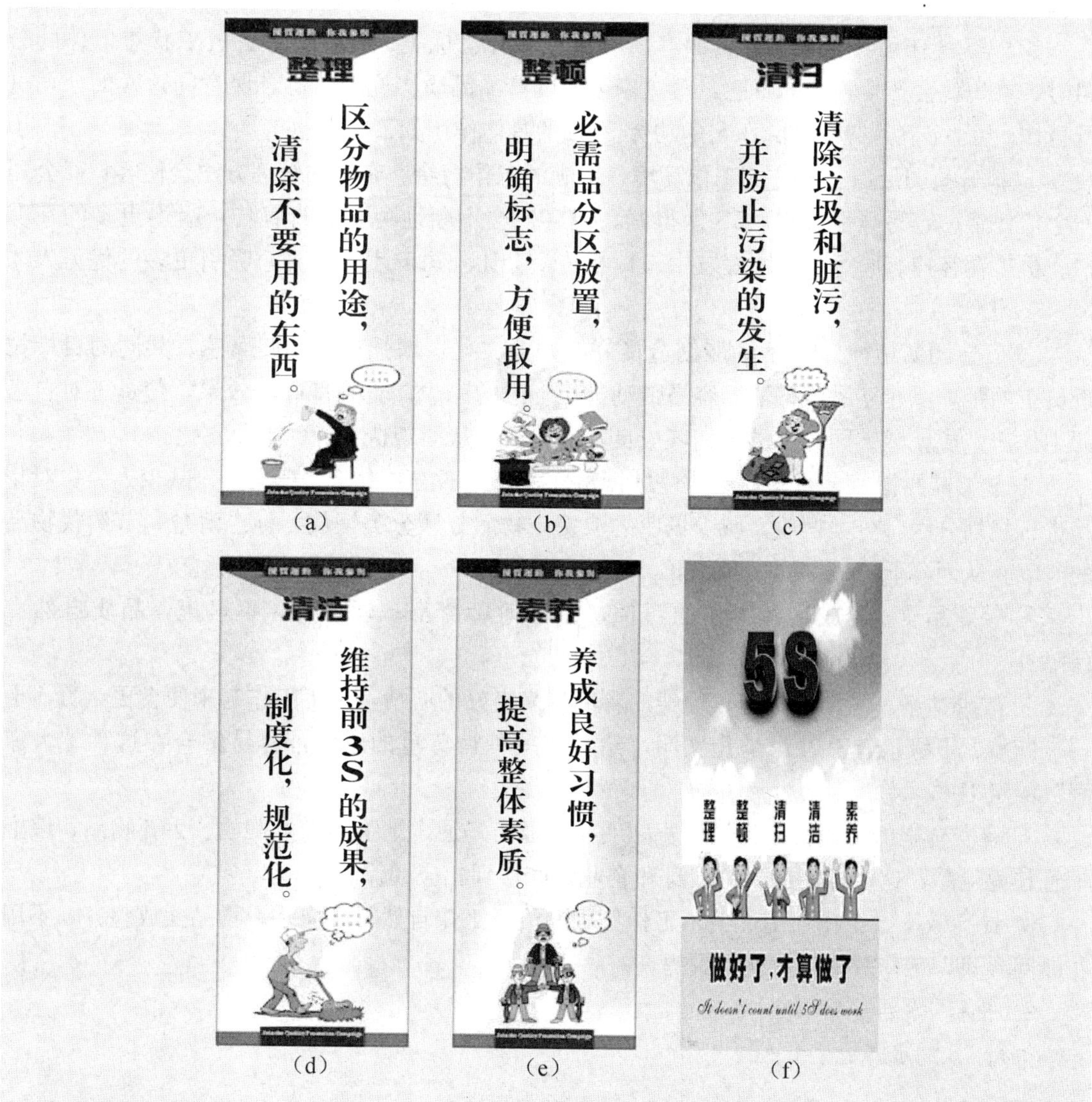

图6.3　5S的内容

1）5S 活动的范围和作用

（1）企业实行 5S 活动的范围。① 大门。保安人员应有礼貌地向来访人员问好，迅速为来访人员办完登记手续，并打开大门放行。

② 厂区。厂区规划合理，行政大楼、生产车间、货仓、宿舍、餐厅、球场、停车房、通道、花园、草地、喷泉等井然有序，使来访人员顿时觉得心旷神怡。

③ 行政办公室。各个写字间宽敞明亮，员工各司其职，办公物品摆放整齐，电话铃声起伏，没有半点喧闹嘈杂。

④ 生产车间。生产现场工作区、通道、物料区、半成品区、不良区、工作柜等合理规划，各种物品摆放整齐并有明显的标志，地面上干干净净没有零散物料掉在地上，生产看板上的图表及时反映生产进度等。

⑤ 生产人员。员工穿着整洁，情绪饱满，动作熟练，在装配产品、流水线上没有堆积，领班不时进行巡查。

（2）5S 的作用。当来访人员如客户看到一个环境优美、管理有序、员工状态俱佳的公司时，首先就会产生相当的好感，对这家公司的产品品质会充满信心，愿意同这样的公司进行合作。而这一切，就是推行 5S 的功劳。5S 的具体作用如下。

① 提升公司形象。整洁的工作环境、饱满的工作情绪、有序的管理方法会使客户对公司产生信任感，容易吸引客户。5S 做得好，老客户会不断地免费进行宣传，吸引更多的新客户。员工在客户、同行、亲朋好友中口口相传，会让公司产生吸引力，吸引更多的优秀人才加入公司。

② 营造团队精神。5S 活动能创造良好的企业文化，增强员工的归属感。共同的目标拉近员工的距离，建立团队感情，容易带动员工上进的思想；看到良好的效果，使员工对自己的工作产生成就感。同时使员工们养成良好的习惯，从而塑造良好的企业文化。

③ 能够减少浪费。经常习惯性地进行整理整顿，不需要专职整理人员，减少人力；对物品进行规划分区，分类摆放，减少场所的浪费；物品分区分类摆放，标志清楚，节约找物品的时间，从而降低了成本。

④ 保障品质。养成认真工作的习惯，做任何事情都一丝不苟，不马虎，品质自然有保障。

⑤ 改善情绪。清洁、整齐、优美的环境带来良好的心情，员工工作起来便会更认真。上司、同事、下级谈吐有礼，举止文明，给员工一种被尊重的感觉，容易融合在这种“大家庭”的氛围中。

⑥ 有安全上的保障。工作场所宽敞明亮，通道畅通，地上不随意摆放、丢弃物品，墙上不悬挂危险品，这些都使员工的人身和企业财产得到相应的保障。

⑦ 提高效率。工作环境优美，工作氛围融洽，工作自然得心应手；物品摆放整齐，不用花时间寻找，工作效率自然就得到提高。

2）推行 5S 的步骤

推行 5S 的步骤见表 6－6。

表 6-6 推行5S的步骤

步骤	项目	实施方法
1	成立推行组织	(1) 推行委员会及推行办公室成立； (2) 组织职责确定； (3) 委员的主要工作； (4) 编组及责任区划分
2	拟定推行方针及目标	(1) 方针制定：推动5S管理时，制定方针作为指导原则； (2) 目标制定：先予设定期望，作为活动努力方向及便于活动过程中的成果检查
3	拟定工作计划及实施方法	(1) 拟定日程计划作为推行及控制的依据； (2) 收集资料及借鉴他库做法； (3) 制定5S管理活动实施办法； (4) 制定要与不要的物品区分方法； (5) 制定5S管理活动评比的方法； (6) 制定5S管理活动奖惩办法； (7) 其他相关规定(5S管理时间等)
4	活动前的宣传造势	(1) 最高主管发表宣言； (2) 海报、内部报刊宣传； (3) 宣传栏
5	教育培训	(1) 每个部门对全员进行教育：①5S管理的内容及目的；②5S管理的实施方法；③5S管理的评比方法。 (2) 新进员工的5S管理训练
6	实施	(1) 前期作业准备； (2) 建立地面画线及物品标志标准； (3) 做成"5S管理日常确认表"及实施； (4) 工作成果留影(摄影或摄像)
7	查核	(1) 现场查核； (2) 5S管理问题点质疑、解答； (3) 举办各种活动及比赛(如征文活动等)
8	评比及奖惩	依5S管理活动竞赛办法进行评比，公布成绩，实施奖惩
9	纳入定期管理活动中	(1) 标准化、制度化的完善； (2) 实施各种5S管理强化月活动

3) 5S实施的方法

(1) 查检表。根据不同的场所制定不同的查检表，即不同的5S操作规范，如《车间查检表》、《货仓查检表》、《厂区查检表》、《办公室查检表》、《宿舍查检表》、《餐厅查检表》等。通过查检表，进行定期或不定期的检查，发现问题，及时采取纠正措施。

(2) 红色标签战略。制作一批红色标签，红色标签上的不合格项有整理不合格、整顿不合格、清洁不合格，配合查检表一起使用，对5S实施不合格物品贴上红色标签，限期改正，并且做好记录，公司内按部门、部门内按个人分别绘制"红色标签比例图"，时刻起警示作用。

(3) 目视管理。目视管理即一看便知，一眼就能识别，在5S实施上的运用效果也不错。仓储管理的5S活动规范见表6-7。

表6-7　仓储管理的5S活动规范

序号	项目	规范内容
1	整理	把呆、废、滞料进行处理；把一个月生产计划内不用的物料放到指定位置；把一周生产计划内要用的物品放到易取位置
2	整顿	应有仓库总体规划图，并按规划图进行区域标志；物品按规划进行放置，物品放置位置也应规划；物品放置要整齐，容易收发；物品在显著位置要有明显的标志，容易辨认；仓库通道要通畅，不能堵塞；运输工具在使用后应摆放整齐；消防器材要容易拿取
3	清扫	地面、墙上、天花板门窗要打扫干净，不能有灰尘；物品不能裸露摆放，包装外表要清洁干净；运输工具要定期进行清理、加油；物品储存区要通风，光线要好；一些水源污染、油污管等要进行维护
4	清洁	每天上下班花3min做5S工作；随时自我检查，互相检查，定期或不定期进行检查；对不符合的情况及时纠正；整理、整顿、清扫保持得要非常好
5	素养	员工戴厂牌，穿厂服且整洁得体，仪表整洁大方；员工言谈举止文明有礼，对人热情大方；员工工作精神饱满；员工运输货物时小心谨慎，以防碰伤；员工有团队精神，互帮互助，积极参加5S活动；员工时间观念强

▶ 做一做

(1) 分析前述任务入库商品的特性，根据影响商品质量变化的内因和外因条件，设计适宜的储存方案，制定相应的护养措施。

(2) 举办一些内容形式丰富的活动，编辑一些5S方面有教育意义的结合实践的小品、相声，组织5S知识问答比赛、各小组5S实施竞赛等。

▶ 评一评

(1) 小组间相互检查商品储存方案和相应护养措施制定的合理性，提出修正意见，每组重新修正方案，提高执行效果。

(2) 对各小组关于5S的表演、竞赛进行互评，观察各小组对5S的掌握程度。

任务6.3　建账和立卡

学习目标

- 了解库存账和料卡的含义；
- 熟悉相关表格；

- 掌握建账、立卡的技巧；
- 快速有序地清点货物，填制相关表格。

任务描述

本任务以库存账和料卡的使用为载体，加以相应的技能训练。培养学生快速有序地清点货物并填制相关表格的工作能力。

工作任务

为入库货物建立台账、立卡，建立商品档案。

操作步骤

建账、立卡的操作步骤如图 6.4 所示。

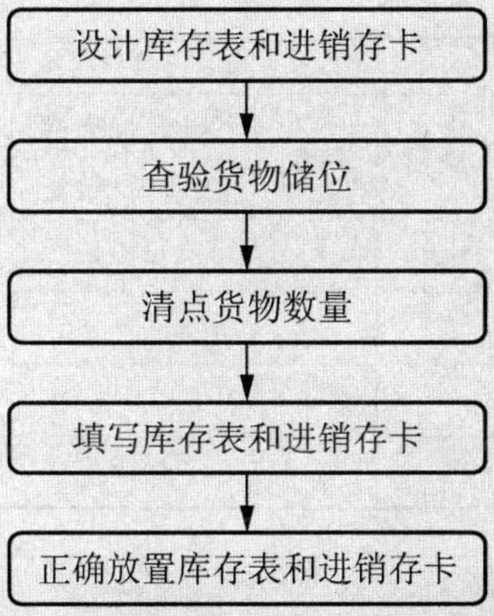

图 6.4 建账、立卡的操作步骤

知识准备

6.3.1 建账

根据货物入库查验情况制作入库单(表 6－8)，详细记录入库货物的实际情况，对短少、破损等情况需在备注栏填写和说明。

货物入库，仓库应建立详细反映物资仓储的明细账，即建立库存表(表 6－9)，登记货物进库、出库、结存的详细情况，用以记录库存货物的动态和出入库过程。

登账(库存表)的主要内容有物资名称、规格、数量、累计数，或结存数、存货人或提货人、批次、金额，货位号或运输工具、接(发)货经办人。

表6-8 入 库 单

编号：

送货单位： 入库日期： 年 月 日 入货仓库：

物资编号	品名	规格/型号	单位	应收数量	检验员	实收数量	备注
货物入库情况描述							

会计： 仓库收货人： 制单：

表6-9 库 存 表

单位名称： 编号：

序号	年		储位号	货物名称	规格	单位	入库数量	出库数量	结存数量	存货人	提货人	经办人	金额
	月	日											

仓库保管人：

6.3.2 建档

仓库应对接收的货物或者委托人建立存货档案/客户档案，以便于货物管理和保持客户联系，也为将来可能发生的争议保留凭据；同时，有助于总结和积累仓库保管经验，研究仓储管理规律。

存货档案应一货一档设置，将该货物入库，保管，交付的相应单证、报表、记录、作业安排、资料等的原件，或者附件、复制件存档。存货档案应统一编号，妥善保管，长期保存。

存货档案的内容包括以下几点。

(1) 货物的各种技术资料、合格证、装箱单、质量标准、送货单、发货清单等。

(2) 货物运输单据、普通记录、货运记录、残损记录、装载图等。

(3) 入库通知单、验收记录、磅码单、技术检验报告。

(4) 保管期间的检查、保养作业、通风除湿、翻仓、事故等直接操作记录，存货期间的温度、特殊天气的记录等。

（5）出库凭证、交接签章、送出货单、检查报告等。

（6）回收的仓单、货垛牌、仓储合同、存货计划、收费存根等。

（7）其他有关该货物仓储保管的特别文件和报告记录。

6.3.3 立卡

货物入库或上架后，将货物名称、规格、数量或出入状态等内容填在料卡上，称为立卡。料卡又称为货卡、货牌、进销存卡(表6－10)，插放在货物下方的货架支架上或摆放在货垛正面的明显位置。

表6－10 料 卡

货物名称： 规格： 编号：

年		送(提)货单位	单位	单价	入库数量	出库数量	结存数量	经手人	备注
月	日								

6.3.4 日报

综合当天出入库货物情况以及结存数量，填写当天的货物库存日报表(表6－11)，报仓库主管部门。

表6－11 货物库存日报表

日期： 年 月 日

序号	品名	规格/型号	昨日结存	今日入库	今日出库	今日结存	累计库存	备注

制表人：

▶ 做一做

统计验收入库货物，建立货物台账，并为入库货物建立库存表、进销存卡，进行货物清点，正确填写表格。

▶ 评一评

成员间相互评定操作成果，修正各种表格。

项 目 小 结

本项目介绍了根据仓库的具体情况，制定相应的安保方案。另外，还讲解了对入库货物进行账卡处理，并对货物进行分析，从而制定相应的养护措施。详细内容有以下几点。

(1) 任务 6.1 介绍仓库治安保卫、消防等基本知识，仓库安全作业内容，通过相应的技能训练，培养学生制作仓库安全管理方案的能力。

(2) 任务 6.2 以仓储商品质量相关内容为基础，加以相应的技能训练，使学生了解仓储商品质量变化的类型、熟悉影响商品质量变化的各种因素、掌握商品保管的基本要求，培养学生正确运用 5S 对仓库进行管理的工作能力。

(3) 任务 6.3 以库存账和料卡的使用为载体，加以相应的技能训练，培养学生快速有序地清点货物并填制相关表格的工作能力。

复习思考题

一、单项或多项选择题

1. 在库物品的养护措施有(　　)。
   A. 控制温湿度　　B. 严格验收　　C. 做好检查　　D. 保持清洁卫生
2. 属于金属制品锈蚀外在因素的是(　　)。
   A. 成分与杂质　　B. 表面状态　　C. 气温　　D. 金属制品的性质
3. 金属制品的防锈措施有(　　)。
   A. 涂漆防锈　　B. 气相防锈　　C. 涂漆　　D. 防锈水
4. (　　)不属于仓储安全工作的主要内容。
   A. 消防工作　　B. 有毒、有害和危险品的安全技术
   C. 环保工作　　D. 安全输送
5. 仓库安全管理的内容包括(　　)。
   A. 保卫警卫工作　　B. 消防工作　　C. 安全操作工作　　D. 安全运输
6. 厨房的油锅着火，应采用(　　)使油锅里的火熄灭。
   A. 窒息法　　B. 冷却法　　C. 化学中断法　　D. 分散法
7. 以下物质发生的火灾，(　　)是可以用水来扑救的。
   A. 易燃液体　　B. 木材　　C. 电石和生石灰　　D. 电气设备

二、简答题

1. 仓库治安管理包括什么内容？仓库如何组织治安管理工作？
2. 仓库火灾有哪些类别？
3. 商品在物流过程中主要会发生哪些变化？
4. 防止物品发生霉腐的方法主要有哪些？
5. 控制与调节仓库温湿度的方法有哪些？
6. 仓库需遵循怎样的消防管理方针？

三、能力拓展实训题

1. 对学校仓储与配送管理实训室进行消防设施设备规划设计，并根据仓库消防管理要求，制定仓库消防安全员的岗位职责。

2. 在仓储与配送管理实训室展开5S管理竞赛活动，分组进行操作，每组派一个人组成评委团。

项目7　出库与盘点作业

任务7.1　出库操作

学习目标

- 了解出库的依据、要求和原则；
- 熟悉货物出库的工作流程；
- 掌握仓储货物出库工作能力。

任务描述

本任务首先对货物出库作业的概念、要求、原则、方式以及工作流程进行讲解，在此基础上，学生分成小组为已有的提货单办理出库手续。

工作任务

为下面的提货单(表7-1)办理出库手续。

表7-1　提　货　单

单位：　　　　　　　　　　　　　　　　　　　　　　　　　　合同编号：

序号	品名	规格/型号	单位	数量	单价	金额	用途
1	××方便面	80g	箱	2			
2	××牛奶	50ml	箱	2			
3	××洗衣粉	450g	箱	2			
4	××透明皂	45g	箱	1			
5	××洗发水	500ml	箱	1			
6	××笔记本电脑	DN120	台	2			

领用人：　　　　　　　　　　　　　　　　　　日期：

审批人：　　　　　　　　　　　　　　　　　　日期：

操作步骤

货物出库的操作步骤如图 7.1 所示。

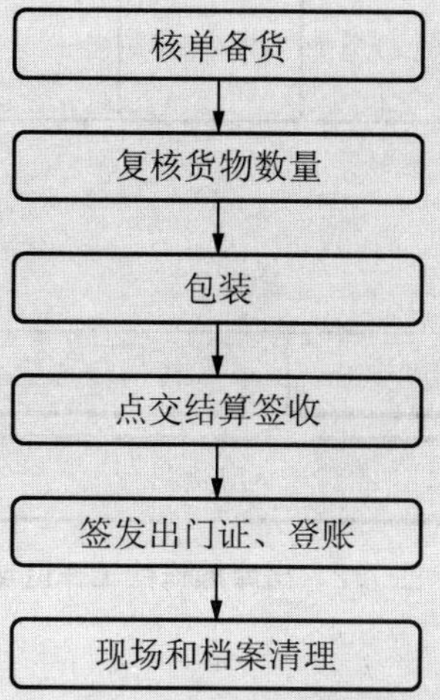

图 7.1 货物出库的操作步骤

特别提示

(1) 核单：审核提货凭证的合法性和真实性，核对提货人的身份证明，核对货物的品名、规格、型号、单价、数量、有效期、收货单位等。

(2) 备货：应本着“先进先出”的原则，易霉易坏的先出，接近失效期的先出。同时附有质量证明书、装箱单等档案文件。

(3) 复核：内容包括品名、规格、型号、数量是否同提货单一致，配套是否齐全，技术证件是否齐全，外观质量和包装是否完好，部分贵重或易碎产品的纸箱包装有无摔痕或褶皱。

(4) 包装：出库货物的包装必须完整、牢固，标记必须正确清楚，如有破损、潮湿、捆扎松散等，应加固整理，破包装箱不得出库。各类包装容器上若有水渍、油渍、污损，也均不能出库。

(5) 点交：保管机构按出库凭证向提货人当面点数交接，签字验收，以划清责任。

(6) 登账：点交后，保管员应在出库单上填写实发数、实发日期，并签名。然后将出库单连同有关证件资料，及时交货主，以便货主办理货款结算。

(7) 签发出门证明：出门证明应注明提货单位及所提货物的品名、规格、型号和数量。

(8) 现场和档案清理：包括按出库单，核对结存数，填写库存表和进销存卡；如果货物全部出库，查实损耗数量，找出原因，分析结果，进行处理；总结保管经验，提出改进办法和措施；清理现场，收集苫垫材料，妥善保管，以待再用；串发、错发、漏记、错记处理。

复核和点交是出库操作两个最为关键的环节。复核是防止差错的重要和必不可少的措施，而点交是划清仓库和提货方二者责任的必要手段。

操作区域

仓库出库和点交作业的工作区域在货物保管区和待出货区，如图 7.2 中的深色区域。

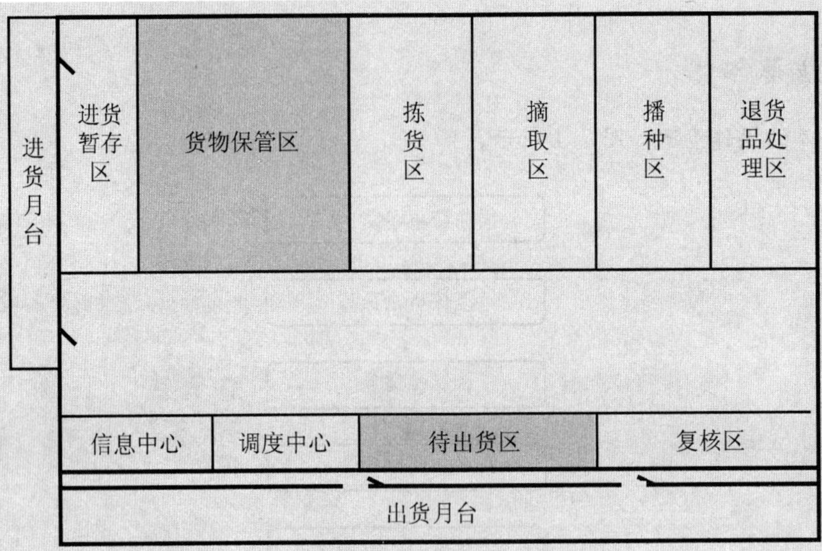

图 7.2　出库操作的工作区域

知识准备

7.1.1　货物出库的概念

货物出库也称发货，是货物存储阶段的终止，也是仓库作业管理的最后一个环节。完成拣取后的货物按订单或配送路线进行分类，再进行出货检查，装入适当的存器或进行捆包，做好标志和贴印标签的工作。根据客户和行车路线等指示将物品运至出货准备区，最后装车配送。这一过程构成出货作业的基本内容。

出库环节是仓储与配送相关部门和用户直接发生联系的作业环节。因此，做好出库工作对配送中心提高经营管理、配送效率和服务质量具有重要的作用。

小贴士

仓库中的货物出库必须依据用户的订单、提货单或配送中心的送货单进行。在任何情况下，仓库部门均不得擅自动用、变相动用或者外借货主的库存货物。

7.1.2　货物出库的要求和原则

1. 货物出库的要求

仓库必须建立严格的出库和发运程序，严格按照“先进先出、推陈出新”的原则，尽量一次完成，防止出现差错。需托运物品的包装还要符合运输部门的要求。简而言之，货物出库要求做到“三不”、“三核”、“五查”，具体为：“三不”，是指未接单据不翻账，未经审核不备车，未经复核不出库；“三核”，是指发货时，要核对凭证，核对账卡，核对实物；“五查”，是指单据和实物要进行查品名、查规格、查包装、查件数和查重量。

2. 货物出库的基本原则

(1) 先进先出原则。为避免货物长期在库存放而超过其储存期限或增加自然损耗，因此必须坚持“先进先出、后进后出”的原则。

(2) 凭证发货原则。货物“收有据、出有凭”是货物收发的重要原则。所谓凭证发货就是指出库必须凭正式单据和手续，非正式凭证或白条一律不予发放(国家或上级指令的、紧急抢险救灾物资除外)。

7.1.3　货物出库的方式

货物出库的方式有送货、收货人自提、过户、取样和转仓等，见表7-2。

表7-2　货物出库的方式

货物出库的方式	含义说明
送货	出库根据货主单位的出库通知或出库请求，把应发货物交由运输部门送达收货单位或使用仓库自有车辆把货物运送到收货地点的发货形式，这就是通常所称的送货制
收货人自提	收货人或其代理人持取货凭证直接到库取货，仓库凭单发货。仓库发货人和提货人可以在仓库现场划清交接责任，当面交接并办理签收手续
过户	是一种就地划拨的形式，货物实物并未出库，但是所有权已从原货主转移到新货主的账户中。仓库必须根据原货主开出的过户凭证才能办理过户手续
取样	货主由于商检或样品陈列等需要，到仓库提取货样(通常要开箱手拆包、分割抽取样本)。仓库必须根据正式取样凭证发出样品，并做好账务记载
转仓	货主为了业务方便或改变储存条件，将某批库存自甲库转移到乙库。仓库必须根据货主单位开出的正式转仓单办理转仓手续

7.1.4　货物出库的准备

1. 催提

仓库使用需要有良好的计划性，只有确定有空余货位，才能接受存货人的仓储委托。空余货位包括已经提空的货位和将要到期提空的货位。因而对将要到期的仓储物，要做好催提工作，以免接受了新的委托，但没有仓容不能接收新的仓储物。催提是直接向已知的提货人发出提货通知，可以用信件、传真、电话等方式。当不知道确切提货人时，可以向存货人催提。

特别提示

到期催提应在到期日的前一段时间进行。合同有约定的，在约定期通知；如原合同订有续期条款的，在续期日前通知；合同没有约定通知期的，仓库应在合理的提前时间内催提，以便提货人有足够的准备时间。

另外对于在仓储期间发生损害、变质的仓储物，保质期就要到期的商品，或者剩余的少量残货、地脚货，也应进行催提，以免堆积占用仓库仓容，同时减小或避免存货人的损失。

2. 备货

仓库接到提货人的提货通知时，应及时进行备货工作，以保证提货人可以按时完整提取货物。备货时要认真核对货物资料，核实货物，避免出错。在部分货物出库时，应按照先进先出、易坏先出、不利保管先出的原则安排出货。已损害的货物应动员提货人先行提货，然后根据与提货人达成的协议安排出货；没有协议安排的，暂不出货。备货工作主要包括以下几点。

(1) 包装整理、标志重刷。仓库应清理原货包装，清除积尘、沾物；对包装已残损的，要更换包装。提货人要求重新包装或者灌包的，要及时安排包装作业。原包装标志脱落、不清的，要进行补刷补贴；若提货人要求标注新标志，应在提货日之前进行。

(2) 零星货物组装。为了作业方便，对零星货物应进行配装，使用大型容器收集或者堆装在托盘上，以免提货时遗漏。

(3) 根据要求装托盘或成组。若提货人要求装托盘或者成组，应及时进行相应作业，保证作业质量。

(4) 转到备货区备运。将要出库的货物预先搬运到备货区，以便能及时装运。

7.1.5 货物出库的检查

出货检查作业包括根据客户、车次对象等对拣选货品进行产品号码及数量的核对，以及商品状态及品质的检验。在拣货作业后的货物检查，因耗费时间及人力，在效率上经常是个大问题。出货检查属于确认拣货作业是否产生错误的处理作业，所以若能先找出让拣货作业不会发生错误的方法，就能免除事后检查，或只对少数易出错物品做检查。

1. 出库检查的内容

具体而言，出库检查作业是仓储部门人员按照用户的调拨出库凭证或发货凭证(提货单、调拨单)注明的货物名称、规格、型号、数量、收货单位、接货方式等条件，进行的核对凭证、备料、复核、点交、发放等一系列作业和业务管理活动。如图 7.3 所示，出库检查一般包括数量核对、质量检查、单证检查以及出货状态检查几个方面。

2. 出库检查的方式

出库检查可以通过人工检查、货物条码检查、声音输入检查和重量计算检查等几种方式。具体见表 7-3。

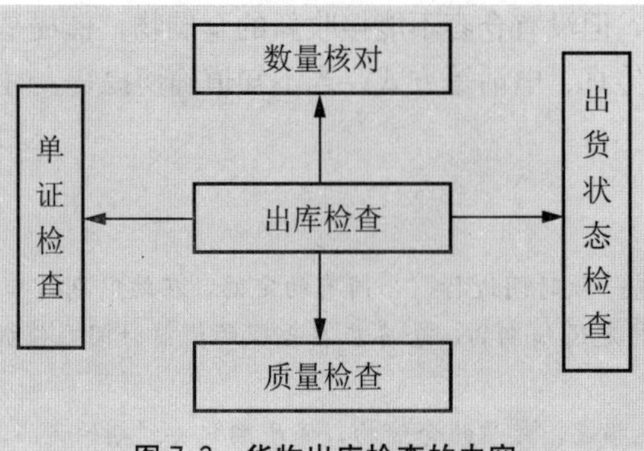

图 7.3 货物出库检查的内容

表7-3 出库检查的方式

出库检查的方式	作业说明
人工检查	以纯人工方式进行，将货物一个一个点数并逐一核对出货单，进而查验出货的品质水准和状态
货物条码检查	将每一货物贴上相应商品条码。当进行出货检查时，只将拣出货品的条码用扫描机读出，计算机则会自动将资料与出货单对比，检查是否有数量或号码上的差异
声音输入检查	声音输入检查法是一项较新的技术，是由作业员发声读出货物的名称(或代码)及数量后，计算机接收声音做出自动识别，转成资料再与出货单进行对比
重量计算检查	是利用计算机自动加总出货单上的货品重量，将拣出货物以计重器秤出总重，再将两者互相对比的检查方式，能利用装有重量检核系统的拣货台车完成拣取

7.1.6 货物出库的交接

在提货时，仓库业务部门根据提货人的提货凭证办理提货手续，并签发出库单，指示仓库保管部门交货。仓库保管部门应核实提货人办理收费等手续的出库单(表7-4)，确定提货人已办妥仓库提货手续。同时，还应认真核对提货人身份，避免错交，并收回出库单等提货凭证。

表7-4 出 库 单

编号：

提货单位：　　　　出库日期：　　年　月　日　　　　出货仓库：

储位号	品名	规格/型号	单位	计划数量	实发数量	备注

主管审批：　　　　提货人：　　　　仓库：

注：本单一式三联，第一联：仓库联；第二联：财务联；第三联：提货人存查。

小贴士

提货人到库提货，仓库应会同提货人共同查验货物，逐件清点，或者查重验斤，检验货物状态。在货物装车前，要对来库车辆进行检查，确认车辆符合装车作业要求，并对车辆不利装运的情况进行记载或要求车主处理妥善。

由仓库负责装车的，装车前应对车厢进行清扫和必要的铺垫，督促装车人员妥善装车；装车完毕，进行合适的绑扎固定。由提货人自理装车的，对装车作业进行监督，确认作业损害。

装车完毕，仓库人员会同提货人签署出库单证、运输单证，收留留存单证。交付随货单证和资料，办理货物交接手续。按照一车一证的方式向车辆签发出门证，以便门卫查验放行。

7.1.7 销账、存档

货物全部出库完毕，仓库应及时将货物从仓储保管账和料卡上核销，以便仓库内账货相符。将留存的提货凭证、货物单证、记录、文件等归入货物档案。将已空出的货位标注在货位图上，以便安排货物。

知识链接

货物出库中发生问题的处理

由于仓库配送的货物种类繁多，在出库过程中可能出现多方面的问题，对此应冷静处理，针对具体问题分别加以解决。下面以4种常见问题为例，提出解决方法的建议。

1. 出库凭证

出库凭证是指用户自提情况下的“出库通知单”和配送中心配送计划通知单。分以下3种情况：①凡用户自提方式，其凭证超过提货期限，必须办理相关手续方可发货，任何白条都不能作为发货凭证；②商品进库未经验收，一般暂缓发货，保管员不得代验；③凡发货出库凭证有疑点或情况不明以及出库凭证有复制、涂改等情况时，应与仓库有关部门和用户单位取得联系，确认无误后再行出库。

2. 出库计划数与实存数不符

若出现出库计划数与货物实存数不符的情况，仓储部门要认真分析原因，根据具体情况及时进行处理：属于入库时错账，可以采用报出报入方法进行调整，即先按库存账面数开具商品出库单销账，然后再按实际库存数量重新入库登账，并在入库单上注明情况；属于用户单位漏记账而多开出库数，应由用户单位出具新的提货单，重新组织提货和发货；属于配送中心仓储过程中的损耗，需要考虑损耗数量是否在合理的范围之内，并与用户单位进行协商，合理范围之内的损耗应由用户单位承担，超过合理范围之外的损耗则由配送中心负责赔偿。

3. 窜发货和错发货

所谓窜发货和错发货是仓储部门发货人员对货物种类不很熟悉，或者由于工作中的疏漏，把错误规格、数量的货物发出库的情况。如果货物尚未离库，应组织力量重新发货；如果商品已经出库，保管人员应根据库存实际情况，如实向配送中心主管部门和用户单位讲明窜发货和错发货的品名、规格、数量等情况，与用户单位协调解决问题。

4. 包装破漏

包装破漏是指在发货过程中，因货物外包装破散等情况而引起的商品泄漏、裸露等问题。对此种问题，发货时应对其进行整理或更换包装方可出库，否则造成的损失应由配送中心承担。

▶ 做一做

学生分组模拟出库作业，严格按照出库操作步骤，为表7-1中的提货单办理出库手续。

▶ 评一评

对本小组和对方小组的实训予以评价，评价标准见表7-5。

表7-5 出库操作评分表

评价项目	评价要求	分值	得分
出库方案	规范、全面、准确	30	
出库操作	规范、准确	30	
相关表格填制	规范性、准确性	20	

续表

评价项目	评价要求	分值	得分
操作步骤	规范性、准确性	10	
学习与实训态度	能主动学习，认真完成任务	10	
合计		100	

任务 7.2 盘点操作

学习目标

- 了解盘点的概念、目的；
- 熟悉异动盘点、循环盘点和全面盘点的原理及适用范围；
- 掌握异动盘点、循环盘点和全面盘点的方法。

任务描述

本任务在对盘点的概念，常见的 3 种盘点形式——异动盘点、循环盘点和全面盘点的原理及适用范围的基础上，学生根据所学的理论和技能，分组对仓库按储位进行异动盘点。

工作任务

对任务 7.1 的出库货物进行异动盘点。

操作步骤

异动盘点的操作步骤如图 7.4 所示。

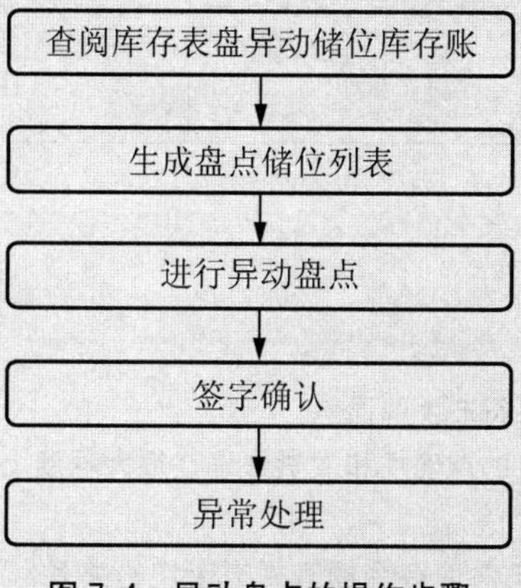

图 7.4 异动盘点的操作步骤

特别提示

(1) 查阅库存表盘异动储位库存账。根据入库和出库操作情况，对应当天进出库操作的储位，查阅该储位库存账。

(2) 生成盘点储位列表。根据库存账填写盘点表，即为账面库存量。

(3) 异动盘点。根据盘点储位列表的指示走到对应的储位，清点货品数量，无误的打钩确认，有差异的记录差异数量。

(4) 签字确认。继续盘点直到完成所有的储位，然后在盘点储位列表的盘点人处签名确认。

(5) 异常处理。上交盘点储位列表，并向主管汇报异常情况。在主管同意的情况下，调整储位数量。

应该注意的事项如下所示。

(1) 清点货物时，不仅要核对数量，还要核对货物是否正确。

(2) 清点时，如需要搬动货物，清点完毕要把货物放回原处，并保持货物整齐。

(3) 签名时要签全名，字迹工整清晰。

知识准备

7.2.1 盘点的概念

仓库往往因货物的不断进出库而造成库存数据与实物数量产生不符，也会因为长期的积累而造成一些呆货、坏货，为了准确地掌握库存数量及有效地保证库存的准确性，而对货物进行数量清点的作业，称之为盘点作业。表 7-6 为常用盘点表。

表 7-6 盘 点 表

盘点单号：　　　　盘点类型：　　　　盘点人：

序号	储位编号	商品名称	规格/型号	单位	账面数量	盘点数量	盘点结果	备注

制单人：　　　　盘点日期：

小贴士

仓库盘点的目的如下所示。

(1) 确定现存量，并修正料账不符产生的误差。

(2) 保证库存准确率。仓库发货的准确性和发货效率在很大程度上依赖库存的准确性，通过盘点可以不断纠正库存的误差。

(3) 计算企业损益。企业损益与总库存金额有相当密切的关系，而库存金额又与库存量及其单位成正比。

(4) 稽核货物管理的绩效，使出入库的管理方法和保管状态变得透明。如呆货、坏货、废品的处理，存货周转率、物料的保养维修，均可通过盘点发现问题，以便及时采取措施。

7.2.2　盘点的作业流程

仓库盘点作业的主要流程可以概括为以下几个方面。

1. 事先准备

盘点作业的事先准备工作是否充分关系到盘点作业进行的顺利程度。为了使盘点作业能在短促的时间内，利用有限的人力迅速达到作业目标，事先要做好充分的准备工作，包括明确盘点的流程、盘点人员的训练、盘点表单的准备等。

2. 盘点周期的选择

一般而言，盘点次数愈多愈好，但因每次实施盘点必须投入大量的人力、物力、财力，故也很难经常进行盘点作业。事实上，导致盘点误差的关键原因是在货物出入库的过程，即可能是因出入库作业单据的输入错误或货物清点的错误等，因此，出入库作业次数多，误差也会随之增加。所以，既要防止过久盘点对企业造成的损失，又要考虑可用资源的限制，因而，最好能运用有效的盘点作业管理方法。例如，对货物进行ABC管理，A类货物每天或每周盘点一次，B类货物每2、3周盘点一次，C类较不重要的货物每月盘点一次即可。

3. 盘点时间点的选择

盘点时间点可以选择在财务结算之前，以便利结算损益以及反映财务状况。盘点时间点还可选择在淡季进行，因为淡季存货量少盘点容易，人力的损失相对降低，且调动人力较为便利。

4. 盘点方式的选择

因盘点要求的不同，所以有多种盘点方法，如异动盘点、循环盘点、全面盘点。如表7-7所示，为3种方式的具体说明。

表7-7　盘点的3种方式

盘点的方式	含义说明
异动盘点	对仓库在某个时间段内有库存变化的货物或储位进行盘点
循环盘点	对仓库的货物分区或分品种进行盘点
全面盘点	对仓库的所有货物进行全面盘点

5. 盘点人员的训练

为使盘点工作得以顺利进行，盘点时须增派人员协助进行，或抽调财务、采购等部门人员进行监盘。这样，人员必须经过组织并且进行短期培训才能充分发挥其功能。培训时，须对所有人员进行盘点方法训练，其中包括盘点的程序、表格的填写、工具的使用等。除此之外，针对复盘与监盘人员，还须进行认识货物的训练。因为复盘与监盘人员对货物大多数并不熟悉，故而应加强货物的认识，以利盘点工作的进行。

6. 库存账的冻结及盘点场所的清理

全面盘点前，与库存相关的所有进出单据都要截止，未入库确认、回单确认的单据都要先确认。库内所有的货物都各归其所，如已验收完毕的货物应立即入库；若尚未完成验收仍属货主的货物应暂放到指定区域，划分清楚，避免混淆。

7. 盘点工作

盘点工作需要细致耐心，尽管如此，也难免有所疏忽，因此，为了把误差降到最低，往往需要进行复盘，甚至再复盘。另外，全面盘点是一种单调枯燥而且耗时费力的工作，为确保盘点的正确性，盘点进行期间还应对盘点人员加强指导与监督。

8. 差异处理及调整

当盘点结束后，发现所得数据与账簿资料不符时，首先应追查差异的主要原因。其着手的方向有进出单据的核查、货物储位互换、相似货物间的串货、未确认单据的确认等。

7.2.3 异动盘点

异动盘点是仓储作业中保证库存准确性的一种有效手段。一般情况下，库存的差异大部分是由于进出货以及货物在储位间移动造成的，因此，只需跟踪这部分货物及其储位便可发现主要的问题，对于没有异动过的货物和储位，则暂可不去理会，从而有效节省人力、物力。异动盘点就是只针对一个时间段内发生过异动的储位进行盘点。引起储位异动的仓库作业主要有进货、整仓、补货、拣货等，因此，只要闲暇时间，在上述作业完成后都可以进行异动盘点。

7.2.4 循环盘点

循环盘点是仓储作业中常用的一种盘点方式，通过周期性地检查仓库内不同区域的库存以保证库存数据和实物库存的一致。循环盘点的优势在于可以充分利用仓库空余间隙时间来盘点，这样既可以保证库存的准确性，也避免耗费大量的人力、物力。循环盘点中可以有目的地选择库存区域和商品品种进行盘点，这样基本上不耽误正常的进出货作业。

小贴士

循环盘点的触发方式如下。

(1) 人工触发。即作业人员根据自己的工作情况，在需要进行循环盘点的时候，就在仓库管理信息系统里启动盘点功能，生成盘点表或使用 RF 等工具进行盘点。

(2) 通过定义的规则创建盘点任务。即作业人员可以事先设定规则，如对指定范围内的货物或者存储库位(或零拣库位)按照一定的周期或计划来生成盘点任务。

(3) 异常情况触发的盘点。比如，拣货过程中发生短拣，则可触发对此品种或此区域的盘点任务。

7.2.5 全面盘点

全面盘点是因应企业财务结算需要或当仓库实际库存与信息系统库存数据差异较大时，

用来调整库存差异的盘点。全面盘点一般除了仓储部外还涉及多个部门，如采购部、财务部等，需要这些部门进行监督盘点。全面盘点需要停止仓库内的所有作业(或者部分区域内的作业)，然后进行库存盘点，并且盘点前需要做一些准备工作。

特别提示

全面盘点前的准备工作如下。

(1) 全面盘点前停止一切仓库内的操作，如收货、上架、补货、拣选、复核、循环盘点等。

(2) 如果预入库单在盘点前已经全部收货完毕，应在盘点前确认该单据。

(3) 将所有未上架的货物上架。

(4) 所有过渡库存都必须处理完毕。

(5) 清除以前的盘点数据。

盘点完毕后，如果是用盘点表盘点，则须将盘点表全部收回，检查是否有签名，并加以汇总。根据盘点结果找出问题，并提出改善对策，并根据盘点结果实施相应的奖惩措施。

▶ 做一做

根据所学的异动盘点的相关知识及工作流程，完成本任务开始时【工作任务】中的题目。

▶ 评一评

组内成员间相互检查，提出修正意见。

项目小结

本项目介绍了出库的依据、要求和原则，还阐述了货物出库的工作流程，培养学生按提货单正确地办理出库手续，并按照盘点的目的选择合适的盘点方式，对货物保管区域内的储位进行异动盘点的能力。

复习思考题

一、单项或多项选择题

1. 出库检查的方式有(　　)。

A. 人工检查　　B. 货物条码检查　　C. 声音输入检查　　D. 重量计算检查

2. 货物出库中的“五查”包括(　　)。

A. 查品名　　B. 查规格　　C. 查包装　　D. 查件数　　E. 查重量

3. 以下(　　)不属于出库的工作流程。

A. 核对提货单　　B. 复核货物数量

C. 送货　　D. 现场和档案清理

4. (　　)是仓储作业中常用的一种盘点方式，通过周期性地检查仓库内不同区域的库存，以保证库存数据和实物库存的一致。

A. 循环盘点　　B. 周期盘点　　C. 异动盘点　　D. 全面盘点

5. 遵循 ABC 管理方式，A 类货物每(　　)盘点一次。

A. 日/周　　B. 2、3 周　　C. 月　　D. 年

二、简答题

1. 如何对货物出入库中发生的问题进行合理的处理？
2. 简述货物出库的要求。
3. 简述异动盘点、循环盘点和全面盘点的特点，以及三者之间的差异。

三、能力拓展实训题

按照图 7.5 所示全面盘点的操作步骤对仓库进行全面盘点。

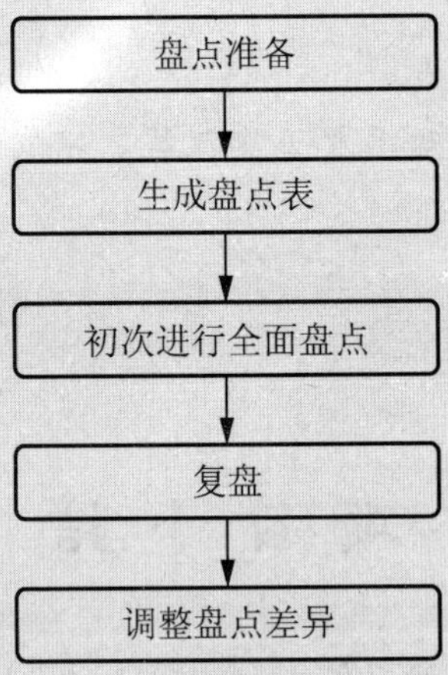

图 7.5　全面盘点的操作步骤

特别提示

1. 盘点准备

(1) 盘点前检查仓储操作中所有的出入库单据是否确认完毕。

(2) 盘点人员分组，每组两人，仓储部和财务部各一人。

(3) 每组负责一定区域，此区域的划分要规则，或是按排分，或是按层分。

2. 生成盘点表

选定盘点区域，根据库存表，进行盘账，产生盘点表。

3. 初盘

根据盘点表指示，找到对应储位，仓储部人员负责清点货物，财务部人员负责在盘点表上做记录：正确的在记录行上打钩确认，错误的要在记录行上记录实际的货物数量及名称。

4. 复盘

初盘完毕，制作盘点差异表(表 7-8)；操作人员互换角色，根据盘点差异表重新盘点存在差异的储位，复盘人员须用红色圆珠笔(不同于初盘时用笔的颜色)填表；按照储位上实际的货物信息来修改盘点差异表；

复盘完毕，盘点人员在盘点差异表上签字确认。

5. 调整复盘差异

复盘完毕，操作人员上交盘点差异表，并根据复盘结果，在仓储差异表中通过盘点差异处理注明差异原因，调整盘点结果。

表7-8　盘点差异处理

<table>
<tr><th>盘点单号</th><th>差异储位</th><th>商品名称</th><th>差异类型</th><th>规格/型号</th><th>单位</th><th>差异数量</th><th>盘点人</th><th>审核人</th><th>差异原因</th></tr>
<tr><td></td><td></td><td></td><td></td><td></td><td></td><td></td><td></td><td></td><td></td></tr>
<tr><td></td><td></td><td></td><td></td><td></td><td></td><td></td><td></td><td></td><td></td></tr>
<tr><td></td><td></td><td></td><td></td><td></td><td></td><td></td><td></td><td></td><td></td></tr>
<tr><td></td><td></td><td></td><td></td><td></td><td></td><td></td><td></td><td></td><td></td></tr>
<tr><td rowspan="2">处理意见</td><td colspan="4" rowspan="2"></td><td colspan="2">仓储主管指示</td><td colspan="2">财务主管指示</td><td>领导指示</td></tr>
<tr><td colspan="2"></td><td colspan="2"></td><td></td></tr>
</table>

需要注意的事项如下所示。

(1) 划分盘点区域时要考虑到易操作性，如果没有规律地乱划分，将给后续盘点以及数据调整带来不便。

(2) 盘点储位货品时，要依序由左而右，由上而下进行盘点。

(3) 盘点单上的数据应填写清楚，以免混淆。

(4) 盘点时应顺便观察商品的有效期，过期商品应随时取下，并做记录。

项目8 拣货方案设计与执行

任务8.1 配送中心规划设计

学习目标

- 了解流通加工的类型；
- 熟悉流通加工的定义和目的；
- 熟悉配送中心的种类；
- 掌握配送中心的规划内容、方法和步骤；
- 能正确进行配送中心的规划设计。

任务描述

本任务以完善实训室规划设计为载体，加以相关的知识介绍和技能训练，使学生掌握配送中心的规划内容、方法和步骤，培养学生正确进行配送中心规划设计的工作能力。

工作任务

针对项目1规划设计的实训室，现增加配送功能，在不改变设备设施配置的情况下，对实训室功能区、通道重新规划布置，画出平面布局图。

操作步骤

配送功能实训室的平面规划设计的操作步骤如图8.1所示。

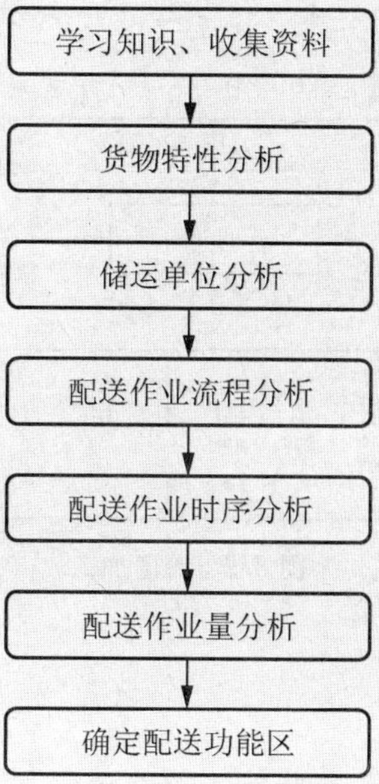

图 8.1　配送功能实训室的平面规划设计的操作步骤

知识准备

8.1.1　流通加工

仓储的主要功能为存储和管理，但货物存储期间，处于相对静止状态，仓储机构可以利用这段时间，按用户要求开发和开展仓储增值业务服务，即进行流通加工业务，提高经济效益。流通加工工作区域一般在配送中心或物流中心。

1. 流通加工的定义

流通加工是为了提高物流速度和物品的利用率，降低生产及物流的成本，在物品进入流通领域后，按物流的需要和客户的要求进行的加工活动，即在物品从生产者向消费者流动的过程中，为了促进销售，维护产品质量，实现物流的高效率所采取的使物品发生物理和化学变化的功能，是物品在从生产地到使用地的过程中，根据需要施加包装、分割、计量、分拣、组装、价格贴付、集中加工等简单作业的总称，如图 8.2 所示。

2. 流通加工的目的

(1) 适应多样化的顾客需求，促进商品的销售。
(2) 在食品方面，通过流通加工来保持并提高其质量，保证提供给消费者时仍旧新鲜。
(3) 美化商品，提高商品的附加值。
(4) 规避风险，使商品跟得上市场需求的变化。
(5) 推进物流系统化，提高物流效率、降低物流成本。
(6) 开展专业化的加工，降低生产成本。

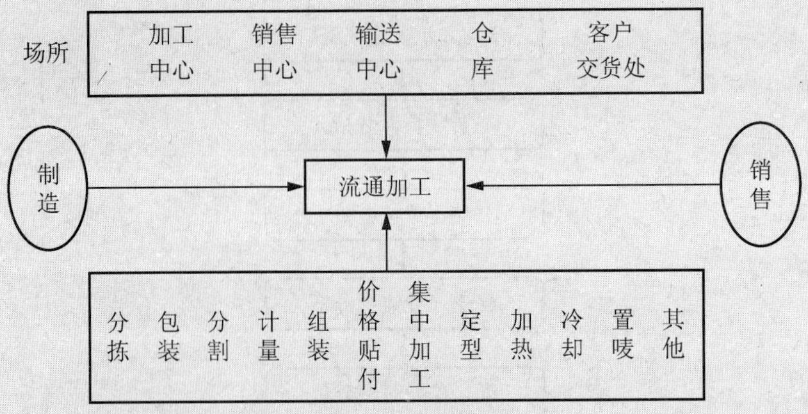

图 8.2　流通加工

3. 流通加工的类型

1）弥补生产领域加工不足的流通加工

有许多产品在生产领域只能加工到一定程度，这是由于许多因素限制了生产领域的完全终极加工。例如，钢铁厂的大规模生产只能按标准规定的规格生产，以使产品有较强的通用性，使生产能有较高的效率和效益；木材如果在产地制成木制品的话，就会给运输带来极大困难，所以原生产领域只能加工到板、方材这个程度。进一步的下料、切裁、处理等加工则由流通加工完成。这种流通加工实际上是生产的延续，是生产加工的深化，以弥补生产领域加工的不足。

2）适应多样化需要的流通加工

生产部门为了实现高效率、单一品种、大批量生产，其产品往往不能完全满足客户的要求。为了满足客户对产品多样化的需要，同时又保证社会高效率的大生产，通常将生产出来的单一产品进行多样化的改制加工，它是流通加工中占重要地位的一种加工形式。例如，对钢材卷板的舒展、剪切加工，平板玻璃按需要规格的开片加工等。

3）为保护产品进行的流通加工

在物流过程中，直到用户投入使用前都存在对产品的保护问题，防止产品在运输、储存、装卸、搬运、包装等过程中遭受损失，让使用价值能顺利实现；主要采取稳固、改装、冷冻、保鲜、涂油等方式。

4）为提高物流效率、方便物流的流通加工

有一些产品本身的形态使之难以进行物流操作。例如，鲜鱼的装卸、储存操作困难；过大设备搬运、装卸困难；气体运输、装卸困难等。进行流通加工，可以使物流各环节易于操作，如鲜鱼冷冻、过大设备解体、气体液化等。这种加工往往改变“物”的物理状态，但并不改变其化学特性，并最终仍能恢复原来的物理状态。

5）为促进销售的流通加工

流通加工可以从几个方面起到促进销售的作用。如将过大包装或散装物(这是提高物流效率所要求的)分装成适合一次销售的小包装的分装加工；将原以保护产品为主的运输包装改换成以促进销售为主的装潢性包装，以起到吸引消费者、指导消费的作用；将零配件组装成用具、车辆以便直接销售；将蔬菜、肉类洗净切块以满足消费者要求等。这种流通加工可能不改变“物”的本体，只进行简单改装的加工，但许多的是组装、分块等深加工。

6）为提高加工效率的流通加工

此流通加工为许多生产企业产品的部分加工工序，由于产品的数量有限，加工效率不高，也难以投入先进的加工技术和设备。流通加工以集中加工形式，解决了单个企业加工效率不高的弊病。以一家流通加工企业代替了几个生产企业的部分加工工序，促进了生产水平的发展，加工成本得以降低。

7）为提高原材料利用率的流通加工

流通加工利用其综合性强、用户多的特点，可以通过合理规划、合理套裁、集中下料的办法，有效提高原材料利用率，减少损失浪费。

8）衔接不同运输方式，使物流合理化的流通加工

在干线运输及支线运输的结点设置流通加工环节，可以有效解决大批量、低成本、长距离干线运输，与多品种、少批量、多批次末端运输和集货运输之间的衔接问题，在流通加工点与大生产企业间形成大批量、定点运输的渠道，又以流通加工中心为核心，组织对多用户的配送，也可在流通加工点将运输包装转换为销售包装，从而有效衔接不同目的的运输方式。

9）以提高经济效益，追求企业利润为目的的流通加工

流通加工的一系列优点可以形成一种“利润中心”的经营形态，这种类型的流通加工是经营的一环，在满足生产和消费要求的基础上取得利润，同时在市场和利润引导下使流通加工在各个领域中能有效地发展。

10）生产—流通一体化的流通加工形式

依靠生产企业与流通企业的联合，或者生产企业涉足流通，或者流通企业涉足生产，形成的对生产与流通加工进行合理分工、合理规划、合理组织，统筹进行生产与流通加工的安排，这就是生产—流通一体化的流通加工形式，这种形式可以促成产品结构及产业结构的调整，充分发挥企业集团的经济技术优势，是目前流通加工领域的新形式。

8.1.2 配送中心

1. 配送中心概述

配送中心是基于物流合理化和拓展市场的需要而逐步发展起来的。它是物流领域中专业分工进一步细化之后的产物，成为物流系统中的一个重要组成部分。配送中心作为物流系统的一个组成部分，分散在各个城市或地区，是对物流中心的支持环节。其功能基本涵盖了多数物流功能要素，但在配送功能上得到强化。在配送中心需要采取零星送货、批量进货等种种资源收集工作和对货物分拣配备送货等工作。为了更有效、更高水平地送货，配送中心往往还有比较强的流通加工能力。此外，配送还必须执行货物配备后送达客户、提交客户使用的使命。配送中心是组货、售货、分货、加工、送达功能集合的物流中心，是“配”与“送”的有机结合。

2. 配送中心的功能

配送中心是专业从事货物配送活动的物流场所或经济组织，它是集加工、理货、送货等多种职能于一体的物流结点，也可以说，配送中心是集货中心、分货中心、加工中心功能的

综合。因此，配送中心具有以下一些功能。

1）存储功能

配送中心的服务对象是生产企业和商业网点，其主要职能就是按照用户的要求及时将各种配装好的货物送交到用户手中，满足生产的需要和消费需要。为了及时地完成向用户配送商品(或货物)的任务，更好地发挥保障生产和消费需要的作用，通常，配送中心都建有现代化的仓储设施，存储一定量的商品，形成对配送的资源保证。某些区域性大型配送中心存储的货物数量更大，品种更多。

2）分拣功能

作为物流结点的配送中心，其客户是为数众多的生产企业或零售商。这些众多的客户之间存在着很大的差别，它们不仅经营性质、产品结构不同，而且经营规模和经营管理水平也不一样。面对这样一个复杂的用户群，为满足不同用户的不同需求，有效组织配送活动，配送中心必须采取适当的方式对组织来的货物进行分拣，然后按照配送计划组织配货和分装。强大的分拣能力是配送中心实现按客户要求组织送货的基础，也是配送中心开展配送的基本作业项目。分拣功能是配送中心的重要功能之一，是配送中心区别于普通仓储的特征之一。

3）集散功能

在一个物流系统中，配送中心将分散的各个供货商的产品集中在一起，通过分拣、配货、配装等环节向多家用户进行发送。同时，配送中心也可以把各个用户需要的多种货物有效地组合或配装在一起，集成经济、合理的批量，实现高效率、低成本的商品流通。另外，配送中心在建设选址时也充分考虑了其集散功能，一般选择商品流通发达、交通较为便利的中心城市或地区，以便充分发挥配送中心作为货物或商品集散地的功能。

4）衔接功能

通过开展货物配送活动，配送中心能把各种生产资料和生活资料从生产商直接送到用户手中，可以起到连接生产和消费的功能。另外，配送中心又如同一个“蓄水池”，不断地进货、送货，快速地周转，起到调节产销不平衡，缓解供需矛盾的作用，在产、销之间建立起一个缓冲平台，起到了调节市场需求、平衡供求关系的作用。可以说，现代化的配送中心通过发挥储存和发散货物功能，体现出了其衔接生产与消费、供应与需求的功能，使供需双方实现了无缝连接。

5）流通加工功能

配送加工虽不是普遍的，但往往是有着特殊作用的功能要素，它可以大大提高客户的满意程度，提高配送中心的服务层次和能力，使配送的效率和满意程度提高，使配送中心获得额外的经济利益。配送加工是流通加工中的特殊形式，除了为满足客户要求的加工外，还会按照配送的需要，为了提高配送的效率和中心的利用率进行加工。国内外许多配送中心都很重视提升配送加工能力。

6）信息处理和提供

配送中心连接着物流干线和配送，直接面对产品的供需双方，因而不仅是实物的连接，承担着物流信息的传递和处理，同时配送中心本身生成大量的信息。信息化对配送中心有着举足轻重的作用，不仅是高效管理的手段，也是运作的必要工具，更是客户联系的桥梁、配送业务的神经。可以说，没有信息功能就不会有具备生存价值的配送中心。

7）集货、订货和商务处理功能

随着配送业务的发展，为了优化配送，配送中心逐步代替客户向供应商下订单订货，直接与供应商确定供货方式，控制供货时间和批量，使配送效益增加。配送中心承担了越来越多的客户商务活动，开展了如退货、换货的工作，处理货损货差甚至承担索赔理赔的业务。

3. 配送中心的种类

1）按所有权归属分类

以所有权归属为依据的配送中心分类见表8-1。

表8-1　以所有权归属为依据的配送中心分类

配送中心分类名称	功能说明	投资方	所有权	运作管理
零售商自营配送中心	零售商供应自营商店	连锁企业	连锁零售企业	连锁零售企业
零售商委托配送服务	零售商委托配送服务	连锁企业或连锁企业与物流专业公司的共同投资	连锁零售企业	物流服务提供商
批发商配送中心	代理商成立的物流中心	批发商	批发商	批发商
制造商配送中心	制造商成立的物流中心	制造商	制造商	制造商

2）按配送区域范围大小分类

以配送区域范围大小为依据的配送中心分类见表8-2。

表8-2　以配送区域范围大小为依据的配送中心分类

配送中心分类名称	说明
中央配送中心	根据规模效益和专业化原则，作为中央中心存储、拣选和加工作业中心，并与其他相关物流结点联成物流网络，覆盖距离为100～300km
区域性配送中心	区域性的物流中心。负责特定区域内的物流中心业务。覆盖距离为50～300km
转运中心	为了提高中央配送车辆的利用率和缩短订单反应时间，根据顾客的分布设置的物流结点设施，主要功能：①货物暂时存放的转运站；②大车辆转载或小车辆的中继站

3）按配送中心服务功能分类

以服务功能为依据的配送中心分类见表8-3。

表8-3　以服务功能为依据的配送中心分类

配送中心分类名称	说明
存储型配送中心	商品保管、库存控制管理、商品转运、分拣配送
存储中心	以存储和商品保管功能为主的存储型配送中心，该类配送中心存储量大，存储时间较长。配送作业较简单，存储设施规模较大

续表

配送中心分类名称	说明
流通型配送中心	流通型配送中心设有大量、长期的存储功能，一般以暂存和直接转运的方式进行配货。这种配送中心的商品周转速度快，配送作业比较复杂，理货、配货场地占用面积较大
加工型配送中心	加工型配送中心以流通加工为主要业务，按少品种大量进货，根据顾客的需求进行各种流通加工作业，如定量小包装、商品分类、切割、加工、刷标志、贴标签等

4）按商品类型分类

根据不同的商品类型，设置专业性较强的配送中心见表 8-4。这有利于实施共同配送，实现社会资源的合理配置。

表 8-4　以商品类型为依据的配送中心分类

日用消费品	专卖店	制造业
日常消费品配送中心 生鲜冷冻配送中心	家居用品配送中心 体育用品配送中心 家具配送中心 服装配送中心 鞋类配送中心 家电配送中心 图书配送中心 医药配送中心 化妆品配送中心	电子产品配送中心 汽车零配件配送中心

4. 配送类别

1）按商品品种和数量分类

以品种和数量为依据的配送类别见表 8-5。

表 8-5　以品种和数量为依据的配送类别

类别	描述	特点
单品种大批量配送	有些商品，单独一个品种或几个品种就可能组成一个装卸单元，因而可以组织大批量配送	品种少、数量大，便于合理安排运输和计划管理、物流成本低，能创造规模效益
多品种少批量配送	客户的需求往往是差异很大的，导致需求的品种多，数量少，使配送工作呈现出多品种、少批量的状态	品种多、批量少，配送难度大，技术要求高，使用设备复杂，要求管理严格，计划周密，并有灵活性
配套型配送	按照客户的要求将其所要的多种物品配备齐全后直接送达的配送方式	有利于客户专心致力于生产经营，加速生产经营进度

2）按配送时间和数量分类

以配送时间和数量为依据的配送类别见表 8-6。

表8-6 以配送时间和数量为依据的配送类别

类别	描述	特点
定时配送	与用户签订协议，在商定的时间内准时配送货物	方便安排工作计划和运输；用户方便安排接货人员和设备
定量配送	在一定的时间范围内，按规定品种和数量对用户进行货物的配送	可以充分利用集装箱和车辆能力，提高作业效率，便于合理调度车辆；用户便于合理安排人力和物力
定时定量配送	按规定的时间和数量对用户进行配送	兼有定时和定量两种特点
即时配送	按用户提出的时间要求和供货品种、数量进行配送	灵活性大，组织能力和应变能力强，用户可以充分压缩库存，趋向零库存
定时定路线配送	按运行时间表在规定的线路上进行配送	适用于消费者集中地区，同时为多用户配送，运输工具利用充分，方便送货和接货的安排

知识链接

配送中心与超市连锁经营

连锁经营企业只有通过配送中心和物流系统、信息系统、营销系统的整合，实现对“商流、物流、信息流”的有效管理，保证连锁企业贯彻“7个统一”的经营体制，开拓门店网络，以中央采购制开发销售利润，以现代化物流方式创造物流利润；将市场信息向加工制造业渗透，开发生产利润；才能有效地实现连锁经营体系的赢利模式。

通过统一采购、统一配送、统一定价、统一企业标志、统一结算、统一信息系统、统一运作管理等7个统一，实现连锁企业对营销策略、商品供应、运作管理和决策的集中控制。“7个统一”的详细说明见表8-7。

表8-7 “7个统一”

名称	说明
统一采购	有利于统一规划营销和商品策略，统一进行品类管理、供应商管理；实现采购规模，降低采购成本
统一配送	能优化配送中心的投资和资源应用，降低物流成本，实现有效的库存控制，提高库存周转率，缩短订货前置时间，降低缺货率，提高顾客满意度
统一定价	以实施有效的价格政策，平衡价格竞争、顾客满意和企业赢利等因素
统一企业标志	建立顾客的信任度和品牌形象，积累商业资产，拓展特许经营、加盟店的网络
统一结算	优化资金流，规避资金风险；优化资金资源，以支持有效的商业策略
统一信息系统	统一信息系统是连锁经营的基础，以便实施品类管理、订单管理、供应链管理等项目
统一运作管理	实施运作标准化管理，提供顾客满意的服务质量和低成本运作

随着经济全球化和连锁经营的发展，整个零售行业出现以下趋势。

(1) 零售市场的增长速度低于企业投资扩张的速度。

(2) 零售商品消费在可支配收入中的比例有明显的下降趋势。

(3) 综合性大型业态向网络化和专业化转变。

(4) 随着人口结构和家庭结构的变化，消费结构不断发生变化。

(5) 价格水平日益下降，使零售企业赢利水平下降。

配送中心是降低运作成本和提高服务效率，建立企业竞争优势的重要基础设施和重要枢纽。

(1) 减少交易手续和费用，提高经营效率。连锁企业以配送为纽带，将各门店形成联合统一的经销经营体系，使原来各分店与供应商的零散交易关系集约为统一所有者与供应商的交易关系。整合配送中心的作用在于大大减少流通领域的供需双方的交易次数，从而减少交易手续和费用，提高经营效率。例如，M个供应商向N个商店送货，送货次数为$M\times N$次；通过配送中心的送货次数为$M+N$次，从而大大降低了供应商送货成本。

(2) 减少流通环节，产生采购规模效益。通过集中配送，将商店的零散需求进行有效集约，减少供应链流通环节的数量，扩大采购数量，有利于降低采购成本，获取规模效益。

(3) 减少分店库存，加快资金周转，优化整体库存水平。配送中心通过信息系统能准确掌握整个销售终端的库存，保证有效的及时补充，终端结点可大大降低门店的库存水平。同时，配送中心集中的安全库存代替各门店的安全库存，可以降低整体的库存水平。主要表现在以下几个方面。

①使商流和物流分离，减少运输环节，缩短运输线路。

②集中储存可提高存储面积和空间利用率。

③通过集中实施单元化装载，提高装卸作业效率，减少损耗。

④通过专业化设备进行拣选和贴条形码等流通加工作业，提高商品的附加值。

(4) 建立供销的“双赢”关系。供应链管理的基本原则是优化供应链的资源配置，并为业务伙伴创造价值，实现“双赢”的伙伴关系。以下分析配送中心的运作能为连锁企业(总部)、门店(及加盟店)和供应商三者带来的贡献和利益，详见表8-8、表8-9、表8-10和表8-11。

表8-8　配送中心对连锁企业的贡献

项目	说明
运作管理标准化与控制成本	自动补货与每日送货，缩短补货周期；简化补货程序，提高补货效率；减少分店收货车数；节省收货人力，减少文件处理；提高商店小库利用率；减少商品损耗；明显提高库存周转率
提高采购与商品供应效率	更有效地实施库存控制；通过大大提高补货效率，使采购部更加专注于促销与商品规划
节省会计成本	通过统一采购减少订单的数量；通过中央结算，减少会计人员的数量
改善资金流	通过资金的中央管理，提高资金的集约水平，有利于对资金流的监控
提高企业信誉，改善与供应商的关系	通过对结算的统一管理，提高企业的信誉；通过统一的供应商关系管理，不断改进与供应商的合作关系

表8-9　配送中心对门店流程的优化

流程名称	有配送中心	无配送中心
分店订货	自动补货，每天补货	促销员，每周补货
订货前置时间	12～24h	3～15天
供应商数量	集中一个供应商	300个独立供应商

续表

流程名称	有配送中心	无配送中心
商品范围/供应商	5 000～8 000SKU	50～500SKU
送货时间范围	7：00～21：00	8：00～17：00
收货车数/天	2～3 车/天	50～80 车/天
财务结算处理数量	10～20 张结算发票/周	200 张结算发票/周
小库存货	2～3 天库存	2～3 周库存
商品残损	少	较多

表 8－10　配送中心对供应商的经营贡献

大项目	明显项目
减少仓库和物流费用	大量订单单独送货和卡板作业；较高的车辆利用率，减少运输费用；减少订单送货处理的工作量
减少销售管理费用	不需要销售代表负责补货订单；集中促销和货源开发
节省会计费用与信息系统投资	减少结算户口和单据处理时间
优化产品线规划	每周更稳定和持续地订单；更好地利用发货数据
更少的商店退货	

表 8－11　配送中心对供应商的业务流程优化

流程名称	有配送中心	无配送中心
送货地点数量	1 个整合点	50 家商店
订单宗数	1 件/周	50 件/周
卡车	12～20 个托盘	小型车辆
商品范围/供应商	5 000～8 000SKU	50～500SKU
送货货物处理	1 次/周	50 次/周
送货允许时间	24h	上午 9：00，下午 5：00
财务结算处理量	1 张结算发票/周	50 张结算发票/周
商品残损	少	较多

8.1.3　配送中心的规划设计的主要分析方法

1. 配送中心的规划流程

配送中心投资对零售企业来说是一笔巨大投资，因此配送中心投资具有高风险特征。为避免由于规划错误而产生的投资风险，规划者必须遵循正确的规划程序对配送中心建设进行项目规划，图 8.3 是配送中心规划流程和主要规划内容，对规划人员有一定的参考意义。

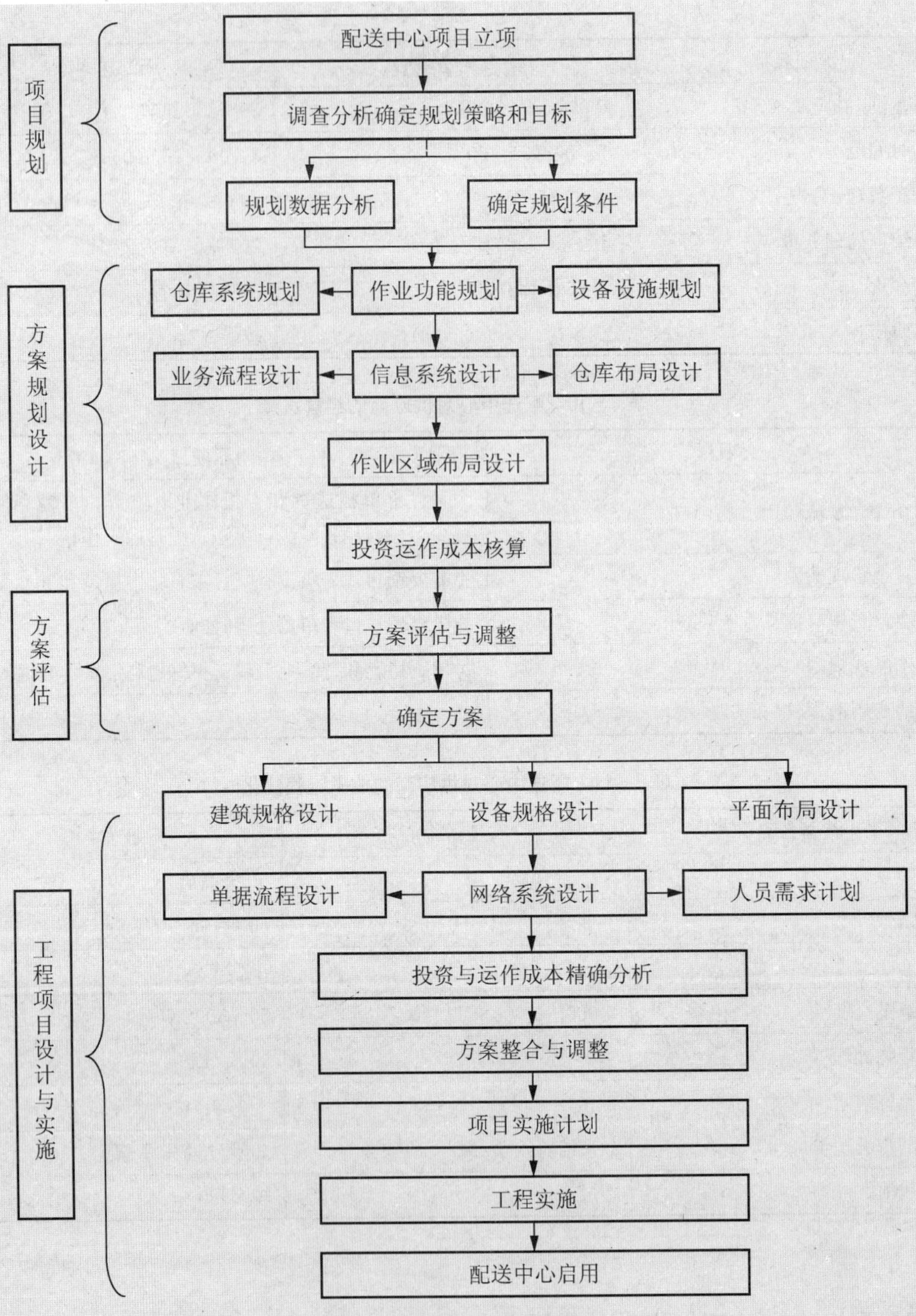

图 8.3　配送中心的规划流程

2. 配送中心的规划的主要分析方法

配送中心规划首先要确定其作业能力与业务需求的匹配，因此必须将配送中心输入的订单转换为物流作业单位。如果不预先设置具体分析目的，则无法与规划设计的需求相结合。因此在资料分析过程中，建立计划性的分析步骤并有效地运用分析数据是规划成功的关键。

以下介绍主要的分析工具、方法及其使用范围与分析步骤。

1）订单变动趋势分析

在配送中心的规划过程中，利用历史数据来推算未来的订单趋势或周期性变化，以规划配送中心的作业能力规模。

分析数据的收集时间范围和单位，取决于决策目的和分析工作量，如果分析时间比较紧迫，可以找出特定单月、单周或单日平均，及最大、最小的出货数据来分析。变动趋势分析常用的方法包括时间序列分析、回归分析等，以下是时间序列分析的说明。常见的变动趋势类型见表8－12。在不同的变动趋势下，可调整规划运作能力、规划政策及规划设置的规模。

表8－12 变动趋势类型

变动趋势类型	说明
长期趋势	长期内呈现渐增或渐减的趋向，必须在时间序列清除其他可能影响变动的因素。如要预测未来成长的趋势，通常以年为单位
季节变动	以一年为周期的循环变动，发生变化的原因通常是气候、文化传统、商业习惯等因素。了解季节变动的趋势通常以月为单位
循环变动	以固定周期（如月、周）为单位的变动趋势，部分长期的循环（如景气循环）有时长达数年以上，分析月、周的变动趋势，则须将期限展开至上下旬、周或日等时间单位
偶然变动	为一种不规则的变动趋势，可能为多项变动因素的混合结果

2）订单品项与数量分析

从客户订单的品项、数量与订购次数等角度出发，进行出货特性的分析。这是一种以需求为导向的规划分析方法，在配送中心规划中是简明有效的分析工具。

由于订单数据数量巨大，应使用信息系统的数据库取得数据，以便进行文件格式转换及借助计算机运算，提高处理能力。

在进行订单品项数量分析时，首先确定时间范围与统计单位。将主要的订单出货资料分解成表8－13的格式，并由此展开订单量、订货品项数、品项出货数量、品项受订次数4个类别的分析步骤。必须注意分析过程使用统一的数量单位，否则分析将失去意义，通常使用体积量、重量、箱、个或金额等单位，因为体积与重量等单位与物流作业系统密切相关；金额的单位与商品的价值分析有关，常应用于商品的分类和存储区的管理。主要分析项目及意义说明见表8－13。

表8－13 订单品项与数量分析项目表

分析项目	说明	目的
订单量分析	单张订单出货数量分析	研究订单对货物搬运作业能力的要求
订货品项数分析	单张订单出货品项数的分析	研究订单对拣选设备及作业能力的要求
品项出货数量分析	每个品项出货总数量的分析	研究出货的拆零比例
品项受订次数分析	每个品项出货次数的分析	对拣选作业频率的统计，主要决定拣选作业方式和拣选作业区的规划

为了提高订单统计的效率，根据订单的变化周期，按一定的时间抽取订单样本。

3）储运单位分析

储运单位是指物流搬运时的物理单位，它对实际物流作业效率产生深刻的影响。所以在进行订单品项与数量分析时，结合订单出货资料与物品包装储运单位分析(P：托盘、C：箱子、B：单品)，即可将订单资料以 P、C、B 的单位加以分类统计，根据出货单位类型加以分解统计，以正确计算各区实际的需求，使仓储区与拣货区得到适当的规划。常见的包装储运单位分析表见表 8－14。

经过对作业流程的基本分析后，可进一步进行作业流程的合理化分析，找出作业中不合理及不必要的搬运作业和单位转换处理，减少重复堆栈搬运、翻堆、暂存等作业，以提高配送中心作业与运作效率。如果储运单位过多而不易规划，可将各作业单位归并及整合，避免内部作业过程中储运单位过多的转换。通过单元负载化的观念，也可达到储运单位简化的目的。也就是说以托盘或周转箱为容器，将体积、外形差异较大的物品归并为相同标准的储运单位，实现转载单元标准化。

表 8－14　包装储运单位分析表

入库单位	存储单位	拣货单位	出货单位	运输单位
P：托盘，C：箱，B：单品				

4）包装和物性分析

商品包装和物性资料也是产品分类的参考因素，如根据存储保管特性分为干货区、冷冻区及冷藏区，或按产品重量区分为重物区、轻物区，也可根据产品价值区分为贵重物品区及一般物品区等。针对一般基本物性与包装单位的分析要项，整理结果见表 8－15。

表 8－15　商品物性与包装单位分析

特性	项目	明细
物料性质	物态	□气体　□液体　□半液体　□固体
	气味特性	□中性　□散发气味　□吸收气味　□其他
	存储保管特性	□干货　□冷冻　□冷藏
	温湿度需求特性	℃　　%
	内容物特性	□坚硬　□易碎　□松软
	装填特性	□规则　□不规则
	可压缩性	□可　□否
	有无磁性	□有　□无
	单品外观	□方形　□长条形　□不规则形　□圆筒　□其他

续表

特性	项目	明细
单品规格	重量	（单位：　　）
	体积	（单位：　　）
	尺寸	长×宽×高（单位：　　）
	物品基本单位	□个　□包　□条　□瓶　□其他
基本包装单位规格	重量	（单位：　）
	体积	（单位：　）
	外部尺寸	长×宽×高（单位：　　）
	基本包装单位	□个　□包　□条　□瓶　□其他
	基本包装规格	（个/包装单位）
	包装材料	□纸箱　□捆包　□金属容器　□塑料容器　□袋　□其他
外包装单位规格	重量	（单位：　）
	体积	（单位：　）
	外部尺寸	长×宽×高（单位：　　）
	基本包装单位	□托盘　□箱　□包　□其他
	包装单位个数	（个/包装单位）
	包装材料	□泡膜　□纸箱　□金属容器　□塑料容器　□袋　□其他

5）作业流程分析

将配送中心的作业活动按常规和非常规加以分类，并整理出现有的作业流程，分析其必要性与合理性，再建立改进的作业流程规划。可利用作业流程分析图来进行，将操作、搬运、检验、暂存、存储保管等不同性质的作业加以分类，并整理统计各作业阶段的储运单位及作业数量，标示该作业所在区域，然后计算物流量的大小和分布。

配送中心的作业流程设计要便于实现两个主要目标：一是降低企业的物流总成本；二是缩短供货时间，提供更好的服务。

具体的作业流程要根据具体的需要来确定，判定的标准就是效率和经济成本。常见的流程如图 8.4 所示。

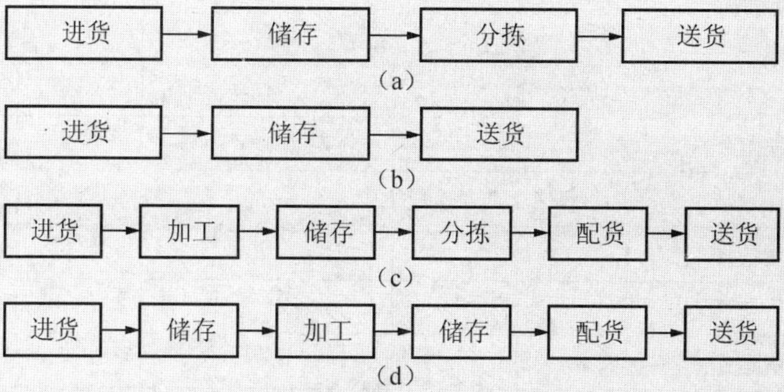

图 8.4　常见的配送中心作业流程

6）作业项目分析

如表 8－16 所示，配送中心的作业项目包括订货、到货接收、验货入库与退货、订单处理、储存、加工、拣选、包装、装托盘、组配、配装、送货、送达服务等作业项目，项目之间衔接紧密，环环相扣。整个过程既包括实物流，又包括信息流，同时还有资金流。

表 8－16　配送中心作业内容分析

资料类别	作业项目	作业说明	作业区域	作业量	装载单元	作业设备	作业人员
常规物流作业	车辆进货						
	进货卸载						
	进货点收						
	理货						
	入库						
	调拨补充						
	订单拣取						
	分类						
	集货						
	流通加工						
	品质检验						
	出货点收						
	出货装载						
	货物运送						
	其他						
退货物流作业	退货						
	退货卸载						
	退货点收						
	退货责任确认						
	退货良品处理						
	退货瑕疵品处理						
	退货废品处理						
	其他						
换货补货作业	退货后换货作业						
	误差责任确认						
	零星补货拣取						
	零星补货包装						
	零星补货运送						
	其他						

续表

资料类别	作业项目	作业说明	作业区域	作业量	装载单元	作业设备	作业人员
流通加工作业	拆箱作业						
	包装						
	多种物品集包						
	外部外箱包装						
	出货物品秤重						
	附印条形码文字						
	印贴卷标						
	其他						
物流配合作业	车辆货物出入管制						
	装卸车辆停泊						
	容器回收						
	空容器暂存						
	废料回收处理						
	其他						
仓储管理作业	定期盘点						
	不定期抽盘						
	到期物品处理						
	即将到期物品处理						
	移仓与储位调整						
	其他						

7）作业时序分析

对配送中心作业时间顺序的排列描述是研究作业时间管理的重要工具。通过对作业的实际工作时间和系统总时间的测量，分析停滞时间的比例。

流程效率的测量指标是通流效率指标，测量主要流程中无增值时间的比例，通流效率对订单前置期等指标有较大影响。

$$通流效率=(工作占用效率/系统总时间)\times 100\%$$

（1）作业时序分析的必要性：①配合货物接收时间，配送接货时段是配送服务的重要指标，配送作业须合理安排内部作业时间，以配合客户的货物接收时间；②统一制定供应商进货时段，以与拣选作业配合，提高作业效率。

（2）作业时序分析的目的：①减少物流作业流程与单据处理流程中的滞延时间，提高作业效率，以避免作业瓶颈；②缩短订单前置时间；③增加配送弹性能力；④提高对客户的服务水平。

8.1.4 配送中心的规划设计

1. 基本储运单位和作业功能区的确定

经储运单位和包装物性分析可决定配送中心内基本储运单元的负载单位，其目标是使储运单位易于量化及转换，并且使不同作业阶段的装载单位逐一确认。通常各区域的储运单位不尽相同，如进货时为托盘进货，存储时以箱存储，出货时则以箱或单品出货等。基本储运单位规划是配送中心各项设备规划的基本前提，必须首先予以确定，包括进货区、仓储区、拣货区、出货区的基本运作能量的估算及规划。除须考虑基本作业需求量以外，也须配合作业弹性及未来业务发展趋势，当进入各作业区域的细部规划时，则将逐步修正为与实际接近的数值。

作业区域是配送中心的重点，所以配送中心区域规划的重点是存储区及拣货区，然后再根据存储区和拣货区规划的运转能量对前后作业的设施进行规划。配送中心的主要功能区如表 8 - 17 所示，具体可根据配送中心规模、经营商品种类和经营类型划分。

要确定作业区域的面积需求，必须确定物流单位以及作业量。就存储区和拣选区而言，就是计算配送中心运作后，进货、存储、拣选和出货等作业所需的物流储运能力。

表 8 - 17 配送中心的主要功能区域

功能区	主要功能
管理区	是中心内部行政事务处理、信息处理、业务洽谈、订单处理以及指令发布的场所，一般位于配送中心的出入口
进货区	负责货物的收、卸、检查、搬运和暂存
理货区	对货物进行简单处理，将货物区分为直接分拣配送、入库加工、待加工和不合格需要清退的货物，然后分别送往不同的功能区
存储区	对暂不配送但要作为安全储备的货物进行保管和保养的场所，通常配有多层货架和用于集装单元化的托盘
加工区	根据流通或销售的需要进行必要的生产性和流通性加工(如剪裁、包装等)的区域
分拣配货区	根据收到的订单进行货物的拣选、分类和配货的区域
发货区	对所要配送的货物进行查验、待送的暂存和发货的区域
退货处理区	存放进货残损或不合格或需要重新确认等待处理的货物的区域
废弃物处理区	对废弃包装物(塑料袋、纸箱等)、破碎货物、变质货物、加工残屑等废料进行清理或回收利用的地方
设备存放维修区	存放堆高机、托盘等设备及其维修工具(充电、充气、紧固等)的地方

2. 仓储区的储运量的规划设计

配送中心仓储区运作能量规模的计算方法主要有周转率估计法，在配送中心的存储量的初步规划中，该法为简易快捷的方法，可用于初步规划或储量概算的参考，并于后续规划过程中逐步修正为精确的需求规模。其主要步骤见表 8 - 18。

表 8－18 仓储区流量设计步骤

计算步骤	计算说明
年运转量计算	将配送中心的各品项进出产品换算成相同单位的存储总量，经汇总各品项全年的总量后，可得到配送中心年运转量。实际计算时，如果商品物性差异很大(如干货与冷冻品)或基本储运单位不同(如箱出货与单品出货)，可以分别加总计算
估计周转率	定出未来配送中心仓储量周转率目标，目前一般食品零售业年周转次数为 20～25 次，制造业 5～12 次。零售企业在设立配送中心时，可针对经营品项的特性、产品价值、附加利润、缺货成本等因素决定仓储区的周转次数
估算仓容量	以年仓储吞吐量除以周转次数，计算仓容量
估计宽放比	估计仓储运转的变动弹性，以估算的仓容量乘以变动幅度，求出规划仓容量，以对应高峰时期的高运转星，如 10％～25％。如果配送中心商品进出货有周期性或季节性的明显趋势时，则须研究整个仓储营运政策是否须涵盖最大需求，或者可经由采购或接单流程的改善达到需求平稳化的目的，以避免宽放比过高，增加仓储空间，造成投资浪费
汇总	实际在规划仓储空间时，可依商品类别分类计算年运转量，并根据产品特性分别估计年周转次数及计算总仓容量后汇总

仓储区以周转率计算仓容量见表 8－19。

表 8－19 仓储区以周转率计算仓容量

商品名称	年运转量	周转次数	估计仓容量＝仓储吞吐量/年周转次数	变动幅度(％)	规划仓容量＝估计仓容量×(1＋变动幅度)

3. 拣货区的流量的规划设计

规划配送中心拣货区的运转量与仓储区估算方法类似，但是须注意仓储区的容量要满足一定期间(厂商送货期间)内的出货量需求，因此对进出货的特性及处理量均须加以考虑；而拣货区则以单日出货商品所需拣货作业的空间为主，故以品项数及作业面为主要考虑因素。一般拣货区的规划无须包含当日所有的出货量，在拣货区商品不足时，则由仓储区进行补货。其规模计算的原则及方法说明见表 8－20 和表 8－21。

表 8－20 拣货区流量设计步骤

计算步骤	计算说明
年出货量计算	将配送中心的各项进出商品换算成相同拣货单位的拣货量，并估计各商品别的年出货量，如果商品物性差异很大(如干货与冷冻品)或基本储运单位不同(如箱出货与单品出货)，则可以分别加总计算
估计各商品类别出货天数	按商品类别估计年出货天数
计算各商品平均出货天数的出货量	将各商品年出货量除以年出货天数

表 8-21　拣货区规划

拣货区规划	作业方式	拣货量	出货频率	适用类型
拣货区与仓储区分区规划	由仓储区补货至拣货区	中	高	零散出货
拣货区与仓储区在同一区分层规划	由上层仓储区补货至下层拣货区	大	中	整箱出货
拣货区与仓储区合并规划	不另设仓储区，直接在储位上进行拣货	小	低	少量零星出货

对于年出货量较小的商品，在规划中往往省略拣货区，并与仓储区一并规划，即仓储区兼拣货区，因此可结合仓储区的存储量需求模式进行估算。另外当系统加入拣货策略的判断时，拣货量的估算必须进一步检讨及修正。

确定完成仓储区和拣货区后，用同样的办法确定其他作业功能区，并根据搬运工具、运输车辆和作业量确定通道，在后续过程中进一步分析、检讨及修正。表 8-22 所示为配送中心作业区域面积分析表。

表 8-22　配送中心作业区域面积分析

作业区域	基本预估面积		区域面积调整比例					调整后需求面积	
	面积	长×宽	作业活动空间	内部通道预留	外部通道预留	扩充空间预留	配套项目预留空间	面积	长×宽
进货区									
退货区									
进货暂存区									
存储区									
拣货区									
集货区									
加工区									
出货暂存区									
出货区									

▶ 做一做

根据工作任务，两人一级分别对项目 1 规划设计的实训室进行重新设计，画出功能区平面布局图，并标注功能区尺寸。

▶ 评一评

小组间相互评定规划步骤和结果，提出修改意见，修正设计。

任务8.2 拣货方案设计与执行概述

学习目标

- 了解订单别拣货的含义和作业流程；
- 熟悉分拣作业的含义、功能和作业流程；
- 掌握批量别拣货的含义和作业流程；
- 掌握复核的方法与作业步骤；
- 能根据订单设计并执行拣货方案。

任务描述

本任务以为订单设计与执行拣货方案为载体，加以相关的知识介绍和技能训练，使学生掌握分拣作业和复核作业的内容、方法和步骤，培养学生正确设计与执行拣货方案的工作能力。

工作任务

按以下3个订单(表8-23、表8-24、表8-25)，设计并执行配货方案。

表8-23 订 单 一

光明路店　　编号：001

品名	规格/型号	单位	数量	备注
××方便面	85g	箱	6	
××方便面	80g	箱	4	
××牛奶	50ml	箱	5	
××洗衣粉	450g	箱	5	
××电脑	DN120	台	2	
××手机	SJ118	箱	2	

批准人：　　订货人：

批准日期：　　订货日期：

注：该客户年销售额为5 000万元。

表8-24 订 单 二

幸福路店　　编号：002

品名	规格/型号	单位	数量	备注
××方便面	80g	箱	6	
××方便面	85g	箱	2	

续表

品名	规格/型号	单位	数量	备注
××牛奶	50ml	箱	5	
××透明皂	45g	箱	2	
××电脑	DN120	台	2	
××液晶显示器	YX19′	箱	2	

批准人：　　订货人：

批准日期：　　订货日期：

注：该客户年销售额为 3 000 万元。

表 8-25　订　单　三

平安路店　　编号：003

品名	规格/型号	单位	数量	备注
××方便面	85g	箱	5	
××鲜奶	250ml	箱	5	
××牛奶	50ml	箱	2	
××洗衣粉	450g	箱	4	
××液晶电视	YJ37′	台	3	
××手机	SJ118	箱	2	

批准人：　　订货人：

批准日期：　　订货日期：

注：该客户年销售额为 2 000 万元。

操作步骤

设计与执行拣货方案的操作步骤如图 8.5 所示。

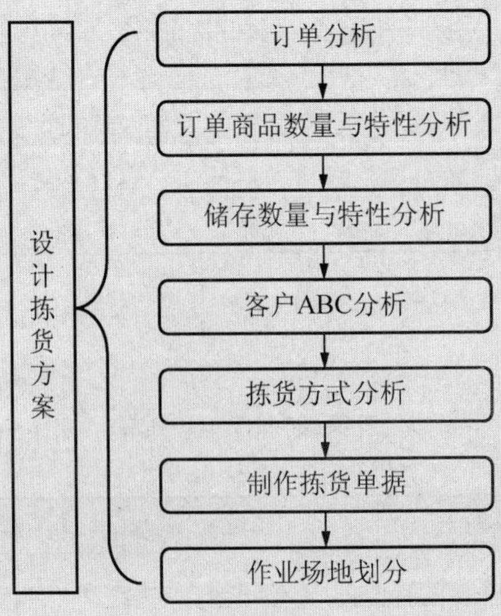

图 8.5　设计与执行拣货方案的操作步骤

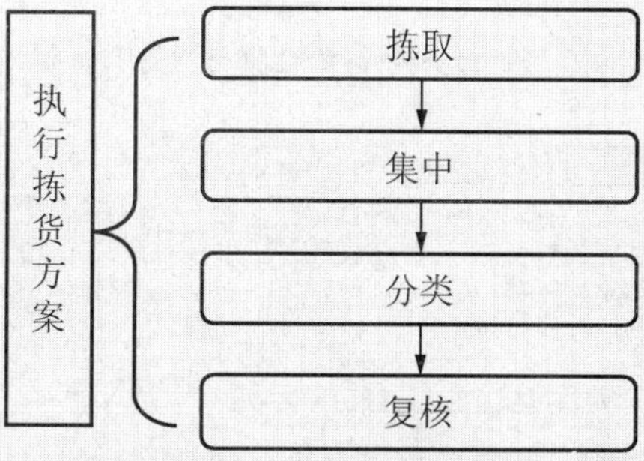

图 8.5　设计与执行拣货方案的操作步骤(续)

特别提示

1. 订单分析

分析订单的合法性和有效性。主要是查验订单格式和履行手续的正确性，连锁企业内部或经常合作的客户，订单的格式基本固定；查验履行手续时注意签名、盖章、日期等内容。

2. 订单商品数量与特性分析

分析订单商品的品种、规格/型号、数量和包装，为确定拣货方式、客户服务率等提供依据。

3. 储存数量与特性分析

分析库存货物的品种、数量、规格/型号与包装，与订单商品数量和特性分析比较，确定商品的符合度和服务率，并为采购提供依据。

4. 客户 ABC 分析

用 ABC 分类法对客户进行分类，确定客户的服务率。服务率确定的原则是可少勿缺。

5. 拣货方式分析

根据订单数量、商品品种和数量、搬运工具、人员等情况，确定拣取方式。拣取方式为订单别拣取、批量别拣取和复合拣取。

6. 制作拣货单据

拣取最主要的单据为拣货表，具体格式见表 8－26。

表 8－26　拣　货　表

客户名称：　　　　　　　　　　　　　　　　　　拣货日期：　年　月　日

序号	储位号	品名	规格/型号	单位	应拣数量	实拣数量	备注

制单员：　　　　　　　　　　　　拣货员：　　　　　　　　　　　　复核员：

7. 作业场地划分

主要对出货暂存区、复核区按订单进一步细分，以便按订单进行复核和流通加工作业。

8. 拣取、集中、分类

主要是配货方案的执行，拣取、集中、分类作业，说明如下。

1）订单别拣取

订单别拣取的作业步骤如图 8.6 所示。

2）批量别拣取

批量别拣取的作业步骤如图 8.7 所示。

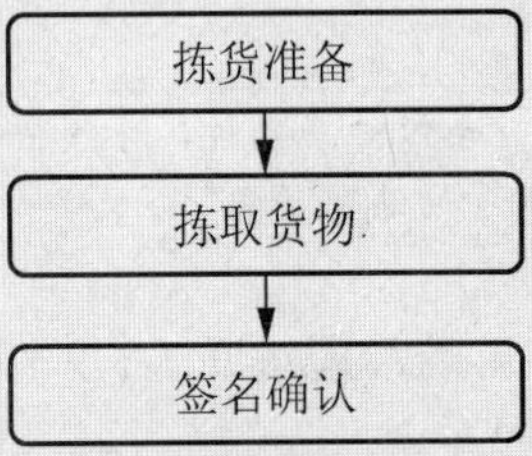

图 8.6　订单别拣取的作业步骤

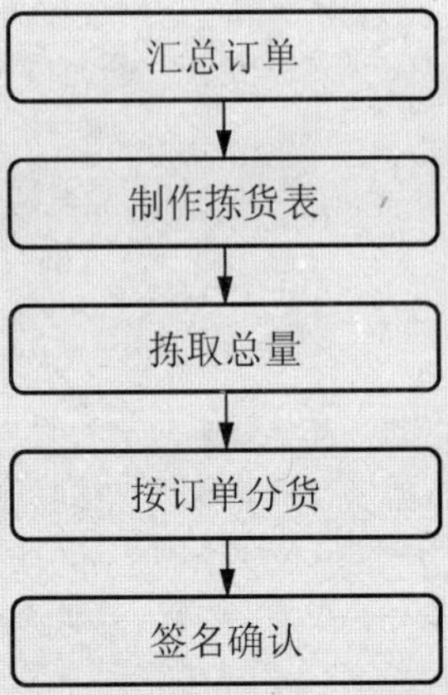

图 8.7　批量别拣取的作业步骤

批量别拣取，拣货人员汇总订单，按商品分类生成拣货表，根据拣货表内的商品到储位上对每个品项拣取总量，然后对应货物的数量将该货物分配给各个订单。具体作业步骤如下。

（1）汇总订单，制作拣货表，并签名确认。

（2）拣货人员根据拣货表信息找到储位。

（3）拿取货物，确认拿取的货物是拣货表上显示要拣的货物。

（4）确认无误后，每完成一种货物的拣取，就及时在拣货表相应货物右侧打钩。

（5）当储位上货品数量不足时，报告相关管理人员，由相关管理人员查找其他储位是否还有该货物，若有，则将缺少的货物整仓到该储位并拣取；若无，则在拣货表对应的数量上画圈，并在其右侧标明实际拣取数量。

（6）将拣出的货物靠边放置在托盘上或周转箱里面。

（7）分货人员跟在叉车后面，对取下的货物进行订单标注。

（8）一人唱单，另一人将对应的订单写在外箱上。

（9）负责搬运的分货人员将注明订单的货物搬运到暂存区。

（10）暂存区的分货人员将货物逐一分配到对应的订单。

当一张拣货表的拣货任务完成后，拣货员在其右下角的“拣货员”处签名后交回，并将货物放到暂存区等待复核。

3）注意事项

（1）取货过程中应保证原储位货物的整齐。

（2）将货物按照拣货表顺序放置在周转箱里面，同时避免货物堆叠过高(高出周转箱)。

（3）注明订单时，字迹要清晰工整。

（4）搬运时要注意货物不能堆叠过高，以免发生倒塌，危及人身安全和货物安全，影响工作效率。

（5）分货时，货物应整齐稳固地堆叠在托盘上，保证每层数量相同，便于复核。

9. 复核作业

复核是仓库货物出库前的最后一道检验工序，确保了仓库出货的准确。在复核的过程中，也可以对拣货员的工作进行检查，发现货物质量问题，及时处理，保证出库货物的质量。

复核员的工作首先是对单据进行检查核对，然后根据相关单据按订单对出库货物进行一一复核，是否有多货、少货、错货及不合格货物的情况，发现并及时处理，在相关单据上进行记录。

人工复核是仓库常见的复核方式之一，利用人工将复核区货物的品项、数量一个个点数，并逐一核对出货单，复核完毕后在相关单据上签字。每复核一种货物要检查外包装名称、规格，清点件数，并在拣货表上做好复核标记。清点货物的时候要看货找单，根据复核到的货物品种、数量，在拣货表上寻找相应条目。

1）复核的作业步骤

复核的作业步骤如图 8.8 所示。

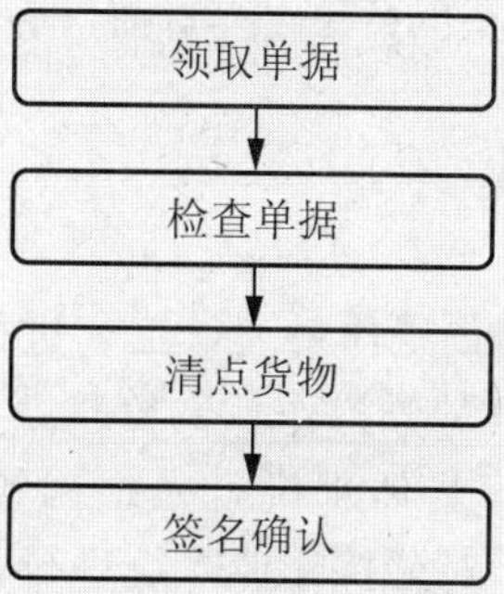

图 8.8　复核的作业步骤

(1) 领取单据。领取拣货完毕的拣货表，检查单据是否齐全(拣货单常有多张)。

(2) 检查单据。检查拣货表上是否有拣货人员签名以及画单记号。画单记号就是拣货员每拣完一个品项货物时在拣货单上相对应的记录上做的标记。

(3) 清点货物。每复核一种货物要检查外包装名称、规格，清点件数，并在拣货表上做好复核标记。清点货物的时候要看货找单，根据复核到的货物品种、数量，在拣货表上寻找相应条目。

(4) 签名确认。复核完成后重新检查是否拣货单上所有货物都已经复核。复核人员确定货物无误后，在拣货表相应位置签名，并将拣货表交给单据处理人员。

2）注意事项

(1) 货物清点时要轻拿轻放，防止货物损坏。

(2) 复核完毕后，整理货物时，须防止货物放错位置。

知识准备

8.2.1　分拣作业

1. 分拣作业的含义及其功能

分拣作业是依据顾客的订货要求或配送中心的送货计划，尽可能迅速、准确地将商品从其储位或其他区域拣取出来，并按一定方式进行分类、集中，等待配装送货的作业过程。在配送作业的各环节中，分拣作业是非常重要的一环，它是整个配送中心作业系统的核心。在配送中心搬运成本中，分拣作业搬运成本约占90%；在劳动密集型配送中心，与分拣作业直接相关的人力成本占50%；分拣作业时间约占整个配送中心作业时间的30%～40%。因此，合理规划与管理分拣作业对配送中心作业效率具有决定性的影响。

从实际运作过程来看，分拣作业是在拣货信息的指导下，通过行走和搬运拣取货物，再按一定的方式将货物分类、集中。因此，分拣作业的主要过程包括4个环节，如图8.9所示。

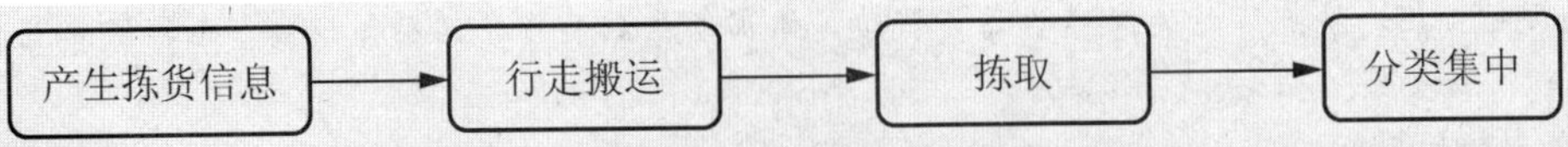

图8.9 分拣作业的主要环节

迅速并准确地将顾客要求的商品集合起来并且通过分类配装及时送交顾客是分拣作业最终的目的及功能。

2. 分拣作业管理的基本流程

分拣作业在配送作业环节中不仅工作量大，工艺过程复杂，而且作业要求时间短，准确率高，服务质量好，因此，加强对分拣作业的管理非常重要。在对分拣作业的管理中，根据配送的业务范围和服务特点，具体来说就是根据顾客订单反映的商品特性、数量多少、服务要求、送货区域等信息，对分拣作业系统进行科学的规划与设计，并制定出合理高效的作业流程是分拣作业系统管理的关键。在此基础上确定分拣作业方式，设计分拣信息传递的单据，安排拣货作业人员和作业路径，将所订不同种类和数量的商品从储位或其他作业区域拣出，然后分区集中，完成分拣作业。分拣作业管理的基本程序如图8.10所示。

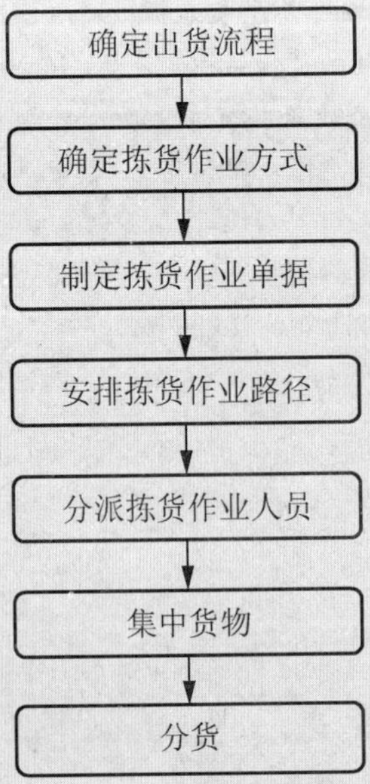

图8.10 分拣作业管理流程

8.2.2 拣货方式

拣货作业最简单的划分可以将其分为订单别拣取、批量别拣取及复合拣取 3 种方式。订单别拣取是分别按每份订单来拣货；批量别拣取是多张订单累计成一批，汇总数量后形成拣货单，然后根据拣货单的指示一次拣取商品，再进行分类；复合拣取是充分利用以上两种方式的特点，并综合运用于拣货作业中。

1. 订单别拣取

订单别拣取是针对每一份订单，作业人员巡回于仓库内，按照订单所列订单商品及数量，将客户订购的商品逐一由仓库储位或其他作业区中取出，然后集中在一起的拣货方式，如图 8.11 所示。

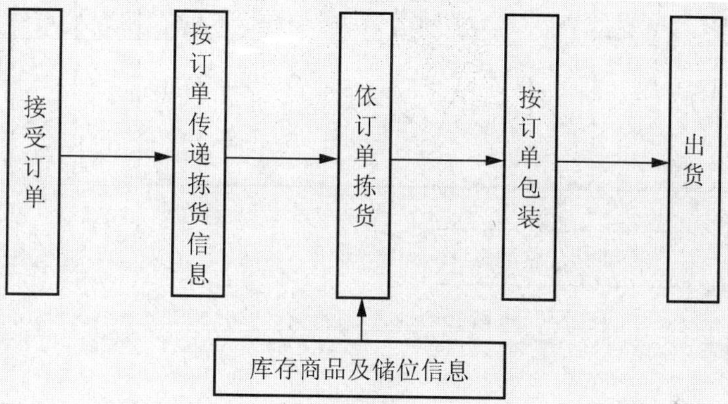

图 8.11 订单别拣取作业流程

1）订单别拣取方式的特点

(1) 作业方法单纯，接到订单可立即拣货、送货，所以作业前置时间短。

(2) 作业人员责任明确，易于安排人力。

(3) 拣货后不用进行分类作业，适用于配送批量大的订单的处理。

(4) 商品品种多时，拣货行走路径加长，拣取效率较低。

(5) 拣货区域大时，搬运系统设计困难。

2）使用条件

订单别拣取的处理弹性比较大，临时性的生产能力调整较为容易。适合订单大小差异较大，订单数量变化频繁，季节性强的商品配送。商品外形体积变化较大，商品差异较大的情况下易采用订单别拣取方式，如化妆品、家具、百货、高级服饰等。

2. 批量别拣取

批量别拣取是将多张订单集合成一批，按照商品品种类别加总后再进行拣货，然后依据不同客户或不同订单分类集中的拣货方式。批量别拣取的基本流程如图 8.12 所示。

1）批量别拣取方式的特点

(1) 适合配送批量大的订单作业。

(2) 可以缩短拣取货物时的行走时间，增加单位时间的拣货量。

(3) 必须当订单累计到一定数量时才做一次性的处理，因此，会有停滞时间产生。

2) 适用条件

批量别拣取方式通常在系统化、自动化设置之后，作业速度提高而调整能力减少的情况下采用，适合订单变化较小，订单数量稳定的配送中心和外形较规则、固定的商品出货，如箱装、袋装的商品。其次需要进行流通加工的商品也适合批量拣取，再批量进行加工，然后分类配送，有利于提高拣货及加工效率。

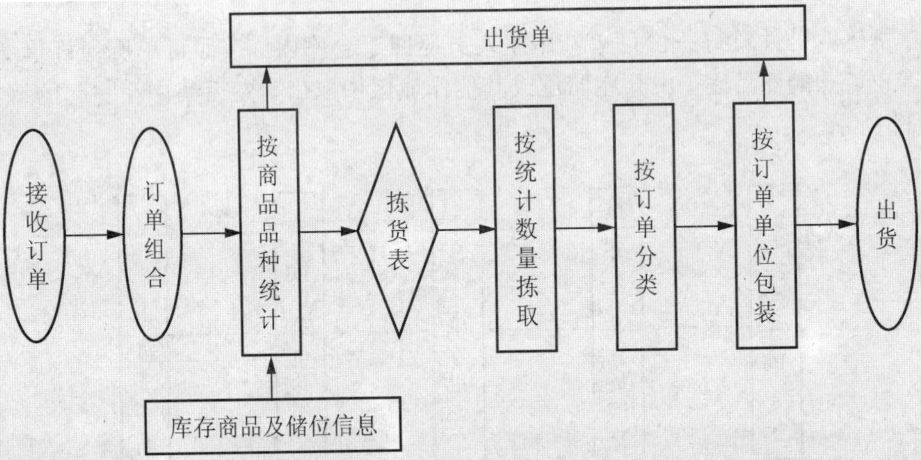

图 8.12　批量别拣取作业流程

3. 复合拣取

为克服订单别拣取和批量别拣取方式的缺点，配送中心也可以采取将订单别拣取和批量别拣取组合起来的复合拣取方式。复合拣取即根据订单的品种、数量及出库频率，确定哪些订单适合订单别拣取，哪些适合批量别拣取，分别采取不同的拣货方式。

8.2.3　出货作业管理

完成货物的拣取工作之后，先将拣取的商品按订单或配送路线分类，再进行严格的出货检查，装入合适的容器或进行捆包，有些还需刷制或贴印相应的标志，然后按不同客户或行车路线将商品运至出货区，最后装车配送，这一过程构成出货作业的基本内容，其主要流程如图 8.13 所示。

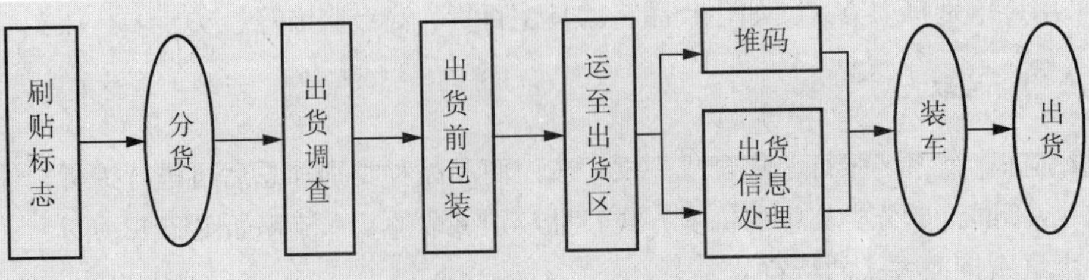

图 8.13　出货作业流程

1. 分货作业

分货即拣货作业完成后，将所拣货物根据不同的顾客或配送路线进行分类，也有一些需要经过流通加工方式分类，分别进行加工处理，加工完毕再按送货要求分类出货。分货作业方式可分为人工分货和利用自动分货机分货两种。

1）人工分货

所有分货作业过程全部由人工根据订单或其他传递过来的信息进行，即不借助任何计算机或自动化的辅助设备。拣货作业完成后由人工将各客户订购的商品放入已标示好的各区域或容器中，等待出货。采取将需要配送的商品集中搬运到理货场，将商品分配到各区域或容器中的播种方式；或者根据顾客订货单，按订单类别拣取商品，然后按订单直接将商品集中的摘果方式。

2）利用自动分货机分货

自动分货机利用计算机和自动分辨系统完成分货工作。这种方式不仅快速省力，而且准确，尤其适用于业务繁忙的多品种配送中心。利用自动分类机分货的主要过程如下：首先必须将有关货物及分类信息通过自动分类机的信息输入装置，输入自动控制系统；当货物通过移栽装置移至输送机上时，由输送系统运送至分类系统；分类系统是自动分类机的主体，这部分的工作过程为先自动识别货物，再由分类道口排出装置，按预先设置的分类要求将货物推出分类机。分类排出方式有推出式、浮起送出式、倾斜滑下式、皮带送出式等，同时为尽早使各货物脱离自动分类机，避免发生碰撞而设置有缓冲装置。

2. 出货检查

出货检查作业是将拣取商品依客户、车次等产品号码的核对，以及根据有关信息对商品质量和数量进行核对，并对产品状态及质量进行检查。出货检查是保证单、货相符，避免差错，提高配送服务质量的关键；同时也是对拣货作业是否产生错误的确认，找出产生错误的原因，以便采取措施防止错误的产生。出货检查必须以顾客订单及其他出货凭据为依据进行查对。出货检查的目的是保证出库配送的商品数量准确、质量完好、包装完整，杜绝差错的发生。出货检查的基本内容如图 8.14 所示。

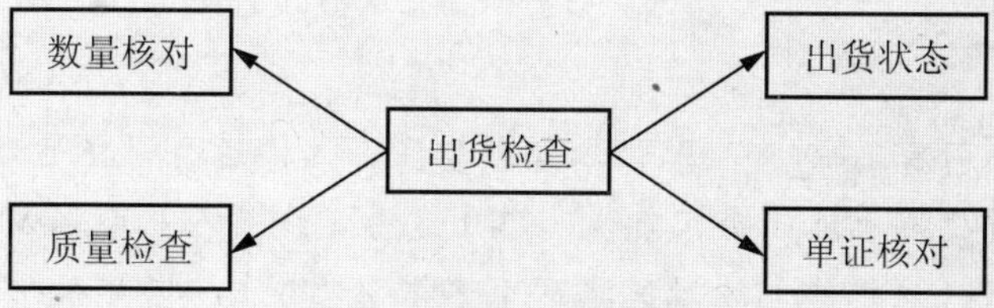

图 8.14　出货检查的基本内容

出货检查的方法如下。

1）人工检查法

人工检查法是由人工将货物逐一点数，查对条码、货号、品名，逐一核对出货单，进而查验出货质量及出货的方法。

2）条码检查法

条码检查法首先必须导入条码，让条码始终与货物同行。在出货检查时，只需将所拣货物进行条码扫描，计算机便自动将拣货资料输出进行对比，查对是否有数量和号码上的差异，然后在出货前再由人工进行整理和检查。

▶ **做一做**

根据工作任务，学生两人一组合作首先设计3个订单的拣货方案，然后执行拣货方案。

▶ **评一评**

小组间相互评定拣货方案设计与执行的训练步骤和结果，提出修正意见，重新提高训练效果。

任务8.3 商品包装

学习目标

- 了解包装的种类以及工业包装和商业包装；
- 熟悉包装的作用和合理化包装；
- 掌握和识别包装标志；
- 掌握托盘及成组方法；
- 能设计运输标志和对托盘进行框架式加固。

任务描述

本任务以对托盘进行框架式加固为载体，加以相关的知识介绍和技能训练，使学生了解包装的种类，熟悉和识别包装标志，培养学生正确设计运输标志和对托盘进行框架式加固的工作能力。

工作任务一

南京××商贸公司有10台××笔记本电脑委托××快运公司托运到北京该厂商维修站维修。南京××商贸公司地址：南京市××路118号，发货人：李××，联系电话：025—8816××××。北京××维修站地址：北京市××区88号，收货人：×××，联系电话：010—8866××××。发货人填写的运单编号为20908088，为××快运公司设计并撰写运输标志，粘贴在相关包装箱上。这一过程也称置唛作业。

操作步骤

置唛作业的操作步骤如图8.15所示。

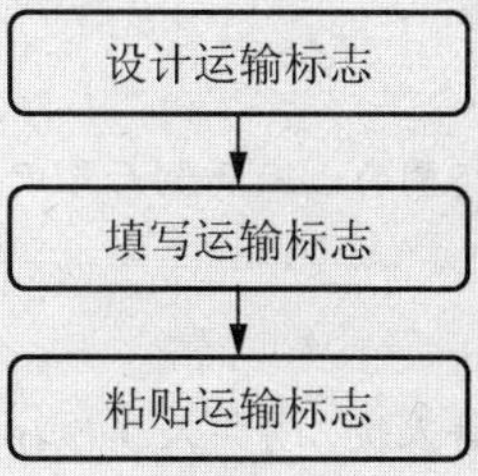

图 8.15 置唛作业的操作步骤

特别提示

运输标志习惯上称为“唛头”。

1. 运输标志四要素

(1) 收货人名称字首或者简称，但在铁路和公路运输中要使用全称。

(2) 参照号码，采用运单号码。

(3) 目的地，即货物运输的最终目的地，如需转运，还要标明转运地。

(4) 件数号码，由顺序号和总件数构成，如1/10。货物规格相同，可以标注成1～10。最后有一箱零数，则要单独标注，如No.11。

2. 粘贴运输标志

箱类货物应粘贴于包装箱端面或侧面。

工作任务二

对任务8.2拣取的货物按订单进行包装，正确堆码放置在托盘上，用打包机和木板对托盘进行框架式加固。

操作步骤

包装和托盘加固的操作步骤如图8.16所示。

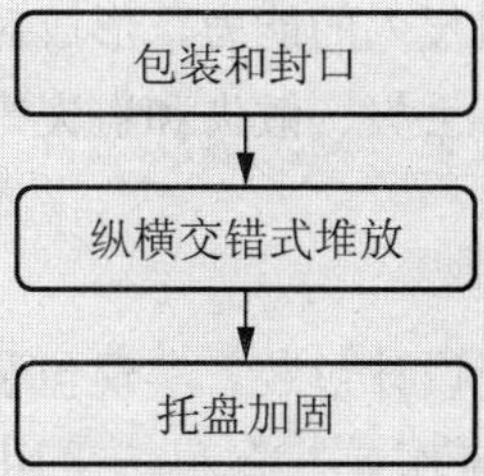

图 8.16 包装和托盘加固作业的操作步骤

特别提示

1. 包装

查验原包装是否完好，否则更换包装箱重新包装。包装箱内部填实塑料缓冲材料，以防商品晃动。用胶带密封箱，封箱时在箱口处粘贴检验封条。

2. 托盘加固

木板放在包装箱顶部边沿，靠边沿处两侧的上面和侧面各放置一块，打包带打在木板上，以免打包时破坏包装箱。

3. 注意事项

托盘加固时，两人一起操作，一人扶持木板，另一人操作打包机。打包带一定固定在木板中间，加固时用力均匀，用打包带固定木板，以木板不脱落为准，避免损坏包装箱。

知识准备

8.3.1 包装的作用

包装的目的在于对商品实行保护、方便搬运、商品包装单位化、使商品具有标志。从物流角度来看，包装的功能一般可以概括为以下几个方面。

1. 对商品实行保护

科学地设计包装可使内装物在物流过程中避免因外力、光热、有害气体、温度、湿度、微生物及其他生物等外界因素的影响而遭受损坏，这是物流包装的最主要的作用。包装的保护性主要体现在以下几个方面。

（1）防止商品破损变形。商品包装必须能够承受在装卸、运输、保管等过程中，各种冲击、振动、颠簸、压缩、摩擦等外力的作用，形成对内装商品的保护，具有一定抗震强度，经受得起运输作业的颠簸。

（2）防止商品发生化学变化。商品在流通和消费过程中易受潮、发霉变质、生锈而发生化学变化，损害产品，这就需要包装能在一定程度上起到阻隔水分、潮气、光线及有害气体的作用，避免外界环境对商品的不良影响。

（3）防止有害生物对产品的影响。鼠、虫及其他有害生物对产品有很大的破坏性，这就要求包装能够具有阻隔真菌、虫、鼠侵入的能力，形成对内装商品的保护。

（4）防止异物混入、污物污染、丢失、散失和盗失等作用。

2. 提高物流作业效率

包装构成物流的操作单位。精心设计包装，实现包装的标准化和集成化，便于采用科学合理且成本低廉的方式完成各项物流作业，有利于采用高效的物流作业设备、物流作业方式，有利于选择合理的物流链管理方法，有利于降低物流作业损耗，节约储存与运输费用。

3. 提供包装物信息

富有特色的包装可以激发顾客对商品的偏爱和购买欲望，包装信息有助于顾客了解和正确使用商品，包装标可以使物流作业人员正确地进行商品的区别和存放，包装物上对操作的说明可用于指导搬运作业。

4. 提高客户服务水平

在客户设计时，要考虑与客户使用的搬运、储存设备相适应，尽管可能会导致成本有所增加，但却有利于提高服务水平，从而吸引并留住大批客户。

8.3.2 包装的种类

包装的种类可以从形态、功能、目的等多个角度进行划分，具体来说，可以按形态、功能、包装方法、包装材料、包装商品、内容状态、包装阶段等多个标志进行分类。

1. 按形态分类

包装按形态分类可以分为个装、内包装和外包装：个装是指物品按销售单位进行的包装，目的是为了提高商品的价值或保护物品，方便销售；内包装是指包装货物的内部包装，目的是防止水、湿气、光热和冲击碰撞对物品造成的破坏；外包装指货物的外部包装，即将物品放入箱、袋、罐等容器中，或直接捆扎并做上标记、印记等，其目的是便于对物品的运输、装卸和保管，保护物品。

2. 按功能分类

若从包装功能的角度对其分类，可以分为工业包装和商业包装。工业包装是为了运输、仓储时保护商品和方便操作，商业包装是为了促进商品销售。商品包装的功能还有保护性包装、防护性功能、装饰性包装、定量化包装等。

3. 按包装方法分类

按照包装的技术方法可以分为防碎包装、防洒漏包装、防湿包装、防锈包装、缓冲包装、收缩包装、真空包装等。

4. 按包装材料分类

根据包装物使用的材料可以划分为纸箱包装、木箱包装、金属包装、纸袋包装、玻璃瓶包装、塑料袋包装(软包装)等。

5. 按包装商品分类

不同的商品对于包装有不同的要求，按照商品的种类可以分为食品包装、药品包装、蔬菜包装、机械包装、危险品包装等。

6. 按内容状态分类

根据物品的状态可以分为液体包装、粉末体包装、颗粒体包装、固体包装等。

7. 按包装阶段分类

按照商品所处的阶段可以划分为生产者包装、集货地包装、物流中心包装、店铺包装等。

知识链接

包装点滴

1. 商业包装

商业包装又称为销售包装。商业包装是以促进商品销售为主要目的的包装，其本身构成商品的一部分，也称作零售包装或消费包装。主要是根据零售业的需要，作为商品的一部分或为方便携带，以促进销售为主要目的的包装。这种包装的特点是外形美观，有必要的装潢，适合销售的包装单位，适合顾客购买和商品摆设陈列的要求。

商业包装的主要功能是定量(单位化)功能、标功能、商业功能、便利功能和促销功能，主要目的在于促销展示或便于商品在柜台上零售。

2. 工业包装

工业包装是指在运输和保管过程中以保护物品为主要目的的包装，也称之为运输包装，以满足运输储存要求为主要目的的包装。它具有保障产品的安全，方便储运装卸，加速交接、点验等作用。

工业包装的主要作用是保护功能、定量功能、便利功能和效率功能。

(1) 保护功能避免搬运过程中的脱落，运输过程中的振动或冲击，保管中的由于承受物重造成的破损；避免异物的混入和污染；防湿、防水、防锈、防光，防止因为化学或细菌的污染而出现的腐烂变质；防霉变、防虫害。

(2) 定量功能整理成为适合搬动、运输的单元；整理成适合使用托盘、集装箱、货架或载重汽车、货运列车运载的单元。

(3) 便利功能形状便于实施运输、搬动或保管等物流作业，便于生产，便于废弃物的处理。

(4) 效率功能有利于提高生产、搬运、销售、配送、保管等效率。

尽管工业包装和商业包装有明显的区别，但二者近来也有相互接近的倾向。为了实现物流的合理化，工业包装采用与商业包装同样的创意，工业包装同时具有商业包装的功能。例如，家电产品包装就呈现出这种趋势。

8.3.3 合理化包装

包装是物流的起点，包装的合理化是物流合理化研究的重要对象，也是物流合理化的基础。近代工业包装是以大量生产、大量消费、长距离运输背景下的商品流通为对象，以集成大量性、迅速性、低廉性和省力性为目标展开其合理化过程的。包装合理化朝着标准化、作业机械化、成本低廉化、单位大型化、绿色化等方向不断发展。

1. 标准化原则

包装尺寸的确定原来大多是以保护内盛装物品、便于人工装卸搬运作业、节约包装材料等为标准，与物流其他作业环节、其他运载工具的关联性考虑的不多。包装设计只是从局部出发，没有站在物流综合系统的角度，以物流总体的合理化为目标。包装标准化则是为了实现物流全过程的物流整体合理化和效率化的原则来设计商品包装，确定包装的尺寸。例如，包装箱尺寸与托盘、集装箱、车辆、货架等各种物流子系统发生连动；包装、运输、装卸、保管等不同物流环节的机械器具的尺寸设计建立在共同的标准之上。

确定包装标准尺寸是包装模数基础尺寸，也就是包装最小尺寸。为实现包装货物合理化而制定的包装尺寸的系列叫做包装模数，用这个规格确定的容器长度乘以容器宽度的组合尺寸称为包装模数尺寸。包装模数基础尺寸的数值以及包装模数是根据托盘的尺寸，以托盘高效率承载包装物为前提确定的。这样，才能够保证物流各个环节的有效衔接。按照包装模数尺寸设计的包装箱就能按照一定的堆码方式合理、高效率地码放在托盘上，完整地装入集装箱。

国际标准化组织推荐的包装的基本模数尺寸为600mm×400mm。在其推荐的1 200mm×1 000mm的托盘上以3+2的方式堆码，如图8.17所示。

图8.17 3+2堆码方式

2. 作业机械化原则

实现包装作业的机械化是提高包装作业效率、减轻人工包装作业强度、实现高效率的基础。包装机械化首先从个装开始，之后是装箱、封口、装挂提手等与外装相关联的作业推进。

3. 成本低廉化原则

包装成本中占比例最大的是包装材料费，容器和附属材料的总费用一般都超过包装总成本的10%。因此，降低包装成本首先应该从降低包装材料费用开始，对于包装材料的种类、材质的选择应该在保证功能的前提下，尽量降低材料的档次，节约材料费用支出。

影响包装成本的第二个因素是劳务费，特别是在经济发达的地区和国家，劳务费用占包装成本的比重相当高。节约劳务费用的办法是提高包装作业的机械化程度，降低包装作业对人工的依赖程度。仅仅从包装环节和费用的角度看，机械化程度的高低要结合人工使用成本综合考虑。在许多场合，通过机械与人工的合理组合，在半机械化的条件下从事包装作业，既可以提高效率，又可以节约人工，使包装成本得到有效控制。

最后，在包装设计上要防止过度包装，应根据商品的价值和商品特点设计包装。对于有些低价值的商品，为保证不发生破损而采用高档次包装的作法在经济上未必合理。允许一定程度的破损率会大大节约包装费用，对于节约包装成本是有益的。

4. 单位大型化原则

随着交易的数量增大和物流过程中的装卸机械化，包装的大型化趋势也在增强。大型化包装有利于机械的使用，提高装卸搬运效率，提高运输效率，降低运输、搬运、装卸成本。大型化的标准包装一般为专用产品，能反复使用，实现包装成本的降低和减少包装材料浪费。

5. 绿色化原则

包装材料中大量使用的纸箱、木箱、塑料容器等会消耗大量的有限资源，包装废弃物给环境带来负面影响。随着物流量的增大和人们对“资源有限”认识的加深，因商品包装而引起的资源消耗、垃圾公害、环境污染受到了重视，有些包装甚至可能给消费带来一定程度的伤害，而有的包装却能够再生利用。因此，在选择包装技法时，应遵循绿色化原则，通过减少包装材料、重复使用、循环使用、回收使用材料等包装措施，节省资源，回收利用和生物降解、分解，来推行绿色包装。

8.3.4 包装标志

包装标志(Mark)又称为标记，是用文字、图形和阿拉伯数字等在包装上的明显位置注明规定或者自定的记号、代号以及其他指示和说明事项。包装标志分为商品标志和货物标志两大类。

1. 商品标志

商品标志是指制造厂或者加工厂直接制作在产品或者随商品销售的包装上，标有商品的品名、规格、质量、制造厂名和商标、商品的使用和保管方法、内包装上商品的数量等的标志。

(1) 品名标志。说明商品的品名、品号、货号。

(2) 制造标志。商标牌号、制造厂标志、监制标志。

(3) 商品说明标志。关于商品的品质、规格、性能、效用、数量、使用方法、保管方法、出厂日期和保质期。

(4) 检查标志。有检查许可证或注册许可证号码的，检查标志或合格证号码。

(5) 原产地标志。符合国际原产地规则规定的生产国(地区)标志。

(6) 其他标准标志。产品符合某些公认的标准的说明和标志。

商品标志主要采用标志牌张贴、挂签、个装容器铸刻、商品表面印制、包装盒印制书写等方式标注。

2. 货物标志

货物标志又称为运输包装标志，是指货物外包装上的包装标志，在货物发运前，由托运人标注的标志。货物标志可以在外包装上印制，或者挂签，或者用不干胶纸印贴。

运输包装标志是用来指明被包装商品的性质和物流活动安全，以及理货、识别需要的文字和图像的说明。运输包装标志便于工作人员辨认识别货物，以利于交接、装卸、分票、清点、查核，避免错发、错卸、错收。另外注意标志(如危险品标志)可指示工作人员正确操作，以保证货物完整。运输包装标志一般包括下列内容。

1) 识别标志

识别标志又称主标志，通常由一个简单几何图形和一些字母、数字及简单文字组成。它不仅是运输过程中辨认货物的依据，而且是一般贸易合同、发货单据和运输、保险文件中记载有关标志的基本部分，是收货人收取货物的标准。

识别标志的内容主要如图 8.18 所示。

(1) 收货人。由客户指定的，以收货人公司名称的字母缩编而成，外面再以某一几何图形(三角、圆、菱形等)包围构成。

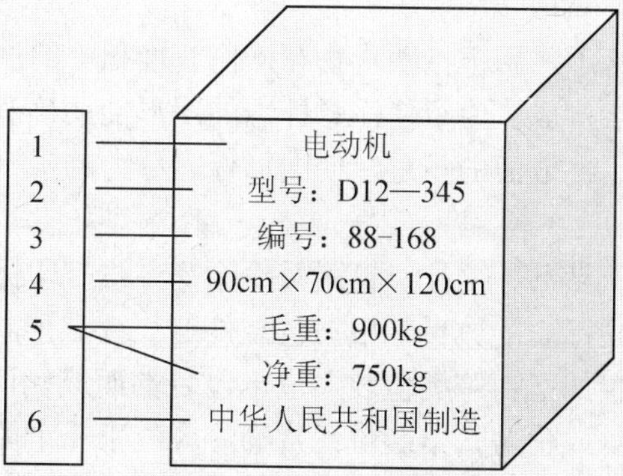

图 8.18　货物识别标志

1—货名；2—货物型号；3—货物编号；4—货物包装尺寸；5—货物重量(毛重、净重)；6—产地名称

(2) 目的港。目的港指卸货港口(进口口岸)，标在收货人名称下方。如果卸货地不是最终地，则用“经由”卸货地，如 ROMA VIA GENOA(罗马，经由热那亚)。

(3) 箱号。标明总件数和顺序号。如有 200 件货物，第一件则写成 1～200 或 1/200。

(4) 订货号。贸易合同、订货单号码或者进口许可证号码。

(5) 产地。一般按照原产地原则确定，标注生产国(地区)，如 MADE IN CHINA。

(6) 重量、体积。按长×宽×高、直径×高标示体积，标注毛重、净重、皮重。

(7) 货物名称。除非买方要求，大多数商品在运输包装上都不标注商品名称。但为了区别可以对商品进行标号或用代号。

2) 运输标志

运输标志习惯上称为“唛头”。其形式和内容由买卖双方在贸易合同或信用证中规定。

运输标志的四要素包括：①收货人或者买方的名称字首或者简称，但在铁路和公路运输中要使用全称；②参照号码，采用贸易合同、运单、提单、订货单发票或者许可证号码；③目的地，即货物运输的最终目的地，如需转运，还要标明转运地；④件数号码，由顺序号和总件数构成，如 1/200。如货物规格相同可以标注成：1～200。最后有一箱零数，则要单独标注，如 No. 201。

特别提示

包件体积和重量标志介绍如下。

体积标志一般标注成 L×W×H，如 50cm×30cm×18cm；或者直径×高，如 25cm×50cm。

重量标志分为总重、净重和皮重。如 GROSS WEIGHT：150kg；NET WEIGHT：126kg；TARE 一般不标注。

例如，80EKRT—05008CN……………收货人号
GUANGZHOU…………………目的地
NO. 25/100………………………件号
44cm×30cm×60cm………………体积标志
GROSS：126kg………………重量标志
MADE IN ENGLAND…………原产地标志

3）操作标志

操作标志也称为注意标志，用于指明货物在操作、堆积中的注意事项和特殊要求。

注意标志由图形和文字构成。为了使注意标志的图形能明确和不会产生其他解释，世界各国与一些国际组织都做了这方面的规定，使图形标志尽力趋于一致。

4）运输标志的标注

图形标志可以用印刷、粘贴、拴挂、钉附及喷涂等方式打印标注标志。

一个包装件上使用相同标志的数目，根据包装件的尺寸和形状确定，大件适当增加。图案标志在各种包件上的位置如下：箱类包装，位于包装端面或侧面；袋类包装，位于包装明显处；桶类包装，位于桶身或桶盖；集装单元货物，应位于4个侧面。

其中，“易碎物品”、“向上”应标在包装件所有4个侧面的左上角处。“重心”应尽可能标注在包装件所有6个面的重心位置，否则至少应标在包装件4个侧、端面的重心位置上。“由此夹起”、“由此吊起”应标注在包装件的2个相对面上。

5）危险货物包装标志

危险货物标志是对易爆品、易燃品、有毒物品、腐蚀性物品、放射性物品等危险品在其运输包装上清楚而明确印刷的标志，以警示工作人员，使其在装卸、运输和保管过程中按货物的特性采取相应的保护措施，保护货物与人身的安全。危险货物标志按照GB 190—2009《危险货物包装标志》刷制。联合国制定的《关于危险货物运输的建议书》、国际海事组织(IMO)制定的《国际海运危险货物规则》等都对危险品包装和标志有详细的规定。出口危险品时，除应印刷危险品标志外，还应印刷国际海运的危险品标志。

8.3.5 托盘及成组方法

1. 托盘的概念

托盘是指用于集装、堆放、搬运和运输的放置作为单元负荷的货物和制品的水平平台装置。托盘是为了使货物有效地装卸、运输、保管，将其按一定数量组合放置于一定形状的台面上，这种台面有供叉车插入并将其托起的叉入口。以这种结构为基本结构的平台和在这种基本结构上形成的各种形式的集装器具均可称为托盘。

托盘是一种重要的集装器具，是物流领域中适应装卸机械化而发展起来的一种常用器具。托盘的发展总是与叉车同步，叉车与托盘共同使用形成的装卸系统大大促进了装卸活动的发展，使装卸机械化水平大幅度提高，使长期以来在运输过程中的装卸瓶颈得以改善。托盘区别于普通集合包装的特征是它随时处于“备运”状态，使静态的货物转变为动态的货物。将托盘和货物固定搭配，形成了托盘包装。托盘包装是以托盘为承载物，将包装件或产品堆码在托盘上，通过捆扎、裹包或胶粘等方法加以固定，形成一个搬运单元，以便于机械设备搬运。

2. 托盘的特点

1）托盘的主要优点

(1) 自重量小。托盘用于装卸、运输消耗的劳动强度较小，无效运输及装卸负荷相对也比集装箱小。

(2) 返空容易。返空时占用运力很少。由于托盘造价不高，又很容易互相代用，互相以对方托盘抵补，所以无需像集装箱那样必须有固定归属者，也无需像集装箱那样返空。即使返运，也比集装箱容易操作。

(3) 装盘容易。不需像集装箱那样深入到箱体内部，装盘后可采用捆扎、裹包等技术处理，操作简便。

(4) 装载量适宜，组合量较大。

(5) 节省包装材料，降低包装成本。

2) 托盘的缺点

(1) 保护产品性能不如集装箱。

(2) 露天存放困难，需要有仓库等设施。

(3) 托盘本身的回运需要一定的运力消耗和成本支出。

3. 托盘的标准化

国际标准化组织规定托盘的规格有 1 000mm×800mm、1 200mm×800mm、1 200mm×1 000mm 3 种，此外还有 1 600mm×1 200mm、1 800mm×1 200mm 的大型托盘。

托盘集合包装所集装的货物单元体积一般为 $1m^3$ 以上，其高度为 1 100mm 或 2 200mm，载重为 500～2 000kg。

世界各国托盘的尺寸不完全相同。美国主流托盘为 48in×40in(约 1 200mm×1 000mm)，日本主流托盘为 1 100mm×1 100mm 和 1 200mm×1 000mm。

4. 托盘集合的方法

1) 科学地选择装盘码垛方式

在托盘上放装同一形状的立体形包装货物，可以采取各种交错组合的办法码垛，这可保证足够的稳定性，甚至不需要再用其他方法加固。码放的方式有重叠式、纵横交错式、旋转交错式和正反交错式 4 种码垛方式(见项目 4)。

2) 托盘的加固方法

托盘货体的加固是保证货体稳固防止塌垛的重要手段。托盘货体的紧固方法有如下 10 种。

(1) 捆扎。用绳索、打包带等对托盘货体进行捆扎以保证货体的稳固。其方式有水平、垂直和对角捆扎等方式。捆扎打结的方法包括扎结、黏合、热融、加卡箍等。对钢丝、天线、软管等柔性货物用线架或卷轴绕成卷再与托盘集合捆扎。捆扎可用于多种货物的托盘集合包装。

(2) 网罩加固。网罩加固主要用于装有同类货物托盘的加固。多见于航空运输，将航空专用托盘与网罩结合起来就可以达到加固的目的。将网罩套在托盘货物上，再将网罩下端的金属配件挂在托盘周围的固定金属片上(或将绳网下部缚牢在托盘的边沿上)，以防形状不整齐的货物发生倒塌。为了防水，可在网罩之下用防水层加以覆盖。网罩用棉绳、布绢和其他纤维绳等材料制成。绳的粗细依托盘货物的重量而定。

(3) 框架加固。框架加固是将框架加在托盘货物相对的 2 面或 4 面以至顶部，用以增加托盘货物钢性的方法。框架的材料以木板、胶合板、瓦楞纸板、金属板等为主，安装方法有固定式和组装式两种。采用组装式需要打包带加固，使托盘和货物结合为一体。

(4) 中间夹摩擦材料。将具有防滑性的纸板、纸片或软性塑料片夹在各层容器之间，以增加摩擦力，防止容器/货物水平移动(滑动)，或冲击时托盘货物各层之间的移位。防滑片除纸板外，还有软性聚氨酯泡沫塑料等片状物。此外，在包装容器表面涂布二氧化硅溶液防滑剂，也有较好的防滑效果。

（5）专用金属卡具固定。对某些托盘货物，最上部如可伸入金属卡具，则可用专用卡具将相邻的包装物卡住，以便每层货物通过金属卡具成为一个整体，防止个别货物分离滑落。

（6）黏合。黏合的方法有两种：一是在下一层货箱上涂上胶水使上下货箱黏合，涂胶量根据货箱的大小和轻重决定；二是在每层之间贴上双面胶条，可将两层通过胶条黏合在一起。

（7）胶带粘扎。托盘货物采用单面不干胶带粘捆。

（8）平托盘周边垫高。将托盘周边稍微垫高，货物会向中心相互依靠，防止货垛外倾，因而起到稳固作用。

（9）收缩薄膜加固。将热缩塑料薄膜套于托盘货体上，然后进行热缩处理，塑料薄膜收缩后，便将托盘货体紧箍成一体。由于塑料薄膜不透水，还可起到防水、防雨的作用，这有利于克服托盘货体不能露天放置、需要仓库的缺点，可大大扩展托盘的应用领域。

（10）拉伸薄膜加固。用拉伸塑料薄膜将货物和托盘一起缠绕包裹，当拉伸薄膜外力撤除后收缩紧固托盘货体形成集合包装件。顶部不加塑料薄膜时，形成4面；顶部加塑料薄膜时，形成5面封。拉伸包装不能完成6面封，因此不能防潮。此外，拉伸薄膜比收缩薄膜的捆缚力差，只能用于轻量的集合包装。

▶ 做一做

根据工作任务，学生两人一组合作，首先设计和粘贴运输标志，然后进行托盘的框架式加固。

▶ 评一评

小组间相互评定运输标志设计结果以及托盘框架式加固的步骤和结果，提出修正意见，重新提高训练效果。

项 目 小 结

货物拣取作业是配送的核心操作，正确设计和执行拣货方案，是仓储与配送管理从业人员必备的基本技能。本项目介绍了基于配送工作过程从配送中心规划设计，然后介绍了拣货方案设计与执行和商品包装，通过工作任务操作，在操作中学习基本知识，有助于学生掌握知识和锻炼工作技能。具体知识内容有以下几点。

（1）任务8.1介绍了流通加工的定义，流通加工的目的，流通加工的类型；配送中心概述，配送中心的功能，配送中心的种类，配送类别；配送中心的规划流程，配送中心的规划的主要分析方法；确定基本储运单位和作业功能区，规划设计仓储区的储运量，规划设计拣货区的流量等。

（2）任务8.2介绍了分拣作业的含义及其功能，分拣作业管理的基本流程；订单别拣取，批量别拣取，复合拣取；分货作业，出货检查等。

（3）任务8.3介绍了包装的作用和包装的种类，合理化包装的原则，包装标志，托盘及成组方法等。

复习思考题

一、填空题

1. 国际标准化组织规定托盘的规格有____________、____________、____________3种，此外还有____________、____________的大型托盘。

2. 配送中心区域规划的重点是____________区及____________区。

3. 流通加工是物品在从生产地到使用地的过程中，根据需要施加____________、分割、计量、____________、____________、价格贴付、集中加工等简单作业的总称。

4. 配送中心是专业从事货物配送活动的物流场所或经济组织，它是集____________、____________、____________等多种职能于一体的物流结点。

5. 连锁企业通过统一____________、统一____________、统一定价、统一结算、统一____________、统一运作管理，实现对营销策略、商品供应、运作管理和决策的集中控制。

6. 拣货作业最简单的划分，可以将其分为____________拣取、____________拣取及____________拣取3种方式。

7. 国际标准化组织推荐的包装的基本模数尺寸为____________。其推荐的1200mm×1000mm的托盘是包装的基本模数尺寸的____________倍。

8. 运输标志的四要素包括____________、____________、____________、____________。

二、简答题

1. 什么是流通加工？简述流通加工的类型。
2. 简述配送中心的功能。
3. 简述配送中心的规划的主要分析方法。
4. 简述包装的作用。
5. 简述包装标志。
6. 比较分析订单别拣取和批量别拣取的优缺点。

三、能力拓展实训题

配合自动化程度的分析、作业时序分析及基本运作能力的规划，对配送中心各作业阶段应采取设备的自动化程度须做出决策和计划，作为其后物流系统设备的选用依据。在确定未来配送中心的自动化水准时，规划者应该考虑以下几个因素：①业务的发展速度和规模；②设备投资和运作成本的权衡；③土地、建筑、劳动力工资水平；④业务的发展趋势和弹性需求；⑤商品特性；⑥信息系统与作业工艺的匹配程度。

在配送中心的自动化作业中，可将人员、设备与作业互动的关系分成5级，见表8-27。

由于我国劳动力资源比较丰富，加上市场竞争对零售企业的低成本运作的要求越来越高，结合零售商品的多品种、小数量的特点，比较适合零售业配送中心的自动化水平是“手动+机械”和“半自动”两种。

表 8-27　人员、设备与作业互动的关系分为五级的说明

级别	自动化水平	说明	存储模式	分拣模式	装卸搬运方式
一	人工	完全人力作业方式	低层货架/地面托盘	手工分拣	人＋小车＋托盘堆高机
二	手动＋机械	机械化设备辅助以完成作业	托盘货架＋堆高机存放	流力货架＋分拣堆高机分拣到小车	堆高机叉取货物/输送机
三	半自动	人员经简单的操作、键入工作，通过自动化机械设备完成作业，但无任何控管作业	高架库存储和堆高机出货	计算机辅助分拣，分拣到输送带	自动输送机
四	全自动＋人工监控	虽由机械设备自动完成相关作业，但需人员进行监视及核对	自动仓库	自动分拣机	
五	全自动	由自动化设备完成相关作业，自动核对修止、自动收集资料、自动回馈与监控	自动仓库	自动分拣机	AGV

根据以上资料，如果规划设计全自动立体仓库，请上网查找自动化立体仓库的组成，画出自动化立体仓库的系统结构图。

项目 9 配送运输管理

任务 9.1 配送线路设计

学习目标

- 了解线路设计的目标和约束条件；
- 掌握直送式配送的线路设计方法；
- 熟练应用节约里程法进行线路设计；
- 能根据具体问题，设计合理的配送线路。

任务描述

本任务在了解配送线路设计基本知识的基础上，使学生了解线路设计的目标和运输条件，掌握直送式配送的线路设计方法，熟练应用节约里程法进行线路设计，通过相应的技能训练，学生能根据具体问题，设计合理的配送线路。

工作任务

根据配送线路设计的相关知识内容，制定下面题目中的配送线路规划方案。

已知配送中心 P_0 向 5 个用户 P_j 配送货物，其配送网络、配送中心与用户的距离以及用户之间的距离如图 9.1 所示。图中括号内的数字表示客户的需求量(单位：t)，线路上的数字表示两结点之间的距离，配送中心有 3 台 2t 卡车和 2 台 4t 卡车可供使用。问题：试利用节约里程法制定最优的配送线路方案。

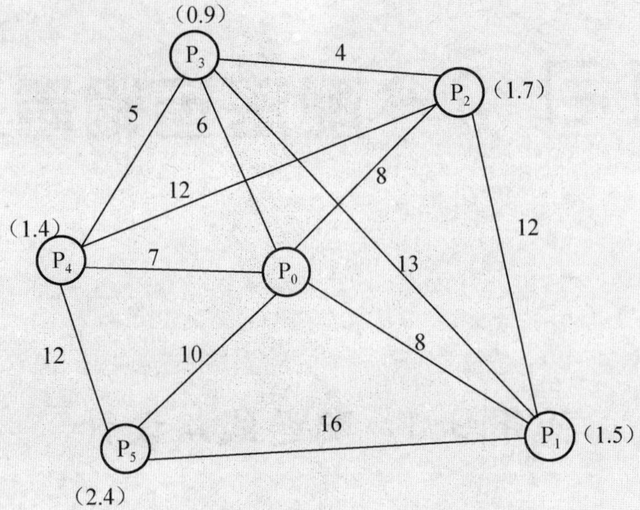

图 9.1　配送中心与用户关系

操作步骤

节约里程法的操作步骤如图 9.2 所示。

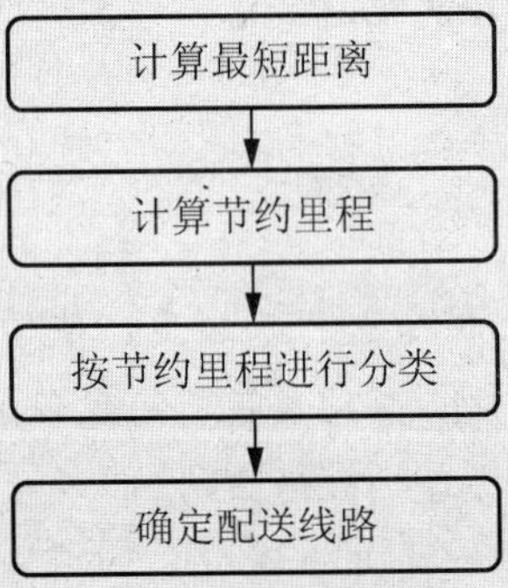

图 9.2　节约里程法的操作步骤

知识准备

9.1.1　配送线路设计的目标与约束条件

配送线路是指各送货车辆向各个用户送货时所要经过的线路。配送线路合理与否对配送速度、车辆的合理利用和配送费用都有直接影响，因此配送线路的优化问题是配送工作的主要问题之一。采用科学的、合理的方法来确定配送线路是配送活动中非常重要的一项工作。

1. 确定目标

目标的选择是根据配送的具体要求、配送中心的实力及客观条件确定的。配送线路设计的目标可以有以下多种选择。

(1) 以效益最高为目标。指计算时以利润最大化为目标。

(2) 以成本最低为目标。实际上也是选择了以效益为目标。

(3) 以路程最短为目标。如果成本与路程相关性较强，而和其他因素的相关性较小时，可以选它作为目标。

(4) 以吨千米数最小为目标。在节约里程法的计算中采用这一目标。

(5) 以准确性最高为目标。它是配送中心中重要的服务指标。

当然还可以选择运力利用最合理、劳动消耗最低作为目标。

2. 配送线路设计的约束条件

一般配送的约束条件有以下几项。

(1) 满足所有收货人对货物品种、规格、数量的要求。

(2) 满足收货人对货物送达时间范围的要求。

(3) 在允许通行的时间段内进行配送。

(4) 各配送路线的货物量不得超过车辆容积和载重量的限制。

(5) 在配送中心现有运力允许的范围内。

配送运输过程中影响因素很多，如车流量的变化、道路状况、客户的分布状况和配送中心的选址、道路交通网、车辆额定载重量以及车辆运行限制等。线路设计就是整合影响运输的各因素，适时适当地利用现有的运输工具和道路状况，及时、安全、方便经济地将客户所需的不同物资准确送达客户手中，以便提供优良的配送服务。在配送线路设计中，须根据不同客户群的特点和要求，选择不同的线路设计方法，最终达到节省时间、运行距离和运行费用的目的。

9.1.2 直送式配送的线路设计

直送式配送运输是指由一个供应点对一个客户的专门送货。从配送优化的角度看，直送式配送运输的基本条件是其需求量接近于或大于可用车辆的额定重量，须专门派一辆或多辆车一次或多次送货。因此，在直送情况下，货物的配送追求的是多装快跑，选择最短配送线路，以节约时间、费用，提高配送效率。即直送问题的配送优化主要是寻找配送网络中的最短线路问题。

目前解决最短线路问题的方法有很多，现以位势法为例，介绍如何解决配送网络中的最短线路问题。已知配送网络如图 9.3 所示，各结点分别表示为 A、B、C、D、E、F、G、H、I、J、K，各结点之间的距离如图 9.3 所示，试确定各结点间的最短线路。

寻找最短线路的方法步骤如下。

(1) 选择货物供应点为初始结点，并取其位势值为“零”即 $V_i=0$。

(2) 考虑与 i 点直接相连的所有线路结点。设其初始结点的位势值为 V_i，则其终止结点 j 的位势值可按下式确定

$$V_j = V_i + V_{ij}$$

式中：L_{ij} 指 i 点与 j 点之间的距离。

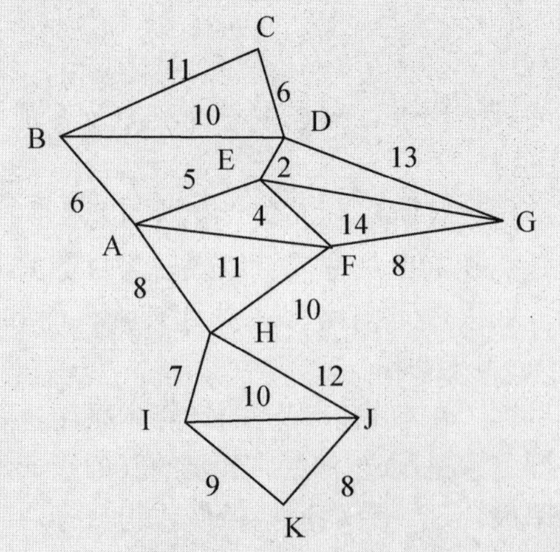

图 9.3 配送网络

(3) 从得到的所有位势值中选出最小者，此值即为从初始结点到该点的最短距离，将其标在该结点旁的方框内，并用箭头标出该连线，以此表示从 i 点到 j 点的最短线路走法。

(4) 重复以上步骤，直到物流网络中所有的结点的位势值均达到最小为止。

(5) 各结点的位势值表示从初始结点到该点的最短距离。带箭头的各条连线则组成了从初始结点到其余结点的最短线路。分别以各点为初始结点，重复上述步骤，即可得各结点之间的最短距离。

【例 1】 在配送网络图 9.3 中，试寻找从供应点 A 到客户 K 的最短线路。

解： 根据以上步骤，计算如下。

(1) 取 $V_A=0$。

(2) 确定与 A 点直接相连的所有结点的位势值。

$$V_B = V_A + V_{AB} = 0 + 6 = 6$$
$$V_E = V_A + V_{AE} = 0 + 5 = 5$$
$$V_F = V_A + V_{AF} = 0 + 11 = 11$$
$$V_H = V_A + V_{AH} = 0 + 8 = 8$$

(3) 从所得的所有位势值中选择最小值 $V_E = 5$，并标注在对应结点 E 旁边的方框内，并用箭头标出连线 AE。即

$$\min\{V_B, V_E, V_F, V_H\} = \min\{6,\ 5,\ 11,\ 8\} = V_E = 5$$

(4) 以 E 为初始结点，计算与之直接相连的 D、G、F 点的位势值(如果同一结点有多个位势值，则只保留最小者)

$$V_D = V_E + L_{ED} = 5 + 2 = 7$$
$$V_G = V_E + L_{EG} = 5 + 14 = 19$$
$$V_F = V_E + L_{EF} = 5 + 4 = 9$$

(5) 从所得的所有剩余位势值中选出最小者 6，并标注在对应的结点 B 旁，同时用箭头标出连线 AB，即

$$\min\{V_B, V_H, V_D, V_G, V_F\} = \min\{6,\ 8,\ 7,\ 19,\ 9\} = V_B = 6$$

(6) 以 B 点为初始结点，与之直接相连的结点有 D、C，它们的位势值分别为 16 和 17。从所得的所有剩余位势值中取最小，即

$$\min\{8, 7, 19, 9, 17\} = V_D = 7$$

将最小位势值 7 标注在与之相应的 D 旁边的方框内，并用箭头标出连线 ED。

如此继续计算，可得最优路线如图 9.4 所示，由供应点 A 到客户 K 的最短距离为 24。

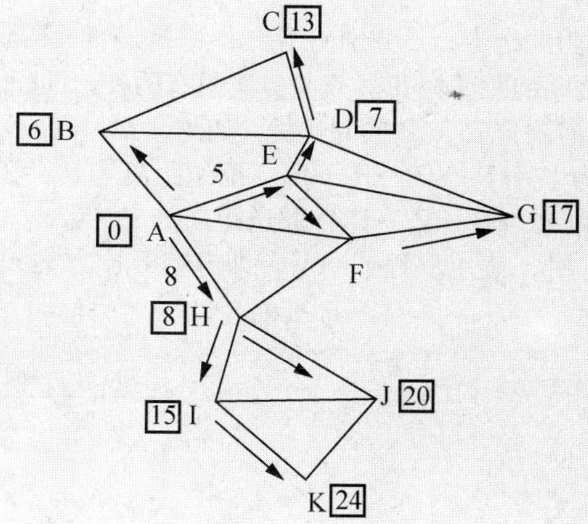

图 9.4 最优路线

依照上述方法，将物流网络中的每一结点当作初始结点，并使其位势值等于“零”，然后进行计算，可得所有结点之间的最短距离。

9.1.3 分送式配送的线路设计

分送式配送是指由一个供应点对多个客户的共同送货。其基本条件是所有客户的需求量总和不大于一辆车的额定载重量。送货时，由这一辆车装着所有客户的货物，沿着一条精心选择的最佳线路一次将货物送到各个客户手中，这样既保证按时按量将用户需要的货物及时送到，又节约车辆、费用，缓解交通紧张的压力，并减少运输对环境造成的污染。下面主要介绍节约里程法的应用。

1. 节约里程法的基本规定

利用节约里程法确定配送路线的主要出发点：根据配送方的运输能力及其到客户之间的距离和各客户之间的相对距离来制定使配送车辆总的周转量达到或接近最小的配送方案。

假设条件如下所示。

(1) 配送的是同一种或相类似的货物。

(2) 各用户的位置及需求量已知。

(3) 配送方有足够的运输能力。

(4) 设状态参数为 t_{ij}，t_{ij} 的定义为

$t_{ij}=\{1$，表示客户 i 和 j 在同一送货路线上；0，表示客户 i 和 j 不在同一送货线路上$\}$

$t_{0j}=2$，表示由送货点 P_0 向客户 j 单独派车送货。

且所有状态参数应满足下式

$$\sum_{i-1}^{j-1} t_{ij}+\sum_{i-j+1}^{N} t_{ij}=2(j=1,\ 2,\ \cdots,\ N)$$

式中：N 表示客户数。

利用节约里程法制定出的配送方案除了使总的周转量最小外，还应满足：①方案能满足所有

客户的到货时间要求；②不使车辆超载；③每辆车每天的总运行时间及里程满足规定的要求。

2. 节约里程法的基本思想

如图 9.5 所示，设 P_0 为配送中心，分别向用户 P_i 和 P_j 送货。P_0 到 P_i 和 P_j 的距离分别为 d_{0i} 和 d_{0j}，两个用户 P_i 和 P_j 之间的距离为 d_{ij}，送货方案只有两种，即配送中心 P_0 向用户 P_i 和 P_j 分别送货，或者配送中心 P_0 向用户 P_i 和 P_j 同时送货，如图 9.5(a)和(b)。比较两种配送方案。

方案(a)的配送路线为 $P_0 \rightarrow P_i \rightarrow P_0 \rightarrow P_j \rightarrow P_0$，配送距离为 $d_a = 2d_{0i} + 2d_{0j}$。

方案(b)的配送路线为 $P_0 \rightarrow P_i \rightarrow P_j \rightarrow P_0$，配送距离为 $d_b = d_{0i} + d_{0j} + d_{ij}$。

显然，d_a 不等于 d_b，用 s_{ij} 表示里程节约量，即方案 b 比方案 a 节约的配送里程为

$$s_{ij} = d_{0i} + d_{0j} - d_{ij}$$

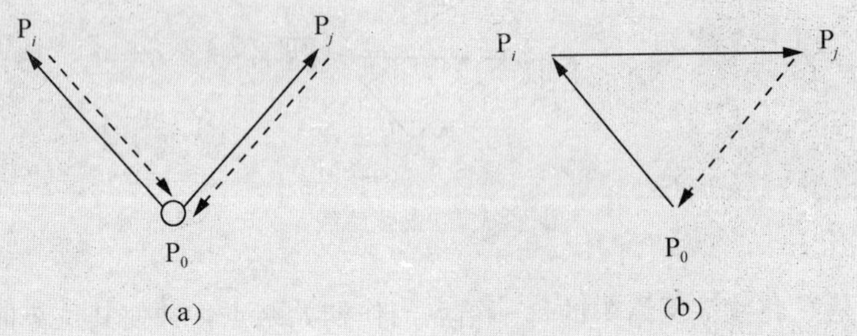

图 9.5　送货方案

根据节约里程法的基本思想，如果一个配送中心 P_0 分别向 N 个客户 $P_j(j=1, 2 \cdots N)$ 配送货物，在汽车载重能力允许的前提下，每辆汽车的配送线路上经过的客户个数越多，里程节约量越大，配送线路越合理。

3. 节约里程法实例

图 9.6 所示为某配送中心的配送网络，图中 P0 点为配送中心，P1、P2、P3、P4、P5、P6、P7、P8、P9、P10 为配送客户，共 10 位客户，其旁边数字为须配送货物吨数，线路上的数值为道路距离，单位为 km。现配送中心有额定载重量分别为 2t 和 4t 的厢式货车可供送货使用，试用节约里程法设计最佳送货路线。

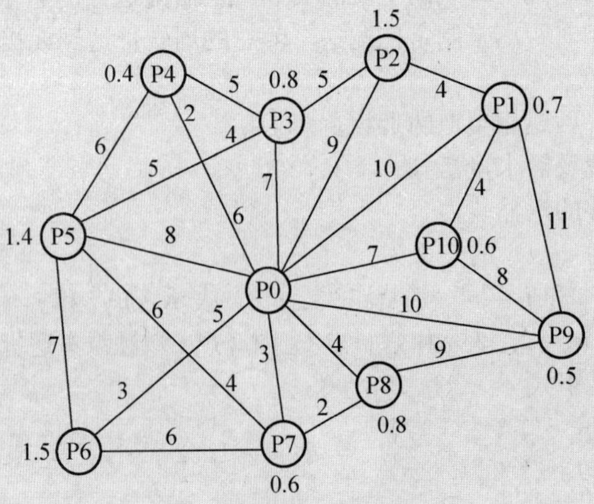

图 9.6　某配送中心的配送网络

（1）计算最短距离。首先计算网络结点之间的最短距离（可采用最短路求解法）。计算结果见表9-1。

表9-1 网络结点之间的最短距离计算结果

P0										
10	P1									
9	4	P2								
7	9	5	P3							
8	14	10	5	P4						
8	18	14	9	6	P5					
8	18	17	15	13	7	P6				
3	13	12	10	11	10	6	P7			
4	14	13	11	12	12	8	2	P8		
10	11	15	17	18	18	17	11	9	P9	
7	4	8	13	15	15	15	10	11	8	P10

（2）计算节约里程。根据最短距离结果，计算各客户之间的节约行程，结果见表9-2。

表9-2 各客户之间的节约行程计算结果

P1									
15	P2								
8	11	P3							
4	7	10	P4						
0	3	6	10	P5					
0	0	0	3	9	P6				
0	0	0	0	1	5	P7			
0	0	0	0	0	4	5	P8		
9	4	0	0	0	1	2	5	P9	
13	8	1	0	0	0	0	0	9	P10

（3）将节约里程进行分类，对节约行程按从大到小的顺序排列，见表9-3。

表9-3 节约行程的顺序排列

序号	路线	节约里程	序号	路线	节约里程
1	p1p2	15	13	p6p7	5
2	p1p10	13	13	p7p8	5
3	p2p3	11	13	p8p9	5
4	p3p4	10	16	p1p4	4
4	p4p5	10	16	p2p9	4
6	p1p9	9	16	p6p8	4

续表

序号	路线	节约里程	序号	路线	节约里程
6	p5p6	9	19	p2p5	3
6	p9p10	9	19	p4p6	3
9	p1p3	8	21	p7p9	2
9	p2p10	8	22	p3p10	1
11	p2p4	7	22	p5p7	1
12	p3p6	6	22	p6p9	1

(4) 确定配送线路。按节约里程大小顺序，组成线路图。

① 初始方案：如图 9.7 所示，从配送中心 P0 分别向各个客户进行配送，对每一客户分别单独派车送货，共有 10 条配送线路，总行程为 148km，需 2t 货车 10 辆。

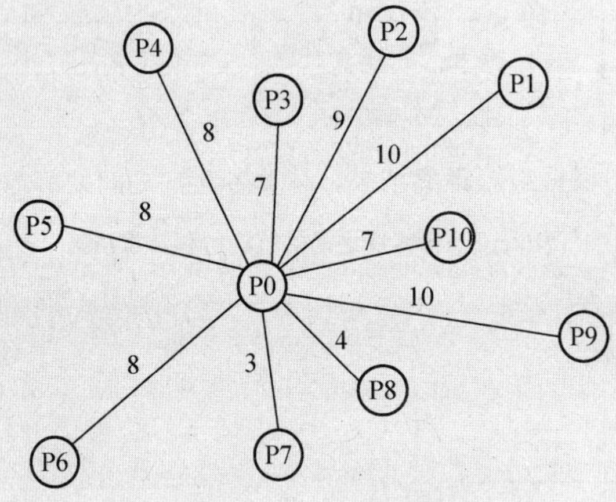

图 9.7　初始方案

② 修正方案 1：按节约行程由大到小的顺序，连接 P1 和 P2，P1 和 P10，P2 和 P3，P3 和 P4，形成巡回路线 P0→P10→P1→P2→P3→P4→P0 的配送线路，如图 9.8 所示，装载货物 4t，这时配送路线总运行距离 109km，配送线路 6 条，需 4t 货车 1 辆，2t 货车 5 辆。

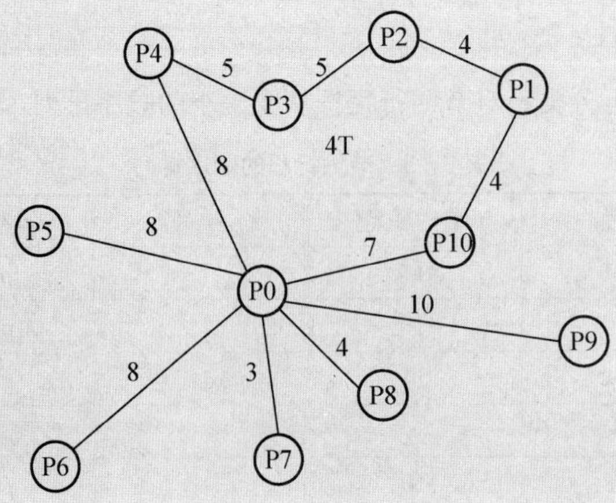

图 9.8　修正方案 1

③ 修正方案 2：按节约里程由大到小的顺序，连接 P5 和 P6，P6 和 P7，形成巡回路线 P0→P5→P6→P7→P0 的配送线路，如图 9.9 所示，装载货物 3.5t，这时配送路线总运行距离为 85km，配送线路 4 条，需 4t 货车 2 辆，2t 货车 2 辆。

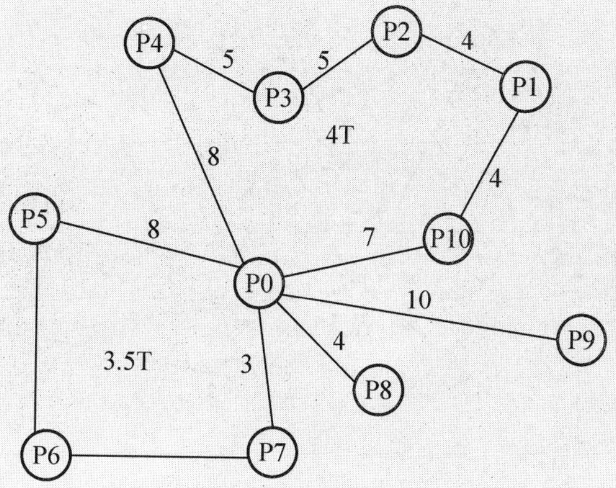

图 9.9 修正方案 2

④ 修正方案 3：按节约里程由大到小的顺序，连接 P8 和 P9，形成巡回路线 P0→P8→P9→P0 的配送线路，如图 9.10 所示，装载货物 1.3t，这时配送路线总运行距离为 80km，配送线路 3 条，需 4t 货车 2 辆，需 2t 货车 1 辆。

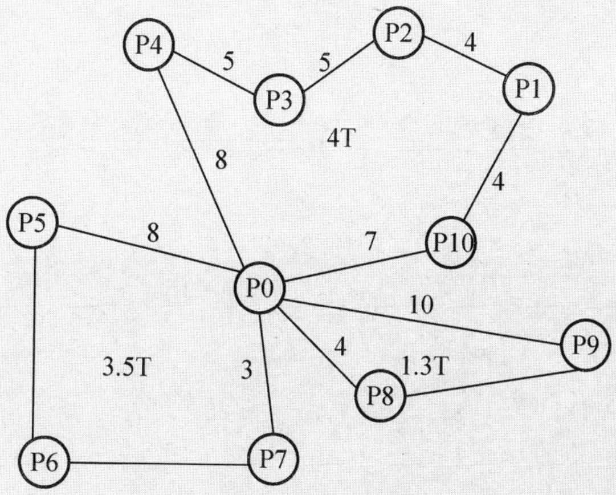

图 9.10 修正方案 3

⑤ 最终配送线路方案如图 9.11 所示。

A：P0→P4→P3→P2→P1→P10→P0。

B：P0→P5→P6→P7→P0。

C：P0→P8→P9→P0。

如果考虑单车载重量均衡，由于 P3P4、P4P5 节约的里程相同，可以把 P4 点放在 B 线路，其结果里程一样，都是 80km。配送线路 3 条，需 4t 货车 2 辆，2t 货车 1 辆，装载量分别为 3.6t、3.9t 和 1.3t。最终配送线路方案如下。

A：P0→P3→P2→P1→P10→P0。

B：P0→P4→P5→P6→P7→P0。

C：P0→P8→P9→P0。

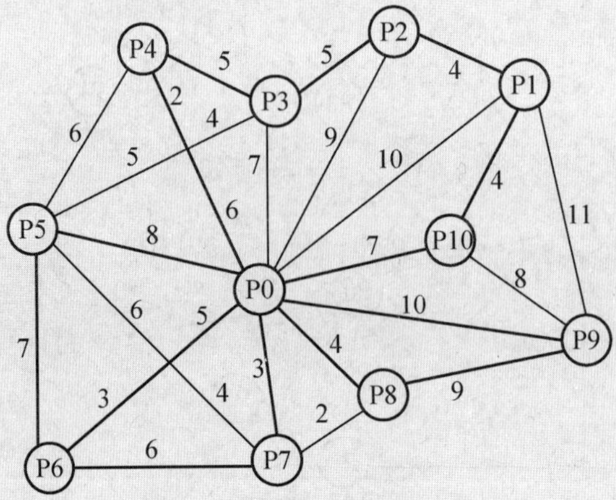

图 9.11　最终配送线路方案

▶ 做一做

根据所学配送线路设计相关知识，完成本任务开始时【工作任务】中的题目。

▶ 评一评

组内成员间相互检查计算结果，提出修正意见，重新设计配送线路。

任务 9.2　配送车辆调度

学习目标

- 了解车辆调度工作的内容；
- 熟悉车辆调度工作的原则；
- 熟练应用各种车辆调度方法；
- 能根据具体实际情况对配送中心车辆进行调度。

任务描述

本任务在了解配送车辆调度基本知识的基础上，使学生了解车辆调度工作的内容，熟悉车辆调度工作的原则。通过相应的技能训练，使学生能够根据具体实际情况，熟练应用各种车辆调度方法，对配送中心车辆进行调度。

工作任务

有 A_1、A_2、A_3 3 个配送点，分别有化肥 40t、30t、30t，需送往 4 个客户点 B_1、B_2、B_3、B_4，需要量依次为 10t、20t、30t、40t，而且已知各配送点和客户点的地理位置及它们之间的距离，可据此绘制相应的交通图，如图 9.12 所示。问题：请应用图上作业法制定车辆调度方案。

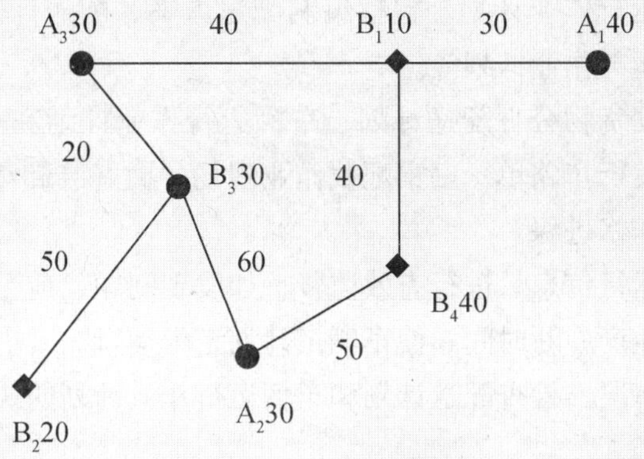

图 9.12　交通图

操作步骤

图上作业法应用的操作步骤如图 9.13 所示。

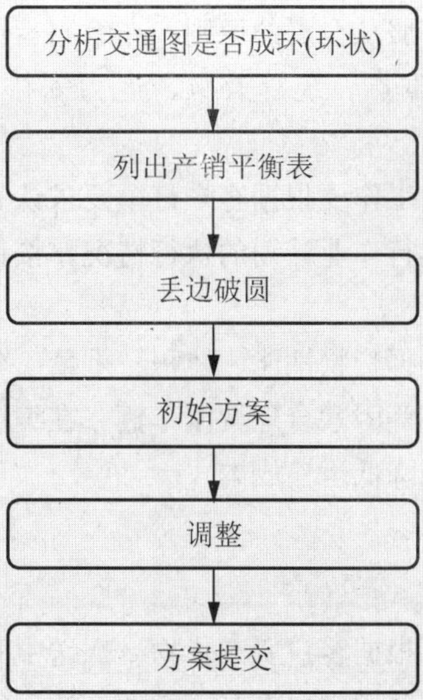

图 9.13　图上作业法应用的操作步骤

知识准备

车辆调度是配送运输管理的一项重要的职能，是指挥监控配送车辆正常运行、协调配送生产过程以实现车辆运行作业计划的重要手段。

9.2.1 车辆调度工作的内容

(1) 编制配送车辆运行作业计划。包括编制配送方案、配送计划、车辆运行计划总表、分日配送计划表、单车运行作业计划等。

(2) 现场调度。根据货物分日配送计划、车辆运行作业计划和车辆动态分派配送任务，即按计划调派车辆，签发行车路单；勘察配载作业现场，做好装卸车准备；督促驾驶员按时出车；督促车辆按计划送修进保。

(3) 随时掌握车辆运行信息，进行有效监督。如发现问题，应采取积极措施，及时解决和消除，尽量减少配送生产中断时间，使车辆按计划正常运行。

(4) 检查计划执行情况。检查配送计划和车辆运行作业计划的执行情况。

9.2.2 车辆调度工作的原则

车辆运行计划在组织执行过程中常会遇到一些难以预料的问题，如客户需求发生变化、装卸机械发生故障、车辆运行途中发生技术障碍、临时性路桥阻塞等。针对以上情况，需要调度部门有针对性地加以分析和解决，随时掌握货物状况、车况、路况、气候变化、驾驶员状况、行车安全等，确保运行作业计划顺利进行。车辆运行调度工作应贯彻以下原则。

(1) 坚持从全局出发，局部服从全局的原则。在编制运行作业计划和实施运行作业计划过程中，要从全局出发，保证重点、统筹兼顾，运力安排应贯彻“先重点、后一般”的原则。

(2) 坚持计划性原则。调度工作要根据客户订单要求认真编制车辆运行作业计划，并以运行计划为依据，监督和检查运行作业计划的执行情况，按计划配送货物，按计划送修送保车辆。

(3) 坚持合理性原则。要根据货物性能、体积、重量、车辆技术状况、道路桥梁通行条件、气候变化、驾驶员技术水平等因素合理调派车辆。在编制运行作业计划时，应科学合理地安排车辆的运行路线，有效地降低运输成本。

9.2.3 车辆调度方法

车辆调度的方法有多种，可根据客户所需货物、配送中心站点及交通线路的布局不同而选用不同的方法。简单的配送可采用定向专车运行调度法、循环调度法、交叉调度法等。如果运输任务较重，交通网络较复杂时，为合理调度车辆的运行，可运用运筹学中线性规划的方法。这里只讲述图上作业法、经验调度法和运输定额比法。

1. 图上作业法

图上作业是在交通示意图上，就产地产量与销地销量的平衡关系，运用运筹学原理，寻找能够控制的最省运费的方法，图上作业法的基本规则是：对于不成圈状的交通线路图，从各端开始，按就近供应的原则和先支线后干线的基本要领，绘制出没有对流的调运方案，就是所要控制的最优调运方案；对于形成圈状的且发点与收点交错迂回的交通线路图，就比较复杂，则必须以“圈内外流向总路程应分别小于或等于该圈总路程的一半”的定理为准则，设计所要控制的最省费用方案。下面举例说明其设计的步骤。

1）调运线路成线状

【例 2】 设有某种商品由 3 个发点 A_1、A_2、A_3 调运到 4 个收货地，即 B_1、B_2、B_3、B_4。3 个发点的发运量为 4t、10t 和 8t，4 个收货地点的收货量分别为 8t、5t、3t 和 6t。并已知各点的距离及交通图，如何调运使总的吨千米数最小？如图 9.14 所示为各点的距离及交通图。

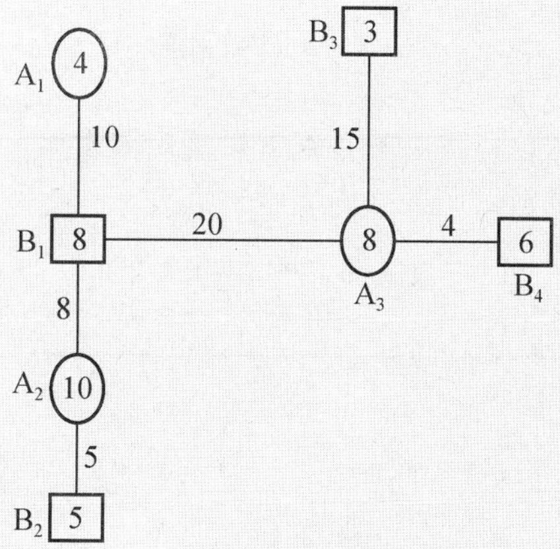

图 9.14 各点的距离及交通图

解：(1)根据给出的收、发数量，列出产销平衡表，见表 9－4。

表 9－4 产销平衡表 1

（单位：t）

产地＼销地	B_1	B_2	B_3	B_4	产量
A_1					4
A_2					10
A_3					8
销量	8	5	3	6	22＼22

(2) 规划调运方向时，要按照“先端点由外向里”的原则，逐步进行各发收点之间的产

销平衡。本例的调运图中一共有 4 个端点，规划时先从这 4 个点开始，即把 A_1 的 4t 调运到 B_1，B_1 尚有 4t 需要量。发点 A_2 先调运给 B_2 发点 5t，其余 5t 调到 B_1，则 B_1 满足需要后还剩余 1t 运往 A_3。发点 A_3 分别调往 B_3 发点 3t 及 B_4 发点 6t，达到了收发平衡，如图 9.15 所示。

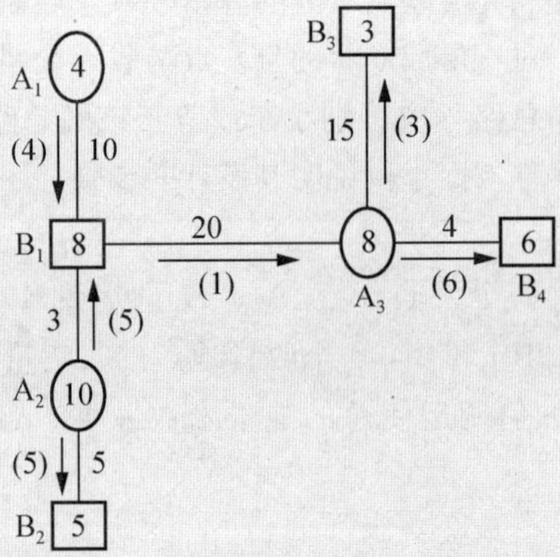

图 9.15　产销平衡

（3）对规划的产销平衡图，检查一下是否有对流现象发生，如果没有对流，就是一个最优的调运方案了。然后把收发数量填入平衡表中，见表 9－5。

表 9－5　产销平衡表 2

（单位：t）

产地＼销地	B_1	B_2	B_3	B_4	产量
A_1	4				4
A_2	4	5		1	10
A_3			3	5	8
销量	8	5	3	6	22 ＼ 22

依照平衡表，计算出商品调运的总吨千米数为

$$\text{总吨千米}=4\times10+4\times8+5\times5+1\times32+3\times15+5\times4=194(\text{km})$$

根据商品调运的流向，可以填出不同方案的平衡表。但这些方案的流向不变，所以总的运输量还是相同的。

2）调运路线成环状

【例 3】 设某种商品的发点和收点各 4 个，形成两个环状的线路图，各发、收点的供需量及它们之间的距离已给出，问如何规划调运方案，使运输的吨千米数最小？如图 9.16 所示为环状线路图。

解：（1）列出产销平衡表，见表 9－6。

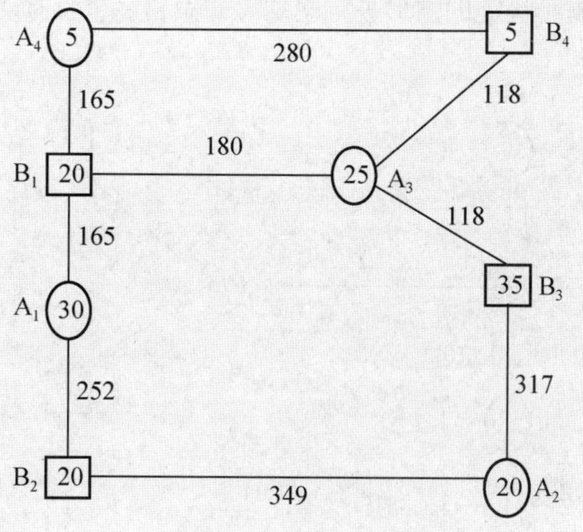

图 9.16　环状线路

表 9-6　产销平衡表 3

（单位：t）

销地 / 产地	B_1	B_2	B_3	B_4	产量
A_1					30
A_2					20
A_3					25
A_4					5
销量	20	20	35	5	80 / 80

（2）对规划环状的线路图，先采用“丢边破圆”的方法，变成不成环状的线路图，通常找出里程最长的丢掉，本题中上圈甩去最长的边 A_4B_4。下圈甩去 B_2A_2，如图 9.17 所示。

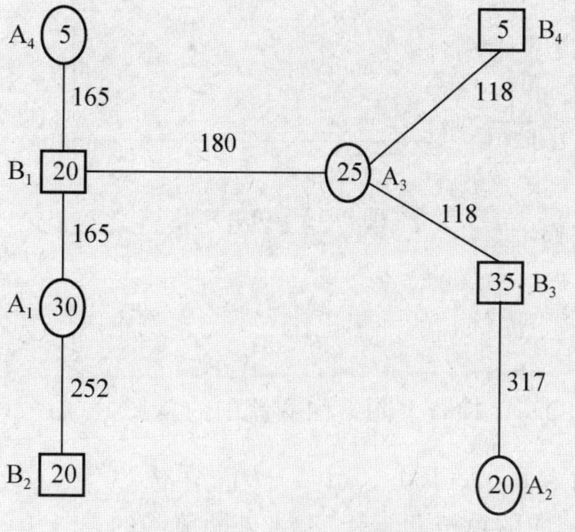

图 9.17　修改后的线路

(3) 按“调运路线成线状”的图形进行规划，并做出一个没有对流的调运图，如图 9.18 所示。

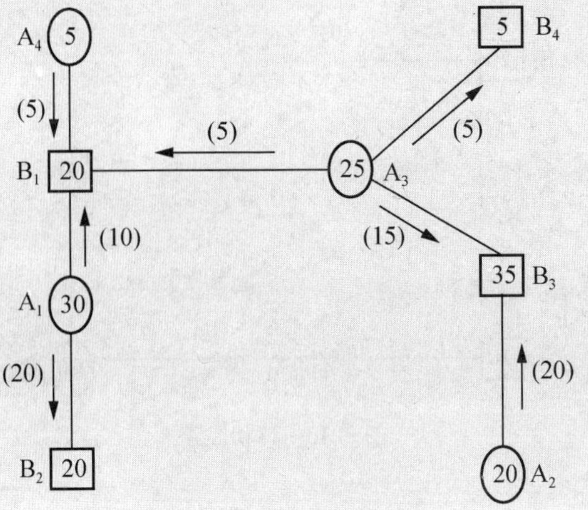

图 9.18　没有对流的调运图

(4) 补回原来丢去的边 A_4B_4 和 B_2A_2，得到一个初始方案，对初始方案进行检查是否有迂回，如果没有迂回，则就是一个最优调运方案，发现有迂回，需要进一步调整，如图 9.19 所示。

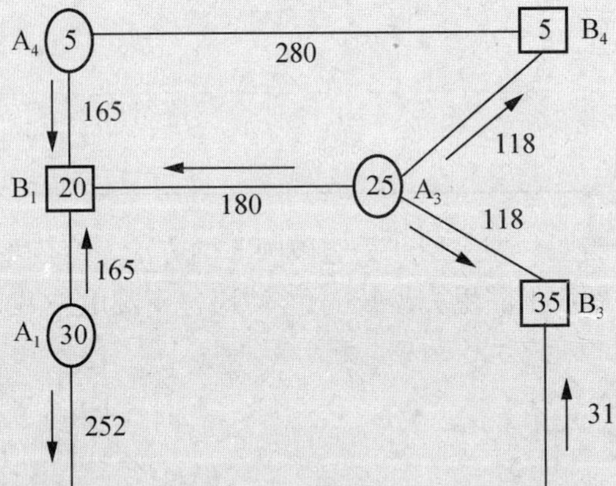

图 9.19　初始方案

在初始调运方案中，上圈周长的一半记作 $\frac{L_{上}}{2}$，本例中 $\frac{L_{上}}{2}=371.5$，下圈周长的一半记作 $\frac{L_{下}}{2}$，本例中 $\frac{L_{下}}{2}=690.5$。检查上圈，内圈流向的总长 $L_{上内}=180$，外圈流向总长 $L_{上外} \neq 283$，可知没有迂回。因为 $L_{上内}=180<371.5$，$L_{上外}=283<371.5$。

再检查下圈，内圈流向的总长 $L_{下内}=283$，外圈流向的总长 $L_{下外}=749$，不是最优方案，需要调整。因为 $L_{下内}=283<690.5$，$L_{下外}=749>690.5$。

(5) 由上面检查可以看出，下圈的初始调运方案还不是最优方案，需要进行调整。调整的方法是，在有迂回的圈上，超过全周一半长的流向中，找出运量最小的一边丢掉它，并补回原来甩去的边，便得到一个新的调运路线成线状的图形，重新规划，如图 9.20 所示。

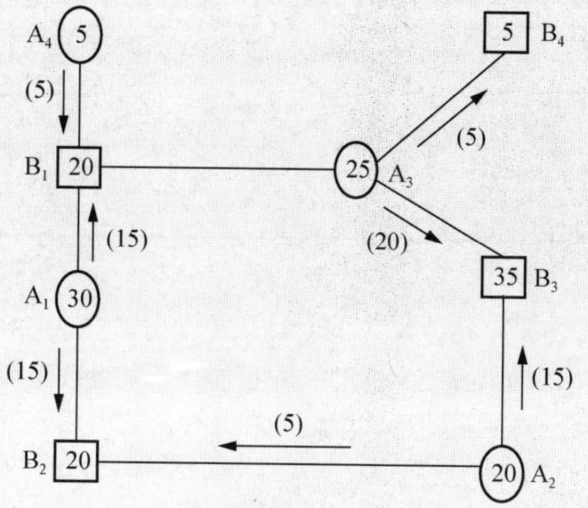

图 9.20 新的调运图

(6) 补回丢掉的边 A_2B_2，甩去 B_1A_3，得出新的调运方案，再进行检查，由于上、下圈都没有迂回，所以就是一个最优调运方案。将调运量填入产销平衡表中，如图 9.21 所示并参见表 9-7。

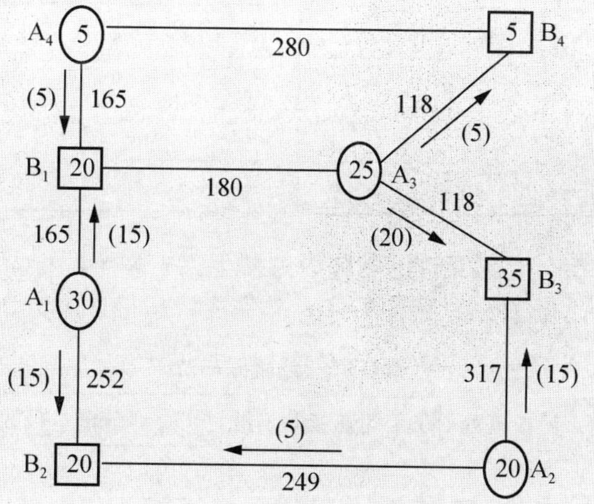

图 9.21 最优调运方案

检查：$L_{上内}=0<371.5$，$L_{上外}=283<371.5$，$L_{下内}=632<690.5$，$L_{下外}=569<690.5$。

$$总吨千米数=15\times165+15\times252+5\times349+15\times317+20\times118+5\times118+5\times165=16\ 530$$

表 9－7　产销平衡表 4

（单位：t）

销地 / 产地	B_1	B_2	B_3	B_4	产量
A_1	15	15			30
A_2		5	15		20
A_3			20	5	25
A_4	5				5
销量	20	20	35	5	80 / 80

2. 经验调度法

在有多种车辆时，车辆使用的经验原则为尽可能使用能满载运输的车辆进行运输。如运输 5t 的货物，安排一辆 5t 载重量的车辆运输。在能够保证满载的情况下，优先使用大型车辆，且先载运大批量的货物。一般而言，大型车辆能够保证较高的运输效率和较低的运输成本。

【例 4】 某建材配送中心，某日需运送水泥 580t、盘条 400t 和不定量的平板玻璃。该中心有大型车 20 辆、中型车 20 辆、小型车 30 辆。各种车每日只运送一种货物，运输定额见表 9－8。

表 9－8　车辆运输定额表

（单位：t/日・辆）

车辆种类	运水泥	运盘条	运玻璃
大型车	20	17	14
中型车	18	15	12
小型车	16	13	10

根据经验派车法确定，车辆安排的顺序为大型车、中型车、小型车，货载安排的顺序为水泥、盘条、玻璃。得出派车方案见表 9－9，共完成货运量 1 080t。

表 9－9　经验派车法

车辆种类	运水泥车辆数	运盘条车辆数	运玻璃车辆数	车辆总数
大型车	20	—	—	20
中型车	10	10	—	20
小型车	—	20	10	30
货运量/t	580	400	100	—

3. 运输定额比法

经验派车法方便快捷，但是运输的货运量是否最大化就不能保证。下面用车辆运输定额比的方法对【例 4】进行派车。以上车辆的运送能力可以按表 9－10 计算每种车运送不同货物的定额比。

表 9－10　车辆运输定额比

车辆种类	运水泥/运盘条	运盘条/运玻璃	运水泥/运玻璃
大型车	1.18	1.21	1.44
中型车	1.2	1.25	1.5
小型车	1.23	1.3	1.6

其他种类的定额比都小于 1，不予考虑。在表 9－10 中小型车运送水泥的定额比最高，因而要先安排小型车运送水泥；其次由中型车运送盘条；剩余的由大型车完成。得表 9－11 的派车方案，共完成运量 1 106t。货运总量比经验派车法多出 26t。

表 9－11　定额比优化派车法

车辆种类	运送水泥车辆数	运送盘条车辆数	运送玻璃车辆数	车辆总数
大型车	5	6	9	20
中型车	—	20	—	20
小型车	30	—	—	30
货运量/t	580	400	126	—

▶ 做一做

根据所学配送车辆调度相关知识，完成本任务开始时【工作任务】中的题目。

▶ 评一评

组内成员间相互检查计算结果，提出修正意见，重新设计配送车辆调度方案。

任务 9.3　车辆配装与运行

学习目标

- 了解影响车辆配装的因素和装车操作注意事项；
- 熟悉车辆配装的原则及车辆运行要求；
- 掌握各种车辆配装的方法；
- 能熟练进行车辆的配装操作。

任务描述

本任务以车辆配装相关内容为基础，加以相应的技能训练，使学生了解影响车辆配装的因素，熟悉车辆配装的原则，掌握各种车辆配装的方法，让学生能熟练进行车辆的配装操作。

工作任务

苏州××配送中心现有汽车集装箱一辆，箱体内壁尺寸为 2.5m、1.6m、1.3m。现需将两批货运送，一批为酒，160 件，每件大小尺寸为 0.25m×0.2m×0.1m。另一批为铝盆，200 件，每件大小尺寸为 0.35m×0.3m×0.2m。问：这一辆车能否装下？如果能装下，如何装？

操作步骤

如图 9.22 所示为车辆配装的操作步骤。

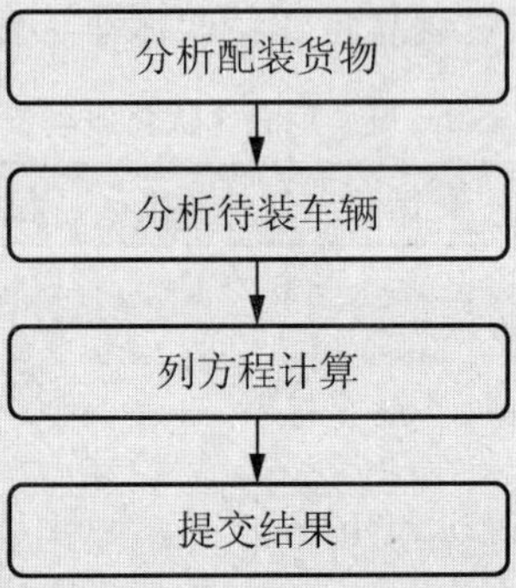

图 9.22　车辆配装的操作步骤

小贴士

某公司在美国纽约州的罗彻斯特建有一个主仓库，为美国东部的一些日用品商店提供服务。商品来自上千家供应商的许多小批量采购的货品。为减少内向运输成本，该公司在主要供货商所在地建立了合并运输的货站，通知供货商将公司采购的货物运往集运站。当货物累计到一整车时，企业自己的卡车就会将商品由集运站运到主仓库。这样做避免了以小批量、长距离的方式将货物运到主仓库所承担的昂贵的单位运费。

（资料来源：谢声．现代物流配送中心运营与管理[M]．广州：暨南大学出版社，2009）

知识准备

9.3.1　影响车辆配装的因素

由于配送作业本身的特点，配送工作所需车辆一般为汽车。由于需配送的货物的比重、体积以及包装形式各异，在装车时，既要考虑车辆的载重量，又要考虑车辆的容积，使车辆的载重和容积都能得到有效的利用，配送车辆配装要解决的主要问题就是在充分保证货物质量和数量完好的前提下，尽可能提高车辆在容积和载货两方面的装载量，以提高车辆利用率，节省运力，降低配送费用。

(1) 货物特性。如轻泡货物，由于车厢容积的限制和运行限制(主要是超高)，而无法装足吨位。

（2）货物包装情况。如车厢尺寸不与货物包装容器的尺寸成整倍数关系，则无法装满车厢。如货物宽度 80cm，车厢宽度 220cm，将会剩余 60cm。

（3）不能拼装运输。应尽量选派核定吨位与所配送的货物数量接近的车辆进行运输，或按有关规定而必须减载运行，比如有些危险品货物必须减载运送才能保证安全。

（4）装载技术的原因造成不能装足吨位。

9.3.2　车辆配装的原则

客户的配送顺序明确后，接下来就是如何将货物装车的问题了。为了有效地利用空间，应根据货物的性质(怕震、怕压、怕撞、怕湿)、形状、体积及质量等做出某些调整。如能根据这些选择恰当的装车方法，并能合理地进行车辆配载工作，则可使货物在配送运输中货损货差减少，既能保证货物完好和安全运输，又能使车辆的载重能力和容积得到充分的利用。当然，这就要求在车辆配装时应遵循以下原则。

（1）轻重搭配的原则。车辆装货时，必须将重货置于底部，轻货置于上部，避免重货压坏轻货，并使货物重心下移，从而保证运输安全。

（2）大小搭配的原则。如到达同一地点的同一批配送货物，其包装的外部尺寸有大有小，为了充分利用车厢的内容积，可在同一层或上下层合理搭配不同尺寸的货物，以减少箱内的空隙。

（3）货物性质搭配的原则。拼装在一个车厢内的货物的化学属性、物理属性不能互相抵触。在交运时托运人已经包装好的而承运人又不得任意开封的货物在箱内因性质抵触而发生损坏，由托运人负责；由此造成的承运人的损失，托运人应负赔偿责任。

（4）到达同一地点的适合配装的货物应尽可能一次积载。

（5）确定合理的堆码层次及方法。可根据车厢的尺寸、容积，货物外包装的尺寸来确定。

（6）积载时不允许超过车辆所允许的最大载重量。

（7）货与货之间，货与车辆之间应留有空隙并适当衬垫，防止货损。

（8）尽量做到“后送先装”。

9.3.3　车辆配装方法

具体车辆配装要根据需配送货物的具体情况以及车辆情况，主要是依靠经验或简单的计算来选择最优的装车方案。

1. 经验配装法

长期以来，配送中心的员工都是凭经验来给运输工具进行配装的，也能获取一定的效益。但这只是凭经验而已，是否已经达到运输工具使用率的最大化、配装效益的最大化了，也从未有人去评估过，同时这种经验对于新员工来说是不具备的。

特别提示

凭经验配装时，应注意以下问题。

(1) 为了减少或避免差错，尽量把外观相近、容易混淆的货物分开装载。

(2) 重不压轻，大不压小，轻货应放在重货上面，包装强度差的应放在包装强度好的上面。

(3) 后送先装，由于配送车辆大多是后开门的厢式货车，故先卸车的货物应装在车厢后部，靠近车厢门，后卸车的货物装在前部。

(4) 不将散发臭味的货物与具有吸臭性的食品混装。

(5) 尽量不将散发粉尘的货物与清洁货物混装。

(6) 切勿将渗水货物与易受潮货物一同存放。

(7) 包装不同的货物应分开装载，如板条箱货物不要与纸箱、袋装货物堆放在一起。

(8) 具有尖角或其他突出物的货物应和其他货物分开装载或用木板隔离，以免损伤其他货物。

(9) 装载易滚动的卷状、桶状货物，要垂直摆放。

(10) 装货完毕，应在门端处采取适当的稳固措施，以防开门卸货时，货物倾倒造成货损或人身伤亡。

2. 计算配装法

最大限度地使用运输工具是合理组织商品配送的重要途径之一。所谓最大限度使用运输工具，就是在特定的自然条件下，根据运输工具的特点，结合商品的自然属性和形态，以及市场需求的缓急，将全部货运量配于各种运输工具，充分发挥运输设备的效能。合理使用运输工具的主要途径是提高技术装载量。

提高技术装载量的基本条件是改进商品包装，实现包装标准化，以适合载运工具容积的特点；另外，要提高技术装载量，最大限度地利用运输工具的载重吨位和有效容积。主要采取的措施有组织轻重配装和商品解体装载。

轻重商品配装是提高运输工具标重利用率和容积利用率的重要方法之一。在组织轻重商品配装时，应用理论与实践相结合的方法较为科学实用。举例说明如下。

【例 5】 已知圆钉每件重 20kg，每件体积 $0.3\times0.25\times0.2=0.015\text{m}^3$。铝制品每件重 37kg，每件体积 $0.75\times0.74\times0.63=0.35\text{m}^3$。计划装上一辆标重 30t，容积 $10.2\times2.81\times2.3=66\text{m}^3$ 的铁路棚车。要测算如何装载上述两种商品，各需组配多少件才能达到容满吨足？

解： 如果只装铝制品或只装圆钉，求解如下。

(1) 理论上求解：理论求解较为简单，只需要从重量或体积上求出件数即可。

铝制品从重量上计算：铝制品$=30\div0.037=810$(件)。

铝制品从体积上计算：铝制品$=66\div0.35=188$(件)。

铝制品的装载按重量能装 810 件，按体积能装 188 件，说明铝制品装载 188 件就已装满，铝制品从理论上计算只能装 188 件。

圆钉从重量上计算：圆钉$=30\div0.020=1\,500$(件)。

圆钉从体积上计算：圆钉$=66\div0.015=4\,400$(件)。

圆钉的装载按重量能装 1 500 件，按体积能装 4 400 件，说明圆钉装载 1 500 件就已满吨位，圆钉从理论上计算只能装 1 500 件。

从理论上计算得出：铝制品只能装 188 件，圆钉只能装 1 500 件。

(2) 实际组配：如果车辆只装铝制品，装配件数计算见表 9-12。

表 9-12 只装铝制品装配件数

（单位：m）

	车长 10.2	剩余	车宽 2.81	剩余	车高 2.3	剩余
品长 0.75	13	0.45	3	0.56	3	0.05
品宽 0.74	13	0.58	3	0.59	3	0.08
品高 0.63	16	0.12	4	0.29	3	0.41

结合上表，铝制品实际可装

$$铝制品=16\times3\times3=144(件)$$

或

$$铝制品=13\times4\times3=156(件)$$

最优装配 156 件比理论 188 件少配 32 件。也就是说，理论上求算的装载数量，实际的空间已放不下商品。理论的求算值与实践有差距，装车效果如图 9.23 所示。

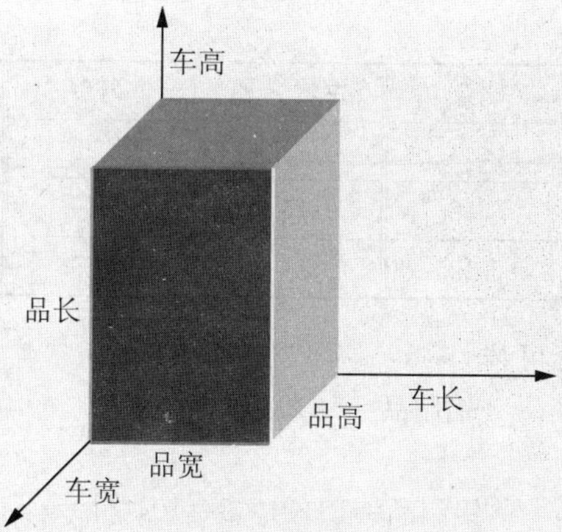

图 9.23 实际装车效果

如果车辆只装圆钉，装载 1 500 件时就已经满吨位，体积绰绰有余，不需要列表求算。最优装配 1 500 件。

两种商品组配的求解如下。

从上面的计算得出，不论装载哪种商品，都会造成浪费。只装铝制品，造成吨位浪费；只装圆钉，造成体积浪费。如果把两种商品组配在一起，将会充分利用吨位和体积。

(1) 理论上求解：设 A 为可装圆钉量，B 为可装铝制品量。

列方程组为

$$\begin{cases}0.02A+0.037B=30\\0.015A+0.35B=66\end{cases}$$

解方程求得

$$A=1\,250(件)，B=135(件)$$

因此，圆钉能装 1 250 件，铝制品能装 135 件。

(2) 实际组配。上面求算的是理论数值，在实际组配时，往往有一定的困难。因此，在理论的基础上，结合实际组配法。既有理论依据，又有使用价值。其步骤如下。

第一步：理论计算两种商品的装车高度。

根据已知求得

$$圆钉每立方米重量=0.02\div0.015=1.333(t/m^3)$$

$$铝制品每立方米重量=0.037\div0.35=0.106(t/m^3)$$

设圆钉占车容积为 X，铝制品占车容积为 Y。

列方程组为

$$\begin{cases}1.333X+0.106Y=30\\X+Y=66\end{cases}$$

解方程求得

$$X=18.769,\ Y=47.231$$

因此，铝制品占车高度$=47.231\div10.2\times2.81=1.648$(m)，圆钉占车高度$=2.3-1.648=0.652$(m)。

第二步：铝制品实际装配，见表 9-13。

表 9-13 铝制品实际装配件数

（单位：m）

	车长 10.2	剩余	车宽 2.81	剩余	车高 1.648	剩余
品长 0.75	13	0.45	3	0.56	2	0.148
品宽 0.74	13	0.58	3	0.59	2	0.168
品高 0.63	16	0.12	4	0.29	2	0.388

结合上表，铝制品实际可装

$$铝制品=16\times3\times2=96(件)$$

或

$$铝制品=13\times4\times2=104(件)$$

铝制品最优装配 104 件，比理论 135 件少配 31 件。

第三步：圆钉实际装配，见表 9-14。

表 9-14 圆钉实际装配件数

（单位：m）

	车长 10.2	剩余	车宽 2.81	剩余	车高 0.652	剩余
品长 0.3	34	0	9	0.11	2	0.052
品宽 0.25	40	0.2	11	0.06	2	0.152
品高 0.2	51	0	14	0.01	3	0.052

结合上表，圆钉可装

$$圆钉=34\times11\times3=1\ 122(件)$$

或

$$圆钉=51\times2\times11=1\ 122(件)$$

或

$$圆钉=40\times14\times2=1\ 120(件)$$

鉴于第三种方案车长还剩余 0.2m 等于品高 0.2m，还可以继续组配，见表 9-15。

表 9-15 圆钉剩余的车长组配件数

	车长 0.2	剩余	车宽 2.81	剩余	车高 0.652	剩余
品长 0.3	—	—	9	0.11	2	0.052
品宽 0.25	—	—	11	0.06	2	0.152
品高 0.2	1	0	—	—	—	—

结合上表，圆钉还可装

圆钉多装＝1×2×11＝22(件)

因此，圆钉配装最优方案为

圆钉共装＝1 120＋22＝1 142(件)

第四步：结合表 9-13、表 9-14 和表 9-15，发现装铝制品车高剩余 0.148m，装圆钉车高剩余 0.052m，两者相加得 0.148＋0.052＝0.2m，等于圆钉品高 0.2m，因此还可以组配，多装一层圆钉，见表 9-16。

表 9-16 剩余的圆钉实际装配件数

(单位：m)

	车长 10.2	剩余	车宽 2.81	剩余	车高 0.2	剩余
品长 0.3	34	0	9	0.11	—	—
品宽 0.25	40	0.2	11	0.06	—	—
品高 0.2	—	—	—	—	1	0

结合上表，按品长多装一层圆钉＝9×40＝360(件)，按品高多装一层圆钉＝11×34＝374(件)；取最优 374 件，因此，共装圆钉＝1 142＋374＝1 516(件)。

第五步：组配两种商品件数。

按上述的计算结果，铝制品能装 104 件，圆钉能装 1 516 件，这样有可能超吨。虽然容积能装下，但超出吨位也是不允许的，要计算一下吨位。

铝制品重＝104×0.037＝3.848(t)

剩余吨＝30－3.848＝26.152(t)

能装圆钉＝26.152÷0.02＝1 307(件)

实际计算装圆钉 1 516 件，用复合组配方案组配的圆钉实际只能装 1 307 件，铝制品装 104 件。

两种方法的比较如下所示。

(1) 如果只装铝制品或只装圆钉，圆钉只能装 1 500 件或铝制品只能装 156 件。

(2) 两种商品实际组配，圆钉实际可装 1 307 件加上铝制品实际可装 104 件。

通过比较得出轻重配装不仅能合理装载，还可以减少运输工具。但是在配装时要注意理论结合实际，否则就可能出现小空间装不下商品，但理论上能装下，实际配装时就会出现甩货现象。

解决车辆配装量问题，当数据量小时还能用手工计算，但数据量大时，依靠手工计算将变得非常困难。现在已开发出车辆配装的软件，将配送货物的相关数据输入计算机，即可由计算机自动输出配装方案。在进行配装时，可以充分利用此类软件进行自动安排。

9.3.4 装车操作

装车时须根据配送货物的性质和包装来确定堆积的行、列、层数及码放的规律。比如，堆码方式要有规律，整齐；堆码高度不能太高，遵守道路运输法规规定：大型货车的高度从地面起不得超过 4m，载重量 1 000kg 以上的中型货车不得超过 2.5m，载重量 1 000kg 以下的小型货车不得超过 2m；货物在横向不得超出车厢宽度，前端不得超出车身，后端不得超出车厢的长度为大货车不超过 2m，1 000kg 以上的中型货车不超过 1m，1 000kg 以下的小型货车不超过 50cm 等。另外，装车还须注意以下几个问题。

1. 绑扎

绑扎可以说是在配送发车前的最后一个环节，也是非常重要的环节。是在配送货物按客户订单全部装车完毕后，为了保证货物在配送运输过程中的完好，以及为避免车辆到达各客户点卸货开厢时发生货物倾倒而必须进行的一道工序。

（1）绑扎时主要考虑以下几点：①绑扎端点要易于固定而且牢靠；②可根据具体情况选择绑扎形式；③应注意绑扎的松紧度，避免货物或其外包装损坏。

（2）绑扎的形式：①单件捆绑；②单元化、成组化捆绑；③分层捆绑；④分行捆绑；⑤分列捆绑。

2. 货车封盖

为了防治雨雪湿损、日晒损坏货物，货物装车后应加封盖。一般采用帆布封盖，或者移动车棚封盖。此外根据道路管理条例规定，装载容易散落、飞扬、流漏的物品的车厢须封盖严密。

9.3.5 车辆运行

车辆运行是指货物在道路上的运送过程，除了涉及一些途中作业以外，主要是对驾驶员的安全驾驶和押运人员提出一些要求。

（1）驾驶员要牢固树立“安全第一”的思想。

（2）在行驶过程中要严格遵守车辆操作规程和交通规则。

（3）要做到脑勤、眼勤、手勤，严格做到不超速、不违章，要知车、知路、知气候、知货物，要注意上下、左右、前后的情况，对车辆要勤检查、勤保养、勤保修、勤搞卫生。

（4）在行驶中对路况不明要慢，视线不良要慢，起步、会车、停车要慢，在交叉路口、狭路、弯路、人行道、人多繁杂地段要慢速行驶。进入客户厂区行驶的各种车辆要低速安全行驶。

（5）车辆在客户厂区按规定停车，不乱停乱放。

（6）押运人员应坐在安全可靠的指定部位，严禁坐在车厢侧板上，或驾驶室顶上，也不得站在踏板上，手脚不得伸出车厢外，严禁扒车和跳车。

关于每次车辆运行过程，驾驶员须填写车辆运行记录表，见表 9－17。

表 9-17 车辆运行记录

日期： 车号：

<table>
<tr><td colspan="9">运行记录</td></tr>
<tr><td>序号</td><td colspan="2">出车起止时间</td><td colspan="2">出车起止地点</td><td colspan="2">里程表里程</td><td>事由</td><td>司机</td></tr>
<tr><td>1</td><td></td><td></td><td></td><td></td><td></td><td></td><td></td><td></td></tr>
<tr><td>2</td><td></td><td></td><td></td><td></td><td></td><td></td><td></td><td></td></tr>
<tr><td>3</td><td></td><td></td><td></td><td></td><td></td><td></td><td></td><td></td></tr>
<tr><td>4</td><td></td><td></td><td></td><td></td><td></td><td></td><td></td><td></td></tr>
<tr><td>5</td><td></td><td></td><td></td><td></td><td></td><td></td><td></td><td></td></tr>
<tr><td>6</td><td></td><td></td><td></td><td></td><td></td><td></td><td></td><td></td></tr>
<tr><td colspan="9">运行及故障描述</td></tr>
<tr><td colspan="9"></td></tr>
<tr><td colspan="9">加油记录</td></tr>
<tr><td colspan="2">时间</td><td colspan="2">加油数量</td><td colspan="2">里程表里程</td><td colspan="3">加油司机签字</td></tr>
<tr><td colspan="2"></td><td colspan="2"></td><td colspan="2"></td><td colspan="3"></td></tr>
</table>

▶ 做一做

根据所学配送车辆配装相关知识，完成本任务开始时【工作任务】中的题目。

▶ 评一评

组内成员间相互检查计算结果，提出修正意见，重新设计配送车辆配装方案。

任务 9.4 货物卸车与交接

学习目标

- 了解卸车的基本要求和工作组织内容；
- 熟悉货物交接流程和交接时的注意事项；
- 能够操作货物交接工作，根据实际情况，绘制交接单。

任务描述

本任务以货物卸车与交接操作为载体，加以相应的技能训练，使学生了解卸车的基本要求和工作组织内容，熟悉货物交接流程和交接时的注意事项，能够根据实际情况，操作货物交接，编制交接单。

工作任务

模拟货物交接工作，编制并填写交接单。

操作步骤

图 9.24 所示为货物卸车和交接的操作步骤。

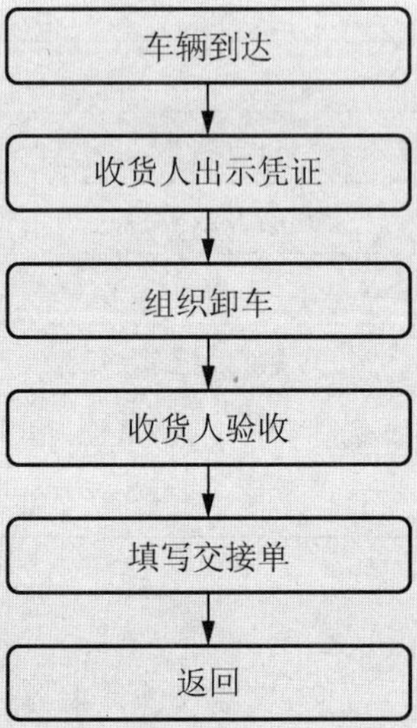

图 9.24　货物卸车与交接的操作步骤

知识准备

9.4.1　卸车

在配送过程中，卸车是货物到达目的地后把货物从车上卸下的过程。卸车活动要花费较长时间，因此它成为决定配送速度的关键。同时，由于卸车操作有可能造成货物的破损、散失、混合、损耗等，所以卸车过程中必须遵循基本的原则和方法，从而保证配送货物的完好。

1. 卸车的基本要求

卸车总的要求是“省力、节能、减少损失、快速、低成本”。在此基础上，有如下基本要求。

（1）确定最恰当的卸车方式。在卸车过程中，应选择尽量减少或根本不消耗体力的方式，以利用货物本身的重量，进行从上往下的卸车方法，如利用滑板、滑槽等。同时，应考虑货物的性质及包装，选择最适当的卸车方法，以保证货物的完好。

(2) 合理配置和使用卸车机具。根据工艺方案科学地选择并将卸车机具按一定的流程合理地布局，使流程线不致出现交叉。

(3) 力求减少卸车次数。在配送过程中，卸车是发生货损货差的主要环节之一，而在整个物流过程中，卸车作业又是不断进行的，从发生的频数来看，除了装车，超过任何其他环节。卸车作业环节不仅不增加货物的价值和使用价值，反而有可能增加货物破损的可能性和相应的配送成本。所以，应尽量采用成组方式卸车。

(4) 防止货物卸车时的混杂、散落、漏损、砸撞。

(5) 卸车时应点交清楚，码放、堆放整齐，标志向外，箭头向上。

(6) 做好卸车现场组织工作。卸车现场的作业场地、进出口通道、作业流程线长度、人机配置等布局设计应合理。避免由于组织管理工作不当造成卸车现场拥挤、阻塞、紊乱现象，以确保卸车工作安全顺利完成。

(7) 卸车后应对车厢进行检查和清扫。

2. 卸车的工作组织

除了强化硬件之外，在卸车工作组织方面也要予以充分重视，做好卸车组织工作。

(1) 制定合理的卸车工艺方案，用“就近卸车”方法或用“作业量最小”法。在进行卸车工艺方案设计时应综合考虑，尽量减少“二次搬运”和“临时放置”，使卸车工作更合理。

(2) 提高卸车作业的连续性。卸车作业应按流水作业原则进行，工序间应合理衔接。

(3) 卸车地点相对集中或固定。卸车地点相对集中，便于卸车作业的机械化、自动化，可以提高卸车效率。

(4) 力求卸车设施、工艺的标准化。为了促进配送各环节的协调，要求卸车作业各工艺阶段间的工艺装备、设施与组织管理工作相互配合，尽可能减少因卸车环节造成的货损货差。

9.4.2 货物交接

货物交接是货物配送的最后一道工序，货物在到达地向收货人办完交付手续，该批货物的全部配送过程才告结束。

1. 货物交接流程

(1) 货物运达后，收货人应持有效凭证提货。

(2) 驾驶员应向收货人交清货物。

(3) 交货时，如发现货物短缺，应做交接记录，分别由驾驶员或卸车人员开具证明文件。

(4) 货物交付时，应做好交接工作，填写交接单。

(5) 交接中如有异议，均可提出查验和复磅。

(6) 凭货票提货联交付者，由收件人在提货联上加盖与收货人名称相同的印章并提出有效身份证件交付。

(7) 货物交付时，应认真核对货物品名、简述和货票号码，如货件较多，要集中点交，以免出错。

(8) 货物交付后，履行完交接手续，待对方无异议后返回。

2. 货物交接注意事项

(1) 货物按照要求送到指定地点后与接货人员交接，并请接货人员签字。如果对方提出异议，应立即与配送中心联系，待确认后按要求操作，不得随意把货物直接带回。

(2) 接收货物时，收货人应仔细核对货物(运单号、合同号、件号、序号、数量)，检查货物是否有破损。如有破损，应在业务单证上标注清楚，并要求送货员签字确认。

(3) 所有资料交接必须要求接货人员签全名及时间。

(4) 主动尽力帮助客户把货物卸下来(在条件允许的情况下)。货物卸下来时也要轻拿轻放，注意货物在卸车过程中不得有破损。

(5) 货物交接结束后，送货员在离开前应主动询问是否有需带回的货物，如有也应当场开具业务流转单，明确送货要求，并做好交接工作。

(6) 如果所承接的回程货物和后面的送货任务不冲突，送货员应主动顺路完成。如果有冲突应立即与调度联系，由调度安排其他人员完成。

(7) 工作结束后，送货员应在一个工作日内将业务单证返回配送中心，单证员做好相应的台账登记工作。

货物交接中主要用到的单证就是交接单，见表 9－18。

表 9－18 配送交接单

发货单位			合同号		启运地
发车时间		预计抵达时间			
收货单位					
现场联系人		车辆型号			
车牌号		司机姓名		司机手机号	
序号	料号/箱件号	品名	包装	毛重/kg	货物完好情况
1					
2					
3					
4					
5					
6					
7					
8					
9					
10					
交接异常记录					

▶ **做一做**

分组模拟货物交接工作，编制并填写交接单。

▶ **评一评**

各组相互评定操作步骤，提出修正意见，每组重新修正和提高操作。

项目小结

通过本项目的学习，学生能够根据实际情况，设计配送线路，制定车辆调度方案和车辆配装方案，完成货物交接。本项目详细内容有以下几点。

(1) 任务9.1介绍了配送线路设计基本知识，线路设计的目标和约束条件，直送式配送的线路设计方法，应用节约里程法进行线路设计，通过相应的技能训练，使学生能根据具体问题，设计合理的配送线路。

(2) 任务9.2介绍了配送车辆调度基本知识，车辆调度工作的内容，车辆调度工作的原则，通过相应的技能训练，使学生能够根据具体实际情况，熟练应用各种车辆调度方法，对配送中心车辆进行调度。

(3) 任务9.3介绍了车辆配装相关内容，加以相应的技能训练，使学生了解影响车辆配装的因素，熟悉车辆配装的原则，掌握各种车辆配装的方法，让学生能熟练进行车辆的配装操作。

(4) 任务9.4介绍了货物卸车与交接操作，加以相应的技能训练，使学生了解卸车的基本要求和工作组织内容，熟悉货物交接流程和交接时的注意事项，能够根据实际情况，操作货物交接，编制交接单。

复习思考题

一、单项或多项选择题

1. 制订配送计划要考虑的条件中，应以(　　)为主要依据？

A. 交通条件　　B. 商流信息　　C. 各配送点的运力　D. 货物性能

2. 送货作业的第一步应该是(　　)。

A. 车辆配载　　B. 车辆安排　　C. 选择送货路线　　D. 划分基本送货区域

3. 设P点为水产品配送中心，分别向A点与B点两客户配送水产品，已知，PA距离为100km，PB距离为150km，AB间距离为75km；假定道路是绝对畅通的，则用一辆车巡回送货比用两辆车分别给两客户送货能节约(　　)运输里程。

A. 25km　　B. 125km　　C. 175km　　D. 没有节约

4. (　　)是指营运车辆在运输过程中的效率，它是车辆在时间、速度、行程和载质量利用方面的一个综合性指标。

A. 车辆时间利用率　　B. 车辆生产率

C. 车辆速度利用指标　　　　　　　　D. 车辆载质量利用指标

5. 商品验收是交接双方划分责任的界限，必须经过下列(　　)的验收。

A. 商品条形码验收　B. 数量验收　C. 质量验收　D. 包装验收　E. 产地验收

二、简答题

1. 节约里程法的基本原理是什么？
2. 车辆运行调度原则是什么？
3. 图上作业法的原理是什么？
4. 车辆配装原则是什么？
5. 如何提高车辆配装效率？
6. 装卸工作对配送货物的性能有哪些影响？

三、能力拓展实训题

张裕集团葡萄酒配送路线优化研究

1. 张裕集团配送模式分析

近年来张裕集团的葡萄酒市场需求量逐年上升。这一方面给张裕集团带来了良好的发展机遇，另一方面也使张裕集团的物流和销售部门面临严峻的挑战。如何改善集团的物流配送模式，及时将葡萄酒送达用户，成为集团亟待解决的问题。

张裕集团生产的葡萄酒采用的是定时定量配送模式，即按固定的时间和客户订单的数量进行送货，对于一些需求量较小的客户也要单独组织车辆进行送货。以山东省的客户需求为例，张裕集团仅在烟台市设有仓库，客户分散在全省的各个县区市，并且需求量大小差别很大，按此配送模式，经常造成过高的运输成本。分析其原因可归纳为几个方面：配送模式不适应集团发展要求，特别是对于即时性需求，不能及时响应；配送路线的选择不合理，没有得到优化；车辆调度不合理，没有充分利用车辆配载容积。

2. 利用节约里程法优化葡萄酒配送路线

以山东省14个地级市葡萄酒客户配送为例，应用节约里程法来优化配送路线，制订配送计划。各地市的葡萄酒需求量和配送距离见表9－19。其中，年货运量最多的是淄博、青岛，距离最远的是济宁、聊城。

表9－19　各地市葡萄酒配送任务

客户	青岛	东营	泰安	济宁	潍坊	日照	枣庄
货运量/(吨/年)	1 146	388	396	478	924	294	390
配送距离/km	245	430	544	670	300	395	615
客户	聊城	济南	淄博	德州	临沂	滨州	菏泽
货运量/(吨/年)	386	2 436	1 282	226	480	220	286
配送距离/km	640	513	398	621	475	431	753

张裕集团的配送车辆车型有10t、8t、6t、4t、2t、1t不等，数量足以满足配送要求。

车辆调度采用以下方案：根据各城市的不同年需求量，制订月度配送计划，按需求量的多少选配车辆。例如，青岛市年需求量为1 146t，月平均95.5t，则先选用最大车型进行直送，90t利用9辆10t汽车运送，对于剩余货运量5.5t，采用节约里程法进行配送。其他城市的货运量均按此方式进行整理，则表9－19中的配送货运量变为表9－20所示数据。

表 9-20 各地市葡萄酒配送的剩余任务

客户	青岛	东营	泰安	济宁	潍坊	日照	枣庄
剩余货运量/t	5.5	4.3	3	0	7	4.5	2.5
客户	聊城	济南	淄博	德州	临沂	滨州	菏泽
剩余货运量/t	2.2	3	6.8	8.8	0	8.3	3.8

表 9-20 中，济宁、临沂的剩余货运量为零，仅对表中有剩余配送货运量的 12 个城市采用节约法进行配送线路的优化。已知各地市之间的相互距离，详见表 9-21。

表 9-21 各地市之间的相互距离

（单位：km）

编号		P0	P1	P2	P3	P4	P5	P6	P7	P8	P9	P10	P11	P12
		烟台	青岛	东营	泰安	潍坊	日照	枣庄	聊城	济南	淄博	德州	滨州	菏泽
P0	烟台	0	245	430	544	300	395	615	640	513	398	621	431	753
P1	青岛		0	350	352	181	147	355	473	372	278	456	315	537
P2	东营			0	248	140	302	370	329	220	101	261	65	453
P3	泰安				0	240	295	204	157	62	154	211	218	243
P4	潍坊					0	201	312	349	243	70	325	168	446
P5	日照						0	245	419	335	265	446	325	456
P6	枣庄							0	298	265	278	382	349	262
P7	聊城								0	144	251	164	268	191
P8	济南									0	140	154	167	272
P9	淄博										0	228	104	359
P10	德州											0	218	322
P11	滨州												0	402
P12	菏泽													0

根据节约里程法，最终得到 12 个地市剩余配送货运量的配送路线：P0→P6→P7→P12→P0；P0→P3→P8→P0；P0→P2→P5→P0；P0→P1→P0；P0→P4→P0；P0→P9→P0；P0→P10→P0；P0→P11→P0。共 8 条配送路线，其中 4 辆 10t 车，2 辆 8t 车，2 辆 6t 车，总运输距离为 7 954km。优化前共需 12 辆车，总运输距离为 11 770km。配送路线优化后，可减少 4 辆车，缩短运输距离 3 816km，效果非常显著。

（资料来源：李玉民．配送中心运营管理[M]．北京：电子工业出版社，2007）

思考题：

根据节约里程法原理，尝试自己给出本案例的详细计算过程。

项目10　退货管理

任务10.1　退货管理概述

学习目标

- 了解退货管理的意义和任务；
- 了解退货原因，掌握生产、销售企业退货处理的方法和具体操作流程；
- 掌握配送中心退货处理的方法和程序；
- 能根据企业实际制定退货管理的相关规定和处理退货事件。

任务描述

根据项目1设置的仓储、配送公司及项目2开展的业务，制定适合本企业的退货管理制度，培养学生掌握退货处理的工作能力。

工作任务

根据项目1设置的仓储、配送公司及开展的业务，制定适合本企业的退货处理程序。

操作步骤

退货管理的一般工作步骤如图10.1所示。

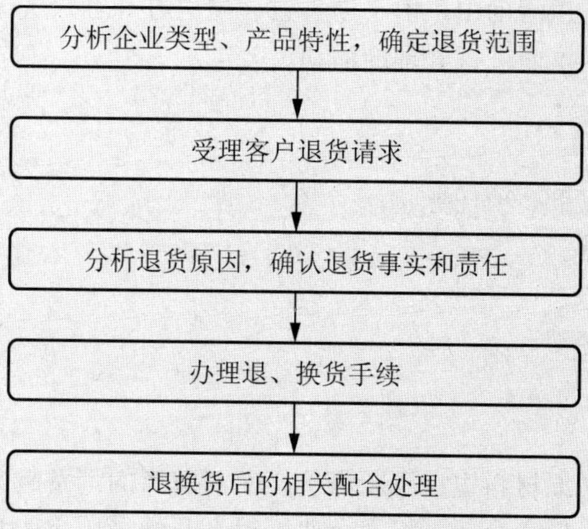

图 10.1 退货管理的一般工作步骤

▶ 想一想

2009 年 8 月 24 日，丰田汽车公司(简称丰田)在我国的两家合资企业——广汽丰田、一汽丰田宣布，由于零部件出现缺陷，自 8 月 25 日开始，召回部分凯美瑞、雅力士、威驰及卡罗拉轿车，涉及车辆总计 688 314 辆。这是我国 2004 年实施汽车召回制度以来，数量最大的一项召回。

此次召回的车辆包括了丰田在我国市场的所有主力车型。丰田宣称，大规模召回的原因是同一供应商供应给两家企业的零部件出现缺陷，广汽丰田和天津一汽丰田承诺将对召回范围内的车辆免费更换电动车窗主控开关缺陷的零部件，以消除安全隐患。

无独有偶。2011 年 2 月 28 日，上海通用汽车有限公司的一则召回通告牵动了 20 余万新君威、新君越车主的心。召回批次：2008 年 9 月 18 日至 2010 年 10 月 14 日生产的部分新君威 2.0L、2.4L 车辆，以及 2009 年 4 月 20 日至 2010 年 10 月 14 日生产的部分新君越 2.4L 车辆；召回原因：发动机燃油管在极端工况下接头可能会脱开；解决办法：上海通用汽车有限公司将对召回范围内的车辆采取免费更换燃油管的措施以消除隐患。为弥补用户因为本次召回所花的路费，上海通用汽车有限公司还为车主准备了 200 元油卡，作为交通补偿。

请大家思考一下，这两家公司为什么会这样做？这样做会有什么好处？会影响他们今后的销售吗？

知识准备

10.1.1 退货管理概述

1. 退货管理的定义

销售企业在销售商品后、配送企业在完成配送工作后，都会遇到客户因为商品或货物损坏、商品快过保质期、收到的商品或货物与要求的不相符或包装破损等原因要求退货。退货管理是指在进行销售或配送活动中，由于销售方、配送方和客户关于销售的商品或配送的物品的有关影响要素存在异议而进行处理的活动。

2. 退货管理的任务

一般退货管理包括以下 3 项任务。

(1) 减少或消除退货。

(2) 退货流程处理。

(3) 退货再分配。

3. 退货管理的意义

随着经济不断增长，原材料也在不断涨价，而消费者的消费越来越趋于理性化，市场竞争日益激烈，生产企业、销售企业、配送企业不得不开始采用更为自由的退货政策，有效大卖场甚至有无理由退货，尽管这会导致退货大量积压，但对这些企业来说，只有把退货管理工作做好，才能使客户对企业依旧保持信任度、忠诚度和依赖度。从上述品牌汽车召回的案例可以发现，如果企业能从战略的角度处理退货，它能减少退货的负面影响，积极地退货管理不仅不会摧毁一个品牌或公司，还会借机提升企业的威望和信任度。因此企业需要正确的退货解决方案，借助逆向物流管理模式，对整个退货流程进行管理，既可以让企业增加不少潜在商机，还可以加强对客户的服务，可以说退货管理对一个企业具有重要的意义。具体表现在 3 个方面。

1) 做好退换货工作可以满足客户需要，吸引大量订单

随着经济的发展，现代消费者的购买能力不断增强，同时需求也发生了变化，呈多样性，了解消费倾向、准确把握市场变化对企业经营者来说越来越困难。预测市场不准确可能导致进货有误，产品开发时间过短导致产品缺陷的现象不可避免，为维护自身利益，企业经营者往往希望这些问题能够得到妥善解决，通过退换货既可以解决经营者的后顾之忧，也可以满足客户需要，吸引大量订单。

2) 做好退换货工作可以树立良好的企业形象

服务的无形性决定了消费者在感知它时具有不确定性、无标准性。服务的内容能否被消费者接受，要看其满足需要的程度。若可以对售出或发出的商品或货物进行及时的退换货处理，可保证广大消费者的利益，进而增强企业的亲和力，树立起良好的企业形象。

3) 做好退换货工作可以提高资源的利用率

并非所有进行退换货的商品、货物都有质量问题。有时退换下来的商品在某一地区销售季节已过，可以在另外一个地区继续进行销售；有时是因某一经营者的经营能力有限，不能在规定的时间内全部销售完，若进行适当的调配，可由其他地区或经营者短期就能销售一空。对于这一类商品、货物，销售企业或配送企业可以利用自己的信息系统，将其适时调配到合适的经营地点，提高了资源的利用率。

4. 退货管理原则

(1) 以相关法律法规为依据。

(2) 维护客户合法权益。

(3) 责权不明确时，可由国家相关部门和机构鉴定后依据鉴定结果进行明确和处理。

(4) 凭有效证件办理。

(5) 退货具体规定要明确。

(6) 商品退货必须符合国家相关规定，客户要保留好销售凭证或发货单据。

10.1.2 退货处理

1. 生产、销售企业的退货处理

1) 退货处理方法

生产、销售企业的退货处理方法见表10-1。

表10-1 生产、销售企业的退货处理方法

退货原因	处理方法	具体操作
商品本身缺陷	重新发货或重新提供替代品	生产、销售企业凭客户保留的销售凭证或发货单据办理重新发货或换货
客户订货有误	收取费用并重新发货	① 按客户新订单重新发货； ② 退货费用由客户承担
运输途中商品受损	给予赔偿	① 依据受损情况，由企业确定所需的修理费或赔偿金额，有运输单位负责赔偿； ② 研究包装材质、包装方式和搬运过程，分析商品受损原因，加以防范

特别提示

每一个企业都有自己的退货产品的处理政策，不同的企业都有不同的退货规定、退货流程和退货手续。

2) 退货处理流程

以商业连锁企业为例，说明退货处理时的具体操作流程。按照商品退货处理方式不同，流程可分为返仓流程和返厂流程。

(1) 返仓流程。门店返仓分正常返仓和异常返仓两种，其相关规定见表10-2。

表10-2 门店返仓的相关规定

门店返仓	相关规定
正常返仓	采购中心通告的统一返仓
	季节性、时令性商品的返仓
	由门店提出申请，经订货部同意并批准返仓
	由于配送环节错拣而造成的返仓
异常返仓	门店未在返仓通知规定时间内进行的返仓
	返仓原因与事实不符的返仓
	商品原有赠品丢失的返仓

续表

门店返仓	相关规定
异常返仓	商品包装被损坏的返仓
	返仓商品无条形码，无法核实品名、价格的返仓
	商品配件不全或已损坏的返仓
	商品超过保质期的返仓
	门店返仓申请单上商品数量、品种与配送中心验收数量和品种不符的返仓
	单货不同行的返仓
	没有经过审批的返仓

如图 10.2 所示为门店返仓的流程。

(2) 返厂流程如图 10.3 所示。

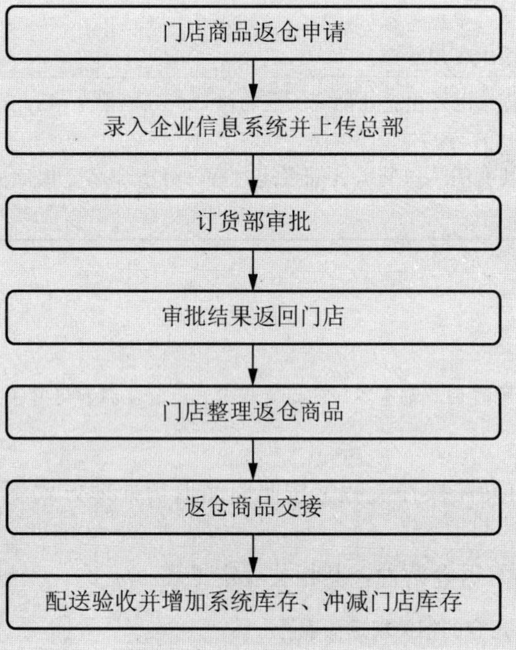

图 10.2　门店返仓的流程

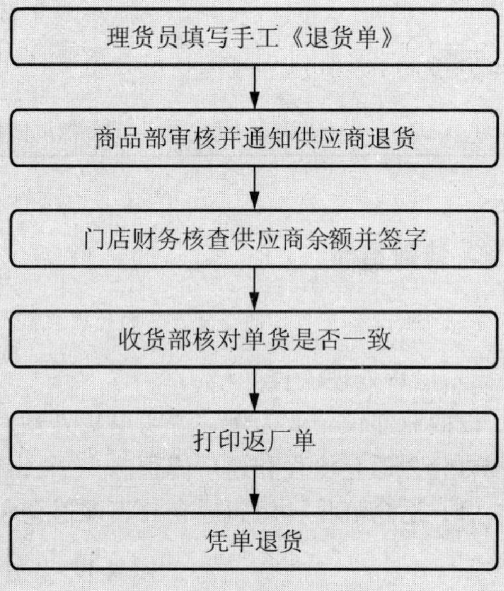

图 10.3　返厂的流程

2. 配送中心的退货管理

1) 退货处理方法

配送中心的退货处理方法见表 10-3。

2) 发错货物的退还程序

如图 10.4 所示为发错货物的退还程序。

表 10-3 配送中心的退货处理方法

退货原因	处理方法	具体操作
发错货物	重新发货进行退换，费用由配送中心承担	① 确认发错货的事实； ② 按照收货程序回收货物； ③ 重新按订单发出货物； ④ 修改库存货物相关数据； ⑤ 对相关财务损失进行结算
配送途中货物受损	第一时间安排货物的退换	① 了解货物损失的数量； ② 了解剩余交货时间； ③ 安排拣货、配装和运输； ④ 对受损货物进行回收处理
客户订货有误	收取费用并重新发货	① 按客户新订单重新发货； ② 退货费用由客户承担

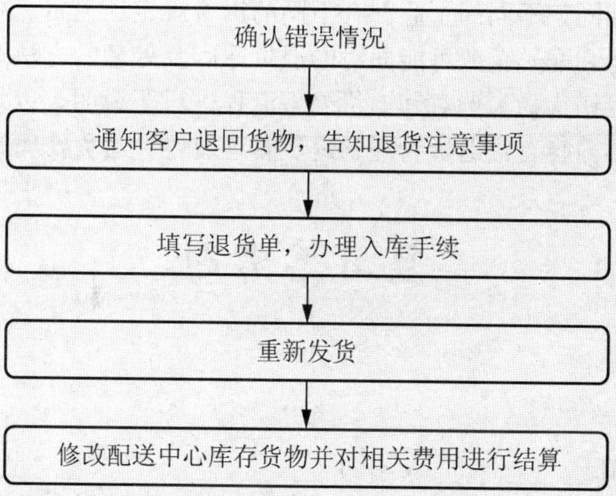

图 10.4 发错货物的退还程序

3. 退货处理的注意事项

1）注意事项

退货处理对生产、销售企业和配送中心的各方都是一件极其严重的事情，企业高管部门应予以高度重视，并应派人员会同其他相关人员如法律顾问、会计、公关人员、质检人员、技术人员及销售人员一起参加退货的一切活动，指定专人统一负责，同时还要制定一些预案。

切记在退货或换货过程中，不要与客户争吵或追究责任，要体现出积极处理退货事件的态度，树立良好的企业形象。

2）配合退货的相关处理

不论错误是由什么原因造成的，除立即退还货，相关各方还必须做出下列相关配合处理。

（1）立即退旧补新，以减少客户抱怨。

（2）会计账目应立即修正，以免出现收款或付款错误，造成新的混乱。

（3）分析退货原因，以免日后改进，将有效期将至的商品立即低价销售是回收成本、降低损失的好方法。

▶ **做一做**

根据项目 1 设置的仓储、配送公司及开展的业务，制定适合本企业的退货管理程序。

▶ **评一评**

以小组为单位相互评定设计的退货处理程序是否合理、有效。

项 目 小 结

任何企业无论是生产企业、销售企业还是物流配送企业都会遇到退货情况，如何有效地处理是仓储与配送管理从业人员特别是管理人员必备的基本技能。由于企业不同，处理退货的政策、方法也不尽相同，不同的企业都有不同的退货规定、退货流程和退货手续。本项目分别对生产、销售企业和配送企业可能面对的退货原因及处理的方法进行了说明，并以商业连锁企业和配送中心发错货物为例对其退货处理流程进行了说明，以便学生能掌握退货处理程序的一般规律。具体内容有：退货管理、退货管理概述、退货处理等。

复习思考题

一、填空题

1. 退货管理是指在____________，由于____________、____________和____________关于销售的商品或配送的物品的____________，而进行处理的活动。

2. 一般退货管理包括____________、____________、____________3 项任务。

3. 配送中心退货的原因一般有____________、____________、____________。

二、简答题

1. 请结合实例分析退货管理的意义。
2. 简述配送中心退货处理的方法。
3. 简述退货处理的注意事项。
4. 谈谈你经历过的退货经验，给你的印象是什么？

三、能力拓展实训题

请尝试对服装生产企业的退货管理设计相关的退货处理程序和《退货申请表》。

项目 11 特种货物的仓储管理

任务 11.1 危险品库管理

学习目标

- 了解危险品的概念、特性；
- 熟悉各类危险品的包装标志；
- 掌握危险品仓储保管的要求；
- 能够根据危险品库的实际情况设计危险品库的总体规划。

任务描述

本任务以设计危险品库规划方案为载体，加以相应的技能训练，使学生了解危险品的概念、特性，掌握危险品仓储保管的要求，从而培养学生危险品库的管理能力和处理危险品突发事故的工作能力。

工作任务

根据所学知识，结合仓储管理实训室实际情况，设计危险品库规划方案。

操作步骤

如图 11.1 所示为危险品库规划设计的操作步骤。

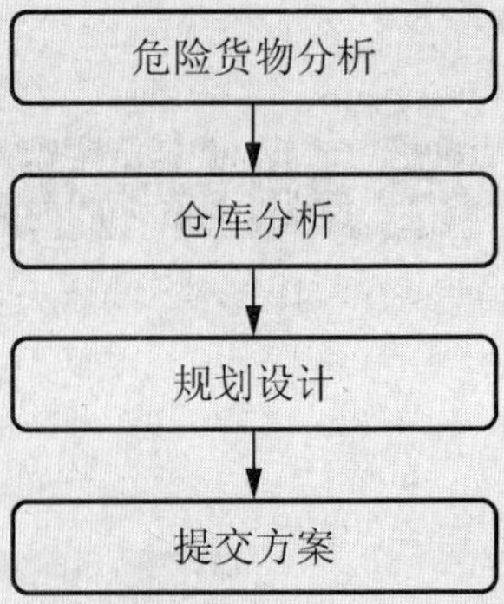

图 11.1 危险品库规划设计的操作步骤

知识准备

11.1.1 危险品概述

1. 危险品的概念

危险品又称为危险化学品、危险货物，是指具有爆炸、易燃、毒害、腐蚀、放射性等特性，在运输、装卸和储存过程中，容易造成人身伤亡和财产毁损而需要特别防护的货物。

知识链接

危险货物分类

危险品特征就是危害性，但各种危险品的危害具有不同的表现。根据危险品的首要危险特性，我国国家标准《危险货物分类和品名编号》(GB 6944—2005)将危险品分为 9 类，如下所示。

(1) 第 1 类：爆炸品。

(2) 第 2 类：气体。

(3) 第 3 类：易燃液体。

(4) 第 4 类：易燃固体、易于自燃的物质、遇水放出易燃气体的物质。

(5) 第 5 类：氧化性物质和有机氧化物。

(6) 第 6 类：毒性物质和感染性物质。

(7) 第 7 类：放射性物质。

(8) 第 8 类：腐蚀性物质。

(9) 第 9 类：杂项危险物质和物品。

危险品还包括未经彻底清洗的盛装过危险品的空容器、包装物。危险品除了具有分类的主要危险特性外，还可能具有其他危害特性，如爆炸品大都具有毒性、易燃性等。

2. 危险品的编号和命名

GB 6944—2005《危险货物分类和品名编号》规定，危险货物编号采用联合国编号(UN NO.)，由 4 位阿拉伯数字组成，每一种危险货物对应一个编号(如松香油为 1286)；但对性质基本相同，运输、储存条件和灭火、急救、处置方法相同的危险货物也可使用同一编号(如黄磷或白磷都为1381)。

危险货物名称在《危险货物品名表》(GB 12268—2005/XG1—2007)的名称和说明栏目中直接列出，命名方式包括以下几种。

(1) 物质的学名。在科学上能表明一种物质的化学组成和结构特征的名称，有时也包括适当的限量词。其中文名包括以国家有关标准确定的名称，如塑料术语、涂料命名、颜料命名、农药通用名称等，按中国化学协会的《无机化学命名原则》、《有机化学命名原则》进行命名的名称，如过氧化钠、无水氯化氢等。

(2) 物品的名称。按照物品的功能或用途进行的命名，如蓄电池、空中照明弹。

(3) 商品名称。对于结构和组成复杂的物质和混合物，可以采用通用的商业名称作为运输中的正式名称，如武器用弹药。

(4) 通用名称。按照危险品的类属进行命名，如溴化汞、氟代苯。国家有关标准确定的名称，如塑料术语、涂料命名、颜料命名、农药通用名称等，如一级有机磷(固态)农药。危险品运输规则“未列明的”，如“金属粉，易燃的，未列明的”。

3. 危险品包装标志

危险品的外包装上需要有明确、完整的标志和标志，包括危险品的包装标志、储运图示标志、收发货标志，具体有包装容器的等级、编号，危险品的品名、收发货人、重量尺度、运输地点、操作指示，危险品的危险性质、等级的图示等。

4. 危险品包装

包装是危险品安全的保障，它的作用是保护危险品不受损害和外界的直接影响，保持危险品的使用价值；防止危险品对外界造成损害，避免发生重大危害事故；形状规则的包装方便作业和便于堆放储存；固定标准的包装可确保危险品的单元数量的限定。危险品的包装完全根据法规和标准进行，如《危险货物运输包装通用技术条件》(GB 12463—2009)等。

危险品包装要经过规定的性能试验和具有检验标志，具有足够的强度，没有损害和变形、封口严密等。包装使用与危险品不相忌的材料，按包装容器注明的使用类别盛装危险品。

危险品有上千种，按其危险性质确定包装，可分为通用包装和专用包装两类。通用包装适用于第3类、第4类、第5类、第6类中的大部分货物，以及第1类、第8类中的部分货物。其余货物由于其各自特殊危险性质，只能采用专用包装。

1) 危险品货物的通用包装

危险品运输规则将危险品的通用包装分为3个等级。在其总索引表和物质明细表中，依据其危险程度指明了所列货物应采用的包装等级要求。很明显，根据所列的包装等级反过来即能判断出该危险货物的危险程度。3类包装等级的含义：Ⅰ类包装——能盛装高度危险性的货物，Ⅱ类包装——能盛装中度危险性的货物，Ⅲ类包装——能盛装低度危险性的货物。

根据正常运输条件下可能遇到的撞击、挤压、摩擦等情况，对危险货物包装进行各种模拟试验是检验其包装强度的方法。显然，对危险性越大的货物，其包装模拟试验的标准也应该越高。包装等级的划分由其包装模拟试验的标准确定。模拟试验的项目包括跌落试验、渗漏试验、液压试验、堆码试验等。每一类型包装实验品只需按规定做其中的一项或几项试验。

小贴士

对满载固体拟装货物的铁桶包装进行的跌落试验，规定的试验标准是Ⅰ类包装的跌高度是1.8m，Ⅱ类包装是1.2m，Ⅲ类包装是0.8m。实验品如在规定的高度跌落于试验平台后，无影响运输安全的损坏，则视为合格。

2）危险货物的专用包装

第1类的部分爆炸品因对防火、防震、防磁等有特别要求，需要选用物质明细表中规定的或主管部门批准的包装材料、类型和规格的专用包装。除非明细表中有特别规定，第1类爆炸品中其余的物质和物品的包装均应满足上述通用包装要求。

小贴士

对于易燃易爆商品，例如有强烈氧化性的，遇有微量不纯物或受热即急剧分解引起爆炸的产品，防爆炸包装的有效方法是采用塑料桶包装，然后将塑料桶装入铁桶或木箱中，每件净重不超过50kg，并应有自动放气的安全阀，当桶内达到一定气体压力时，能自动放气。

第2类危险货物均需采用耐压容器的专用包装。根据15℃时，容器所承受的压力不同，可进一步分为低压容器（≤2MPa）、中压容器（>2MPa且≤7MPa）和高压容器（>7MPa）3种。本类货物的包装及其试验标准主要由各国有关的主管机关制定和监管。

对第6类有毒商品的包装要明显地标明有毒的标志。防毒的主要措施是包装严密不漏、不透气。

小贴士

重铬酸钾(红矾钾)和重铬酸钠(红矾钠)为红色带透明结晶，有毒，应用坚固铁桶包装，桶口要严密不漏，制桶的铁板厚度不能小于1.2mm。对有机农药一类的商品，应装入沥青麻袋，缝口严密不漏。如用塑料袋或沥青纸袋包装的，外面应再用麻袋或布袋包装。用作杀鼠剂的磷化锌有剧毒，应用塑料袋严封后再装入木箱中，箱内用两层牛皮纸、防潮纸或塑料薄膜衬垫，使其与外界隔绝。

第7类危险货物的包装不但要能防护内装货物，而且要能起到将辐射减弱到允许的强度并促进散热等作用。这类货物的包装设计及试验必须符合国际原子能机构（IAEA）有关文件的专门规定。按货物的运输指数（TI），这类货物的包装分为3个等级。Ⅰ类包装（TI约为0）、Ⅱ类包装（0<TI<1）、Ⅲ类包装（TI>1）。其中Ⅰ类包装的图案标志呈白色，Ⅱ、Ⅲ类包装的图案标志均呈现黄色并须注明其TI数值。这种包装分类方法恰好与危险货物通用包装等级分类方法相反，即危险程度越大，包装等级号也越大。

第3类、第4类、第5类、第8类中一些特殊危险货物也必须采用专用包装，如过氧化氢、黄磷、碳化钙等。应注意的是，曾盛装过危险货物的空容器除经清洗或处理外，均应保持其原危险货物标志，并视作所装过的危险货物对待。

小贴士

对有腐蚀性的商品，要注意商品和包装容器的材质发生化学变化。金属类的包装容器要在容器壁涂上涂料，防止腐蚀性商品对容器的腐蚀。例如包装合成脂肪酸的铁桶内壁要涂有耐酸保护层，防止铁桶被商品腐蚀，从而商品也随之变质。再如氢氟酸是无机酸性腐蚀物品，有剧毒，能腐蚀玻璃，不能用玻璃瓶作包装容器，应装入金属桶或塑料桶，然后再装入木箱。甲酸易挥发，其气体有腐蚀性，应装入良好的耐酸坛、玻璃瓶或塑料桶中，严密封口，再装入坚固的木箱或金属桶中。对黄磷等易自燃商品宜将其装入壁厚不小于 1mm 的铁桶中，桶内壁须涂耐酸保护层，桶内盛水，并使水面浸没商品，桶口严密封闭，每桶净重不超过 50kg。再如遇水燃烧的物品如碳化钙，遇水即分解并产生易燃乙炔气，对其应用坚固的铁桶包装，桶内充入氮气。如果桶内不充氮气，则应装置放气活塞。

11.1.2　危险品仓储管理

1. 危险品仓储的基本要求

1）危险品仓库选址

危险品仓库需要根据危险品的危害特性，依据政府的市政总体规划，选择合适的地点建设。危险品仓库一般建在郊区较为空旷的地区，远离居民区、供水源、主要交通干线、农业保护区、河流、湖泊等，在当地常年主导风向的下风处。建设危险品仓库必须获得政府经济贸易管理部门的审批。

2）危险品仓库建筑和设施

危险品仓库的建筑结构需要根据危险品的危险特性和发生危害的性质，采用妥善的建筑形式，并取得相应的许可。建筑和场所需根据危险化学品的种类、特性，设置相应的监测、通风、防晒、调温、防火、灭火、防爆、泄压、防毒、消毒、中和、防潮、防雷、防静电、防腐、防渗漏、防护围堤或者隔离操作等安全设施和设备。仓库和设施要符合国家安全、消防标准的要求，并设置明显标志。危险品库如图 11.2 所示。

图 11.2　危险品库

3）设备管理

危险化学品的仓库实行专用仓库的使用制度，设施和设备不能用于其他用途。各种设施和设备要按照国家相应标准和有关规定进行维护、保养，进行定期检测，保证其符合安全运行要求。对储存使用剧毒化学品的装置和设施要每年进行一次安全评价；仓储和使用其他危险品的，储存装置每两年进行一次安全评价。对评价不符合要求的设施和设备应停止使用，立即更换或维修。

4）库场使用

危险化学品必须储藏在专用仓库、专用场地或者专用储藏室内。对危险品专用仓库的要求，不仅包括专区专用，不能仓储普通货，还包括不同种类的危险品分类存放在不同的专用仓库，各仓库存放确定种类的危险品。与危险品仓储需经管理部门批准一样，危险品仓库改变用途或改存放其他危险品，也需要相应的管理部门审批。

危险品的危害程度还与危险品的存放数量有关，仓库需要根据危险品的特性和仓库的条件，确定各仓库的存量。例如，××港务公司：第 12 仓楼下，堆存限额 1078t，不能堆放一级易燃液体和一级有机过氧化物。

5）对危险化学品从业人员的要求

从事危险化学品生产、经营、储存、运输、使用或者处置废弃危险化学品活动的人员，必须接受有关法律、法规、规章和安全知识、专业技术、职业卫生防护与应急救援知识的培训，并经考核合格，方可上岗作业。

2. 危险品的保管措施

1）严格和完善的管理制度

为了保证危险货物仓储的安全，仓库需要依据危险品管理的法律和法规的规定，根据仓库的具体实际和危险品的特性，制定严格的危险品仓储管理的各类安全制度、责任制度、安全操作规程，并在实践中不断完善。保管单位还要根据法规规定和管理部门的要求，履行登记、备案、报告的法律和行政义务。

特别提示

仓库需要制定的管理制度主要有《危险货物管理规则》、《岗位责任》、《安全防护措施》、《安全操作规程》、《装卸搬运方案》、《保管检查要求》、《垛型和堆积标准》、《验收标准》、《残损溢漏处理程序》、《应急措施》等。

2）出入库管理

危险货物进入仓库，仓库管理人员要严格把关，认真核查品名标志、检查包装、清点数量，细致地做好核查登记工作。对于品名、来历不明或者包装、标志不符，包装不良的危险品，仓库员有权拒收，或者依据残损处理程序进行处理，未经处理的包装破损危险品不得进入仓库。剧毒化学品实行双人收发制度。送、提货车辆和人员不得进入存货区，由仓库在收发货区接收和交付危险货物。

危险货物出库时，仓库管理员需认真核对危险货物的品名、标志和数量，协同提货人、承运司机查验货物，确保按单发货，并做好出库登记，详细记录危险货物的流向、流量。

3）货位选择和堆垛

危险品的储存方式、方法与储存数量必须符合国家标准。仓库管理人员要根据国家标准、危险特性、包装，根据所制定的管理制度，合理选择存放位置，根据危险货物对保管的要求，妥善安排相应的通风、遮阳、防水、湿度、控温条件的仓库或堆场货位。

根据危险品的性质和包装确定合适的堆放垛型和货垛大小，其中桶装危险货物不得超过 3 个桶高，袋装货物不得超过 4m。库场内的危险货物之间以及和其他设备之间须保持必要的间距，其中，货垛顶距离灯具不小于 1.5m；货垛距墙不小于 0.5m；货垛之间不小于 1m；消防器材、配电箱周围 1.5m 范围内禁止堆货或放置其他物品；仓库内消防通道不小于 4m，货场内的消防主通道不小于 6m。

危险货物堆叠时要整齐、堆垛稳固，标志朝外，不得倒置。货堆头悬挂标有危险品编号、品名、性质、类别、级别、消防方法的标志牌。

4）安全作业

危险品装卸作业前应详细了解所装卸危险货物的性质、危险程度、安全和医疗急救等措施，并严格按照有关操作规程和工艺方案作业。根据货物性质选用合适的装卸机具。装卸易爆货物，装卸机械应安置火星熄灭装置，禁止使用非防爆型电气设备。作业前应对装卸机械进行检查，装卸搬运爆炸品、有机过氧化物、一级毒害品、放射性物品，装卸搬运机具应按额定负荷降低25％使用。作业人员应穿戴相应的防护用品。夜间装卸危险货物作业应有良好的照明，装卸易燃、易爆货物应使用防爆型的安全照明设备。作业现场需准备必要的安全和应急设备和用具。危险品包装破损或包装不符合要求的要暂停作业，待妥善处理后方可作业。

5）妥善保管

（1）危险品仓库实行专人管理。剧毒化学品实行双人保管制度。仓库存放剧毒化学品时需向当地公安部门登记备案。

（2）仓库管理人员应遵守库场制度，坚守岗位，根据制度规定定时、定线、定项目、定量地进行安全检查和测查，相应地采取通风、降温、排水、排气、增湿等保管措施。

（3）严格限制闲杂人员入库。接待委托人抽样时，详细查验证件和认真监督，严格按照操作规程操作。

（4）危险货物提离时，及时清扫库场，将货底、地脚货、垃圾集中于指定的地点且妥善处理，并进行必要的清洗、消毒处理。

6）妥善处置

对于废弃的危险品、危险品废弃物、货底、地脚货、垃圾、仓储停业时的存货、容器等，仓库要采取妥善的处置措施，如随货同行、移交、封存、销毁、中和、掩埋等无害处理措施，不得留有事故隐患。且将处置方案在相应管理部门备案，并接受管理部门的监督。剧毒危险品发生被盗、丢失、误用情况时，立即向当地公安部门报告。

小贴士

应急处理是指发生危险品事故时的处理安排。危险品仓储必须根据库存危险品的特性、仓库的条件以及法规规定和国家管理机关的要求，制定仓储危险品应急措施。

应急措施包括发生危害时的措施安排和人员的应急职责。具体包括危险判定、危险事故信号、汇报程序、现场紧急处理、人员撤离、封锁现场、人员分工等。

应急措施要作为仓库工作人员的专业知识，务必使每一位员工熟悉，且熟练掌握其分工的职责行为和操作技能。

仓库应该定期组织员工开展应急措施演习。当工作人员有一定变动时也要进行演习。

知识链接

找不到识别号码和危险品名称的危险品事故应急处理办法

1. 潜在危险

1）起火或爆炸

（1）易燃/可燃物，遇热、火星或火焰可能引燃。

（2）可能引燃其他可燃材料(木、纸、油等)。

(3) 在火的炽热中，容器可能爆炸。
(4) 与燃料发生作用，后果严重。
(5) 流入下水道有可能引起火灾或爆炸。
2) 危及健康的危险
(1) 如吸入、吞下或经皮肤吸收可能有致命危险。
(2) 触及可能灼伤皮肤及眼睛。
(3) 起火可能产生刺激性或有毒气体。
(4) 灭火的流溢水或稀释水可能造成污染。
2. 应急措施
(1) 撤离非必要人员，隔离危险区并禁止进入。
(2) 禁止在迎风处停留，离开低洼地。
(3) 增压式呼吸装置及常规消防人员防护衣只能起有限的防护作用。
(4) 拨打救助电话，请求应急支援。
(5) 如发生水污染，通知各有关单位。
3. 火灾灭火
(1) 小火——干化学剂、二氧化碳、喷射水或常规泡沫剂。
(2) 大火——喷射水、雾剂或常规泡沫。
(3) 如无危险，将容器移出火区。
(4) 对面临火焰的容器，向各边洒冷水直至火完全熄灭，注意远离储罐的各端。
(5) 对货区的大面积火灾，使用无人操作的水龙带支架或监控喷管，如不能采取此法，则撤离火区，任其燃烧。
4. 溢流或泄漏
(1) 阻断引燃源，在危险区内禁止出现火苗、吸烟及火焰。
(2) 可燃物(木、纸、油等)须远离溢流物。
(3) 切勿触及溢流物或在溢流区行走。
(4) 小量溢流——用沙或其他不燃的吸着材料渗入溢流物中，将之放入容器内以便日后处理。
(5) 大量溢流——在液体溢流区远方筑围堤防护，以备日后处理。

▶ 做一做

比较分析危险品仓库的布局与普通仓库的布局有什么不同，根据危险品仓库布局的要求，对仓储管理实训室按危险品仓库进行重新布局设计，并提交方案。

▶ 评一评

小组间相互交换设计和制定的危险品库方案，提出修正意见，每组重新修正和提高方案的可行性。

任务 11.2 冷库管理

学习目标

- 了解冷库的保管原理；

- 熟悉冷库结构相关内容；
- 掌握冷库管理的要求以及冷库安全相关内容；
- 能够制定相应冷货物的储存方案。

任务描述

本任务以学校超市和食堂设计一个冷库为载体，加以相应的技能训练，使学生了解冷库的保管原理，掌握冷库管理的要求以及冷库安全相关内容，从而培养学生冷库的管理能力。

工作任务

根据所学知识，结合实际情况，为学校超市和食堂设计一个冷库，满足其使用要求，并制定冷库作业规范。

操作步骤

图 11.3 所示为冷库规划设计的操作步骤。

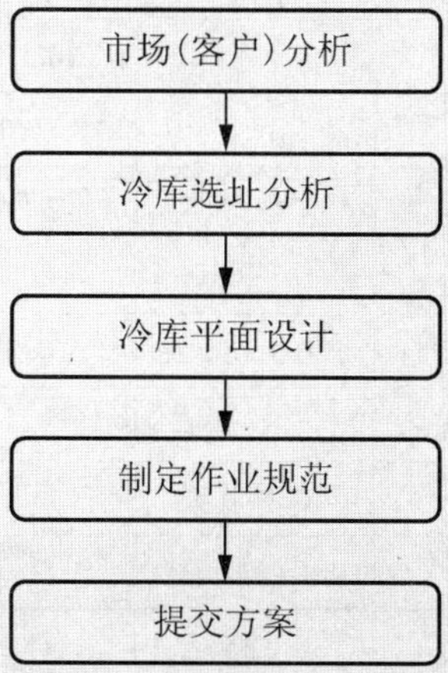

图 11.3　冷库规划设计的操作步骤

知识准备

11.2.1　冷冻冷藏

冷冻冷藏是指在保持低温的条件下储存物品的方法。由于在低温环境中，细菌等微生物大大降低繁殖速度，生物体的新陈代谢速度降低，能够延长有机体的保鲜时间，因而对鱼、肉、食品、水果、蔬菜及其他易腐烂物品都采用冷冻冷藏的方式仓储。另外对于在低温时能凝固成固态的液体流质品，由于采取冷冻冷藏的方式有利于运输、作业和销售，也采用冷冻冷藏的方式仓储。此外，在低温环境中一些混合物的化学反应速度降低，对其也采用冷冻冷藏方式储藏。

冷冻冷藏保管根据控制温度的不同，分为冷藏和冷冻两种方式。

冷藏是将温度控制在0～5℃进行保存，在该温度下水分不致冻结，不破坏食品的组织，具有保鲜的作用，但是微生物仍然还有一定的繁殖能力，因而保藏时间较短。

冷冻则是将温度控制在0℃以下，使水分冻结，微生物停止繁殖，新陈代谢基本停止，从而实现防腐。冷冻保管又分为一般冷冻和速冻：一般冷冻采取逐步降温的方式降低温度，达到控制温度后停止降温，如－20℃；速冻则是在很短的时间内将温度降到控制温度以下，如－60℃，使水分在短时间内完全冻结，然后逐步恢复到控制温度(不低于－20℃)。速冻一般不会破坏细胞组织，具有较好的保鲜作用。冷冻储藏能使货物保持较长的时间不腐烂变质，见表11－1。

表11－1 常见冷藏货物的储藏适宜温度、相对湿度

名称	冷藏温度/℃	相对湿度/%	储藏时间	冷冻温度/℃	相对湿度/%	储藏时间
牛肉	－1.0～0	86～90	3周	－23.0～－18.0	90～95	6～12月
猪肉	0～＋2	85～90	3～10天	－24.0～－18.0	85～95	2～8月
冻羊肉	—	—	—	－22.0～－18.0	80～85	3～8月
家禽	0	80	1周	－30.0～－18.0	80	3～12月
冻兔肉	—	—	—	－30.0～－18.0	80～90	6月
蛋	－1.5～－0.5	80～85	8月	－18.0	—	12月
鱼	－0.5～4.0	90～95	1～2周	－20.0～－12.0	90～95	8～10月
对虾	—	—	—	－7.0	80	1月
苹果	0～＋1.0	90～95	150～180天	—	—	—
梨	0	90～95	210天	—	—	—
橘子	0～＋1.2	85～90	50～70天	—	—	—
葡萄	－1.0～0	90	60～210天	—	—	—
青椒	＋9.0～＋12.0	90～95	30～45天	—	—	—
番茄	＋13.0～＋17.0	90～95	30～45天	—	—	—
黄瓜	＋12.0～＋13.0	95	15天	—	—	—
菠菜	0	95～110	85～90天	—	—	—

11.2.2 冷库管理

1. 冷库的结构

冷库可以分为生产性冷库和周转性冷库：生产性冷库是指进行冷冻品生产的冷库，是生产的配套设施；周转性冷库则是维持冷货低温的流通仓库。冷库按控制的温度和制冷方式不同分为冷冻仓库、冷藏仓库、气调冷库和流动的冷藏车、冷藏集装箱等。固定的冷库由冷藏库房、冷冻库房、分发间、制冷设备机房等组成。库房采用可封闭式的隔热保温结构，内装有冷却排管或冷风装置与制冷设备相接。库内装有温度、湿度测量设备，湿度控制设备，通风换气设备等，此外还有货位、货架、货物传输、作业设备等。

1）冷却和结冻间

冷却和结冻间也称为预冷加工库间。货物在进入冷藏或者冷冻库房前，先在冷却或者结冻间进行冷处理，将货物均匀降温到预定的温度。对于冷藏货物，降温至 2～4℃；冷冻货物则迅速地降至－20℃使货物冻结。因而冷却和结冻间具有较强的制冷能力。货物在冷却和结冻间以较为分散的状态存放，以便均匀降温。由于预冷作业只是短期的作业，货物不堆垛，一般处于较高的搬运活性状态，多数直接放置在搬运设备上，如放置在推车上或托盘上。

2）冷冻库房

经预冷达到冷冻保存温度的冷冻货物较长期间地保存的库房。货物经预冷后，转入冷库堆垛存放。冷冻货物的货垛一般较小，以便降低内部温度，货垛底部采用货板或托盘垫高，货物不直接与地面接触，避免温度波动时水分再冻结后造成货物与地面粘连。库内以叉车作业为主，因而大都采用成组垛。冷冻库房能保持冷冻温度，长期将温度控制在需要的保存温度范围内。

3）冷藏库房

冷藏库房是存储冷藏货物的场所。货物在预冷后，达到均匀的保藏温度时，送入冷藏库房码垛存放，若是少量货物则直接存入冷藏间冷藏。冷藏货物仍具有新陈代谢和微生物活动，还会出现自升温现象，因而冷藏库还需要进行持续的冷处理。冷藏库一般采用风冷式制冷，用冷风机降温。为了防止货垛内升温，保持货物呼吸所需的新鲜空气流通，冷藏库一般采用行列垛的方式码垛存放，垛形较窄、较长，或者使用货架存放。由于冷藏存期较短，货物在库内搬运活性较高，托盘成组堆垛较为理想。

4）分发间

冷库由于低温不便于货物分拣、成组、计量、检验等人工作业，另外为了冷冻库和冷藏库的温度、湿度控制，减少冷量耗损，需要尽量缩短开门时间和次数，以免造成库内温度波动太大。因而货物出库时迅速地将货物从冷藏或冷冻库移到分发间，在分发间进行作业，从分发间装运。分发间温度也低，但由于直接向库外作业，温度波动较大，因而分发间不能存放货物。

具体冷库的构造要求如图 11.4 所示。

冷库
- 地基与基础：冷库基础应有良好的抗潮湿、防冻的性能，应有足够的强度
- 柱和梁：冷库的柱子要少，柱网跨度要大，尽量采用小截面以少占空间，提高冷库的容积利用系数
- 墙体：外墙除隔绝风、雨侵袭，防止温度变化和太阳辐射等影响外，还应有较好的隔热、防潮性能；冷库内墙有隔热、不隔热两种
- 屋盖与阁楼层：应满足防水、防火和经久坚固的要求；屋面应排水良好，满足隔热要求，造型美观
- 楼板：是水平的承重结构，对墙体起水平支撑的作用。因此要求楼板应具有足够的强度和刚度，另外，楼板还须耐火、耐久，方便施工。

图 11.4　冷库的构造要求

2. 冷库仓储管理

作为专业存储仓库，冷库有较为特殊的布局、结构和用具，货物也较为特殊。冷库对管理技术、专业水平要求较高。冷库大多存放食品，管理不善不仅会造成货损事故，还会发生食物不安全事故，影响人民身体健康。

1）冷库的使用

冷库分为冷冻库、冷藏库，应按库房的设计用途使用，两者不能混用。库房改变用途时，必须按照改变的用途进行制冷能力、保温材料、设施设备改造，完全满足新的用途。

冷库要保持清洁、干燥，经常清洁、清除残留物和结冰，库内不得出现积水。冷库在投入使用后，除非进行空仓维修保养，否则必须保持制冷状态。即使没有存货，冷冻库也要保持在－5℃，冷藏库控温在零点以下。

要按照货物的类别和保管温度的不同分类使用库房。食品库不得存放其他货品，食品也不能存放在非食品库房。不同控制温度的货物不能存放在同一库房内。

2）货物出入库

货物入库时，除了仓储通常进行的查验、点数外，还要对送达货物的温度进行测定，查验货物内部状态，并详细记录，对于已霉变的货物不接收入库。货物入库前要进行预冷，保证货物均匀地降到需要的温度。未经预冷冻结的货物不得直接进入冷冻库，以免高温货物大量吸冷造成库内温度升高，影响库内其他冻货。

货物出库时应认真核对，由于冷库内储存的货物大都相同，所以要核对货物的标志、编号、所有人、批次等项目，防止错取、错发。对于出库时需要做升温处理的货物，应按照作业规程进行加热升温，不得自然升温。

3）冷货作业

为了减少冷耗，货物出入库作业应选择在气温较低的时间段进行，如早晨、傍晚、夜间。出入库作业时集中仓库内的作业力量，尽可能缩短作业时间。要使装运车辆离库门距离最近，缩短货物露天搬运距离，防止隔车搬运。若货物出入库时库温升高，应停止作业，封库降温。出入库搬运应用推车、叉车、输送带等机械搬运，用托盘等成组作业，提高作业速度。作业中不得将货物散放在地坪，避免货物和货盘冲击地坪、内墙、冷管等，吊机悬挂重量不得超过设计负荷。

库内堆码严格按照仓库规章进行，合理选择货位。将存期长的货物存放在库里端，存期短的货物存放在库门附近，易升温的货物接近冷风口或排管附近。根据货物或包装形状合理采用垂直叠垛或交叉叠垛，如冻光猪要肉皮向下、头尾交错、腹背相连、长短对弯、码平码紧。货垛要求堆码整齐、货垛稳固、间距合适。货垛不能堵塞或者影响冷风的流动，避免出现冷风短路。堆垛完毕在垛头上悬挂货垛牌。拆垛作业时应从上往下取货，禁止在垛中抽取。取货时要防止因货物冻结粘连强行取货而扯坏包装。

小贴士

堆垛间距要求：①低温冷冻库货垛距顶棚 0.2m；②高温冷藏库货垛距顶棚 0.3m；③距顶排水管下侧 0.3m；④距顶排水管横侧 0.3m；⑤距未装设墙冷排管的墙壁 0.2m；⑥在冷风机周围为 1.5m。

4）冷货保管

冷库内要保持清洁干净，地面、墙、顶棚、门框上，无积水、结霜、挂冰，若有应立即扫除，特别是在作业以后，及时清扫。要及时清除制冷设备、管系上的结霜、结冰，以提高制冷功能。

定时、经常测试库内温度和湿度，严格按照货物保存所需的温度控制仓库内温度，尽可能减少温度波动，防止货物因变质或者解冻变软而倒垛。

按照货物需要的通风要求进行通风换气。其目的是为了保持库内合适的氧分和湿度，冷库一般采用机械通风，要根据货物保管的需要控制通风数和通风时间，如冷藏库每天2～4次，每次换气量为冷藏间体积的1～2倍，或者使库内二氧化碳含量达到适合的范围，见表11－2。通风将外部的空气带入库内，也将空气中的热量、水汽带入库内，因而要选择合适的时机通风换气。当货物存期届满、接近保存期到期、出现性质变化和变质等时，及时通知存货人处理。

表11－2　冷藏货物二氧化碳含量控制表

品名	梨	青香蕉	柑橘	苹果	柿子	西红柿
CO_2容积百分比/%	0.2～2	1.6	2～3	8～10	5～10	5～10

3. 冷库安全要求

冷库虽然不会发生爆炸、燃烧等恶性危险事故，但冷库低温、封闭的库房对人员还是会产生伤害，低温会造成设备的材料强度、性能降低，需引起足够的重视。

(1) 防止冻伤。进入库房的人员，必须做好保温防护，穿戴手套、工作鞋。身体裸露部位不得接触冷冻库内的物品，包括货物、排管、货架、作业工具等。

(2) 防止人员缺氧窒息。冷库特别是冷藏库内的植物和微生物的呼吸作用使二氧化碳浓度增加，会使得库房内氧气不足，造成人员窒息，所以人员在进入库房，尤其是长期封闭的库房前，需进行通风，避免氧气不足。

(3) 避免人员被封闭在库内。库门应设专人开关，限制无关人员进库。人员入库，应在门外悬挂告示牌。作业工班要有核查人数的责任人，在确定人员都出库后，才能摘除告示牌。

(4) 妥善使用设备。库内作业应使用抗冷设备，且进行必要的保温防护，不使用不适宜在低温下工作的设备和用具。

▶ 做一做

分析冰箱的功效，并形成书面报告。

▶ 评一评

组内成员间相互评定完成的结果，提出修正意见，并进行修正。

任务11.3　粮库管理

学习目标

- 了解粮食储存的特性；

- 掌握粮库管理的要求；
- 能够制定粮食储存规范。

任务描述

本任务以制定粮食储存规范为载体，加以相应的技能训练，使学生了解粮食储存的特性，掌握粮库管理的要求，从而培养学生粮库的管理能力。

工作任务

根据所学知识，制定粮食储存规范。

操作步骤

如图 11.5 所示为粮库作业规范设计的操作步骤

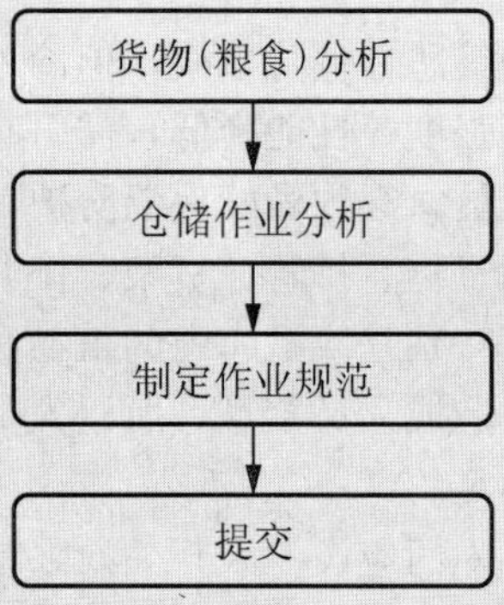

图 11.5　粮库作业规范设计的操作步骤

知识准备

11.3.1　粮食储存的特性

粮食储存是仓储最古老的项目，“仓”在古代就是表示粮食的储藏场所。粮食包括小麦、玉米、燕麦、大麦、大米、豆类和种子等。粮食仓储是实现粮食集中收成、分散消耗的手段，同时也是国家战略物资储备的方式之一。粮食作为大宗货物运输，需要较大规模的集中和仓储。为了降低粮食的储藏成本、运输成本，提高作业效率，粮食主要以散装的形式运输和仓储，进入消费市场流通的粮食才采用袋装包装。粮食的仓储特性如下。

1. 呼吸性和自热性

粮食仍然有植物的新陈代谢功能，能够吸收氧气和释放二氧化碳。通过呼吸作用，能产生和散发热量。当大量的粮食堆积时，释放的二氧化碳就会使空气中的氧气含量减少，造成人体窒息；大量堆积的粮食产生的热量不能散发会使粮堆内部温度升高。另外粮食中含有的微生物也具有呼吸和发热的能力。粮食的自热不能散发，在大量积聚后，会引起自燃。粮食的呼吸性和自热性与含水量有关，含水量越高，自热能力越强。

2. 吸湿性和散湿性

粮食本身含有一定水分，空气干燥时，水分会向外散发。当外界湿度大时，粮食又会吸收水分，在水分充足时还会发芽，芽胚被破坏的粮食颗粒就会发霉。因吸湿性粮食在吸收水分后不容易干燥，而储存在干燥环境中的粮食也会因为散湿而形成水分的局部集结而致霉。

3. 吸附性

粮食有吸收水分、呼吸的性能，能将外界环境中的气味、有害气体、液体等吸附在内部，不能去除。受异味沾污后，粮食就会因无法去除异味而损毁。

4. 易受虫害

粮食本身就是众多昆虫幼虫和老鼠的食物。未经杀虫的粮食中含有大量的昆虫、虫卵和细菌，在温度、湿度合适时就会大量繁殖，形成虫害。经过杀虫的粮食，也会因为吸引虫鼠造成二次危害。

5. 散落流动性

散装粮食因为颗粒小，颗粒之间不会粘连，在外力(重力)作用下，具有自动松散流动的散落特性，当倾斜角足够大时就会出现流动性。根据粮食的散落流动性可以采用流动的方式作业。

6. 扬尘爆炸性

干燥粮食的麸壳、粉碎的粮食粉末等在流动和作业时会扬尘，伤害人的呼吸系统；能燃烧的有机质粮食的扬尘达到一定浓度时(一般为50～65g/m。)，遇火源会发生爆炸。据有关资料显示，美国2008—2010年发生的粮谷粉尘爆炸达139起。

知识链接

粮食的质量指标

粮食的质量可以通过感官鉴定和实验分析的方法确定。感官鉴定是通过粮食的颜色、气味和滋味来判定质量，实验分析是通过测定容重、水分、感染度确定质量。

1. 颜色

各种粮食都有自身的颜色特点，如玉米的金黄色、大米的透明白色等。当粮食变质、陈旧时，颜色会变得灰暗、混浊。确定颜色的方法是在黑色的纸上铺一层粮食样品，在太阳的散射光线下，观察确定。

2. 气味和滋味

新鲜的粮食具有特有的清香和滋味，一般储粮的气味清淡或具有一定熏蒸气味。变质的粮食具有恶臭味或其他特殊气味并且滋味发苦。鉴别气味除了直接嗅感粮仓气味外，还可以用手捧一把粮食，通过体温，可感受其气味；将粮食在两只手上来回翻转几次，并吹风，如果气味很快减轻或消失，则认为粮食品质近于标准。也可取样品加热嗅味，确定气味。如果有异味的粮食在热水中浸泡2～3min，异味仍未消失，表明粮食质量不佳。

3. 容重

容重是指通过一定容积(如1L)的粮食重量判定粮食质量的方法。容重是一项综合指标，水分、细度、形状、表面温度、杂质含量、颗粒完好程度都会影响容重。测定的容重要与标准容重进行比较以确定粮食的优劣。

4. 湿度

对通过标准取样程序取得的粮食的样品，可通过测定其水分含量而确定其质量。水分含量包括粮食、杂质和其他水分在内。水分含量是粮食仓储保管的最重要的指标之一，需要对湿度进行控制以防止粮食霉变、自热、干燥粉碎。粮食含水量标准见表11-3。

表11-3 粮食含水量标准

粮食种类	含水量	粮食种类	含水量
大米	15%以下	赤豆	16%以下
小麦	14%以下	蚕豆	15%以下
玉米	16%以下	花生	8.5%以下
大豆	15%以下	花生果	10%以下

5. 感染度

感染度表示粮食被昆虫、真菌感染的程度。其中虫害感染度根据1kg粮食中含有的害虫(壁虱目和象鼻虫)个数来确定。壁虱目1～20个或象鼻虫1～5个为第一等感染，壁虱目在20个以上或象鼻虫6～10个为第二等感染，壁虱目呈现毡状或象鼻虫10个以上为第三等感染。出现一等以上壁虱目感染、一等象鼻虫感染就需要采用熏蒸的方式灭虫。

11.3.2 粮库管理

粮库是粮食仓库的简称，是粮食仓储企业习惯称谓，其主要任务是完成粮食的接受、保管和调运输送等粮食流通诸环节。粮库的主要保管设施就是粮仓，较现代化的方式以筒仓为主，如图11.6所示。

图11.6 粮筒仓

粮库管理的要求如下。

(1) 干净无污染。粮仓必须非常清洁干净。仓库建设的粮仓需要达到仓储粮食的清洁卫生条件，尽可能用专用的粮筒仓(图11.6)；通用仓库拟用于粮食仓储，应是能封闭的，仓内地面、墙面要进行硬化处理，不起灰扬尘、不脱落剥离，必要时使用木板、防火合成板固定铺垫和镶衬；作业通道进行防尘铺垫。金属筒仓应进行除锈防锈处理，如进行电镀、喷漆、喷塑、内层衬垫等，在确保无污染物、无异味时方可使用。

在粮食入库前，应对粮仓进行彻底清洁，清除异物、异味，待仓库内干燥、无异味时，粮食才能入库。对不满足要求的地面，应采用合适的衬垫，如用帆布、胶合板严密铺垫。用兼用仓库储藏粮食时，同仓内不能储存非粮食的其他货物。

(2) 保持干燥，控制水分。保持干燥是粮食仓储的基本要求，粮仓内不得安装日用水源，消防水源应妥善关闭，洗仓水源应离仓库有一定的距离，并在排水下方。仓库旁的排水沟应保持畅通，决无堵塞，特别是在粮仓作业后，彻底清除哪怕是极少量的撒漏入沟的粮食。

随时监控粮仓内湿度，将其严格控制在合适的范围之内。仓内湿度升高时，要检查粮食的含水量，含水量超过要求时，及时采取除湿措施。粮仓通风时，要采取措施避免将空气中的水分带入仓内。

(3) 控制温度，防止火源。粮食本身具有自热现象，温度、湿度越高，自热能力也越强。在气温高、湿度大时需要控制粮仓温度，采取降温措施。每日要测试粮食温度，特别是内层温度，及时发现是否有自热升温情况发生。当发现粮食自热升温时，及时降温，采取加大通风、进行货堆内层通风降温、内层释放干冰等措施，必要时进行翻仓、倒垛散热。

粮食具有易燃特性，飞扬的粉尘遇火源还会爆炸燃烧。粮仓对防火工作有较高的要求。在粮食出入库、翻仓作业时，更应避免一切火源出现，特别是要消除作业设备运转的静电，粮食与仓壁、输送带的摩擦静电。加强吸尘措施，排除扬尘。

(4) 防霉变。粮食除了因为细菌、酵母菌、真菌等微生物的污染分解而霉变，还会因为自身的呼吸作用、自热而霉烂。微生物的生长繁殖需要较适宜的温度、湿度和氧气含量，在温度25～37℃、湿度75％～90％时生长繁殖最快。真菌和大部分细菌需要足够的氧气，酵母菌则是可以进行有氧呼吸、无氧呼吸的兼性厌氧微生物。

粮仓防霉变以防为主。要严把入口关，防止已霉变的粮食入库；避开潮湿货位，如通风口、仓库排水口、漏水撇雨的窗和门口，远离会雨湿的外墙，地面妥善衬垫隔离；加强仓库温度湿度的控制和管理，保持低温和干燥；经常清洁仓库，特别是潮湿的地角，清除随空气飞扬入库的真菌；清洁仓库外环境，消除真菌源。

经常检查粮食和粮仓，发现霉变，立即清出霉变的粮食，进行除霉、单独存放或另行处理，并有针对性地在仓库采取防止霉变扩大措施。

应充分使用现代防霉技术和设备，如使用过滤空气通风法、紫外线灯照射、施放食用防霉药物等。但是用药物时须避免使用对人体有毒害的药物。

(5) 防治虫鼠害。粮仓的虫鼠害主要表现在直接对粮食的耗损，虫鼠排泄物，尸体对粮食的污染，携带外界污染物入仓，破坏粮仓设备降低保管条件，破坏包装物造成泄漏，昆虫活动对粮食的损害等。

危害粮仓的昆虫种类很多，如甲虫、蜘蛛、米虫、白蚁等。它们往往繁殖力很强，危害严重，能在很短时间内造成大量的损害。

粮仓防治虫鼠害的方法如下所示。

① 保持良好的仓库状态。及时用水泥等高强度填料堵塞建筑破损、孔洞、裂痕，防止虫鼠在仓内隐藏。库房各种开口隔栅完好，保持门窗密封。

② 防止虫鼠随货入仓对入库粮食进行检查，确定无害时方可入仓。

③ 经常检查，及时发现虫害鼠迹。

④ 使用药物灭杀。使用高效低毒的药物，不直接释放在粮食中进行驱避、诱食杀灭，或者使用无毒药物直接喷洒、熏蒸除杀。

⑤ 使用诱杀灯、高压电灭杀，合理利用高温、低温、缺氧等手段灭杀。

▶ 做一做

（1）根据工作任务，结合粮库管理要求，制定粮食的仓储保管措施。

（2）讨论国家粮食储备制度。

▶ 评一评

组内成员间相互评定完成的结果，提出修正意见，并进行修正。

项 目 小 结

本项目介绍了危险品库、冷库、粮库的相关内容，熟悉这些特种仓库的操作规范，能够根据实际情况，进行规划设计。详细内容如下所示。

（1）任务 11.1 介绍了设计危险品库规划方案及相应的技能训练，使学生了解危险品的概念、特性，掌握危险品仓储保管的要求，从而培养学生危险品库的管理能力和处理危险品突发事故的工作能力。

（2）任务 11.2 以学校超市和食堂设计一个冷库为载体，加以相应的技能训练，使学生了解冷库的保管原理，掌握冷库管理的要求以及冷库安全相关内容，从而培养学生冷库的管理能力。

（3）任务 11.3 以制定粮食储存规范为载体，加以相应的技能训练，使学生了解粮食储存的特性，掌握粮库管理的要求，从而培养学生粮库的管理能力。

复习思考题

一、单项或多项选择题

1. 危险品在装卸搬运操作过程中允许(　　)。

　A. 饮食，吸烟　　B. 溜放　　C. 倒置　　D. 轻拿，轻放

2. 储存冻肉的冷藏库温度应在(　　)以下，不宜高于(　　)。

　A. －20℃　－18℃　　B. －25℃　－20℃

　C. －18℃　－15℃　　D. 以上都不是

3. 以下不属于水产品预冷的方法的是(　　)。

　A. 撒冰法　　B. 水冰法　　C. 空气冷却法　　D. 气调法

4. 应从(　　)方面做好冷库卫生管理。

A. 冷库建筑设备卫生　　B. 环境卫生和消毒

C. 冷库真菌污染的防治　　D. 冷库的灭鼠

5. 水产品储藏过程中要做好(　　)方面的工作。

A. 防止脂肪氧化　B. 色泽变化　C. 减少干耗　D. 防止冰结晶成长

6. 因轻杂质引起的结露或发热，最有效的处理方法是(　　)。

A. 降温或降水　B. 自然缺氧　C. 投放有毒气体　D. 取出轻杂质

二、简答题

1. 什么是危险品？危险品有哪些类别？如何分级？
2. 如何对危险品进行安全保管？
3. 分析冷藏和冷冻的区别。
4. 冷库有哪些安全管理事项？
5. 粮食的仓储特性包括哪些？
6. 如何进行粮食的仓储保管？

三、能力拓展实训题

冷库要求

为了满足麦当劳冷链物流的要求，××公司在北京地区投资5 500多万元人民币，建立了一个占地面积达12 000m²、拥有世界领先的多温度食品分发物流中心，其中干库容量为2 000t，里面存放麦当劳餐厅用的各种纸杯、包装盒和包装袋等不必冷藏或冷冻的货物；冻库容量为1 100t，设定温度为−18℃，存储着派、薯条、肉饼等冷冻食品；冷藏库容量超过300t，设定温度为1～4℃，用于生菜、鸡蛋等需要冷藏的食品。冷藏和常温仓库设备都是从美国进口的设备，设计细致而精心，目的是为了最大限度地保鲜。在干库和冷藏库、冷藏库和冷冻库之间均有一个隔离带，用自动门控制，以防止干库的热气和冷库的冷气互相干扰。干库中还设计了专用卸货平台，使运输车在装卸货物时能恰好封住对外开放的门，从而防止外面的灰尘进入库房。该物流中心配有先进的装卸、储存、冷藏设施，5～20t多种温度控制运输车40余辆，中心还配有计算机调控设施用以控制规定的温度，检查每一批进货的温度。

问题：请结合本案例分析现代冷库的要求。

参考文献

[1] 李永生，等．仓储与配送管理[M]．北京：机械工业出版社，2003.
[2] 刘立户．高效的物料与仓储管理[M]．北京：北京大学出版社，2004.
[3] 韩岗．如何进行仓储物料管理[M]．北京：北京大学出版社，2004.
[4] 高本河，等．仓储与配送管理基础[M]．深圳：海天出版社，2004.
[5] 真虹，等．物流企业仓储管理与实务[M]．北京：中国物资出版社，2004.
[6] 朱伟生．物流成本管理[M].3 版．北京：机械工业出版社，2009.
[7] 朱华．配送中心管理与运作[M].2 版．北京：高等教育出版社，2008.
[8] 蒋祖星，等．物流设施与设备[M].2 版．北京：机械工业出版社，2004.
[9] 梁军．物流服务营销[M]．北京：清华大学出版社，北京交通大学出版社，2007.
[10] 王蓓彬．现代仓储管理[M]．北京：人民交通出版社，2003.
[11] 鲁晓春．仓储自动化[M]．北京：清华大学出版社，2002.
[12] 窦志铭．物流商品养护技术[M]．北京：人民交通出版社，2001.
[13] 骆温平．物流与供应链管理[M].2 版．北京：电子工业出版社，2011.
[14] 陈义仁．企业物资编码指南[M]．广州：广东经济出版社，2002.
[15] 谭刚，等．仓储与配送管理[M]．北京：中央广播电视大学出版社，2005.